国家社会科学基金项目

幸福中国视域下的
老年体育干预

于 军 刘天宇◎著

人民出版社

责任编辑:李椒元

装帧设计:中联学林

责任校对:张明明

图书在版编目(CIP)数据

幸福中国视域下的老年体育干预/于军,刘天宇著.

—北京:人民出版社,2017.12

ISBN 978-7-01-018485-2

Ⅰ.①幸… Ⅱ.①于…②刘… Ⅲ.①老年人—体育活动—研究—中国

Ⅳ.①G812.48

中国版本图书馆 CIP 数据核字(2017)第 267117 号

幸福中国视域下的老年体育干预

XINGFU ZHONGGUO SHIYU XIA DE LAONIAN TIYU GANYU

于　军　刘天宇著

人民出版社 出版发行

(100706　北京市东城区隆福寺街 99 号)

三河市华东印刷有限公司　新华书店经销

2017 年 12 月第 1 版　2017 年 12 月北京第 1 次印刷

开本:710 毫米×1000 毫米　1/16　印张:23

字数:348 千字　印数:0,001-3,000 册

ISBN 978-7-01-018485-2　定价:50.00 元

邮购地址:100706　北京市东城区隆福寺街 99 号

人民东方图书销售中心　电话:(010)65250042　65289539

序

　　中国社会急剧发生的老龄化趋势，给全社会造成了极大的压力，甚至酿成严重的社会问题。中国的老龄化是在没有做好各方面充分准备的情势下出现的。今天许多老人不仅要面对身体的退行性变化、各种老年疾病，还要面对孤独造成的各种窘境，甚至还不得不接受空巢家庭、失独家庭等现实。个人心理的创伤、社会关系的冷漠都陪伴着他们的晚年生活。

　　上述问题显然不是单靠医疗机构、用医疗卫生的干预可以全部解决的，而且我国医药卫生费用正在以每年20%的速度增长，其中80%用于慢性病的防治，慢性病导致的死亡占中国总死亡的85%，慢病经济负担的增长速度远远超过GDP的增长速度。这一事实和这笔巨大的费用绝大部分已经用在了老年人身上。当今中国老年人增长速度非常之快，大中城市尤为严重，以北京为例，目前60岁以上老人已占全市总人口的20%，到2020年即超过25%，即每4个人中就有一位老年人。北京的各所大医院已经成为全市最拥挤的地方，人流涌来涌去很像地铁车站。

　　于是，作为非医疗干预的老年人体育应运而生，且很快受到老年人的欢迎，迅速普及开来。老年人体育已经与社会保障、社会福利、医疗保健、文化娱乐、继续教育、家庭赡养等一起构成了中国老年社会机制的组成部分，正在发挥着越来越重要的社会作用。

　　笔者从青年时代起就关注老年人体育，在1981年的硕士学位毕业论文中就提出"老年人体育是国外大众体育的旁支"的观点，现在自己也进入老年，亲自加入老年人体育的行列，还每月为老年刊物撰写一篇文章。在这一过程中，笔者深深感到对老年人体育的研究十分必要，提高老年体育研究的科学性势在必行。

　　近年来，对老年人体育的课题、论文、学术文章浩如烟海，但这些文字大多止于经验总结，很少实证研究、定量分析，大多关注的是老年人身体的生物属性，很少涉及他们的社会属性以及心理品质。比如，关于老年人的摔跤问题，在分析原因时，大家着重讨论的是他们的肌肉退化、骨质疏松、关节无力、平衡减退等生理问题。其实老年人摔跤也包含着一系列社会问题，绝大多数老年人跌倒时都处在孤立无援的状态，跌倒后都不能及时得到救护医治。这些问题绝不是做几节体操就可以解决的。

　　山东鲁东大学于军教授等人完成的《幸福中国视域下的老年体育干预》试图对老年人体育研究在人文社会方面有所突破，课题选用了幸福指数作为研究老年人体育干预的指标，对城乡各200名样本做取样分析。课题将幸福指数化解为健康指数、福利指数、文明指数与生态环境指数四类进行分类统计，对城市、农村分别进行细化分析，在整体说明之后，又运用德尔菲法对体育干预提升老年人幸福指数的实施路径做了实证探讨，并在此基础上，提出了实施方案。整个研究的逻辑是清晰的、一贯的，丰富了我国老年幸福体育学的现有成果，从而更好地为建设健康中国和幸福中国做贡献。

　　课题中的有些数据足以令人震撼，如城市组非常健康与健康人群总和不到30%，65%的老年人没有经历过较好的运动体验，近40%的老年人与子女关系不正常。农村组有72%的老人以为体力劳动可以替代体育活动，80%以上老年人患有身体劳损，其中腰痛达93%，四肢关节痛高达97%，100%的人不知道如何运用体育来预防疾病，72%的农村老人不知到何处可以获取体育服务。

《2030健康中国规划纲要》提出,"把健康摆在优先发展的战略地位,立足国情,将促进健康的理念融入公共政策制定实施的全过程",建设健康中国的根本目的在于立足全人群和全生命周期两个着力点,要惠及全人群,使全体人民享有所需要的、有质量的、可负担的预防、治疗、康复、健康促进等健康服务,突出解决好妇女儿童、老年人、残疾人、低收入人群等重点人群的健康问题。要覆盖全生命周期,实现从胎儿到生命终点的全程健康服务和健康保障,全面维护人民健康。

从上面这段话中可以看出,老年人的健康问题和老年人健康的体育干预问题,已经纳入健康中国和幸福中国的视野,因此我们需要更多的于军们继续在这方面开展更深入的研究和探索。

卢元镇

2017 年 10 月 27 日于北京

前　言

　　中国共产党第十八次全国代表大会以来,有两个热点话题进入了人们的视野:一是越来越多的人开始关注幸福;二是积极应对人口老龄化,大力发展老龄事业和产业。本书的选题正是基于这两个社会背景。

　　习近平总书记明确提出"实现中华民族伟大复兴的中国梦,就是要实现国家富强、民族振兴、人民幸福"。与此同时,很多地市都将"幸福指数"作为衡量当地民众生活质量高低的重要依据,在"总体小康"走向"全面小康"的战略新阶段,幸福版图在持续扩大。

　　随着社会文明的迅猛发展,营养、医疗等生存条件得到极大改善,人类的平均寿命得到了延长。截至2013年底我国老年人口数量突破2亿,到2025年将超过3亿,2033年超过4亿,平均每年增加1000万老年人口,老龄化挑战日益凸显。

　　人口老龄化逐渐成为制约社会经济快速、可持续发展的显著制约因素。老年人的健康问题无疑成为当前社会关注的焦点。老年人的健康问题不仅是老年人自己的问题,同时它给家庭、社会和国家也带来了巨大压力。因此,如何最大程度减少医疗成本,维系老年人的身体健康,已经成为世界各国都面临的重要课题。

　　幸福是我们生活永恒的主题,当老龄化遭遇幸福,如何提升老年人幸福指数愈发凸显其重要性和紧迫性。在应对老龄化过程中,世界上先后提出"成功老龄化"与"积极老龄化"策略,后者主张健康、参与与保障,其目的是让老年人更加有保障地享受幸福生活,由此可见,幸福才是老龄化工作的最终落脚点。

21世纪以来,我国政府出台的老年体育政策或条款,尝试通过体育运动这一手段来提升老年人的健康水平,应对人口老龄化带来的冲击,取得明显的效果。继而,在国家层面上,推出了"医养结合"和"体医结合"等战略举措,推进医疗服务融入养老机构,把体育锻炼与疾病预防和康复相结合,积极实施健康老龄化。2016年8月,习近平总书记在全国卫生与健康大会上强调:"要重视重点人群健康,为老年人提供连续的健康管理服务和医疗服务。倡导健康文明的生活方式,树立大卫生、大健康的观念,把以治病为中心转变为以人民健康为中心,推动全民健身和全民健康深度融合"。

养老、医疗、预防、康复、运动与健康等是密不可分的。但要在短时间内改变目前社会上普遍存在"重医疗、轻运动"的观念,不仅需要国家在政策层面的宏观调控和在制度层面的引导管理,也需要专家学者对该领域的潜心研究和思考。

老年体育问题并不是一种单一的体育问题,它往往与其他社会问题交织在一起。因此,老年体育问题的解决是一个复杂的过程,需要从多角度、多层面入手。可以从体育干预提升老年人幸福指数的视角,开发并细分体育干预提升老年人幸福指数的实施路径,做到有的放矢,从而有效推动老年人体育由经验型健身向科学型健身的转变,最终实现老年人幸福感的提升。

本研究的目的,便是立足于老年人实际情况,以"低投入、易推广"为价值导向,探讨体育干预如何提升老年人的幸福指数,研究内容涵盖老龄化与幸福指数两个社会热点,并将两者联动考虑,借此获取更多改善民生的思路。本研究首次专门探讨体育干预对于老年人幸福指数提升的影响,选题具有较强的创新性和开拓性。研究过程中,跨学科运用文献分析、调查研究、德尔菲法路径制定、实证研究、复杂系统理论等多种方法展开综合分析，使得提出的政策改革思路对管理者有较高的理论参考价值和实践指导意义。

总体说来，本书解决了许多困扰老年人体育研究的重要学术问题：

从理论层面上说，我国的体育类型主要建立在年轻人口基础上，对于老年体育的关注严重缺失。本书从老年体育出发，既要探讨体育在服务老年人过程中应当怎样开拓创新才能更好地满足老年人的需求，也要探讨体育应当如何与新兴的体育活动样态相结合才能更好地提升老年人幸福指数，研究成果极大地充实了老年体育学科理论。

从实践层面上说，中国老年人文化水平普遍不高，对其继续进行文化教育的可行性并不大，但是体育作为人的一种与生俱来的本能，受知识水平的影响较小，以体育作为提升幸福指数的突破口，可以让最大范围内的老年人融入其中，并在较短时间内产生积极的认同感，从而促进老年人幸福指数的提升，这对创新体育服务思路以及促进社会的和谐与稳定都有较大的作用。

本书写作的切入角度新颖异常，围绕当前"幸福中国"的社会热点展开描述，通过体育干预对老年人幸福指数的实际影响的分析，论证了体育对幸福中国建设的重要作用，这个独特的研究视角，更能吸引读者进行追捧阅读。本书具有较强的科学性和可操作性，可为各级政府体育部门、各级老年人管理部门、各类体育社会组织、大中院校体育科研机构、全民健身活动者提供老年人健身理论与实践指导，有助于科学地组织、指导和参与全民健身活动，并正确全面地评价老年人的体质健康状况。

《尚书·洪范》描述了人有"五福"，最高层次的"福"是"考终命"，换句话说就是"无疾而终"，这是多少人梦寐以求的最好归宿。但现实中一个比较残酷的事实，用俗话说就是"久病榻前无孝子"。这是人老了后最不愿面对的。其实，并非是子孙们真的不孝顺，而是在生活工作节奏越来越快的现代社会，照顾老人，特别是照顾得了病的老人，与他们的生活工作产生了最直接的冲突。生老病死，是天道，不是靠个人主观意志可以逃避的，但可以通过科学的运动进行适当的干预，进而提高生命的质量。不为别的，就为了家庭和睦，为了老年人自己能够有尊严地幸福地活着。

每一味药只能治一种疾病，世界上没有一味药能够治百病。运动决不是药，但是运动对生命影响的全面性是任何一味药都不能代替的！请运动起来吧，向运动要健康！向运动要幸福！

于军

2017 年 9 月 27 日于烟台

目　　录

绪　论

第一节　研究背景

一、研究背景

（一）关注幸福

2012 年末，习近平总书记从国家战略层面上提出"中国梦"的概念，并把"中国梦"定义为"实现中华民族伟大复兴，就是中华民族近代以来最伟大的梦想"。总书记还表示这个梦"一定能实现"。

"中国梦"内涵丰富、价值巨大、意义深远，2013 年 3 月 17 日，习近平总书记《在第十二届全国人民代表大会第一次会议上的讲话》中指出："实现中华民族伟大复兴的中国梦，就是要实现国家富强、民族振兴、人民幸福"。国家富强、民族振兴和人民幸福的关系是辩证统一的，国家富强和民族振兴是人民幸福的强力保障，否则，人民无法获得真正意义上的幸福；人民幸福是国家富强的根基，是民族振兴的真正体现，否则，国家富强、民族振兴或沦为空洞的口号，或昙花一现，不可持久。"中国梦归根到底是人民的梦，必须紧紧依靠人民来实现，必须不断为人民造福。""中国梦"以人为本，以人为基，人民幸福是"中国梦"的基础，也是"中国梦"的最终归宿。当代中国所处的发展阶段，决定了全面建成小康社会是实现"中国梦"的根本要求，相应的，"中国梦"也呈现出了这个阶段的诸多重要时代特征①。

一是综合国力进一步跃升。综合国力的跃升是"中国梦"的第一要义。历经改革开放后的中国,虽然经济总量排名世界第二位,但是诸多发展问题仍待解决。至2020年,国家要实现经济平稳持续发展,人均收入较2010年翻一番。科技带动生产力的发展,争取进入创新驱动型国家行列,人民民主程度不断加深,文化软实力加强等指标,构成了"中国梦"的伟大愿景。

二是社会和谐进一步提升"幸福指数"。维护好、实现好、发展好最广大人民的根本利益,是党和国家共建"中国梦"的根本目的,以此来提升全民的幸福指数。"幸福指数"是一个涉及多方面的综合指标,党的十八大关注于人民幸福指数的提升,将"坚持促进社会和谐""坚持维护社会公平正义""坚持走共同富裕道路"纳入建设有中国特色的社会主义国家的基本要求,将"改善和保障民生"作为建设的重中之重,这些因素使国家对"中国梦"的阶段性描述更加具体,为"中国梦"的实现规划了平坦的道路。

习近平总书记提出的"中国梦"战略思想,引起了国内外学界的解读研究热潮,就"中国梦"深刻内涵、实现途径、重大意义而言,国内学者主要关注"中国梦"深刻内涵及实现途径的研究,国外学者主要集中于"中国梦"的重大意义、面临的挑战以及世界和人民做出的贡献等方面。而在人们日益关注幸福生活的今天,"中国梦"研究视角应该进一步拓展,从全民关注幸福的角度解读,"中国梦"就是幸福梦,即追求幸福社会主义、幸福中国、幸福国民的梦想。

而今中国很多地市,都将"幸福"作为衡量当地民众生活质量高低的重要依据,如北京提出"发展的根本目的是要让人民过上幸福美好的生活";重庆则要"成为特色鲜明的国家中心城市和居民幸福感最强的地区之一";广东明确"把保障和改善民生作为加快转型升级、建设幸福广东的出发点和落脚点";福建准备"大力提升人民群众的幸福指数,为提前三年全面建成小康社会奠定具有决定意义的基础"。在"总体小康"走向"全面小康"的战略新阶段,幸福的版图在持续扩大。"每个人都追求幸福。个人的幸福和大家的幸福是不可分割的"②。中国作为实

---

① 牟杰、高奇:《论人民幸福"中国梦"的层次性》,载《齐鲁师范学院学报》,2014年第6期。
② 《马克思恩格斯全集》第42卷,人民出版社1979年版。

行社会主义制度的国家,所要实现的"中国梦"不同于把少数人幸福建立在多数人痛苦的资本主义国家梦,更不是"为了某一阶级独自享有的幸福,而是为了这个国家全体百姓的幸福"①。幸福社会主义的本质是使全体人民共同享受经济社会共同发展的成果,普遍共享幸福生活。这种幸福是人人共享的幸福、共同富裕的幸福、和谐和睦的幸福、互助互利的幸福、不断进取的幸福。就是习近平总书记所说的:"生活在我们伟大祖国和伟大时代的中国人民,共同享有人生出彩的机会、共同享有梦想成真的机会、共同享有同中国和时代共同进步与成长的机会"②。

(二)人口老龄化

进入 21 世纪以来,世界各国都面临严重的人口老龄化问题。国内外的大量研究和实践都表明,人口老龄化会对社会经济的发展产生多方面的深刻影响。然而大多数学者都更多的关注老龄化的经济增长效应及其对策,却忽视了人口老龄化对居民幸福感的影响。

人口老龄化是指人口生育率降低和人均寿命延长导致的总人口中因年轻人口数量减少、年长人口数量增加而产生的老年人口相应增长的动态。它有两个方面的含义:一是指老年人口相对增多,在总人口中所占比例不断上升的过程;二是指社会人口结构呈现老年状态,进入老龄化社会。根据 1956 年联合国《人口老龄化及其社会经济后果》确定的划分标准:当一个国家或地区 65 岁及以上老年人口数量占总人口数量的 7%,即说明这个国家或地区进入老龄化社会。1982 年,在维也纳老龄问题世界大会上确定 60 岁及以上老年人口数量占总人口数量的10%,即说明该国家或地区进入严重老龄化。

在世界各国陷入老龄问题的今天,中国的人口老龄化趋势同样不容乐观。根据国家统计局 2011 年 4 月 28 日发布的以 2010 年 11 月 1 日零时为标准时点的第六次全国人口普查数据③,这次人口普查的数据显示:0－14 岁人口占 16.60%,比2000 年人口普查下降 6.29 个百分点,呈现严重少子化状态。2015 年 2 月 26 日,

---

① ［英］亚当・斯密:《道德情操论》,薛自强译,商务印书馆 1997 年版。
② 毕昌萍、谭劲松:《中国梦的幸福学解读》,载《邓小平研究》,2012 年第 2 期。
③ 国家统计局:《2010 年第六次全国人口普查主要数据公报》(第 1 号),国家统计局网站:http://www.stats.gov.cn/tjsj/tjgb/rkpcgb/qgrkpcgb/201104/t20110428－30327.html。

国家统计局发布2014年国民经济和社会发展统计公报[①],公报显示:2014年末我国60周岁及以上人口2.1242亿人,占人口比重15.5%;65周岁以上人口1.3755亿人,占比10.1%,首次突破10%。而截止到2015年底,我国60周岁以上老年人口数量超过2.3086亿人,占总人口16.7%[②]。中国人口老龄化加速,这是社会发展带来的生活水平和医疗水平提高所导致的必然结果。同时还有少子化和极低的总和生育率,如果说建国初期为响应号召而出现的生育热潮是如今人口老龄化问题的直接因素,那么少子化和总和生育率低即可以理解为间接因素。中国人口年龄结构的变化,说明中国经济社会飞速发展,人民生活水平和医疗卫生保健事业的巨大改善,生育率持续保持较低水平,老龄化进程逐步加快。

我国老年人口增长速度远超发达国家,属于老龄化速度最快的国家之一,以65岁及以上老年人口比重由7%增加到14%所用时间相比较,法国用了115年(1865-1980),瑞典用了85年(1890-1975),英国用了45年(1930-1975),日本用了26年(1970-1996),美国预计用55年(1945-2000),我国预计为26年(2002-2028),与日本相同;但若以65岁及以上老年人口比重从10%增加到20%所用的时间看,我国可能要比日本所用时间略短些,日本为25年(1985-2010),我国则在20-27年(2018-2038或2018-2045)之间[③]。在人口基数和增速方面,根据联合国的预测:21世纪上半叶,我国将一直是世界上老年人口最多的国家;21世纪下半叶,我国依然是仅次于印度的第二大老年人口大国。预计到2020年,我国的老年人口将达到2.3亿;到2030年,老年人口数量将达到3.71亿,比重将达到25.3%左右[④];到2050年将达到4.83亿,预计将占我国总人口的

---

① 国家统计局:《2014年国民经济和社会发展统计公报》,国家统计局网站:http://www.stats.gov.cn/tjsj/zxfb/201502/t20150226-685799.html。(访问时间:2015年2月26日)。

② 国家统计局:《2016年国民经济实现"十三五"良好开局,国家统计局网站:http://www.stats.gov.cn/tjsj/zxfb/201701/t20170120-1455942.html。(访问时间:2017年1月20日)。

③ 吕红平、康和平:《中国人口老龄化与可持续发展》,载《中国软科学》,2000年第7期。

④ 《国务院关于印发国家人口发展规划(2016-2030)的通知》,中央人民政府网站:http://www.gov.cn/zhengce/content/2017-01/25/content_5163309.htm。(访问时间:2017年2月30日)。

34.1%,届时中国将步入高度老龄化社会①。

2010 - 2040 年,是我国老龄化社会快速发展的时期。因为从 2010 年开始,建国之后的婴儿潮相继步入老年,直到 2040 年。而从 1980 年开始实行的计划生育政策,大幅度减少了出生人口的数量,因此,2040 年开始,我国人口老龄化的速度会有所减缓,但此时的老龄人口所占比例依然很高,将长期维持在 30% 左右。

中国因为独特的国情及发展历史,人口老龄化也呈现出不同于其他国家的特点:第一,人口老龄化提前到达高峰。20 世纪后期,为了控制急剧增长的人口数量,国家实行了计划生育政策以降低人口出生率,加速了人口老龄化的过程。而由于 21 世纪初期人口压力繁重,国家继续实施的计划生育政策势必会继续加快人口老龄化的进程,使其提前到达高峰。第二,在社会经济不发达的状态下进入人口老龄化。最早进入人口老龄化的一些国家已然达到了发达国家水平,GNP(人均国民生产总值)达到或超过 20000 美元,呈现出"先富后老",这为解决人口老龄化后续问题提供了经济基础,可以有效降低老龄依赖比。而中国进入老龄社会时,GNP 为 3000 美元,呈现出"未富先老",这种状况会给处理老龄社会后续问题带来障碍。第三,多重压力下进入老龄化社会。21 世纪初,中国在建立和完善社会主义市场经济体制的过程中,改革和发展的任务繁重,经济和环境要可持续发展,社会要维持稳定,各种矛盾冲突集合在一起,使得解决人口老龄化问题相对于其他国家显得尤为困难。第四,城乡倒置。我国着重发展工业,城镇化进程缓慢,导致大量的人口滞留在农村。随着工业化和城镇化的加速,大量青壮年劳动人口源源不断从农村流向城市,降低城市老年人口比值的同时加大了农村实际老龄化的进程。根据中央农村办公室 2009 年的调查,农村老年人口总数、老龄化水平及老年抚养比等三个指标上都明显超过城市。其中,农村老年人口总数为 1.05 亿,是城市老年人口的 1.69 倍;老龄化水平是 18.3%,是城市的 2.3 倍;老年抚养比是 34%,是城市的 2.8 倍②。这种城乡倒置的情况将一直延续到 2040 年,到 21 世纪后半叶,城市的老龄化水平才将慢慢超越农村,并逐渐拉开差距。这些是我

---

① 周燕珉:《构建中国特色养老居住》,载《中国房地产报》,2010 年 11 月 1 日。
② 《2013 年我国人口老龄化特点分析》,中国产业信息网站:http://www. chyxx. com/industry/201309/219611. html。

国老龄化不同于发达国家的特征。

人口老龄化对社会经济产生的诸多影响是不言而喻的,特别是像我国经济尚不发达的情况下,人们已经感受到人口老龄化带来的压力及一些待解决的问题。如劳动力资源相对短缺,老年人口抚养系数增加,退休金及社会劳保福利急剧增加,社会对老年人的负担日益加重,老年人健身锻炼及娱乐设施不能满足实际需要,以及老年人工作、学习、家庭、婚姻等一系列问题。这些既是我们不得不面对的问题,也是我们必须要解决的问题。但是,从另外一个角度看,人们在讨论老龄化问题时,总是把关注点放在老年人给社会带来的种种问题上,特别是老年人口增加所带来的经济负担、家庭负担和社会负担方面,认为这是一种难以承受的压力,将会给社会经济带来不利的后果。需要注意的是,人口老龄化有危也有机,21世纪初我国出现老龄化实则是 80 年代计划生育政策所致,如果计划生育政策没有实施,中国可能还没有进入老龄化社会,但是当今社会的老年人数量并不会因此而减少,劳动人口增加的同时要负担高出生率所致的新生婴儿的抚养支出,然而今天的劳动力已经过剩,劳动人口的增加对人口红利的提升幅度有限,这对减轻国家和人民群众负担及提升人民生活质量没有任何益处。就社会经济的发展而言,社会生产力大幅度发展几乎全部依赖于科学技术的进步,而科学技术主要集中于小部分具备高素质的知识分子中,人的知识水平是随着年龄的增长逐渐积累起来的,人均寿命延长的同时可以看作知识量储备的增加,从而有利于促进社会生产力的发展。伴随人口老龄化社会出现的弊端可能是一段时间劳动人口数量的下降,在维持生产规模的同时,相应的劳动人口得不到补充,加上生产规模的扩大,必然会对经济发展形成阻力,这就要求人们优先采用先进的科技,增加生产环节中的技术构成,以此来缓解劳动力不足带来的生产力滞后的矛盾。以此可以判断,如果我们能够积极探索人口老龄化带来的有利因素,采取一些必要措施,就可以在一定程度上缓解人口老龄化所带来的不利影响。

从 1999 年我国正式进入老龄社会,老年健康及养老等老龄问题逐渐引发各界重视。我国人口老龄化社会呈现出老年人口基数大、增速快、高龄化、失能化、空巢化趋势明显的态势,再加上我国"未富先老"的国情与家庭小型化结构叠加在一起,养老问题异常严峻,老龄化挑战日益凸显。十八大以来,"养老服务业""健康服务业""健康中国""医药产业升级""全民健身"等与养老、健康相关议题的持续扩张,促使我国与老龄问题相关的事业发展步入了新阶段。当老龄化遭遇幸福,如何提升老年人幸福指数凸显其重要性和紧迫性。

二、问题的提出

伴随着现代化、工业化、城镇化而来的人口快速老龄化已经成为我国全面建成小康社会,建成富强、民主、和谐、文明的社会主义现代化国家,实现中华民族伟大复兴的中国梦无法避免的课题。老年人的幸福指数既是评判老年人物质生活与精神生活水平的重要标准,也是影响老年人身心健康的必要条件之一,对这一问题进行研究有助于提升老年人的生活品质与质量,使其身心愉悦,真正享有一个健康、幸福的晚年。由于我国的基本国情,造成了影响老年人幸福指数的因素多种多样。

（一）老年人幸福指数影响因素

1. 人口学因素

人口学因素对我国老年人幸福感的影响显著。简单地说,我国老年人幸福感随着老年人年龄的增加而有所变化。据调查,我国女性老年人比男性老年人有更高的幸福感,性别虽然本身不能影响幸福感,但是其可以通过影响兴趣爱好、收入等间接地影响幸福感。受教育程度能够通过增加收入水平增加老年人的主观幸福指数,受教育程度越高,步入老年之后的幸福指数就越高。这是因为受教育程度高的老年人往往具有较强的未来时间洞察力,更容易适应社会的变化,能够跟紧时代的步伐[①]。也有学者认为,随着受教育程度的提高,高教育不一定能和高收入匹配,从而带来不公平感,降低了个体的幸福指数。教育水平高的人对工作期望较高,但实际工作中却并不需要很高的教育就能完成,从而产生挫败感[②]。毫无疑问,健康状况能够显著影响老年人的幸福指数,身体健康状况良好的老年人比患有疾病的老年人要幸福得多,因为他们有更好的身体和心理状态去面对生活。学者们针对我国老年人的研究也表明,健康的老年人更容易体验到生活的乐趣。

---

① 徐曼、刘冰、柴云等:《社区老年人幸福感指数的影响因素》,载《中国老年医学杂志》,2017年第37期。

② 张建伟:《我国老年居民主观幸福感的影响因素研究》,山东大学2014年硕士学位论文。

家庭状况对老年人幸福指数的提升有一定帮助。如婚姻能够增加老年人的幸福感，有配偶的老年人的幸福指数更高。此外，养老问题在中国社会仍然存在，子女的多少在大多数情况下能够显著影响老年人的幸福指数。由此可见，年龄、性别、受教育程度、家庭状况等因素对老年人幸福指数的提升都带有不确定性。

2. 经济学因素

改革开放以来，我国走向了"以经济建设为中心"的道路，给中国带来了经济的快速发展，使得人民生活水平大幅提高。在人口老龄化的现代社会，经济因素成为影响老年人幸福指数不可忽视的一部分。不可否认，对老年人幸福指数影响最大的经济因素就是收入状况。

有研究表明，对于同一国家来说，当收入处于较低水平时，收入的增加能显著提高居民的幸福指数；但当收入增长达到并超过一定水平后，居民的幸福指数将保持不变，即短期内收入的增加能够显著提高居民的主观幸福感，但从长期来说，收入的增加不能带来居民幸福指数的持续提升。对于特定国家的特定时期，收入能显著提升居民的幸福指数。发达国家比发展中国家居民的幸福指数高，但收入效应在发展中国家更显著。在我国，收入对老年人的幸福指数的影响尤其显著，特别是收入不高的企业下岗职工、农民工以及农村务农人员。我国老年居民的经济水平普遍较低，收入较少，多数老年居民都靠领取退休金、低保或靠子女接济生活，个人拥有财产性收入的人数占全部老年居民的比例很小。收入的增加可以改善他们的居住条件、饮食状况、物质文化生活等，从而提升他们的幸福感。但不可逃避的问题是，经济全球化的当今世界，通货膨胀严重，生活节奏加快，再加上中国是一个发展中的人口大国，有限的收入增加并不一定能对老年人的幸福指数带来显著的提升。

3. 社会学因素

人是社会的人。社会因素包括社会阶层、社会保障、政府的公共支出、环境以及个人的社会交往等因素。社会阶层是指同一个社会阶层的成员之间价值观、态度、兴趣爱好、行为模式等方面具有相似性。一般而言，处于上等阶层的居民由于有更多的机会并且收入较高，容易实现自身的价值，从而会更加幸福。由于社会保障可以给予居民个人及其家属在生活困难时以基本的生活保障，同时可以通过社会财富再分配，避免贫富差距，减少居民心理不满和不安，增加居民的幸福指数。许多学者使用我国样本针对社会保障制度与居民的幸福感关系进行研究。孙凤、元寿伟认为社会保障支出是通过提高居民健康水平这个途径影响居民幸福感的;鲁元平和张克中、胡洪曙和鲁元平的研究结果表明,包括教育支出、医疗卫生支出和社会保障补助支出能显著增加农民的主观幸福感;元寿伟和周少甫的研究结果显示,医疗保险能显著增加老年居民的主观幸福感。理论上,政府的公共支出能够增加居民的幸福指数。政府通过公共支出给居民提供了更多的公共物品,这些公共物品因为具有非竞争性和非排他性减少了每个人为消费这些产品支付的收入,提高了居民自主消费的能力,变相地增加了居民的收入,从而增加了居民的幸福指数。公共物品的增加会改善居民的生活环境,生活变得更加舒服,从而增加了居民的幸福指数。一个国家的发展趋势必面临资源消耗、环境保护、生态恶化的压力,尤其是对多数发展中国家而言,经济的快速发展导致了环境的变差,这方面,农村居民的幸福指数要高于城市居民的幸福指数。当今社会,每个人都会进行社会交往,都有自己的朋友圈,在结交朋友的同时,多数人会面临着复杂的人际关系,而处理这种关系劳神费力,会在一定程度上降低幸福指数。

在人口快速老龄化但人民物质文化生活又极大丰富的当代中国社会,追求幸福是时代的主题。不管是人口学因素、经济因素还是社会因素,都只能说是与老年人的幸福指数有一些大大小小的联系,仅仅是提升老年人幸福指数的一些外部因素,这些因素带有不确定性。在我国,收入不平等的现象仍然存在,老年人要想通过经济收入的增加来提升自己的幸福感在短期内是无法实现的。老年人的受教育程度也无法改变,中国是一个人口大国,城市和农村的情况也大不相同,试图通过让老年人重新接受教育的方式提高受教育程度来提升他们的幸福指数更是举步维艰。诸如婚姻状况、子女的多少等外部因素更是难以控制。社会因素取决于国家,我国是一个发展中国家,并长期处于社会主义初级阶段,政府可以建立基本医疗保险、社会养老保险、兴办老年护理服务、社区养老服务、开展老年医疗保健服务,让老年居民的生活水平得以提高。但是,众所周知,我们的社会保障,医疗服务体系仍然不够完善,仍然有许多老年人因为疾病而大大降低了他们的幸福指数。

所以,当老龄化遭遇幸福,老年人应该积极主动地从内部去寻求幸福,去获得身体和心理上的幸福,这样的幸福才是真正的幸福,只有这样老年人的幸福指数才能真正得到提升。调查表明,体育锻炼是一种能使人们保持健康的经济手段,并且能够提高老年人身心健康和生活质量,是提升老年人幸福指数的最基础、最有效的方法。

(二)体育对提升老年人幸福指数的影响

体育是人类发展进步的文化产物,它可以带来诸多的好处,比如强身健体、娱乐身心、陶冶情操、发展智力等。体育运动作为一种延缓衰老、增强体质的社会活动,得到了各年龄段、尤其是中老年人群的喜爱。体育是帮助老年人提高幸福指数的方法,可以消磨闲暇时间,还可以在体育参与的时候认识更多的伙伴,消除孤独感,可以参加团队运动,参与到社会中来。通过体育还可以增强体质,减少疾患,减少对儿女及其他人的依赖,增强自理能力。不仅如此,体育锻炼可通过促进健康来提升幸福指数,体育可通过生理、心理及社会功能等方面来促进人的健康,可以强筋骨、怡性情、增知识、强意志,促进人的协调发展,进而使社会得到和谐发展,这是体育自身具有的价值①。英国莱特州立大学教授扎耶克经过研究提出,经常参加体育活动,可以提高老年人的睡眠质量,可提高糖的代谢。英国著名运动心理学家兰德斯和皮特鲁兹罗在发表的研究报告中指出,经常参加体育活动可以放松心情、缓解紧张与焦虑,保持健康的心理。有研究表明身体健康程度对老年人的主观幸福感有很大的影响,并且还研究了拥有健康的身体对其幸福感的作用。李金平等人调查了体育锻炼对老年人心理健康及幸福程度的影响,发现晨练组老年人整体心理健康水平高于对照组老年人。晨练有利于提高老年人的正性情感和正性体验,减少负性情感和负性体验,有利于提高老年人的主观幸福程度②。国内外认识到体育锻炼的重要性后,相继出台了很多法律条文来促进国民的体育锻炼。各个地方也根据自己的具体情况开展有效可行的体育活动,促进老年体育活动的开展。

在建设健康中国的背景下,我国居民体育空间的重构有了很大的改变。体育设施的建设也在逐步完善,各地政府也加大了对于体育场地设施的建设力度,加

---

① 尹志红:《老年人体育锻炼提升主观幸福感相关性研究》,江西师范大学 2010 年硕士学位论文。

② 李金平:《体育锻炼对老年人心理健康及幸福度的影响》,载《中国公共卫生》,2006 年第 4 期。

大了对公园、广场等休闲场所的管理力度,提高了其管理质量①。不管是在城市还是农村,越来越多的老年人愿意在闲暇时间去参与体育运动。近年来,火遍大江南北的广场舞就是很好的证明。

从能够查到的文献可以看出,体育干预提升老年人幸福指数的研究较少,主要是一些关于老年人主观幸福感的影响因素研究、体育锻炼对身心健康的影响因素研究、社区老年人主观幸福度及相关因素分析等。另外,体育锻炼与幸福感的研究对象主要集中在学生和有一定工作岗位的人群。

体育锻炼是一项对老年人的身体和心理都有益处的活动,被扩大到了老年人群的生活中,国家也相继出台了很多相应的法律条文,例如《老年人权益保障法》和《全民健身计划纲要》,以促进老年人进行体育锻炼,并为其做相应的保障。通过体育锻炼,有助于老年人情绪的宣泄,从而缓解和释放老年人由于家庭、社会、工作所带来的心理压力和精神紧张,对于驱除老年人的孤独心理具有积极的作用;老年人参与体育活动乃至体育组织,可以使老年人参与社会,使他们感觉到自己在社会中的地位、作用及意义,增加了老年人的社会认同感,减少消极心态,这些无疑对老年人是很好的促进手段。

建设社会主义文化强国,是我们党把握时代特点和形势发展变化、积极回应各族人民精神文化需求做出的重大战略决策。体育作为文化的载体,不仅肩负着建设幸福中国的历史使命,而且还承担着提升老龄化人口幸福指数的重大责任。因此,当老龄化遭遇幸福,进行体育干预提升老年人幸福指数的研究十分必要。

第二节　研究意义

一、理论意义

(一)丰富幸福中国理论体系

追求幸福是人类生活的永恒主题和社会发展的强劲动力。人类的发展史实

---

① 郑霞:《健康中国背景下城市居民休闲体育空间供给侧改革研究》,载《运动》,2017 年第3 期。

质上就是人类不断地追求幸福的过程。随着物质生活水平的提高和文化生活的不断丰富,老年人对幸福的追求也越来越强烈。

2011 年,"两会"召开时,习近平总书记提出了建设幸福中国的号召,由此"提升幸福指数"、打造"幸福中国"成为我国"十二五"规划的一项重要内容。真正意义上的幸福中国,不仅要使国家富强、民族繁荣,更要使每一个中国人幸福。人民是"幸福中国"的主人,建设"幸福中国",就是要让"幸福中国"的主人生活得舒心、安心、放心,对未来有信心,这是国家的幸福,人民的幸福,也是每一个人的幸福。因此,建设幸福中国与实现"人民对美好生活的向往,就是我们的奋斗目标"。习近平总书记在第十二届全国人民代表大会一次会议的讲话中,九次提到了"中国梦"。"中国梦"的内涵是实现国家富强,民族振兴,人民幸福。"中国梦"更进一步凸显了和谐中国的幸福特征。它的最终目标是人民幸福,"中国梦"就是幸福梦。作为中国社会主体的老年人,其幸福指数的提高有助于社会整体幸福指数的提高,更加有助于"中国梦"的实现。

现阶段,党中央国务院从致力于幸福中国的建设与建设中国特色社会主义相结合,提出来"五位一体"的总布局,即从经济、政治、社会、文化、生态这五个方面着手构建幸福中国理论体系,到 2050 年要实现经济的富强、政治的民主、社会的和谐、文化的文明、生态的绿色,最终实现人民幸福的中国梦。通过发展国民经济来提高人民的收入,增强人民群众的物质满足感来提高幸福指数。国家正在进一步的保障和改善民生,民生问题涉及教育、就业、收入分配、社会保障和医疗卫生等方面。通过解决好民生问题,最终实现"学有所教、劳有所得、住有所居、病有所医、老有所养"的"幸福社会"。加强生态文明建设,改善居民生存环境也可有效地提升人民的幸福指数。国家正在大力发展社会主义文化事业,使人民有更加丰富的文化生活。

可以看出,在幸福中国理论体系中,目前的研究视角多数把全部人口的幸福当成研究对象,而且学术界对幸福问题研究多集中于哲学理论、经济学理论、政治学理论、社会学理论、文化学理论、生态学理论、医疗卫生学理论以及心理学理论等,单独研究老年人幸福指数的并不多,尤其是从体育学角度进行研究的更为鲜见。本研究有助于弥补当前我国幸福体育学理论研究中对体育干预提升老年人幸福指数的实证研究相对不足的缺憾,丰富我国目前老年幸福体育学的既有成果,完善幸福中国理论研究体系,从而更好地为建设幸福中国做贡献。

(二)为老年体育提供理论依据

随着世界范围内人口老龄化现象的凸显,人们需要更加积极关注老年人口,应该把老年人看作是整个社会的重要组成部分,而不应仅仅把他们看作是社会和家庭的负担,应帮助老年人积极老龄化。对于个人而言,所谓的积极老龄化是指老年人能够拥有充实的生活,不仅限于拥有健康、快乐、安全,还要能够按照自己的意愿学习,能够积极参与政治、经济、文化和社会生活,并在这种学习和生活中充分运用自身的才能、经验和智慧,实现自身的价值,对社会做出积极的贡献。对于家庭和社会来说,积极老龄化要求其为老年人积极创造学习和参与各种活动的机会和条件,帮助老年人延长生命周期、改善生活质量、提高自主生活的能力。在全世界范围内都朝着积极老龄化方向发展的背景下,老年人的幸福就不应当只停留在老有所养,而是要提升到追求生活质量和自我实现。因此,怎样才能提升老年人的幸福指数的研究越来越受到学者们的重视。在国外有很多专门性的老年人幸福指数的研究,但这些研究多数是基于经济学、心理学、疾病控制学、老年健康学、社会学的角度出发的,从体育学角度进行研究的较少,国内的相关和实证研究更少。

全球人口老龄化进程的加快促使世界范围内对提高老年人生活质量的关注,实现幸福老龄化是提高老年人生活质量和应对老龄化问题的重要战略对策之一。在我们当今社会保障不完善和医疗开支较大的大背景下,疾病已成了家庭重大的费用负担,同时,每一个老年人的健康都被社会、家庭牵挂,他们身体的健康与否已经不是他们个人的事,已经成为一个家庭幸福与否的关键所在,成为社会是否和谐稳定的基础。一个老人生病住院治疗,就会牵动周边多个家庭的关注,增加有关人员时间、资金、精力负担。一个老年人走出家门,参与体育锻炼,不仅锻炼了身体,愉悦了心情,提高了生活质量,同时也减少了社会、家庭的负担,投入不大,收获不小。减少疾病的本身,就节约了社会的医疗资源。不少老年人通过体育健身,焕发了青春活力,场下老太婆,场上大姑娘,这些生理和身体机能的差异,充分展示了体育锻炼的魅力和作用。同时,任何一项体育活动,都展示着现代美和运动的活力,体现着时代赋予的精神,这些体育的精髓也是任何其他形式不能替代和复制的。不论从传统还是现代的角度,都昭示了社会的正能量和积极向上、现代文明的精神风貌①。

在我国全面建成小康社会和实现中国梦的关键性历史时期,我国先后出台了《关于加强老龄工作的决定》《关于进一步加强和改进新时期体育工作的意见》《关于加强老年人体育工作的通知》《国民体质监测工作规定》《普通人群体育锻炼标准》《国民体质测定标准施行办法》等文件以推动老年群众体育工作的健康发展。党中央国务院对老龄化问题非常重视,在"十三五"规划纲要中对老年人问题进行科学规划,在全面建成小康社会的背景下,国家制定了《中国老龄事业发展"十三五"规划(2016－2020)》等一系列方针政策,将人口老龄化问题提到重要位置。老年人所面临的健康问题应受到社会的高度重视,老年人普遍缺乏足够的身体活动,并且也没有进行体育锻炼的习惯,在身体上都没有健康状态的情况下,更谈不上拥有幸福。因此,如何让老年人幸福地安享晚年是全社会面临的重要问题。

老年体育研究是一个涉及内容较为广泛的领域,它涵盖了社会学、经济学、文化学等众多领域的内容。在体育领域方面,就目前的研究成果来看,多涉及老年体育现状、管理和运行、组织与保障、消费与产业、制约因素、心理需求、实验与体质测试及发展对策等层面,对经济发达地区的城市老年体育研究较多。虽然研究的覆盖面较广,但目前的研究成果重复性、描述性、总结性的偏多,定量类、建议类文献较多。由于我国老年体育还没有形成系统性的研究方向,处于边缘地位,因而知识积淀和储备明显不足,一些基本概念和基础性理论研究体系尚未形成;对老年体育发展的社会背景、学科性质、特点和功能等定性理论问题缺乏深入细致的研究;从各种层面提出的对策建议也多半是宏观、笼统的论说,缺乏实质性的、操作性强的理论研究②。多数研究成果在文献资料调研和一定区域、人群抽样调查情况下,提出了具有普适性的对策与建议。如,加大政府的投入力度,加大老年体育的宣传力度,鼓励社会力量积极参与老年体育事业,加大社区体育指导员的培训力度等。但总体而言,多数研究成果仍然围绕老年体育开展的意义与重要

① 魏来周:《充分发挥老年体育在全民健身中的重要作用》,载《纪念中国老年人体育协会成立 30 周年老年体育征文作品集》,2013 年。
② 石振国、王英:《2000 年以来我国老年体育研究成果评析》,载《武汉体育学院学报》,2014年第 1 期。

性,在体育活动开展中的经费、场地设施、组织管理等方面,根据老年人体育的运行模式,提出有创新的、具有实施可行性的对策措施较少,而对特定老年群体的具有实际价值、可操作性强的针对性对策更为鲜见。

"人口老龄化与老龄问题是继环境、资源之后,21 世纪中国面临的最为严峻的社会问题",况且,我国人口老龄化形成时间短、达到水平高、社会经济发展水平低,呈现出"未富先老"的特征,决定了发展老年体育的必要性,也增加了发展老年体育的难度。""事实上,我国老年体育的理论与实践尚且不能适应老龄化社会的体育要求"①。就现有文献来看,不管是研究的数量或是质量,都与社会发展的老年体育需要相去甚远。

所以,从理论层面上说,当前体育干预对老年人群关注不多,对老年人群幸福指数的研究较少,且研究视阈受传统思想的制约较大以至于创新性欠缺,这导致老年人体育服务实践中未能有效地运用体育干预的研究成果。本研究从体育干预的视角出发,既要探讨体育干预在服务老年人过程中应当怎样开拓创新才能更好地满足老年人的需求,也要探讨体育干预应当如何与新兴体育活动样态相结合才能更好地为老年人服务。研究成果将充实体育学、医学、老年学等交叉领域相关学科理论,还可以增强人们对老年体育在构建和谐社会中重要地位和作用的深刻认识,引起人们对老年体育的足够重视,为幸福中国背景下的老年体育发展提供理论基础。

二、现实意义

（一）为幸福中国建设做贡献

近年来,我国综合国力不断增强、处理国际事务的能力大大提升,在获得国际连连赞誉的同时,也暴露了一些快速发展时所必然存在的问题。人们逐渐意识到,财富的累积并没有获得相应幸福的感觉,国家日益富强也没有和国民幸福感提升挂钩。根据"拐点理论":在贫穷国家里,财富的累积与国民幸福感的提升是成一定比例关系的,但是当财富累积到一定数额时,财富与国民幸福感的高相关性就消失了,转而会去关注人权、社会平等等相关指标。马克思主义认为:幸福来

---

① 　任海:《老年体育再思考》,载《体育科学》,2006 年第 6 期。

源于社会生活,作为一种社会体验,人们所处的社会地位不同,对幸福的关注度及关注点也会不同。人们通过主观行为来满足自己对幸福生活的美好向往,然而,个人幸福和集体幸福又是密切相关的。随着中国老龄化程度日益严重,我国成为世界上老年人口最多、增长速度最快的国家之一,到我国"两个一百年"战略计划中"2049年中华人民共和国成立一百周年之时",预计我国60岁老年人数量将达到4亿,届时三个人中就会有一个是老年人。老年人年龄越高,社会交往就会越少,社会角色也会慢慢淡化,极易导致各种心理问题,在其身体机能慢慢退化的同时,各种慢性疾病便会接踵而至。面对这一特殊群体,如何提升他们的幸福指数将成为一个值得思考的问题。

老年人口的健康问题是社会经济发展面临的重大挑战。渐进式延迟退休政策是现阶段应对老龄化社会挑战的主要措施①。现代社会持续发展所面临的是如何提高60岁以上年龄老年人的健康问题,老年人的生活质量是我国社会健康和谐发展的关键,现在已经成为全民关注的焦点,也是老龄化社会必须面对的严峻挑战及考验。这即是社会主义核心价值体系不断完善和深化的体现,也是关系到社会、家庭和睦程度的重要因素。

幸福指数是对主观幸福感的一种社会评价指标,是衡量幸福感受具体程度的主观指标数。国家和政府同样十分重视国民幸福感的提升,十八大报告指出:加强社会建设,必须以改善和保障民生为重点;民政系统结合工作实际,认真开展各项实践活动,以扎实有为的工作来不断提升群众的生活幸福指数。我们应该清楚地认识到体育干预在提升老年人幸福指数中发挥的作用,促使更多的老年人参与到体育锻炼中,达到全民健康的目的。

长期坚持适当的体育锻炼可以通过改善身体健康状况来提升老年人幸福指数。在老年人进行规律且强度适当的体育锻炼过程中,可以在增强体质的同时提升自我愉悦感和自信心。通过体育锻炼过程中对运动比赛规则的了解获得民众对社会的认同感和参与感,这对提升老年人幸福指数有着很大影响。李卫平在2008年北京奥运会与北京市民幸福指数关系的初探研究中指出,"体育锻炼对负面情绪具有一定的抑制作用,其持续的时间和频率与抑郁降低的程度有关,但是

① 《中国共产党第十八届中央委员会第三次全体会议公报》,人民出版社2013年版。

要坚持 10 周以上才能有效降低心理焦虑"①。由此可知,长期参与规律且强度适当的体育锻炼可以增强老年人身心健康,有效抑制老年人抑郁,提升老年人幸福指数。国内一些研究表明:经常参与体育锻炼的人群自我幸福感要高于不参与或很少参与体育锻炼的人群。所以,体育锻炼与老年人幸福指数有着明显的正相关关系。

（二）提高老年人幸福感

根据我国人口老龄化社会发展的进程,近年来出现的一些新问题、新局面,党和政府连续采取了一系列政策和措施。参照老龄问题国际行动草案的要求,结合我国实际情况提出了"老有所养、老有所依、老有所为、老有所学、老有所乐"的奋斗目标。并加强了对国民尊老爱幼的思想道德教育,初步建立了养老、医疗保健体系,老年人保障事业有了一定的发展,切实促进了老年人生活质量的提高。但是,因为老龄工作法规、政策不健全、社会保障制度不完善、对老龄化问题认识不足、社区便民娱乐健身设施不健全等问题的存在,我国老龄化事业基础还很薄弱,并不能很好地适应我国人口老龄化的速度。

体育与人类社会的发展存在着紧密联系,不同社会形态的体育活动具有不同的功能。在游牧社会中,原始人们凭借以有潜在体育价值的游戏活动来展现人类记忆中与大自然搏斗的"意志"②,借此展示一定文化的功能。在农耕时代,体育表现为身强体壮、耕种收获,同时也是维系氏族和睦关系的手段。然而在工业化和科技快速发展的今天,体育的作用不再是简单的提升农作物产量,还具有一定的社会功能。

我国老年学会会长邬沧萍于 1994 年提出了健康老龄化的概念(Healthy Aging,HA),其核心意义为:在老龄化社会中,绝大多数老年人处于生理、心理和社会功能健康的状态,使社会发展不受过度人口老化的影响,健康老龄化的目标不仅仅是为了延长人类的生理年龄,还应该延长人体心理和社会年龄,使老年人在延

---

① 付朝琦:《南昌市城市老年人体育锻炼现状与发展对策研究》,华东师范大学 2007 年硕士学位论文。
② 李砺研:《人的劳动起源与人的体育发轫——对体育起源问题的再思考》,载《体育与科学》,1989 年第 6 期。

长寿命的同时,具有很高的生活质量①。1990 年,WHO(联合国卫生组织)在哥本哈根世界老龄大会上把健康老龄化作为应对人口老龄化的一项重要发展战略。

老年体育成为健康老龄化的主要手段,它甚至直接影响整个国家与社会的和谐与稳定,影响人类老龄化的进程②。由此可见,老年体育作为老年人保障事业的主要成分,它的发展不仅标志着一个国家发达的程度,还代表了健康老龄化的完成程度。发展老年体育主要有以下两个方面的意义:

第一,促进老年人身心健康。长期持续的体育锻炼对老年人身体和心理健康起着积极的促进作用,有着提高老年人健康状况和生活质量的作用。老年人经常参与科学适当的体育锻炼有利于预防心脑血管等疾病,降低糖尿病、高血压等慢性病对老年人的危害,减少骨骼钙流失并保持关节润滑和运动能力,延缓肌肉衰老,提高睡眠质量和生活质量,延长退休年龄。同样的,体育锻炼对心理健康一样有着积极的促进作用。它可以减轻自然衰老带来的紧张和焦虑情绪,改善老年人的认知功能。群体性体育锻炼方式还可以拓展老年人的社交网络,避免社会角色淡化带来的孤独感。长期坚持有规律的体育锻炼还可以帮助老年人建立自信,摆脱依赖的心理障碍,提高主观幸福感,激发老年人对生活的信心和热情。

第二,提高社会经济效益。首先,老年人长期参与体育锻炼能增强体质,降低各种疾病发病率。这就直接降低了国家整体的医疗费用开支,从而减轻了国家和个人的负担,减弱了快速人口老龄化带来的冲击。而健康寿命的延长有利于延迟退休年龄,使老年人可以继续为国家经济建设贡献力量。在此基础上大力发展老年体育用品,使老年人把原本用于医疗的储蓄转而投资给健康,以此来形成良性循环带动区域经济。其次,人口快速老化还加速了养老服务市场的完善。老年体育作为老年健康养老的主要部分,应该抓住这个扩大消费市场和促进就业的机会。以往我国养老主要以家庭为主,但是随着社会经济的转型和家庭规模的缩小,专业的社区服务和养老机构不断涌现。以老年体育健身、老年文化娱乐、老年健康服务、老年人用品等为主的养老服务业现已全面发展。

---

① 王淑康:《城市社区老年人规律体育活动行为的社会生态学探索及健康干预策略研究》,山东大学 2012 年博士学位论文。

② 孙月霞:《中国人口老龄化背景下老年体育价值观与管理体制的研究》,北京体育大学 2007 年博士学位论文。

为了落实全民健身计划纲要、保证老年人健身权益并适应老龄化社会对体育锻炼的要求,我国先后颁布并实施了一系列相关的法律政策规定,如《中华人民共和国体育法》《老年人权益保障法》《公共文化体育设施条例》《全民健身条例》《老年体育发展规划》《全民健身计划纲要》等。根据当前日益加速的人口老龄化趋势和与日俱增的老年体育服务需求,首先,应从构建社会主义和谐社会的战略高度出发,不断细化相关的法律法规,将老年体育发展提到各级政府的重要议事日程和目标责任考核范围内,建立各地民政、老龄办、体育局和相关部门的合作机制,加大对政策规划实施的监控力度,同时鼓励并允许社会监督,确保老年体育发展规划目标能够顺应老龄化趋势如期实现。其次,各级政府在实施现有政策的基础上,还可将老年体育基础设施纳入城乡建设规划和土地利用规划当中,合理布局、充分实现资源的最大化与最优化利用,增加公共绿地、广场、公园等公共空间对老年人的开放度;对于生活贫困的"三无"老人可推行免费的健身服务政策,规范体育场馆及设施的收费项目和标准①。

总之,当前我国老年人中多数文化水平不高,这就为通过相关教育影响其思想和行为带来较大难度。然而,体育作为一种与生俱来的本能,受知识程度的影响较小,以体育干预作为提升幸福指数的突破口,可以最大范围地让老年人融入其中,并在较短时间内产生积极的认同感,提高老年人幸福感。这对创新体育服务思路以及促进社会的和谐与稳定都有较大的促进作用。因此,本研究具有重要的现实意义。

第三节　老年体育发展研究的状况与评价

一、国内老年体育研究状况与评价

1999 年我国正式进入老龄社会,并成立全国老龄工作委员会,老年人健康日益受到社会各界的重视。2006 年国家体育总局局长刘鹏同志在中国体育发展战

---

① 周鸿泽、李琳:《中国老龄化社会老年体育发展策略探究》,载《哈尔滨体育学院学报》,2014 年第 3 期。

略研讨会中明确提出："我们要关注老年人等特殊群体和弱势群体的身体健康"。自此,有关老年人体育的研究逐渐升温。本研究以1999年为起点,在中国知网以"老年人体育""老龄体育"为关键词进行主题搜索,结果为1048篇。相关研究主要集中在以下几个方面:

(一)老龄化社会与老年人体育

1. 老龄化社会

《中国老龄化社会的客观事实及后果》报告书中提出"人口老龄化"以来,便引起了全球各个国家的重视,尤其是西方发达国家。普遍意义上来讲,人口老龄化是一个国家或者地区因人类寿命不断增长或延长,而造成的老年人口比重不断上升的过程。随着全球各界的研究,对于人口老龄化有了更深层次的认识,人口老龄化被定义为老年人在全部人口中的比例(老年比或者老年系数)的提高过程或者人口平均年龄(一般用中位数来表示)不断提高的过程①。就当前来讲,国际上对于评价一个国家或者地区是否进入老龄化社会有两个界定标准,一是65岁以上人口的数量超过总人口的7%;二是60岁以上人口的比例超过10%则认定这个国家或者地区处于老龄化社会。2010年我国第六次全国人口普查数据表明,60岁及以上人口为177648705人,占总人口比例为13.26%,其中65岁及以上人口为118831709人,占总人口的比例为8.87%,并且超过了欧洲国家老年人的人口总数,从这个层面上来看,我国已经成为老年人人口规模最大的国家。据《中国人口老龄化发展趋势预测研究报告(2006)》中数据表明,以我国目前老年人人口的增长速度作为预测标准,至2023年,我国老年人口数量将达到2.7亿,而且,更为严重的是到达这一时期,老年人口数量将会与0-14岁的人口数量持平。至2050年,我国老年人口数量将会达到4亿,老龄化率也将达到30%②。缘于此,我国进入老龄化社会已经成为不可逆的客观事实。

2. 人口老龄化对经济社会的影响

人口老龄化逐渐成为众多国家所要面临的问题,对全世界经济社会生活的各

---

① 邬沧萍、姜向群:《老年学概论》,中国人民大学出版社2011年版。

② 全国老龄工作委员会办公室:《中国人口老龄化发展趋势预测研究报告》,载《中国社会报》,2006年2月27日。

个方面影响深刻,老龄化所带来的人口问题也被多数国家所关注①。为了调整人口结构,缓解老龄化所带来的人口结构失衡,国家已经从 20 世纪 70 年代开始推行计划生育政策,在一定程度上控制了人口的过度增长和促进了人口群体的转变,与此同时,也带来人口总体结构的变化。2000 年以来,社会经济的高度发展,医疗卫生条件和福利待遇的迅速提高,使得国民整体平均寿命不断增长,老龄化水平不断提高,是老龄化社会迅速发展的开端,延续至今,形成了我国高度老龄化的社会现实状况。与西方发达国家相比,我国人口老龄化给社会经济的发展带来的影响更加具有普遍性和特殊性,因为我国既是世界上人口最多的国家也是老年人口最多的国家,更深层次的是,与发达国家或地区相比,我国人口老龄化的出现和高度老龄化的现实状况存在于我国经济发展水平较低和社会保障体系不完善的大环境中②,我国将会面临着高度老龄化和老年人口总量过度以及增长过快的多重压力,这将不可避免地对我国社会经济的发展带来深远的影响和巨大挑战。

关于人口变化与社会经济发展之间的关联,传统的社会学和经济学领域主要集中于人口总量变化、增长速度与经济增长关系层面的研究,而相关人口结构变化以及人口转变的研究和探讨也主要是通过人口自然变化,包括自然增长率、生育率和死亡率的比值等纯统计学上的指标进行理论方面的相关探讨,人口年龄结构的转变对经济社会发展的影响相对缺乏。直到 W・W 汤姆逊通过对西方发达国家人口再生产的动态结构变化进行初步总结性描述,经过 A・兰德里和 F・若特斯坦等人的研究再完善,逐步形成了"人口转变理论"体系。人口年龄结构的变化对经济社会的发展是多方面的,总体来讲,主要分为宏观和微观两个方面,宏观层面的影响主要体现在劳动力、消费、储蓄、投资方面,微观方面主要涵盖了子女抚养、老年人赡养以及家庭结构等层面。国内外社会学方面专家也将人口结构转变尤其是人口老龄化对老年人自身的影响单独列出,独立于宏观和微观方面的影响。

（1）宏观影响

①老龄化对人口劳动力的影响。从发达国家的人口老龄化的经验来看,对经

---

①　侯建明、周英华:《日本人口老龄化对经济发展的影响》,载《现代日本经济》,2010 年第 4 期。

②　杨雪、侯力:《我国人口老龄化对经济社会的宏观和微观影响研究》,载《人口学刊》,2011 年第 4 期。

济社会发展最为直观、深刻的影响主要体现在人口劳动力的影响。我国正处于人口老龄化进一步发展的阶段,2020 年我国的集中劳动力资源尚能保持在 8 亿 – 10 亿人,这一数据与 2010 年的水平基本能持平,至 2025 年以后会逐渐减少。我国目前劳动年龄的人口比重日益下降并且呈现老化的趋势,致使劳动力质量下降已经成为当前不可逆转的过程;在我国现有的工资制度下,工人的工资和工龄呈现正比现象,工厂内部职工老龄化转变使得中老年人所占比重逐渐增大、势必降低有效劳动力、增加产品的生产成本,最终降低产品的市场竞争力①。

单从劳动力的总人口数量来看,似乎未来 10 – 20 年之间我国劳动力供给过度不足的现象不会出现,但是仅仅以劳动力的总数量和整体规模性作为评判标准来分析人口老龄化对劳动力层面的影响不免显得比较片面。而劳动的真实参与率的高低对劳动力和经济增长都具有重要的影响作用。人口老龄化与劳动参与率之间存在着明显的负相关关系,从统计学方面来讲,控制其他变量不变的情况下,人口老龄化每上升 1 个百分点,劳动力参与率将下降 0.6 个百分点,而国际上得出此项系数有所下浮,为 0.2 个百分点②。在我国现有的生育率前提下,21 世纪以来,随着我国国民整体受教育水平不断提高,其劳动参与率不断下降,而高龄者的劳动参与率相对保持稳定的状态,在我国人口老龄化进程不断加快和深化的形势下,劳动人口的年龄上升趋势将会更加明显,致使劳动参与率不断下降,最终导致降低劳动力的有效供给③。

②老龄化对储蓄率的影响。投资是推动我国经济水平迅速提高和可持续发展的重要保障因素,而我国投资的重要来源是储蓄率,因此储蓄率的高低将直接决定我国经济的发展。在人口老龄化过程中,人口的年龄结构的变化影响国民收入与消费的分配比重,这也是人口老龄化对于经济发展的直接体现。相关老龄化对储蓄率的影响的研究始于 Leff(1969)在检验生命周期理论的基础上提出的负担假说,在此次的实证研究中,验证了老年人数量的不断加剧造成的抚养负担会对国民的储蓄率产生明显的负面影响,而且在后续的不断深入研究中也证实了老

---

① 张桂莲、王永莲:《中国人口老龄化对经济发展的影响分析》,载《人口学刊》,2010 年第 5 期。
② 周祝平、刘海斌:《人口老龄化对劳动力参与率的影响》,载《人口研究》,2016 年第 3 期。
③ 张世伟、郭凤鸣:《东北城镇居民劳动供给行为分析》,载《东北亚论坛》,2010 年第 4 期。

年人人口增加会对储蓄率产生负效应。如 Loayza 等在 2000 年通过研究世界上 102 个国家和地区的大样本数据库得出,国民储蓄率受老年抚养比的影响,当老年人抚养比上升 3.5% 时,国民的储蓄率会下降 2%。2006 年,Bosworth 和 Chodorow－Reich 通过研究跨国数据发现,老年抚养比每上升 1%,国民储蓄率将下降 0.54%。对于亚洲国家来讲,这一储率负效应更加深刻,有研究发现,在亚洲国家中随着老年抚养比每上升 1%,国民储蓄率将会下降 1.2%,Horioka(1989)对 OECD 国家的研究也得到了类似的结果①。2000 年 Kraay 通过研究我国 1978－1989 年城镇、农村面板的响应数据发现,人口抚养比对于国民储蓄率的负效应更加显著②。Horioka 通过研究我国 1995－2004 年的省际面板相关数据认为:人口老龄化对城市和农村的居民储蓄率同样产生显著的负面影响③。产生此种研究差异的原因是多方面,在其他变量比如生命周期延长对于储蓄率的影响大于人口老龄化的影响时,就会出现上述的同向增长现象。但是总体而言,在世界范围大样本数据的前提下,伴随着人口老龄化进程的加快和不断深化会对国民储蓄率产生不同程度的负面影响和负效应。

③老龄化对产业结构的影响。人口老龄化进程的不断加快对我国产业结构的优化调整以及发展产生了多方面的影响。经过改革开放至今几十年的发展,我国工业化进程已经进入中期阶段,在经济较为发达地区的产业结构已经由协调生产比例关系为主向产业结构的全方位优化和升级为主转变,劳动力结构和产业类型也由劳动密集型的粗放产业向集约型使用的转变之中,但是我国劳动力就业结构的转变和调整滞后于产业结构调整,在这种情况下,人口老龄化进程的加快造成的劳动力老化程度的加深,将对我国的产业结构转变调整和优化发展产生双重影响。英国相关学者通过对 40 多个国家多年来不同时期的劳动力在三个产业之间转换进行统计后认为,伴随社会经济的发展以及国民生活水平和收入水平的提高,劳动力的转移首先发生在第一产业向第二产业移动,当人均收入水平达到一定程度之后,劳动力便开始由第二产业转移向第三产业。由此揭示出现代产业结

---

①　汪伟、艾春荣:《人口老龄化与中国储蓄率的动态演化》,载《管理世界》,2015 年第 6 期。

②　Kraay, A. 2000,"Household Saving in China",WorldBank Economic Review, Vol. 14(3):545－570.

③　汪伟:《经济增长、人口结构变化与中国高储蓄》,载《经济学季刊》,2009 年第 1 期。

构调整和发展的基本规律:第一产业所占比重不断下降,第三产业所占比重却处于不断上升的态势,而第二产业经过一个迅速的上升期之后其比重值逐渐下降。人口结构的变化和产业结构的转变之间也存在着必然的客观联系,人口与产业结构的转变以及产业发展之间的相互协调是取得最优人口经济效益的一个先决条件。在我国来讲,正面临着现代化和工业化进程都未完成和实现的双重现状,人口老龄化进程的不断深化以及剩余劳动力队伍的持续转移,也对城乡人口的老龄化差距增大造成持续性的影响。而农村面临着更加严峻的现实状况,农村老年人的文化水平、业务素质以及科技创新能力低下,难以适应农业现代化的发展要求,同时也与创新应用型农业和生态农业为目标的农村农业经济发展的需求难以相适应,这对于农业产业结构优化和升级带来负面效应以及消极影响。由此,大量的农村剩余劳动力受其自身多方面的制约,劳动力的转移大多在第一产业和第三产业的劳动密集型产业中进行,如餐饮业、零售业等。而且,由于我国目前现行的户籍制度,也使得劳动力产业的转移难以得到有效的发挥,进而对产业结构的优化和升级产生不利影响①。

当然,另一方面,人口老龄化进程的不断加快,导致老年人的比重不断上升,为老年人经济市场的形成提供了基础条件,为老年人产业的兴起和发展起到了积极的推动作用。目前我国的老年人产业结构之中,发展最快也最值得关注的老年人医疗卫生业、家庭服务业、老年人保险业、老年人娱乐产业等,这些都隶属于第三产业。因此,老年人经济产业逐渐成为第三产业的重要组成部分。缘于此,随着未来老年人人口数量的不断提升和人口老龄化进程的不断加快,必然有效的带动第三产业的发展,对促进农村剩余劳动力向第三产业的转移起到积极有效的促进作用,对产业优化和调整起到有力的推动效应②。

④老龄化对养老保险的影响。人口老龄化对我国经济社会的影响最直观、最重要的影响体现在养老负担的加重。发达国家经验表明,人口老龄化进程的加快和不断深化带来的直接后果是养老负担的日益加重,而且这已经成为全世界各个

---

① 王金营、杨磊:《中国人口转变、人口红利与经济增长的实证》,载《人口学刊》,2010 年第 5 期。

② 钟若愚:《人口老龄化影响产业结构调整的传导机制研究:综述及借鉴》,载《中国人口科学》,2005 年第 S1 期。

国家或地区及不同程度老龄化国家财政方面所面临的共同难题。人口老龄化造成的人口结构转变,不仅仅使得养老保险的来源途径减少,而且造成了养老保障基金支付的不断增加,双重的变化使处于人口老龄化国家的财政方面面临巨大的压力和挑战,尤其是对于养老保险制度不完善、社会经济发展相对落后的国家而言,日益增加的养老保险金支付会持续增加财政和社会负担,也是目前亟须加快解决的难题①。

目前,我国的养老保险面临着以下几个方面的问题:社会养老保障制度的建设不够完善,直至现在尚没有形成范围上的全面覆盖,同时,还存在着养老保障金供给方式单一、来源不足等问题;农村的养老保障制度存在更加严峻的现实问题,我国农村的社会养老保障制度起步较晚,发展缓慢,存在着多重环节的缺失,在我国农村老龄化问题更加深刻和严峻的现状下,农村养老保险制度的缺失将会使我国的社会经济发展面临更加巨大的压力;在农村劳动力向城市持续转移的环境下,对于大规模进入到城市的农民来说,其养老保障更是一个亟待解决的问题;此外,我国目前的养老保障金的支付额度总体上处于较低水平。因此,在未来几十年时间里,随着我国人口老龄化进程不断加快,不仅使我国面临愈发巨大的养老保险金的支付压力,而且也面临着改善和提升大规模的老年人口,特别是农村老年人的生活与福利水平、解决老年人生活贫困问题的艰巨任务。

(2)微观影响

①老龄化对老年人基本生活的影响。就收入层面而言,我国老年人的总体收入状况不容乐观,处于普遍较低的水平。有关学者通过对作为中国经济最发达的水平之一的北京市老年人口的经济状况进行调查发现,北京市老年人经济收入水平处于较低水平,而且老年人群体内部也出现了较大的差异性,城市老年人收入高于农村老年人、低龄老年人收入高于高龄老年人、男性老年人的经济收入要优于女性老年人,但是就总体状况来讲,有超过 30% 的老年人入不敷出②。对于老年人来讲,其收入主要依靠退休金和养老金维持,退休之后继续工作的老年人数

---

① 张士斌、王桥:《中日社会养老保障制度比较——一个劳动力市场的视角》,载《现代日本经济》,2010 年第 4 期。
② 贾云竹:《北京市老年人的经济状况》,载《人口与经济》,2001 年第 3 期。

量并不多,但是在我国人口老龄化进程不断加剧的过程中,养老金制度的缺失、养老保险体制不完善、甚至是缺失,导致不公平问题屡见不鲜,虽然国家也在积极进行宏观调控,积极采用财政措施,但是成效不是很明显,尚不能从根本上解决问题①。而且,对于农村老年人来讲,他们面临着更大的困境,没有养老保险作为经济支撑,仅仅依靠农业收入与微薄的储蓄,或是子女的供养来维持生活,特别是失去自理能力之后,不得不由子女轮流进行赡养,使得农村老年人口的贫困发生率相对较高②。种种问题并不是短时间可以解决的,这是一个需要长期坚持而且不断转变的过程,而且随着老龄化进程的不断加剧,将会变得更为严峻和深刻。

另一方面,老年人的居住方式也对老年人的身心健康、社会支持以及经济来源等社会问题产生重要的影响。有关国外学者对中国老年人的研究发现,到 20 世纪 80 年代为止,我国家庭的居住结构和老年人的居住方式是相对稳定的,主要以传统模式的居住方式为主③。进入 21 世纪的前几年,我国老年人家庭的居住方式仍然主要以三代居住方式为主(子女、孙子女)④。伴随我国人口老龄化社会进程的不断加快,老年人的居住方式是否发生了本质上的转变?又发生了何种转变?对老年人产生了怎样的影响?针对于此,我国社会学学者孙鹃娟对"六普"和"五普"的数据进行统计学分析,得出目前我国老年人的居住特点:我国老年人的空巢家庭逐年增加,老年人夫妻双方居住的比例达到 28.8% ,仅有一个老年人居住的比例达到 9.42% ,若将单身老年人计算在内,我国截至 2013 年老年人空巢家庭比例已经达到了 38.3% ;同时,老年人与子女共同居住的比例不高,而老年人隔代家庭确实比较显著;处于三代居住形式下的老年人一般是处于弱势群体,这也在一定程度上表现出选择此种居住方式的老年人,可能是由于其自身经济、健康或者自理能力和独立性较差而选择的。调查中还发现,未婚老年人虽然占有比例

①　蔡新会:《2004 - 2005 年上海市杨浦区老年人口经济状况及变化趋势研究》,载《经济论坛》,2008 年第 6 期。

②　王跃生:《农村老年人人口生存方式分析——一个"宏观"与"微观"相结合的视角》,载《中国人口科学》,2009 年第 1 期。

③　Cartier M. 1995. Nuclear Versus Quasi - stem Families:the New Chinese Family Model. Journal of Family History 20:307 - 327.

④　曾毅、王正联:《中国家庭与老年人居住安排的变化》,载《中国人口科学》,2004 年第 5 期。

不高,除却机构养老之外,尚有 55.6% 的未婚老年人仍然处于独居状态①。事实上独自居住的老年人更容易遭受心理层面的困扰,更加需要社会更多的关注和关爱,尤其需要居住社区的支持。在我国社区建设还很不完善的情况下,人口老龄化程度的不断加快,将会对社区公共服务与社区照料提出更高的要求。

　　②老龄化对老年人健康的影响。首先,身体健康方面。在人口老龄化现象发生之初,国外相关学者已经开始关注老年人整体的健康问题,在 20 世纪 70 年代,欧洲就开始进行相关研究,对老年人实施健康干预,旨在延缓老年人机能衰退,推迟老年人慢性病的患病年龄段,缓解老年人的相关病理症状,直至目前已经从医学预防治愈领域延伸到生态环境和住宅安全等领域②。对于我国而言,人口老龄化的进程处于世界“领先地位”,虽然伴随着经济社会的不断发展,医疗卫生水平日益增长,但是老年人的机能衰退是一种不可逆转的自然现象,随着老年人寿命的延长,各种慢性疾病,诸如心脑血管疾病、糖尿病、老年痴呆、骨质疏松的发病率也逐渐增高。虽然世界上各个国家包括我国都实施了各种健康干预措施,并且取得了一定的成效和积极作用,然而慢性病的防治并没有得到根本性的预防和解决,反而会随着老龄化问题的凸显而更加显著。近年来随着经济社会的发展和人们生活水平的提高,健康成为人们关注的焦点,尤其是老年人对于医疗卫生以及保健康复条件需求的提高,对我国医疗卫生水平的发展程度、社会健康保障、运动干预等各种健康干预手段的发展提出更高的要求。其次,心理健康方面。老龄化社会不断加剧,养老方式也逐渐由家庭养老向社会养老两种方式转变,两者最大的区别是社会养老脱离了亲情,亲情的纽带作用的减弱,不可避免的会导致老年人孤独感和负面情绪的产生,心理健康水平也将随之下降;虽然家庭养老方式的状况稍好,但是二者的差距不明显③。另外独居老人和空巢老人现象不断加深,与非空巢老年人相比空巢老年人的心理健康水平较差,其中绝对空巢老人更加需要关注,同时由于退休老年人的社会角色转换,各种人际关系、社会地位、生活内容需要适应,如果不能很好地转变心理状态,极易出现孤独、失落、抑郁和烦躁等心

---

① 孙鹃娟:《中国老年人的居住方式现状与变动特点——基于“六普”和“五普”数据的分析》,载《人口研究》,2013 年第 6 期。

② 沈振新:《提高新世纪老年人生活质量》,华龄出版社 2003 年版。

③ 孙颖心、王佳佳:《不同养老方式心理状况的研究》,载《中国老年学杂志》,2007 年第 4 期。

理疾病。老年人口基数的不断提高,具有心理健康问题的老年人比例也将进一步增加,基于此,我们应该对老年人心理健康问题给予更多的关注,尽力避免由此引起的对社会功能的损害,以及对老年人生活质量的影响。

③老年人社会支持。社会支持有利于人们应对各种社会变迁、突发事件和不利的环境,有利于改善人们的社会功能和健康状况①。国外学者研究发现,提供社会支持不仅可以帮助老年人抵抗衰退,缓和抑郁、焦虑对身心造成的损害,还能促进老年人的生活质量,而且社会支持度越高,其生活质量水平也越高②。另一方面,能够获得来自于子女的社会经济方面的支持、双向的家务互助行为以及情感支持对老年人健康自评、提升老年人的生活满意度以及心理健康水平都具有积极性作用③。伴随我国人口老龄化进程的深化,老年人社会参与的积极性与参与程度,从个体角度来讲,对其自身的生存质量和身心健康具有积极影响,从社会角度来看,又对社会的稳定发展具有积极的推动作用。老年人虽然社会参与意识逐步增强,但是社会层面的不公平和歧视现象的频繁发生,社会层面并没有给予相应的足够支持;尤其是对于农村老年人来讲,因其自身素质的限制以及我国基本社会保障制度的不够完善,集体意识相对缺失,自身社会参与意识低,程度差,若不积极改善这种状况,将会加剧规模庞大的农村老年人所面临的困境。

3. 老年人与老年人体育

人口老龄化是人类发展到一定阶段出现的一种社会现象,既反映了国家和地区的进步程度和社会经济发展水平,也是一个不可回避的社会难题。与西方发达国家相比,我国的老年人人口基数大,增长快,持续时间长,并且出现了"未富先老"的特征,要解决好人口老龄化的问题,既需要从发展的视角来重视人口老龄化对社会基础和上层建筑产生的影响,又必须要从人道主义视角来关注人口老龄化进程中老年人自身的发展和需求,而体育活动在满足老年人精神文化需求层面具

① 高月霞、许成、刘国恩等:《社会支持对老年人健康相关生命质量的影响研究——基于南通的实证》,载《人口健康研究》,2013 年第 4 期。
② 陈立新、姚远:《社会支持对老年人心理健康的影响的研究》,载《人口研究》,2005 年第 4 期。
③ 李建新:《老年人口生活质量与社会支持的关系研究》,载《人口研究》,2007 年第 3 期。

有不可替代的作用①。同时,全球为了应对人口老龄化带来的冲击和影响,提出了"积极老龄化"为解决目前人口老龄化问题的核心理论框架,而其精髓便是"老年人社会参与",并且将"老年人参与发展"放在全球老龄工作指南的首位,充分强调了参与是健康的充分条件,同时也是使得老龄化对社会经济的压力转换为动力的重要融合剂②。而老年体育既是老年人参与社会的最重要和最直接的社会方式,也是促进老年人身心健康,保证其能够正常参与社会活动的必要条件。

(二)我国老年体育现状研究综述

1. 我国老年人体育健身意识现状研究综述

意识在心理学上被定义为人所持有的对客观现实的高级心理反映形式,同时意识也是事物的具体组成部分。体育健身意识包括人们对体育的认知、对体育健身活动的参与态度以及体育锻炼过程中的行为调节。

对我国老年人体育健身意识状况的研究表明,目前老年人最为关心和关注的问题是自身的"身体状况",其次是"医疗状况",而且在不同年龄、不同性别、不同学历之间没有表现出差异,因此身体状况是所有老年人共同关注的问题③。本研究通过大量的文献资料整理分析,目前对城市社区老年人体育健身意识的调查,研究结果能够相对一致:我国社区老年人体育健身的意识较强,对体育锻炼持有较为积极的态度。李文川通过对上海市老年人体育生活方式的研究认为,目前上海市老年人对体育的健身功能有较强的认知能力,80%以上的老年人认为体育在生活中占有很重要的地位,非常有必要进行体育锻炼,而且这种认知随着年龄的增长而愈加强烈④。程鹏宇通过调查河南省老年体育健身现状得出,在被调查对象中有93%的老年人重视、比较重视体育锻炼,反映出当地社区老年人对体育锻

---

① 戴志鹏:《论老年人体育——基于年龄的多维性视角》,载《南京体育学院学报》,2014 年第 3 期。
② 邬沧萍、杨庆芳:《"老有所为"是我国积极应对人口老龄化的客观要求》,载《人口与发展》,2011 年第 6 期。
③ 胡靖平:《对社区老年人体育健身意识的调查分析——以浙江省金华市为例》,载《山东体育科技》,2012 年第 1 期。
④ 李文川:《上海市老年人体育生活方式研究》,上海体育学院 2011 年硕士学位论文。

炼和健身的意识普遍较强①。此外,韩超等人对太原市城区老年人体育锻炼意识的调查和分析中发现,认为体育锻炼"非常重要"或者"比较重要"的比例分别为87.5%和88%。充分说明,他们对于体育锻炼的认知程度较高,将体育健身活动置于其生活中的重要地位。同时部分老年人还认为参加体育锻炼是日常生活不可或缺的一部分②。总体来看,目前无论是较为发达地区的老年人或者一般老年人的体育健身意识、态度和参与体育锻炼的个人欲望都比较高。从这个层面来看,体育的健身功能越来越受到老年人的认知和接受。

2. 老年人体育锻炼动机研究综述

方媛、季浏通过研究认为,我国老年人参加体育活动的动机呈现多样化趋势,而且老年人的体育动机也是与当今老年人产生的各种不同需要相联系的,总体来讲,主要有以下几种动机类型:保持和增进健康、治疗身体疾病、社会交往、满足自身需求,获得良好感觉、追求自我发展、展示能力、满足成就需要等③。在我国,老年人参与体育锻炼的主要动机是为了增强身体的机能,以达到延缓衰老的目的。运动人体科学的研究表明,经常参加体育锻炼能够切实提高自身的机能水平,强健体魄,延缓老年人自我感知水平的下降以及抑制生理机能的衰退。随着全民健身运动的兴起,体育的健身功能和科学的健康观念逐渐深入老年人的理念,越来越被认知。很多学者从20世纪90年代开始就对老年人参与体育的动机开始研究。魏高峡在对西安市老年人口体育锻炼现状的调查研究中发现,有74%左右的老年人参与体育锻炼是为了增进自身的身体健康水平④。倪峰、郦树龙通过对华东地区老年人体育锻炼动机的调查与分析得出,参与体育锻炼的动机在不同性别、年龄、文化层次的老年人中虽然出现差异性,然而,强身健体始终处于所有动

---

① 程鹏宇:《河南省城区中老年人体育健身现状的调研分析》,载《北京体育大学学报》,2006年第2期。

② 韩超、李小利:《太原市城区老年人体育锻炼意识的调查与分析》,载《中北大学学报(社会科学版)》,2012年第6期。

③ 方媛、季浏:《我国老年人体育锻炼动机研究述评》,载《北京体育大学学报》,2003年第2期。

④ 魏高峡:《西安市老年人口体育锻炼现状的调查研究》,载《第六届全国体育科学学会论文集》,2000年,第527页。

机的首位①。进入 21 世纪以来,我国学者针对老年人体育的研究日趋成熟和完善。邵雪梅通过对天津市老年人体育健身现状的调查分析,发现超过 80% 的老年人参与体育锻炼的首要目的是"增进健康"②。高亮、王丽华通过研究老年人体育参与动机与老年人自测健康水平的关系发现,增强体质是老年人参与体育锻炼的首要原因③。

在西方发达国家,很早以前就已经将体育作为治疗心理疾病的重要手段之一,而在我国更多的是将体育活动作为预防和治疗老年人身体疾病的重要手段。季浏教授认为,体育锻炼治疗老年人的生理疾病在世界范围来讲是独特的,抱有防病治病、延年益寿这种动机的老年人占 65.9%④。白莉等人(1999)对北京、上海等 16 个省市区老年体育锻炼者心理状态的调查中发现,有 30% 左右的老年人将治疗疾病作为参与体育锻炼的主要动机之一⑤。庞元宁等人针对不同年龄段人群参与体育活动的主观原因进行调查发现,虽然不同年龄段的人群参与体育活动的动机不尽相同,但是,健身是其参与其中的重要原因,而对于老年人来讲则很重视通过体育锻炼来抵御疾病。老年人或多或少都有一些慢性疾病,据白莉的研究表明北京市区老年人中 74% 患有慢性疾病,45.3% 的人患有高血压、糖尿病,还有一部分老年人有隐形心脏疾病。辛利、周毅认为目前很多体育活动比如太极拳、八段锦、五禽戏等我国传统的养生技艺,已经成为预防和治疗疾病的"良药",而且已经被医学验证。所以,参与体育健身活动已经成为部分老年人的主要闲暇生活方式。

老年人自工作单位退休以后,其生活环境、交际网络发生很大的变化,极易对老年人生活和心理产生较大的影响,焦虑和孤独感是这一时期老年人容易产生的

① 倪峰、郦树:《华东地区城市老年人体育锻炼动机的调查与分析》,载《上海体育学院学报》,2001 年第 5 期。
② 邵雪梅:《天津城市社区老年体育现状的调查研究》,载《武汉体院学院学报》,2007 年第 2 期。
③ 高亮、王丽华:《体育锻炼与老年人自评健康关系的调查研究》,载《武汉体育学院学报》,2015 年第 8 期。
④ 辛利、周毅:《中国老年体育生活方式的现状与发展趋势》,载《中国体育科技》,2001 年第 3 期。
⑤ 白莉:《16 省市区老年体育锻炼者心理状态透视》,载《第六届全国体育科学学会论文集》2000 年,第 568 - 569 页。

心理疾病,而体育是一种群体活动,参与体育活动可以使其重新组织到一个集体当中,消除社会遗弃感。同时老年人在体育活动过程中容易产生互相的认同感、归属感,这也是吸引老年人参与体育健身的重要诱因(方媛、季浏 2003)。在倪峰的研究中参与体育健身活动以社交为目的的选择比例列第 2 位;魏高峡的调查中老年人对社交的选择比例达到 41.7%;汤晓玲对来自北京、上海、成都、重庆的 518 名 55 - 75 岁经常参加体育锻炼的老年人锻炼动机进行调查分析,发现初期老人、中期老人、高龄老人选择社交为动机的比例分别为 97%、80%、65%[①];王淑英等人对河北省 2400 名老年人的调查中发现,社交是老年人参与体育锻炼的第三动机,选择比例为 42.1%,这是因为参与体育健身活动能够缓解人们各种心理压力,增强人们之间的交流交往,促进老年人克服自身心理上的孤独感、失落感以及抑郁感,从自健、自娱、自乐中获取愉悦的幸福感[②];汪流等人对安徽省 785 名老年人体育健身现状进行调查研究中发现,选择社会交往作为体育锻炼动机的比例为 20.31%,列第三位[③]。

体育活动因为其内容的多样性和组织形式的多元性,深受老年人的喜爱,因此,以娱乐为主要体育锻炼动机的老年人也占有相当的比例,希望体育健身活动满足自身兴趣的需求,以及获得良好的满足感。似刚彦等人认为老年人尤其喜欢和偏向"自由自在的、以娱乐为主,可以边玩边聊天的活动(如散步、门球等)"以及"缓慢流畅,由意念引导的活动(如气功、太极拳、太极剑等)"[④];在倪峰的研究中老年人选择娱乐作为体育锻炼动机的比例排在第三位,而且在老年人各个年龄段的表现无差异;在邵雪梅的研究中,老年人体育健身动机以消遣娱乐为目的的比例为 28.9%(单项选择),排在所有动机的第一位(邵雪梅,2007);林昭绒等人的研究表明,除却以强身健体为目的的动机之外,大部分老年人参与体育活动是

---

① 汤晓玲:《对影响老年人体育锻炼动机的社会学分析》,载《成都体育学院学报》,2000 年第 4 期。

② 王淑英、张文利:《河北省城市老年人体育健身活动现状与发展策略》,载《山西师大体育学院学报》,2007 年第 4 期。

③ 汪流、陈海燕:《安徽省城市老年体育现状与发展对策研究》,载《四川体育科学》,2004 年第 3 期。

④ 似刚彦、黄志剑、余水清:《关于老年人参加体育锻炼的心理前因及心理效益的初步研究》,载《西安体育学院学报》,1995 年第 3 期。

为了好玩、娱乐、满足自身①；王淑英（2007）和汤晓玲（2000）的调查研究发现，娱乐是强身健体之外老年人参与体育活动的最主要的目的。

除上述主要的目的和动机之外，还有相关学者认为追求自我发展、能力显示、寻求刺激等也是促进老年人参与体育活动的重要动机。

3. 老年人参与体育活动项目研究综述

常乃军（2000）在对山西省中型城市老年人开展健身活动的调查研究中认为，老年人群在选择体育项目时，项目的选择比较集中，倾向于动作节奏缓和、经济投入较低化、锻炼方法简洁化的项目，这是老年人自身的生理机能特点和心理状态所决定的，对于运动损伤和风险较大的项目敬而远之。在具体的项目选择上，老年人选择的顺序依次是：散步、跑步、气功、武术、球类运动、健身操、交际舞、滑冰、自行车，游泳、台球、保龄球②；辛利（2001）认为，老年人喜欢选择的体育项目已经不局限于"缓慢"性项目，如传统的门球、地掷球、太极拳等，也有节奏明快的项目，如老年迪斯科、老年交谊舞，更有像网球这样的"贵族"项目；高昌英（2006）在对上海市老年人体育健身现状的调查中发现，舞蹈类的健身项目逐渐成为上海市老年人首选的健身内容，分别占男女老年人健身项目比例的 40.92% 和 40.38%，太极拳和木兰拳等传统体育项目占健身内容的第二位，而传统的散步和慢跑两类项目的占有比例逐渐下降③；洪家云（2003）则认为男性老年朋友喜爱较有竞争性的项目，女性老年朋友选择较为缓和、富有美感艺术性的健身项目。长走、跑步、健身操舞蹈 3 类项目随年龄增大有下降趋势，球类（门球、地掷球、台球）、气功、武术随年龄增大有上升趋势④，而武术（木兰拳、太极拳）不受性别、年龄影响，占有相当比例；王淑英（2007）的调查显示，河北省老年人就老年人经常从事的健身活动来看，目前排在前六位的分别是散步跑步、气功太极拳、健身操、门球、标准交谊

---

① 林昭绒、吴飞：《城区中老年人体育健身现状研究》，载《武汉体育学院学报》，2003 年第 3 期。

② 常乃军、王岗：《山西省中型城市老年人开展健身活动的现状调查》，载《中国体育科技》，2000 年第 6 期。

③ 高昌英：《上海市老年人体育健身现状调查分析》，载《广州体育学院学报》，2006 年第 5 期。

④ 洪家云：《海口市老年人体育锻炼现状的调查研究》，载《北京体育大学学报》，2003 年第 2 期。

舞、健身舞蹈。从项目形式的选择来看,既有传统的项目,又有跟随时代步伐的时尚项目,充分体现老年人体育健身项目向多元化发展的趋势;阮云龙、王凯珍等(2016)通过对北京市老年人群体育参与和需求的研究发现,北京市社区老年人目前经常参与的体育活动项目主要集中在健步走、健身路径、排舞、广场舞和跑步等项目上,其中健步走占84.1%,健身路径占43.7%[1]。通过对所搜集文献资料的整理和归纳,我国老年人目前主要健身活动项目如表0-1:

表0-1 老年体育健身活动项目

类别	项目
传统武术类项目	太极拳、太极剑、健身气功、木兰拳(扇)、民间武术等
器械类项目	健身路径、跳绳、空竹、器械体操
休闲娱乐项目	打牌、下棋、登山、钓鱼
舞蹈类项目	健身操、广场舞、体育舞蹈、老年迪斯科、秧歌舞
传统类项目	散步、跑步、自行车、游泳
球类项目	乒乓球、羽毛球、网球、门球、保龄球

4. 老年人参与体育活动场所(场地)研究综述

我国各个年龄群体参与体育健身活动的主要制约因素之一就是体育场馆设施无法满足人们体育健身的需求。汪文奇(2004)在对我国老龄化社会进程中老年人体育生活方式的研究中指出,以平方米计算,北京市的人均场地面积仅为0.13 ㎡,每一千人仅能拥有半个篮球场的面积,东部发达地区状况基本都是如此,西部欠发达地区状况更为严峻[2];王锐(2002)的研究发现,我国老年人主要以自家附近、公共体育场馆(免费)、健身路径、学校场馆、单位体育场馆、广场、空地、公园、收费场馆等为体育活动的主要场所[3];王岗(2001)通过对山西省不同年龄段群体体育锻炼状况进行调查分析发现,60岁以上群体首选公共体育场作为健身场

① 阮云龙、王凯珍、李晓天:《北京市社区老年人群体育参与和需求研究》,载《体育文化导刊》,2016年第6期。

② 汪文奇:《我国老龄化社会进程中老年人体育生活方式的研究》,载《北京体育大学学报》,2004年第8期。

③ 王锐:《我国老年体育健身活动现状综述》,载《山东体育学院学报》,2002年第1期。

地,占有比例34.42%,其次是家庭院落33.23%,还有部分老年人选学校和公园场地,进入收费场馆的老年人仅有1.28%[1];程鹏宇(2006)对河南省老年人体育健身现状的调查发现,老年人参加体育锻炼的主要场所为住宅小区、公园、单位场馆、收费场馆;王淑英(2007)通过对河北省老年人的调查认为,老年人主要健身场所为公园、街头、住宅附近以及俱乐部等免费的场地和设施[2];钟华(2009)研究发现,苏州市社区老年人对体育健身场所的选择呈现多样化趋势,但是选择公园广场和公共活动场所依然占最大比例,分别为44.5%和43.0%,选择收费场馆的老年人比例虽较以前有所上升,但是依然仅占1.9%[3];阮云龙、王凯珍(2016)通过调查得知:北京市社区老年人最经常使用的体育场地类型主要是住宅小区空地占27.8%,公园占19%,住宅小区体育场地占18.4%,自然区域占11.8%,公路旁空地占9%,广场占8%,其他比例均很小。通过对前人研究结果的归纳和整理,目前我国老年人主要的锻炼场所及其选择顺位如表0-2:

表0-2 老年人体育健身场所

健身场所	位次
公园、广场	1
住宅区附近免费健身场地	2
马路、街边	3
自家庭院或者室内	4
老年活动中心	5
学校免费开放场地、场馆	6
体育俱乐部	7
收费场馆	8
其他	9

[1] 王岗:《对山西中型城市不同年龄群体体育锻炼状况研究》,载《体育科学》,2001年第5期。
[2] 王淑英、张文利:《河北省城市老年人体育健身活动现状与发展策略》,载《山西师大体育学院学报》,2007年第4期。
[3] 钟华、朱国生、李晓雯等:《苏州社区老年人体育生活方式研究》,载《苏州大学学报》,2009年第3期。

5. 老年人参与体育健身活动的时间、频度研究综述

我国老年人参与体育健身活动的次数比较频繁,通常情况下每天均参加体育活动,时间基本集中在晨晚练,同时下午还参加不同强度的体育活动。同时,其体育活动的持续时间也相对较长,一般都在 1 小时以上。在有体育活动习惯的老年人中,每周有 3 次及以上、每次活动时间大于 1 小时的占 78.5%(辛利,2001);上海市男性老年人和女性老年人每周进行 3 次或者 3 次以上的比例最大,分别为54.62% 和 62.18%,而且从每次健身的持续时间来看,男性老年人参与健身活动持续时间大部分在 30 – 60 分钟,达到 45.09%,女性每次健身时间 60 分钟以上的比例最高,为 50%(高昌英,2006);北京市参加体育活动的社区老年人中,每天活动 1 次的比例为 51%,每天活动 2 次及以上的占 20%,平均每周活动 5 次及以上的占 15%,平均每周活动 3 – 4 次的有 6.8%;参与体育活动的老年人的锻炼时间为 31 – 60 分钟的占 50.5%,61 – 90 分钟的占 22.6%,91 – 120 分钟的占 14%(阮天龙、王凯珍,2016);河北省老年人参与体育锻炼的积极性较高,全年参与体育锻炼的人数比例高达 85%,坚持每天锻炼的老年人占总数的 77.3%,每周 3 – 5 次的占 19.4%,每周少于 3 次的比例仅为 3.3%,从每次锻炼的时间强度来看,每次体育健身时间在 30 – 60 分钟的比例最高,达到 56.9%(王淑英,2007);南京市老年人体育锻炼的时间集中在早晨和傍晚,虽然参与体育的积极性和态度较好,但是锻炼的持续时间较短,经调查,锻炼持续时间在 30 分钟以下的老年人占大多数,达到 42.3%,同时老年人在健身强度的选择上大都选择中小强度为主,占有比例73.1%[①];苏州社区老年人自主参加体育健身活动的意识较强,每周锻炼频率在 3 次以上的比例达到 70% 以上,每次锻炼持续时间符合体育人口锻炼时间标准的老人占 78.9%,其中,持续达 30 – 60 分钟的比例最高(52.8%),从老年人选择的锻炼时间段上来看,依次为 8 点之前(60.9%)、8 – 12 点(18.3%)、18 点以后(12.5%)、12 – 18 点(8.3%),老年人选择在清晨锻炼为最多,选择在 12 – 18 点锻炼的老人最少(钟华,2009)。

总体来讲,我国老年体育活动的积极性较高,老年人体育健身活动的时间段

---

① 蒋东明、彭国强:《人口老龄化背景下常州市老年人体育生活方式研究》,载《南京体育学院学报》,2011 年第 2 期。

主要集中在早上和傍晚,是由他们的生活方式的特点与年龄特点所决定的。同时,老年人健身的频度大都集中在每周 3 次以上,持续时间集中在 30 - 60 分钟,这说明体育活动已成为我国老年人生活中的重要组成部分。

6. 老年人体育消费状况研究综述

相关专家预测,1990 年到 2025 年,我国 60 岁及 60 岁以上老年人口将由 9720 万增加到 41190 万人,增长 4.23 倍,同时 80 岁以上的高龄老年人人口数量将由 770 万增加到 8246 万,增长 10.71 倍,而且高龄老年人在老年人中的占有比例将越来越大①。深度的老龄化确实给我国社会经济带来了深远的影响。发展老年体育消费市场,促进老年人的体育消费可以在一定程度上缓解人口老龄化对社会经济的负面影响,减轻人口老龄化所带来的劳动力不足和劳动力老化以及社会负担,老年体育消费市场的崛起和发展虽不能完全抵消人口老龄化对经济发展带来的负面影响,但可以在一定程度上予以弥补②。老年人的体育消费能力是社会经济发展过程中不可忽视的力量。1995 年我国退休人口已经达到了 3000 多万,相对保守估计,全国老年人的总体上的经济收入每年约 2000 亿元,这一数字 2000 年已达到 4000 亿元③,相关专家预测,仅退休金一项,到 2010 年将增加到 8383 亿元,2020 年为 28145 亿元,2030 年 73219 亿元,根据老年人消费支出在不同年龄段所占有的比例计算出消费总量,1995 年大约为 22437 亿元,2020 年约为 23935 亿元,2030 年约为 55985 亿元,2040 年为 106905 亿元,2050 年将达到约 187842 亿元④。如此巨大的经济消费基础,为促进老年人体育消费水平的提高,乃至老年体育产业的发展提供了较为厚实的基础。

金再活通过对全国老年人体育消费的研究,认为,中国老年人体育消费的类型和结构总体上虽然逐渐显现出多样化的趋势,而且对体育方面的消费持有积极的肯定态度,但是就整体而言,由于受医疗费用支出、自身收入水平、健身场地设

---

① 杜鹏:《中国老龄化过程研究》,中国人民大学出版社 1994 年版。
② 刘明辉:《我国老年体育消费市场的社会学分析》,载《广州体育学院学报》,2000 年第 4 期。
③ 赵琳:《"银发市场"大有潜力——面对老龄化问题的思考》,载《厦门日报》,1999 年 11 月 3 日。
④ 熊百华、康春兰:《发展老龄体育产业的思考》,载《体育与科学》,2004 年第 6 期。

施和环境、消费理念等影响,仍然以实物型体育消费为主;李文川(2012)通过对上海市老年人体育生活方式的研究发现,从消费的途径来看,上海市老年人消费主要在于运动用品方面,如服装、鞋帽、体育器械等,其次是组织管理的活动经费,观赏性的消费支出尚处于较低水平;消费金额方面,上海市老年人消费金额基本在年消费300元以下,在100元以下的比例占51%,消费金额在男女之间也存在差异,年消费在300元以上的男性高于女性,100元以下的女性比例远高于男性,造成这种现状的很大一部分原因在于现有的和潜在的医疗费用支出大大限制了老年人的体育消费①;于军等人在对山东省城镇老年人体育消费现状的调查中认为,山东省城市老年人体育消费的第一需求是"增进健康"型,消费支出主要是观赏型消费、实物型消费以及信息接受类消费,年体育消费在500元以上的老年人比例为7.5%,实物型消费占48.4%,实物型消费主要集中在运动服装、健身器材等②;李玉新通过对北京市海淀区老年人消费现状的调查发现,老年人的消费意识较高,认为日常生活中进行体育消费的重要和比较重要的比例为60.8%和32.33%,认为花钱非常值得的比例为66.74%,消费结构主要以运动服装和健身器材为主,占43.58%③;郑贞对西部地区老年人体育消费现状进行了调查,认为老年人的体育消费观念逐渐增强,实物型消费占有最大比例④;周挺对成都老年人体育消费的结构进行了调研分析,成都市老年人的消费结构前三位分别是饮食、医疗保健和娱乐文化,而体育消费排在娱乐消费的第三位,实际支出不足娱乐消费的1/3,消费类型来看,呈现出多元趋势,但是实物型消费仍占有比例78.25%⑤。

总体来讲,我国目前的老龄化的现状,老年人口数量持续增加,"未富先老"等特点,给社会经济造成压力的同时,也带来了庞大的消费群体,但我国老年体育消

---

① 周彦:《从社区老年人消费结构看其生活保障》,载《人口学刊》,2006年第4期。

② 于军、李永献、刘运祥:《山东省城镇老年人体育消费现状调查研究》,载《山东体育学院学报》,2005年第4期。

③ 李玉新、李玉超:《北京市海淀区老年人体育消费影响因素的经济学分析》,载《哈尔滨体育学院学报》,2010年第1期。

④ 郑贞:《老龄化背景下甘肃省人口年龄结构变动对消费的影响》,载《中国市场》,2011年第27期。

⑤ 周挺:《人口老龄化背景下成都市城区老年人体育消费现状》,载《体育成人教育学刊》,2010年第1期。

费总体水平较低,人均年消费大多集中在 300 元,虽然消费结构方面呈现多元化发展趋势,但是仍然以实物型消费为主,占有比例在 50% 以上。因此想使老年人体育消费潜在行为转换成现实,必须在提升老年人消费能力、消费观念、丰富消费场所等方面进行较大改善。

(三)老年人体育公共服务现状研究综述

公共服务概念的提出开始于法国的公共法学专家狄骥在其著作《公法的变迁》中提出的"公共服务"这一概念,他认为公共服务就是政府义务实施的行为,任何与其国家和地区社会团结的实现和社会的发展和进步相关的,而且必须由政府来同意规范和加以控制的行为,就是一项公共服务①。此概念提出之后,逐渐被欧洲国家和政府所接纳,特别是在经历过第二次世界大战之后,西方多个国家开始着手建立自身的公共服务体系。我国关于公共服务的研究相对滞后,开始于 21 世纪之初,伴随改革开放我国经济取得巨大进步的同时,社会保障、就业、基础教育等方面问题逐渐显现,针对于此,我国经过十六大、十七大两次会议正式提出了建设并完善公共服务的服务型政府和社会的理念。公共服务的本意是政府的一项职能,是提供公共产品和服务所承担的职能②。公共服务应该包含城乡建设、社会保障、基础教育发展以及科教文卫等事业。

自公共服务提出以来,相关"体育公共服务"和"公共体育服务"的名词运用在我国学术界一直存在争论,但是自从 2010 年之后,我国体育学术界专家更倾向于"公共体育服务"这一名词。关于公共体育服务的概念很多学者提出了自己的观点。李万来(2005)认为公共体育服务就是指政府和公共体育组织以及公共服务人员为公众提供体育产品和体育劳务③;肖林鹏(2007)认为公共服务是公共组织为满足人们对公共体育需求而提供的公共物品或者混合物品④;刘玉等(2010)通过研究得出结论,认为体育公共服务应该是在政府主导下,由政府主体、社会主

---

① ［法］莱昂·狄骥:《公法的变迁》,郑戈、冷静译,辽海出版社 1999 年版。
② 戴永冠、林伟红:《公共体育服务概念、结构及人本思想》,载《武汉体育学院学报》,2012 年第 10 期。
③ 李万来、闵健、刘青:《公共体育管理概论》,北京体育大学出版社 2005 年版。
④ 肖林鹏、李宗浩、杨晓晨:《公共体育服务概念及其理论分析》,载《天津体育学院学报》,2007 年第 2 期。

体和个人主体共同提供的,为满足公共各种体育需求而提供的各种体育产品行为的总称①;任春香(2011)认为公共服务的核心就是为国民提供公共产品和服务产品②;戴永冠(2012)在总结前人研究的基础上,归纳分析认为,公共体育服务是指政府或非政府组织在供给人们共同消费或享用的体育产品或体育服务过程中所承担的职能③。综上所述,公共体育服务就是指政府组织或非政府组织提供的体育产品或体育服务。而公共体育服务包含老年人公共体育服务。因此,老年人公共体育服务的特征和具体的内容,也应该包含以下几个方面:场地供给、健身指导、组织管理、体育活动供给、信息咨询、体质监测。

1. 老年人场地设施研究

体育设施是实现我国全民健身计划的重要物质基础,也是改善国民体质状况,提高民族整体素质,实现健康中国目标的重要根基,对于老年人来讲,是其进行健身活动的必要保障。施学莲、王正伦(2012)等人通过对江苏省 13 个市县的老年人进行实证调查发现,认为场地设施不能满足自身健身需求的老年人占48%④,绝大多数的老年人选择社区附近的公园、街道以及空地进行健身活动,体育设施的投入力度不足,场地设施建设的专门化较差,引起老年人群体的不满;王占坤(2013)通过对浙江省老年人体育公共服务需求的研究认为,虽然浙江省陆续实施了"全民健身工程"以及体育强县、强镇(乡)、体育小康村创建等活动,促进了体育设施的建设,但是目前老年体育场地设施建设的专门性和针对性不足、重建设、轻管理等问题严重⑤;辛双双、陈林会(2007)的调查表明,国家全民健身计划纲要中要求学校体育场馆向公众开放,对于弱势群体,尤其是对于残疾人和老年人,要免费向其开放,但调查显示,全国 56 万个学校体育场馆中,向社会开放的

---

① 刘玉:《论社会转型期我国体育公共服务的内涵、特性与分类框架》,载《成都体育学院学报》,2010 年第 10 期。

② 任春香、李红卫:《新时期我国公共体育服务体系的基本内容探析》,载《体育与科学》,2011 年第 5 期。

③ 戴永冠:《公共体育服务概念、结构及人本思想》,载《武汉体育学院学报》,2012 年第 10 期。

④ 施学莲、王正伦、王爱丰:《从特惠到普惠:公共服务视野下江苏省老年人体育需求研究——基于江苏十三个市县的实证调查》,载《南京体育学院学报》,2012 年第 4 期。

⑤ 王占坤:《老龄化背景下浙江老年人体育公共服务需求与供给的实证研究》,载《中国体育科技》,2013 年第 6 期。

仅占 29.2%,据全民健身的要求相距甚远①;刘玉(2014)调查认为,目前老年人对体育公共服务的满意度比较低,对于体育健身设施的满意度仅为 2.78 分(非常满意 9 分,一般为 5 分),与日本和美国等国家社区都有专门为年龄较大的老人设置的体育公共服务设施状况相比,我国老年人专门体育设施和场地相对缺乏②。

2. 老年人健身指导研究

社会体育指导员是在竞技体育、学校体育、军事体育之外的从事群众性体育工作的技能、锻炼指导以及相关群众体育活动的组织管理工作的人员③。我国自《社会体育指导员等级制度实施以来》,经过 20 多年的发展,社会体育指导员队伍不断发展壮大,成为我国发展群众体育活动、全面健身计划实施的重要人力基础。有关资料显示,我国社会体育指导员的比例从 1996 年的 1:20398 到 2011 年增加到 1:2000,15 年增长了 10 倍左右④。老年人体育指导员不仅是促进老年人参与体育健身活动的重要力量,在提高老年人体育参与程度、科学健身知识的宣传以及老年体育组织方面都发挥重要作用,老年人相对于一般人来讲,受限于本身的生理机能特点以及心理状况,其对于体育指导的需求更加强烈。王淑英(2007)通过调查发现,认为需要有人进行体育健身指导的老年人比例达 58.5%,这说明老年人对于体育健身指导者的需求和愿望很强烈;郑家鲲(2009)的研究认为:目前,上海的各类群众体育活动场所中尤其是老年人体育健身活动场所,对老年人进行体育健身活动指导的人员大部分不具备社会体育指导员资格,也没有接受过任何体育专门培训,所谓的体育指导员仅仅是具有较为丰富锻炼经验的体育爱好者⑤;阮天龙(2016)通过调查北京市老年人健身状况,发现未受过体育活动项目指导的有 93%,在未接受体育活动项目指导的人中仅有 12% 左右的老年人认为今后需要体育活动项目指导,由此可见,目前绝大多数的社区老年人缺乏体育活动项目

---

① 辛双双、陈林会:《学校体育场馆向社会开放的现状及对策研究》,载《西安体育学院学报》,2007 年第 6 期。
② 刘玉:《我国老年体育公共服务体系的解构与重塑》,载《体育文化导刊》,2014 年第 2 期。
③ 李相如、苏明理:《全民健身导论》,高等教育出版社 2008 年版。
④ 周松青、何颖、胡建忠:《中日社会体育指导员现状的比较及对策》,载《首都体育学院学报》,2013 年第 4 期。
⑤ 郑家鲲、沈建华、张晓龙:《上海市体育公共服务现状调查与分析》,载《体育学刊》,2009 年第 8 期。

指导;王占坤(2013)认为,老年人社会体育指导员的数量正在不断增加,但是质量却是参差不齐,大部分没有受过专业的培训,并不具备社会体育指导员资格,同时老年人社会体育指导员虽然增长速度很快,但是总量少,并不能满足老年人的总体服务需求。

3. 老年体育组织管理现状研究

王凯珍(2005)认为,老年人体育事业的主要管理机构是中国老年人体育协会,目前我国老年人体育协会的活动经费主要来自公共财政支出,三产发展缓慢,同时老年人体育协会兼职的人员仍然占大多数,老年体育协会的管理人员明显少于县区的管理人员,省、地级的老年人体育协会编制数额却大于县区管理人员。总体来看,目前我国老年人体育管理组织不健全、政府部门专业管理的制度安全存在短缺的问题,政府的保护功能逐渐弱化[1];王占坤(2012)认为老年人体育组织是开展老年人活动的载体,是链接老年人体育公共服务主体和客体的纽带,体育组织促使老年人体育活动科学化、规范化,继而促进老年人体育事业的可持续健康发展。通过研究发现,目前老年人体育组织发展态势良好,覆盖面在逐渐扩大,基本形成了各级老年人体育组织网络,但是各级老年体育协会和老年人体育俱乐部形同虚设,不能完全发挥有效组织老年人体育健身的功能;汪流(2016)认为目前我国老年人体育组织管理存在两种形式,一种是政府主导的理性化行政管理,另外一种是政府牵头创建的具有准行政形式的老年体育协会组织。目前我国各级老体协已经基本覆盖全国,形成较完善的组织网络,但是其存在的价值发生了转变,不是履行对老年人的承诺和使命,而只是在执行国家和政府的工作决定,执行力大于其服务性,官本位思想导致其有利于老年人体育发展之外,很少面向其所应服务的群体——老年人[2]。

4. 老年体育活动服务现状研究

任海(2006)认为老年人体育与其他社会群体体育有很大不同,老年人处于生理功能的衰退期,身体的器官功能逐渐下降,而且这一时期,老年人逐渐退出了社

---

① 王凯珍、王庆锋、王庆伟:《中国城市老年人体育组织管理体制的现状调查研究》,载《西安体育学院学报》,2005 年第 1 期。

② 汪流:《老年体育的"组织化"管理:讨论与思考》,载《西安体育学院学报》,2016 年第 3 期。

会的舞台,心理处于脆弱时期,因此在开展老年人体育健身活动的过程中,无论是从锻炼形式、活动内容以及健身方法等方面不能按照青少年体育的方式方法来进行;施学莲(2012)调查中发现有84.5%的老年人认为体育锻炼活动需要有人组织,目前我国老年人的活动基本上是以自发为主,有组织的活动很少,大部分的老年人希望无论是政府或者其他体育协会组织能够牵头组织他们进行体育健身活动,而且在调查中发现,在个人锻炼、辅导站锻炼以及参加老年体协的锻炼中,老年人更倾向于集体锻炼;王占坤(2012)认为做好老年人体育活动服务是社会主义文明强国建设中必不可少的部分,也是实现全民健身计划的重要步骤。调查发现,老年人体育活动服务逐渐体现出层次化和多样化特征,从国家层面到地方范围内的老年人体育比赛逐渐增多,其中既有综合性的运动会,也有诸如健身秧歌、太极拳等单项运动。当前老年人体育活动存在供给的主体比较单一,主要依赖政府组织、老年人体育活动普及程度不高等问题;楚继军(2016)研究发现,广州市老年人体育活动组织以单项活动为主,专门针对老年人开展的活动很少,分年龄段进行的老年人体育活动更是寥寥无几,很难满足目前老年人的体育活动服务需求[①]。

5. 老年体育信息服务研究

体育信息服务主要是指通过互联网、手机、电话热线、广播电视、期刊报纸、宣传册以及知识讲座论坛等媒介将体育相关健身知识、锻炼方法、场地设施信息、活动组织信息以及其他与体育相关的信息传达给老年人的服务。老年人体育信息服务对于老年人表达自身的需求具有重要的意义和作用。陈新生(2011)认为,目前多数居民没有获得过体育方面的信息服务。自发无序,缺乏科学性质的参与形式是当前大多数老年人面临的现实状况。因此,体育方面的宣传教育、信息咨询显得尤为重要[②];王丽莉(2015)在对老年人体育公共服务的供求效应研究中发现,调查对象中希望自己能够接受自己所喜爱的项目培训的占86.8%,但是经常受到社区体育信息服务的比例仅有17.2%,甚至不知道社区有此类服务的老年人

---

① 楚继军、楚霄:《广州市老年人体育公共服务现状与需求分析》,载《广州体育学院学报》,2016年第2期。

② 陈新生、楚继军:《城市社区休闲体育公共服务的现状与对策》,载《西安体育学院学报》,2011年第1期。

占 29.4%①；在体育信息需求的内容方面，科学体育健身、体育技术动作讲解、运动处方制定占前三位（楚继军，2016）；通过对文献资料的归纳整理，发现目前我国老年人获取体育信息的接受方式主要是报纸期刊，其次是社区宣传信息以及电视电台信息，同时各个地方政府也在积极研究开发和运用新型的手段和方法将体育相关信息及时有效地送达老年人。比如浙江省开发相关的老年人体育电视节目，如《环球老来乐》《浙江老年人体育》等，并且利用互联网社交平台、平面媒体以及广播电视相互结合的媒介网络进行宣传，同时开展科学健身知识讲座，配合公益广告片、宣传片、音像制品等方式普及提高老年人的科学健身素养，而且开办各种培训班、健身大会、体育与健康的线上和线下活动，聘请国内知名专家提供慢性疾病的康复知识讲座等（王占坤，2012）。

6. 老年体育监测服务研究

国民体质监测是衡量一个国家健身活动开展成果和体育事业发展水平的重要指标内容，在我国颁布的《中华人民共和国体育法》《全面健身计划纲要》《国家体育事业发展纲要》等众多纲领性文件中都明确规定，开展全民健身运动的同时要对公民进行体质监测。曹可强（2011）研究表明：我国的体质监测站建设已经初具规模，日趋完善②；但是我国体质监测侧重于青少年人群，目前对于老年人的体质监测年龄在 60 – 70 岁之间，70 岁以上的老年人体质健康监测标准和评价指标尚没有建立③；李建波（2015）认为体育监测服务在老年体育公共服务中占据了重要地位，一方面关系老年人锻炼的安全，而且对于建立老年人数据档案，给定科学的运动处方，促进体育健身效果都具有十分重要的意义。但是，我国目前只在北京、上海、广州等地区开始配备一部分的老年人体育监测设备，对于绝大部分地区而言，还处于空白状态④；李婧（2015）在对北京 259 个街道的调查中发现，仅有 63

① 王丽莉：《老龄化背景下我国城市公共体育服务供给的反思与优化》，武汉体育学院 2015 年博士学位论文。
② 曹可强：《论政府公共体育服务供给的需求导向——以上海市为例》，载《成都体育学院学报》，2011 年第 11 期。
③ 江崇民、张一民：《中国体质研究的进程与发展趋势》，载《体育科学》，2008 年第 9 期。
④ 李建波、刘玉：《中国老年公共体育服务模式研究》，载《北京体育大学学报》，2015 年第 9 期。

个街道配备了体质监测点或者流动站,占 24.3%[①];而在阮云龙的调查中北京市社区老年人中参加体质监测的仅有 19.7%,由此可见即使是在北京这种发达城市,老年人体育监测服务水平同样处于较低层次。王占坤认为造成这种现状的原因可能有以下几点:一是当前开发和利用的体质监测仪器不符合老年人的生理特点,参加体质监测具有一定的风险性;二是体质监测服务分配机制的不健全,造成不均等化现象;此外,国家和政府对于老年人体质健康的关注度远不如青少年。

通过上述研究,我们可以认为,目前我国老年人体育公共服务正处于发展和完善期,普遍存在以下问题:体育公共服务需求与供给不均衡,无法满足老年人的健身需求;体育公共服务不均等化问题严重;供给主体的单一化已经无法满足老年人日益增长的体育诉求;我国尚没有专门老年人体育指导员培训考试制度,社会体育指导员队伍不断壮大,但是专业性和专门性相对缺乏。

(四)小结

通过以上国内相关研究可见,虽然我国学者对老年人体育研究已经初具规模,但是在研究过程中也存在一些问题:

1. 老年人体育研究数量相对较少

关于老年人体育的研究相对于竞技体育、青少年体育仍然偏少,侧面反映出该群体的社会地位,与和谐社会建设不符。老年人作为"非体育人口"中的特殊群体,对健康有着更为强烈的呼声,对此群体进行关注更是普世价值的体现。

2. 对策建议缺乏实证研究

既有老年人体育的研究多停留在定性研究上,迄今还没有学者对之展开定量研究与分析。

3. 单学科研究多,跨学科研究少

老年人体育仅用体育单学科知识进行研究已经远远不能满足,对该人群进行研究更应该从体育学、管理学、心理学、社会学及保健医学等多学科综合着手展开研究。

---

① 李婧:《北京市街道社区老年公共体育服务供给研究》,首都体育学院 2015 年硕士学位论文。

二、国外主要国家老年体育研究状况与评价

(一)德国老年体育发展评述

1. 德国老龄化社会现实

据 2011 年美国人口咨询局的统计显示,在全球范围内 65 岁以上人口数量占全球总人口数量达到 8%,而且,全球已经有 71 个国家达到或者已经超过此比例。对于德国而言,65 岁以上的老年人人口的比例已经达到 21%,据预测,到 2050 年,这一比例将达到 34%。目前德国的人口年龄的中位数已经达到了 44.3 岁①。德国在欧洲是除了俄罗斯以外人口最多的国家,据相关的数据统计显示,到 2010 年德国的人口已经达到了 8180 万人,而且其中小于 15 岁的人口比例不到本国人口的 1/7,该比例在欧洲排在第一位,在全球范围内来看,只有日本的这一比例超过了德国,同时德国的 65 岁以上的老年人人口的比例已经达到 1/5,此外,德国国内的男女人口的寿命不断延长,女性的平均寿命为 85 岁,男性也达到了 80 岁②。2012 年,德国 65 岁以上老年人比例为 20.65%,排在欧洲第一位。而且,德国不仅老年人人口数量占有比例较高,同时也是生育率最低的国家,在一项统计调查中,德国妇女的平均生育率仅有 1.36%,这远远不能满足人口的更替水平,德国的人口负增长率已经持续了接近 40 年。德国国内的统计数据显示,在 2014 年,德国的新生人口为 71 万,而死亡人口则达到了近 87 万,自然负增长数值为 15 万人左右。经预测,40 年后,德国的人口将减少 1200 万左右,低至 7010 万人。长寿化、少子化的社会现实状态,不仅严重更影响了德国人口发展的均衡性,也对德国的社会经济水平造成了更深的冲击和影响③。

2. 人口老龄化给德国带来的影响

首先,人口老龄化对德国的社会保障带来负面影响,尤其体现在其养老、医疗等社会保障方面。德国人口年龄结构的少子化以及老龄化的双重特征带来的直接影响就是退休人员的增加和养老压力的增大,根据德国国内的调查显示,在

---

① 曹莹:《德国应对人口老龄化的相关政策及启示》,载《重庆科技学院学报(社会科学版)》,2012 年第 10 期。

② 《德国人口老龄化程度:欧洲第一,全球第二》,载《人口与计划生育》,2012 年第 12 期。

③ 汪然:《德国应对人口老龄化的政策》,载《中国社会报》,2015 年 11 月 9 日。

2000 年,平均每 4.5 个职工人员承担 1 个退休人员,到 2040 年,将会出现平均 2 个职工人员承担 1 个退休人员的状况,同时退休人员增加,生产劳动人员不断减少,社会各项保险费率逐渐上升,而且老年人口的不断上升所引起的医疗需求也使得政府和社会财政支出压力越来越大,2010 年德国的公共财政中的社保基金财政赤字达到了 850 亿欧元,占德国 GDP 的 3.3%。其次由于老年人口的增加,劳动力市场也同样承受了巨大的压力,《2012 年德国经济报告》指出,随着人口迅速老龄化的社会现实,将导致国内的劳动力人口数量迅速下降,继而对经济增长造成巨大挑战,目前德国的经济增长率稳定在 1.5%,再过 5 - 10 年经济增长率将会降低至不到 1%。劳动力的缺失,会直接造成劳动成本的增长,企业承担员工社会保证金不变的情况下,会导致企业的生产成本不断增加,降低企业的国际竞争力。德国是福利型社会,财政主要也依赖于税收,企业竞争力下降的情况下,因无法缴纳高额税收,会致使企业资产外流,进而影响国家经济的发展(曹莹,2012)。

退休老年人的增加对于社会的公共服务带来冲击和影响。过去 10 年德国人口负增长的现实使得年轻人要负担更多的老年人。据统计,目前在德国失去自理能力需要进行日常护理的老年人数量达到了 230 万人,其中 150 万人都以居家养老方式为主,另外 80 万人选择机构养老。德国相关审计机构通过调查认为,到 2020 年德国选择机构养老的人口数量将达到 90 万人,这就表示需要增加 10 万个养老的床位以及相关的服务配套设施,仅此一项支出就将增加 177 亿欧元[①]。

3. 德国应对老龄化的政策

德国为了应对老龄化对经济社会发展带来的冲击,采取了一系列的政策措施。首先是改革养老制度。自 2001 年以来德国第一次公布养老保险体系已经无法支付足额的养老金,基于此,将原来的单一的养老保险供给制度改成了多方面支撑的养老保险体系,通过津贴制度和税收减免来发展第二、第三养老保险体系。为了达成这一目标,陆续采取了诸如直接养老金储蓄、税收减免政策、纳税延期政策等[②]。其次是延长退休年龄。由 1997 年开始施行的男性 63 周岁退休、女性 60 周岁退休,改为分别 67 周岁和 65 周岁退休的政策,而且目前,德国正在研究要将

---

①　王南:《德国应对老龄化的经验》,载《中国经济时报》,2013 年 5 月 24 日。

②　张萱、朱善文:《德国养老保险体制的改革与启示》,载《劳动保障世界》,2008 年第 7 期。

男女性的退休年龄提升至 70 岁①。第三是进行教育改革。首先将本科学业时间改为为 3 - 4 年,博士由原来的 5 年时间缩短至 3 - 4 年;其次强化职业培训,根据国家紧缺专业培训适应市场的人才需求,仅 2005 年,德国政府出资 150 亿欧元作为大学和培训机构的发展资金,此举的目的就是延长人们的工作时间,继而延长其纳税和保险费用缴纳的时间。第四,鼓励生育。目前德国处于少子化、长寿化显著状况,而且经调查自 20 世纪 70 年代起,越来越多的德国妇女不愿意再做母亲,这也是造成德国出生率低以及人口负增长的主要原因之一,基于此,为了鼓励生育,2010 年 4 月提出有孩子的家庭将给予每月 100 欧元的额外补贴。第五,实施"跨部门人口战略"。重视社区的建设和投入,改善社区的服务环境和优化社区配置,强调社区和家庭的功能;促进老年人再次工作和独立自主生活能力;提高政府公共服务能力;改善老年人的生活质量,鼓励老年人社会参与。第六,开发新型的养老方式,发展长期护理保险②。在专业护理老人院的基础上,建立新型的"老年之家"以及"多代屋"之类互助养老模式。自 1995 年起,德国就启动了护理保险,而且资金缴纳由政府、企业、个人以及保险机构共同承担③。

4. 德国老年人体育现状

德国虽然仅拥有世界上 1% 的人口,但是据调查显示,其活跃在各个体育俱乐部的人员达到 2700 万,占其国内总人数的 33%,这就表示,德国平均每 1 个家庭中至少有 1 个人注册成为体育俱乐部的会员,同时还有 1/3 的人口在会员制的商业健身俱乐部以及其他的体育健身锻炼场所进行活动。据统计,在 2000 年,在体育健身中心锻炼的人口数量就已经达到 4307 万人,因此可以说,德国的体育人口达到了国内人口总数的 2/3,其国民大众体育参与度现状非常可观④。20 世纪 60 年代以前,德国的体育发展方式是以竞技体育为主要目标,随着休闲体育的发展以及国民健身健康意识的提高,德国政府顺应时代发展,提出了体育的第二种方

---

① 李佳:《欧盟国家应对人口老龄化的相关对策及启示》,吉林大学 2011 年硕士学位论文。
② 铭然:《德国养老方式多样化》,载《老年日报》,2011 年 3 月 7 日。
③ 戴卫东:《解析德国——日本长期护理保险制度的差异》,载《东南亚论坛》,2007 年第 1 期。
④ 王燕:《德国大众体育的研究及其启示》,载《四川体育科学》,2013 年第 6 期。

式的发展理念,这也是德国大众体育发展的开端①。并且适时地提出"黄金计划"
的大众体育实施准则,第一个黄金计划(1960－1975)根据场地规划和人口的关
系,根据不同的人口标准,不同的场馆,国家投资兴建不同的场地设施,在此期间,
德国政府对群众体育场地设施的投资达到 185 亿马克(约合 472 亿人民币),平均
每个公民的体育场地设施的投资额达到 300 马克②。德国在第二个黄金计划
(1976－1984)中,总投资额为 76 亿马克,并且在现有的基础上提出更高的要求,
场地的建设根据人口年龄的不同提出相应的标准,比如,儿童游戏场按照年龄划
分为三个阶段,分别设立三种不同的专用场地,运动场平均每人 4 ㎡,体育馆平均
每人 0.2 ㎡等,而且还根据体育兴趣的变化以及发展需求的不同来增加相应的体
育场地和设施(王燕,2013)。第三个黄金计划(1985－1990),此阶段的主要目的
是改善现有的场地设施,引进现代化设施,采取措施来增建新的场地。此外还要
求在居民住宅区兴建露天休息区,公共活动场所以及游乐场地。继而,在 2000 年
颁布了《德国体育指南》,旨在推动大众体育健身活动的开展,同年发布了《联合声
明》,"体育使德国更好"的活动又一次推动了大规模的大众体育健身活动。在近
20 年之间,德国体育的重心已经由竞技体育完成了向大众体育转变,如今德国不
再追求竞技体育成绩而是在培养全民的健康生活方式,使大众能够在体育健身活
动中获得满足和乐趣③。在种种政策和措施的鼓励下,体育如今在德国已经成为
国民生活中必不可少的一部分,已经超越了竞技体育的意义,这从德国的奥运会
的金牌数量可见一斑。据统计55%的德国民众经常进行体育锻炼,经常参加运动
的人口数量超过 1200 万,其中最喜爱的运动包括自行车、游泳、跑步等健身活动。
在对德国国民的调查中发现,大部分民众参与体育俱乐部或者体育协会的目的是
从中享受体育带给他们的快乐。李晓洁(2015)通过调查发现,到 2012 年,德国的
体育协会和体育俱乐部的数量已经达到了 91000 多个,35% 的男性和 23% 的女性
成为其中的会员,而且其日常运转依靠的主要是志愿者的服务奉献,德国 95% 的

---

① Dieckert J,Wopp C. Handbuch Freizeitsport[M]. Schorndorf:Verlag Hoffmann,2002.
② 凌明德、刘孝兰、王敏敏等:《国内外群众体育的开展情况分析》,载《上海体育学院学报》,
1998 年第 S1 期。
③ 刘波:《德国体育政策的演进及启示》,载《上海体育学院学报》,2014 年第 1 期。

体育俱乐部和协会没有专门的管理人员,90%的教练员和辅导者都是兼职人员①。

对于老年体育来讲,德国通过政府的体育系统联合各级各类协会的相互配合积极推动其健康发展。德国奥体联合会与德国家庭、妇女、老年人共同推出的"50岁以上老年人健身组织网络",德国体操联盟也推出了"运动直至100岁计划",动员80岁以上的老年人积极参与体育锻炼活动,鼓励老年人进行身体稳定性和平衡性以及协调能力的发展,以此来增强其生活中的自理能力,延缓机能衰退,提高生活质量。而且将50岁以上老年人的体育健身活动安排整理成册,及时地了解老年人参与体育活动的信息反馈,同时尝试将保健与体育活动相结合,以此来丰富老年人体育健身活动的内容②。为了提高老年人体育健身效率,德国部分地方政府推出"年轻人与老年人一起健身"的计划,以此提高老年人社会参与的积极性,促进双方的交流,经过多年发展,组织网络的发展也日趋完善③。周兰君(2009)通过研究德国老年人健身的"Keep Fit"项目,认为目前德国老年人体育存在以下特点:德国政府部门非常重视老年人体育的发展,并且委托德国红十字会参与此项工作;联合非政府组织有效推动老年人体育的发展;重视老年人体育专门指导员的培训,按照项目细化分类,同时重视老年人体育指导者专业知识的更新换代,经常开展培训和继续教育,用来更新其知识结构、内容和技术技能;志愿者在老年人体育健身过程中发挥举足轻重的地位④。

(二)日本老年体育发展评述

1. 日本的超老龄化社会

目前国际上关于老龄率是指65岁以上的人口占有该国家或者地区的总人口的比例,老龄化率在7%－14%之间是"老龄化社会",老龄化率在14%－21%是"老龄社会",老龄化率在21%以上则是"超老龄化社会"。截至2010年,日本的人口达到1.28亿人,其中65岁以上人口总数以及所占比例分别达到史上最高的2958万和23.1%,其中75岁以上的老年人人口数量达到了1430万,所占比例也

---

① 李晓洁:《德国大众体育发展探因》,载《中国体育报》,2015年4月8日。
② 侯海波:《德国大众体育发展现状及成功经验探析》,载《山东体育科技》,2014年第3期。
③ 侯海波:《德国实施"50岁以上老年人健身组织网络计划"》,载《中外群众体育信息》,2012年第4期。
④ 周兰君:《荷兰德国老年人体育活动模式研究》,载《体育文化导刊》,2009年第7期。

达到了 11.2% ,而且 80 岁以上的老年人口超过了 800 万人。到 2014 年 10 月 1 日为止,日本 65 岁以上的老人已经达到了 3300 万人,占总人口的比例为 26.0%①。据此比例我们可以发现,在日本每 5 个人中就有 1 位 65 岁以上的老年人,每 9 个人中就有 1 位 70 岁以上的老年人,可以说根据国际通行的关于老龄化社会分类标准,日本已经进入了"超老龄化社会"。根据日本国内人口问题研究所的研究表明,到 2055 年,日本的 65 岁以上人口和 70 岁以上人口比例将达到 40.5% 和26.5% ,届时在日本社会中每 2.5 个人中就有一个 65 岁以上的老年人,每 4 个人中就有 1 个 70 岁以上老年人。超老龄社会是一个国家或者地区经济高度发达的表现,是社会文明进步的象征,对于人类历史的发展具有代表性意义。据统计,目前全世界只有日本一个国家进入了"超老龄社会"。

2. 日本超老龄化社会对经济社会的影响

老龄化对社会经济的影响是全球范围内的问题,和中国老龄化社会进程中遇到的问题一样,日本的超老龄化社会同样对其国内的社会经济的发展带了巨大的影响和冲击。从劳动生产率和增长率层面来看,1974 年至 1991 年期间,日本劳动生产率从人均 423 万日元增加到 702 万日元,年增长率能够达到 3.03% ;从 1991年至 2009 年增加到 750 万日元,年增长率下降 0.39% ;2001 年以来,日本劳动生产率一直存在着"零增长"和"负增长"的现实状况,平均增长率为 0.52%。劳动力利用效率层面,自 20 世纪 90 年代开始,日本的劳动年龄人口就已经开始进入了负增长的阶段,而且这种趋势逐渐呈现出加速度的态势,1992 - 2000 年之间日本劳动力年龄人口年均减少 0.07% ,而到了 2000 - 2009 年期间,其减少速度增加到 0.65% ,到 2009 年,日本的劳动年龄人口的规模仅仅与 1984 年持平②。

人口老龄化必然导致老年赡养系数的提高,而赡养系数提高的最直接影响和体现就是社会负担的加重③。人口老龄化是一个人口转变过程中的必然过程,随着出生率和死亡率的下降,在初期对社会的经济发展是具有促进作用的,伴随这

---

① 《日本发布高龄社会白皮书:65 岁以上老人占 26%》,中国新闻网:http://www.chinanews.com/gi/2015/06 - 12/7340552. shtml。(访问时间:2015 年 6 月 12 日)。

② 王晓峰:《老龄化加速期人口因素对日本经济增长的影响——以人口、经济的双重拐点为视角》,载《现代日本经济》,2014 年第 5 期。

③ 熊必俊:《人口老龄化和可持续发展》,中国百科全书出版社 2002 年版。

一过程产生的人口增长减缓、总人口的抚养比例和少儿人口抚养比也会下降,这个过程不会对社会产生不良的效应,但是老龄化发展到一定程度,老年人口成为社会的主要抚养对象,这样的结构就会对社会经济发展产生不利影响①。日本的超老龄化产生的老龄少子现象直接导致了日本老年抚养比迅速增加,这对养老保障体系形成了极大的挑战。日本自 1995 开始应对人口老龄化,于 1997 推出了老龄化社会对策大纲。随着日本老龄化社会进程的加快和超老龄化社会水平的提高,2001 年以后,养老金和老年人医疗和社会保障费用成为政府支出的最大项目,此消彼长,这种支出结构导致了日本用于刺激国内经济发展和建设的灵活性资金比例急剧减少,造成财政运营的余地缩小,导致政府的财政困境②。据日本社会保障局于 2011 年公布的 2009 年老年人社会保障支出与上一年的比较增加了 6.1%,在所支付的社会保障费用中,老年人使用年金占 51.8%,医疗占 30.9%,总体占国民总收入的比例增加了 2.7%,达到 29.4%③。同时,超老龄化社会对于日本的企业也造成了巨大的冲击,就业人口连年降低,2009 年的就业人口数量低于 1991 年的水平,2011 年,日本近两成的企业认为严重缺少劳动力,有 16% 的企业认为,就业人口数量的减少已经严重影响公司和企业本身的经营和发展④。

3. 老龄化背景下日本老年人体育研究综述

日本大众体育的特点是终身体育。终身体育在日本的理解主要有两种方式,一种是按照生命周期的角度来划分不同的阶段,比如,婴幼儿、儿童、青少年、中年、老年前期和老年后期等时期,与其相对应的就是不同的体育类型。总体来讲,就是人无论在哪个时期参加体育活动都是终身体育,因此对日本来讲,学校体育也属于终身体育中的一部分。另一种理解方式,则是抛开生命周期的方面,单纯从体育行政的角度来看,是所有人民,根据自身对体育不同的需求结合自身的能力,无论任何时间、地点,始终参加体育活动就是终身体育,其实是将终身体育看作是终身体育社会。日本将大众体育上升为终身体育的层次,是在老龄化进程不

① 王伟:《日本人口结构的变化趋势及其对社会的影响》,载《日本学刊》,2003 年第 4 期。
② 王晓璐、傅苏:《日本超老龄社会及其影响》,载《现代日本经济》,2012 年第 5 期。
③ 《社会保障费创下历史新高,达 998507 亿日元》,日本《读卖新闻》,2011 年 10 月 29 日。
④ 《日本就业人口持续减少,两成企业遭遇用工荒》,央视网:http://news.cntv.cn/world/20120907/103157.shtml。

断加快的背景下提出的。在 20 世纪 70 年代初至 80 年代末,日本的老年人口总数和所占国民总人口数的比例急剧上升。与此同时,社会经济水平也不断提升,对体育健身活动的需求也越来越强烈。但是,对于体育需求的提高并没有带来体育人口的增加,反而呈现出下降的趋势,1982 年至 1988 年间下降了 1.6%。加之,中国体育的蓬勃发展对日本的竞技体育成绩也带来冲击,失去了其领先的地位,因此在此基础上,日本便提出了发展终身体育的《关于面向 21 世纪的振兴体育方策》正式出台①。

老龄化使全球各个国家和地区带来了一系列的社会经济问题,为了应对这种挑战和冲击,破解这个难题,一方面缓和社会的压力,另一方面让老年人能够健康快乐地度过人生的最后一个阶段,"健康老龄化"的概念应运而生。健康老龄化不仅仅是老年人寿命长度的提高,更是老年人生命和生活质量的提高。经过国内外专家的研究认为,体育活动其独有的健身功能,以及对于时间和空间的较低要求,相较于其他类型的社会活动对于实现健康老龄化更加有效。郭未(2016)认为日本的老龄化相较于中国来讲起步早、程度深,但是日本作为发达国家,相关老年人的公共设施比较完备,各类保障体系也相对健全,因此,其通过对日本老龄健康数据的搜集分析,探究老年人参与体育运动与健康老龄化的关系,以此为中国实现健康老龄化给予启示和建议。通过研究发现②:

(1)体育参与与年龄成负相关。日本老年人的体育锻炼的参与程度与年龄是呈现负相关关系,即运动程度参与较好的发生在 65 - 70 岁的年龄段。

(2)行业对体育参与无影响。不同行业之间对于体育健身参与程度的影响不显著,可以说是没有差异的,居住在城市的老年人体育健身参与度是农村老年人的 1.4 倍左右。

(3)体育快感影响参与积极性。参与健身活动中的快乐、愉悦程度能够显著影响老年人体育锻炼的积极性和参与程度。

(4)教育程度对体育参与无影响。传统的理念认为,教育程度对老年人的体

---

① 崔颖波:《日本发展大众体育的特点及趋势——"终身体育"政策篇》,载《体育与科学》,2003 年第 2 期。

② 郭未:《健康老龄化:历史维度下的日本启示》,载《兰州学刊》,2016 年第 5 期。

育参与程度具有很大的影响,但是通过调查发现,65 岁以上的老年人中,教育程度已经不是影响老年人体育参与程度的显著因素。

总体而言,在日本,人口特征中只有年龄还对老年人体育健身活动参与起到显著的影响作用。此外,通过研究还发现,女性体育健身参与度高于男性;心理状态越好,感到快乐的老年人更加倾向于体育锻炼活动;参加体育健身俱乐部的老年人在体育活动参与方面更加具有积极性和需求;老年人的健康自评和活动能力也同样对老年人运动参与程度起到显著的影响。

我国学者对于日本老年人体育运动的研究自 20 世纪 90 年代末就已经开始了。肖焕禹(1999)通过对比中国长春市和日本仙台市老年人的体育健身现状发现,日本老年人参与体育健身活动的项目呈现出多样化趋势,但是散步和慢跑传统项目依然排在第一位;日本参与体育健身活动的频度和持续时间较中国老年人情况好;从参与动机来看,虽然为了健康参与体育活动的人数依然维持较高比例,但是正在向娱乐和社交方面转变,参与体育活动的动机顺序依次为维持健康、娱乐、交友、运动不足和减肥;日本老年人对于体育的满意度和体育活动的关心程度都要高于中国老年人[1];余建华(2004)通过对日本相关资料的分析和整理发现,首先随着年龄增加,运动习惯者的比例也随之上升,老年人体育健身活动的参与率高于中青年,但是仍然有超过一半比例的老年人没有参与体育健身活动;其次日本老年人通常喜欢一个人能够进行的体育运动,而且,倾向于对于服装、季节要求不高、一天之内能够多次重复的体育活动类型;日本老年人喜爱的体育项目一般具有规则简单易懂,能够快速体验运动中的快乐,技术上有一定的深度,能够获得满足感和成就感,运动强度不能太大等特点。比如,健康体操、门球、高尔夫、步行、舞蹈类、垂钓、登山、游泳等。日本的体育公共设施相对完备,据统计,日本老人中有 40% 在运动场、体育馆进行体育健身活动。此外,日本的学校场馆设施90% 以上对老年人开放[2];周庆平(2004),通过分析日本老龄化社会体育运动特征发现,日本老年人的体育运动项目具有专门性特点,强度较低,费用支出合理,

---

① 肖焕禹、潘永芝:《国长春市与日本仙台市老年体育现状调查研究》,载《北京体育大学学报》,1999 年第 4 期。

② 余建华:《日本老年人体育运动的现状与分析》,载《武汉体育学院学报》,2004 年第 3 期。

运动项目的规模小,人数少,总体来看,参与体育健身活动的人口数量随着年龄增长而降低,但是随着年龄的增长,体育锻炼持续时间和频度高的老年人却呈现递增趋势①;刘应等人(2009)通过分析中日两国老年人的体育现状发现,日本体育人口随着年龄的提升而增加,但是尚有超过半数的老年人没有参加体育锻炼;日本老年人最喜欢的体育项目排名依次是:步行、简单体操、高尔夫、跑步、游泳、保龄球等;同时非常重视老年人体育场地设施的建设和利用率,鼓励通过引进社会资源建设体育场地设施,这与我国资金来源主要通过政府和体育彩票的公益金是不同的,另外日本的体育场馆设施的利用率极高,学校体育场馆开放率达到90%以上②;李捷(2014)通过调查发现,从参与体育健身活动的频度来看,日本老年人选择经常和偶尔参加的比例最高,而且经常参加社区活动的老年人更加健康、更加乐于运动;参与的体育活动项目主要还是以独自运动和个人参与的方式为主;在日本,家人对于老年人体育活动参与的支持率较高,但是希望给予指导的老年人仅占28.3%,同时对于体质监测的需求感非常强烈,占68.1%;48.5%的老年人的体育信息来源于朋友;社区综合体育部是老年人参与体育健身活动的主要场所,但是对社区组织的活动有55%左右的老年人表示不满意,没兴趣③。

总体来看,日本老年人在参与体育健身活动中和中国老年人有其共同点和相似之处,但是日本在解决现实问题时的针对性、实效性以及执行力方面值得我们去借鉴,同时,日本针对老年人健身存在的问题采取的人性化和长远机制相结合的方式方法以及提出的各项解决措施具体可行性,体育公共服务的相对完备性,值得我们去思考和借鉴。

(三)韩国老年体育发展评述

韩国老年体育的发展对我国老年体育的发展具有较高的借鉴意义:一是两国的历史文化相似;二是两国人口结构相似,60岁以上的老人文化水平也不高,小学以下人群占37.8%,小学 - 高中文化水平人群占56.5%,大学以上人群占5.7%;三是韩国是世界上老龄化速度最快的国家之一,在应对过程中面临更为严峻的人

---

① 周庆平:《日本老龄化社会体育运动特征研究及对我国的启示》,载《中国体育科学学会第七届全国体育科学大会论文摘要汇编(一)》,2004年。

② 刘应、王丽水:《中日老年体育现状比较分析》,载《四川体育科学》,2009年第1期。

③ 李捷、王凯珍:《日本老年人体育活动现状研究》,载《体育文化导刊》,2014年第8期。

口老龄化问题;四是多年来不断实践,韩国在应对人口老龄化方面已经积累较多的成功经验,尤其是在 20 世纪 70 年代韩国新村运动后,成功实现了社会的跨越式发展,幸福指数得到空前提高。因此,在老龄化背景下研究体育干预对老年人幸福指数的提升,韩国经验将具有相比于其他国家更大的借鉴和实用价值。但是由于韩国的城市化水平相当高,早在 2000 年已经达到 79.7%,到 2013 年达到 91%。因此,韩国农村体育和城市体育差别不大,故而此处将直接分析韩国老年体育发展的经验,以及为体育干预促进老年人幸福指数的提升提供具有创新性和实效性的经验借鉴。将韩国可资借鉴的方面列举如下,希望能为我国相关发展提供参考。

1. 带有社会福利性质的政策与资金扶持

在韩国,老年体育的开展与社会福利密不可分,众多活动的开展均以政策和财政支持为主。在韩国政府体系中设有"保健福祉部",该部门在老年体育政策的制定中发挥了重要作用。此外,社会体育也包含老年体育内容,其主管部门"文化体育观光部"不但在政策制定中发挥着重要作用,而且在开展过程中给予了较大的财政支持。由此,经过多年的实践与磨合,在韩国老年体育的开展过程中,"保健福祉部"和"文化体育观光部"两大部门形成了一个政策支持和经费支持的老年体育良好发展环境。

2. 保健福祉部强有力的政策支持

对于老年人参与体育运动的统计中,韩国 2008 年"保健福祉部"的统计数据显示:有 87.9% 的老年人可以独自参加体育活动,有 12.1% 的老年人不能参与体育活动,需要进行疗养。因此,针对老年群体生活水平的提高,保健福祉部在全国 460 万老年人口中,选取 30% 活动不便的老年人每月对其发放补贴进行生活水平改善,另外针对活动方便的 54 万名需要工作岗位的老人,为其提供了 8 万个工作岗位,使其通过自己劳动改善生活水平。在老年体育具体开展方面,积极组织引导老年人进行登山、徒步等体育健身活动,引导老年人积极进行体育锻炼,培养老年人的健康锻炼意识,使老年运动人口提高到 39.6%。具体政策如表 0-3 所示。

表 0 - 3　保健福祉部在老年体育中的相关政策

政策构成	老年人人数	相关细分政策
可以活动老人	404 万人(87.9%)	①增加老年人生活保障 ②增加老年人工作岗位 ③积极开展全国性老年人体育活动 ④鼓励各地开展适合自己的福利性体育模式
需要疗养老人	56 万人(12.1%)	①建立老人护理保险制度 ②扩充老人护理保险基础 ③扩大在家老人福祉服务

3. 文化体育观光部的资金支持

文化体育观光部在老年体育开展中扮演了第一受试者的角色,2005 年 11 月制定了《老人体育活动支援事业计划方案》,方案中明确提出了三个问题:(1)老年人的身体保健、医疗卫生、社会福祉问题;(2)老龄化社会中老年人生活的制度保障;(3)通过体育活动的开展从而打造老年人的休闲生活。就这 3 个问题还提出了以下详细方案:(1)在全国范围内培养 250 名老年人专门体育指导员,实现省、市、区老年体育指导员各一名;(2)每年在全国 16 个省、自治市中召开老年体育运动会和体育健康大会,扩大老年体育影响力;(3)开展老人体育运动项目和科学锻炼方法的开发与推广工作,并将运动项目和锻炼方法以录像带的方式进行推广。当年该活动经费预算达到了 57.5 亿韩元,详细预算如表 0 - 4 所示。此外,文化体育观光部对老年体育开展的经费支持力度也非常大,每年支持金额保持在 35 亿韩元左右,支援项目逐渐从运动场所的扩建发展到对老年体育用品和服务支援等方面(如表 0 - 5)。

表 0 - 4　2006 年老年体育总体预算(韩元)

项目	金额	明细
指导员工资	18.32 亿	122.1 万(月工资)×250 名×12 个月×50%
法定捐助款	2.98 亿	19.9 万×250 名×12 个月×50%
指导员差旅费	3 亿	20 万×250 名×12 个月×50%
省市级老人运动会开支	3.2 亿	4000 万×16 个地区×50%
老人运动项目开发	2.5 亿	
总预算	57.5 亿	老人体育振兴金 30 亿,地方费用 27.5 亿

表 0 - 5　文化体育观光部对老年体育的经费支援(韩元)

项目	2004 年	2005 年	2006 年	2007 年	2008 年
老人专用体育空间 扩建门球场、运动场 老人健康体育公园	20 亿	15 亿	10 亿		
推广老人体育项目 长寿体育大学 支援生活体育教室、运动会 推广敬老院相关运动服务	7 亿	7 亿	14 亿	15 亿	20 亿
推广老年运动用品 支持社会福祉设施和用品 推广门球项目 支援敬老院运动用品	9 亿	9 亿	12 亿	16 亿	19 亿
总经费支援	36 亿	31 亿	36 亿	31 亿	39 亿

4. 阶段性和多样性的场地建设

阶段性和多样性的场地建设在韩国老年体育发展过程中体现尤其明显,主要表现在主要场地和多样性配套场地两方面。在第一阶段(2004 - 2006)中,其建设主要目标是对老年体育主要场地进行建设,其中包括专用体育空间建设、门球场建设、运动场建设、老年健身公园建设,投资总额达到 45 亿韩元,在很大程度上解决了老年体育场地问题。第二阶段(2007 年 -),在政府每年的预算中专门设置老年体育专项资金,专项资金主要针对老年体育教室、老年体育场地配套设施、老年体育活动设施等建设,截至 2013 年 8 月,韩国共建成并投入使用"老年健康教室"147 个,"老年自主运动教室"90 个,以及各种单项体育活动中心 436 个(见表0-6)。436 个单项体育活动中心涉及体操、体育舞蹈、民族舞、古典舞蹈等十余个类别,体现了韩国体育活动场地建设的多样性。

表 0-6　老年单项体育活动中心

种类	生活体育中心	老人福祉中心	总
生活体操	3	110	113
体育舞蹈(孝道舞蹈)	2	58	60
民族舞	0	54	54
古典舞蹈	0	22	22
丹田呼吸、养生气功、瑜伽	0	54	54
门球	0	28	28
乒乓球	0	27	27
健美操	1	17	18
台球	0	13	13
羽毛球	0	10	10
游泳	21	1	22
水中体操	1	0	1
健身	2	0	2
脚戏、太极舞、太极拳	0	12	12

5. 以庆典活动为抓手的体育干预手段

保健福祉部推行的老年活动中规模最大、参与人数最多的是 2006 年 9 月在韩国全州召开的"第一届全国老年健康大庆典",参与人数超过 5000 人,活动主题以"健康、热情、爱和融合"来"唤起全国老人的生活热情和宣传终身健康运动",所开设项目达到 18 个,具体如表 0-7 所示。由于参与者众,且宣传力度大,韩国老年健康庆典在老年人群体中具有很大的影响力。这里要强调的是,这次活动虽然有较大成效,但是也有不足之处。首先,这次活动中所提出的一些对老年人健康发展的措施,在活动结束以后并没有实施。其次,这次活动虽然是以老年人健康为主题,也在呼吁老年人终身健康运动,但是此次活动并没有邀请体育健身专家和体育营销专家参与。

与健康庆典影响类似的韩国老年运动会也是重要的体育活动庆典,既包含国家赛事,又包含地方赛事,每年都是老年人关注的焦点。在比赛项目的设置中,虽然在开展前期也是对竞技项目的照搬,但是现在已经基本完成对竞技项目的适老化改造,使得所有开展项目基本能符合老年人自身的身体特点和兴趣爱好。如早在1990年韩国老年人运动会比赛中,比赛项目多为50米、80米、5000米跑等田径项目,到2005年此类强度较大的竞技项目已经被替换成一些新兴项目。这种比赛项目的适老化改造到2011年已经展现得非常明显,羽毛球、自行车、保龄球、登山、钓鱼、高尔夫等现代运动项目成为运动会的主要比赛项目(见表0-7)。此外,运动会中休闲元素的注入也是比赛项目变化中一大亮点。如今在比赛中,激烈竞争的比赛已经变为一种带有娱乐性质的狂欢,运动会更加符合老年人自身的年龄与兴趣特点,尤其是对老年人体育的参与具有重大的促进作用。

表0-7 韩国第一届老年人健康大庆典项目

构成	项目	场所	项目	场所
主活动	健康体操		羽毛球	华山体育馆
	器械体操		门球	松川门球场
	健美操	三星文化会馆	跆拳道	全北学生综合会馆
	体育舞蹈		长寿舞	三星文化会馆
附带活动	老人歌曲展示	德津公园	老人用品展览会	室内体育馆
	文化艺术活动	室内体育馆	健康咨询	
	老人时装展	三星文化会馆	秋季学术大会	全北大学
	老人风采大会		市、区公务员研讨	三星文化会馆
	全国老人综合艺术演讲大会	室内体育馆	全北老人设施综合艺术节	室内体育馆

表 0－8　韩国近 20 年老年人运动会比赛项目对比

年份	比赛项目	娱乐项目
1990 年	男子 80 米、女子 50 米、男女 400 米接力、5000 米、排球等	
2005 年	羽毛球、公路循环、体操、保龄球、乒乓球、台球、门球、登山、钓鱼、围棋、象棋、高尔夫等	健美操、舞蹈、竞技舞蹈、游泳
2011 年	羽毛球、自行车、生活体操、保龄球、乒乓球、台球、门球、登山、钓鱼、象棋、围棋、场地高尔夫等	国学气力网球、足球

6. 以细分受众为切口的多元层次性开发

　　韩国老年体育的开展过程中,对老年体育进行了分类,主要根据老年人的年龄、身体健康与精神健康状况等指标,将老年体育分为:长者体育(어르신체육)、老人体育(노인체육)、高龄者体育(고령자체육)、老龄者体育(노령자체육)(注:名称为字面翻译,具体区分请参照四种体育所适用的年龄段、对各种老年人的侧重点以及主要包含项目)。针对不同类别的老年人提供不同的体育项目,50 岁以上、60 岁以上、70 岁以上各年龄段人群所参与的项目均有区别(见表 0－9)。在项目的开发过程中主要有以下三种方式:(1)对已有项目的利用。如:篮球、足球、乒乓球等;(2)开发新项目。如:门球、木球等;(3)对已有项目的改造。如:老年舞蹈、老年体操等。对项目的评价也相对较为完备,主要从老年人参与体育项目是否合适、参与的体育项目对老年人健康的保持有多大作用、老年人参与体育活动量的标准等。

表 0 - 9　老年群体划分及体育活动分类

分类	分类标准	开展项目	项目开展作用
长者体育 어르신체육	50岁以上，身体和精神都健康的人群，侧重于休闲与爱好	休闲高尔夫、滑水、潜水、钓鱼、游泳、登山，以及足球、马拉松、铁人五项、网球、健身运动、搏击等	体力维持、身体健康保持
老人体育 노인체육	60岁以上人群，侧重于休闲与健康	身体健康：乒乓球、台球、射击、射箭、网球、羽毛球、自行车 精神健康：围棋、国际象棋、园艺治疗、舞蹈治疗等	体力维持、身体健康保持、精神健康保持
高龄者体育 고령자체육	70岁以上，身体虽有疾病，但健康状况良好的人群，侧重于身体与精神健康保持	散步、登山、跳舞、快走、自行车、游泳等	体力维持、精神健康保持、治疗疾病、重新生活
老龄者体育 노령자체육	50岁以上，患有疾病的人群，侧重于疾病恢复与防治疾病复发，需要医生的指导	针对五官感觉治疗、音乐欣赏治疗、声音治疗、美术治疗、香味治疗等相关运动	治疗疾病、重新生活

7. 以产业化思路为推手拓宽发展路径

除国家大力支持外,韩国老年体育干预也注重产业化的发展进程。韩国高龄化和未来社会委员会针对社会快速老龄化制定的《养老产业活性化方案》就是一例,该方案从 60 个养老项目中选择了 19 个项目进行培育,其中与老年体育密切相关的就有 6 个,其中融资产业中启动的"反向抵押制度"和"资产管理制度"为产业的顺利进行提供了强有力的资金保障(见表 0 - 10)。这里的"反向抵押制度"与我国近期推行的"以房养老"制度相似;休闲产业中筹划建设老年人休闲养生园区,推广休闲体育养生项目;还有农业,老年产业与农业相结合,不但推行养老归农教育,而且在农村地区推行养老农业主题城和老年个性农场,显示出韩国老年产业贴近自然,注重生态的发展路线。

表 0 - 10　养老产业战略领域和项目

领域	19 个战略项目
疗养产业	在家疗养服务
设备产业	居家、远程诊断、携带式技能健康诊疗信息系统;中医医疗设备;护理支援和室内外移动支援系统
信息产业	家庭护理;信息通讯辅助设备;老人专用种类开发
休闲产业	老年休闲养生园区
融资产业	反向抵押制度;资产管理服务
住宅产业	高龄者住宅改造;提供高龄者租用住宅
中医产业	中医保健观光;机能抗老化中医食品;老人专用中药化妆品;开发老人专用中医制剂
农业	养老归农教育;养老农业主题城;老年个性农场

第四节　研究思路与内容

一、研究对象

本研究在"幸福中国"的大背景下,以体育干预提升老年人幸福指数为研究对象,以山东省淄博市博山区、安徽省六安市霍邱区、四川省内江市隆昌县老年人为实际调研对象。

二、研究的基本思路

本研究的两个关键词是"幸福中国"和"老年体育"。在已有研究成果的基础上,对"幸福中国"和"老年体育"进行理论梳理,然后展开老年体育现状调研,与此同时运用德尔菲法构建体育干预提升老年人幸福指数的实施路径,在此基础上选取实验基地,实践此前制定出的老年体育实施路径,并对路径的实施效果进行量化分析,最后立足于我国老年人实际提出最优化的老年体育干预路径。

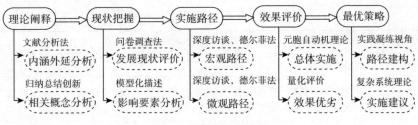

0－1　研究技术路线图

三、研究方法

（一）文献资料法

以中国知网为基础对老年人体育、体育干预以及幸福指数相关文献进行检索和分析，从而尽可能全面地了解相关选题的研究现状。与此同时，利用 SCI 数据库重点针对美国、德国、日本、韩国老年人有关的体育政策、措施、开展现状展开查找，以便更多地掌握国内外成熟经验，为本研究提供理论支持。

（二）问卷调查法

根据地理位置的划分，本研究对中国东部、中部、西部地区进行整体调研，选取山东省淄博市博山区、安徽省六安市霍邱区、四川省内江市隆昌县 600 名城市老年人和 600 名农村老年人进行问卷调查，发放并回收问卷 1200 份，但是在问卷的统计中发现部分问卷缺乏可信度，究其原因主要为部分老年人对体育活动缺乏了解，从而理解问卷内容存在偏差。为了获得较为真实的统计数据，本研究在 1200 份问卷中选取文化程度相对较高且态度认真的 200 名城市老年人和 200 名农村老年人进行第二次问卷调查，第二次问卷回收率及有效率为 100%。

（三）深度访谈法

为了获取第一手国外资料，在研究过程中就国外老年体育发展背景、现状和成效以及体育活动如何提升老年群体幸福感等问题，多次访谈韩国老年人体育会会长장현호 教授，从而对国外老年体育开展中的老年贫困、老年疾病、老年孤独、老年无为等现象以及国外老年体育发展现状、老年体育产业、老年体育发展政策、老年体育发展方案等一系列问题有了更全面的把握。

为了深入把握老年群体的真实内心活动，在调查问卷的基础上，还对部分被调查对象进行了深度访谈，询问其体育认知与体育参与动机出现巨大反差的原因,以及该群体对体育的需求内容、方向、选择等相关情况,以及政府和市场对相关服务内容的供给等情况,从而在较大程度上掌握了被调查者的真实需求。

(四)德尔菲法 + AHP 层次分析法

运用德尔菲法对体育干预提升老年人幸福指数路径的合理性、可行性进行评判修订。选取中外老年体育领域专家 10 名、老年学领域专家 9 名、社会体育学领域专家 5 名、老年医学领域专家 5 名、残疾人体育领域专家 5 名、民政部和老龄委及国家体育总局相关科研工作人员 8 名、资深老年运动者 10 名,总共 52 名专家,对"体育干预提升老年人幸福指数实施路径"进行评判修订,经过两轮测试,最终形成较为统一的实施路径。并通过 AHP 层次分析法对实施路径进行重要性排序,极大提高了相关路径的可行性。

四、研究内容

(一)老年体育、老年体育干预与幸福指数的理论阐释

本部分主要从以下四部分进行理论研究:

1. 幸福中国:幸福中国的提出、内涵、结构及意义;

2. 老年体育:老年体育的内涵、构成、特征、功能;老年体育的政府福利性支持与产业化开发;老年体育发展过程中人才培养、投融资策略等相关问题研究;

3. 老年人幸福指数:幸福与幸福指数的内涵;老年人幸福指数的内涵和外延;老年人幸福指数指标体系构建;

4. 体育干预对老年人幸福指数的提升:体育干预提升老年人幸福指数的特殊性和重要性、体育干预与老年人幸福指数的耦合路径。老龄化背景下,以提升老年人幸福指数为目标的体育干预既是一种对弱势群体的关怀,也是对体育强国战略下竞技体育单边发展的一种反思。

(二)老年体育现状及评价

老年体育干预以老年体育为纽带综合了社会学、医学、环境学等多个学科,指的是有计划、有步骤地运用体育手段对老年群体施加影响,使之向预定目标变化的过程。本部分将运用问卷调查、深度访谈等研究方法,对老年人体育认知、社会对老年体育认知、老年人对体育的需求与参与情况、老年体育项目分类与开发、老年体育的政策引导与社会保障等方面进行全国范围的客观调研,深刻把握老年体

育开展现状以及老年体育开展过程中所存在的问题,从整体上对老年体育现状进行客观分析与评价。

(三)体育干预提升老年人幸福指数的实施路径

老年体育干预手段的使用不可一概而论,而应根据不同的人群或者同一类人群的不同状态制定不同的体育干预手段,以促使目标的达成。为了保证实施路径的实用有效,采用德尔菲法先确定实施路径,再在小范围投入实践,并对实施效果进行双向评价反馈,对效果显著部分继续挖掘,对效果较差部分及时更换,最终形成可行性较高的实施路径。研究主要从四方面确定合理可行的实施路径,为下一部分实践检验提供前提:

1. 引导性、预防性、康复性体育干预提升老年人健康指数;

2. 体育的保证性、易得性、满意度提升老年人福利指数;

3. 体育服务的均等化、体育项目的多元化提升老年人文明指数;

4. 开发民俗性、地域性、技能性体育提升老年人生态环境指数。

(四)立足于老年人实际,提出最优老年体育实施方案

经过上述理论假设与实践检验,本部分采用复杂系统分析方法和实践凝练视角,对实验过程中的体育干预路径和方法进行综合分析,去粗取精。同时,结合不同类型、不同区域老年人实际,以"低投入、易推广"为价值导向,对体育干预路径进行系统归纳总结,形成明确的老年体育实施体系,为决策部门相关政策的贯彻落实和老年人幸福指数水平的提高提供路径选择。

五、主要观点

(一)体育干预能提升老年群体健康水平

体力劳动虽然不等同于体育,但是体力劳动所造成的人体损伤与体育损伤具有高度的相似性。老年群体大多长期从事体力劳动,身体均在不同程度受到慢性损伤,将体育康复手段运用于老年群体的身体损伤,有助于提升该群体健康水平。

(二)老年体育缺乏理论与实践

在我国,人们所熟知的体育,其理论和实践都是建立在年轻人口类型基础上,着眼点是正在生长发育的青少年和身体机能相对稳定的中年人,而对身体机能日趋衰退、年龄跨度将近四十年的老年人群该如何进行体育锻炼则缺乏必要关注。

（三）体育是老年人的健康生活方式

老年阶段作为人生中的最后阶段,在生活过程中将会更加关心与其生命延续及生存状态密切相关的方式方法,体育无论是作为一种纯天然医疗生活方式,还是作为一种大众生活娱乐方法,对健康均具有不可替代的作用。

（四）老年人要形成对体育的正确认知

长期从事体力劳动使得大多数老年人普遍认为没有进行体育锻炼必要性,更没有主动进行体育锻炼的习惯,这种对体育锻炼认知的偏差,直接导致了老年群体相关运动体验的缺失,体育干预的介入恰恰可以改变这种认知偏差,促使老年群体养成体育参与的习惯。

（五）老年人容易对体育产生积极的认同

中国老年人文化水平普遍不高,对其继续进行文化教育的可行性并不大,但是体育作为人的一种与生俱来的本能,受知识水平的影响较小,以体育作为提升幸福指数的突破口,可以让最大范围内的老年人融入其中,并在较短时间内产生积极的认同感,从而促进老年人幸福指数的提升。

（六）体医结合在老年人群中的运用将成为必然

健康问题并没有因为医学水平的提高而减少,反而有所增加。因为医学能控制的只是少部分生物性致病因素,而影响健康的更多其他因素远远超出了医学的研究范围和能力。在当今医学、健康学、老年学综合化、融合化的发展趋势中,预防和康复逐渐成为主流,因此,体医结合在老年人群中的运用将成为必然。

（七）老年体育供给要因人而异

老年体育应该从粗放供给向精准供给转变,即针对不同的人群提供不同的体育供给。不同年龄、不同身体状况老年人各有差异,不同区域、不同收入水平老年人也各有差异,体育在供给过程中要充分考虑到这些影响,避免由于策略偏差或者思虑不当对老年人造成负面影响。

（八）老年体育干预要注重类型化研究

体育干预应当注重类型化研究,即针对不同的人群展开不同的研究策略。不同地区的老年人各有差异,城市老年人有城市老年人的特点,农村老年人有农村老年人的特殊性,体育干预要充分考虑到这些影响,避免由于策略偏差或者思虑不当对群众造成负面影响。

（九）老年体育干预要有本土化特色

当前的体育干预路径对于西方体育干预路径的借鉴和应用存在着一定的盲目性。主要原因在于，西方体育是建立在运动竞争基础上的竞技体育，其本质是消耗与释放，而中国体育则更多讲究养生，其本质是吸收与保持。两者在本质上具有巨大不同，所以在体育促进身体健康领域，我们更应该立足于我国实际，积极探寻适合我们自己的体育干预手段。

六、研究的创新之处、社会影响及后续研究思路

（一）本研究的创新之处

本研究首次针对体育干预与幸福指数展开研究，研究成果具有较强的创新性和实用性，所提出的对策建议对相关部门具有较强的理论和实践参考价值；本研究内容涵盖了老龄化与幸福指数两个社会热点，研究成果可从整体上提高养老服务水平，解决家庭照顾功能弱化等系列社会问题，最大限度提高老年人的幸福指数；跨学科运用文献分析、调查研究、德尔菲法路径制定、实证研究、复杂系统理论等多种方法展开综合分析；根据我国老年人实际，提出了一套"低投入、易推广"的体育干预提升老年人幸福指数实施方案。

（二）本研究的社会影响或效益

2017 年，更趋严峻的老龄化现实及《健康中国 2030》等战略的深入推进，迫切需要社会提供多样化、多层次的养老服务。在此背景下，本研究的社会影响或效益主要体现在：研究成果的顺利推广实施不仅可以大大降低老年人因病失能率，提高老年人幸福指数，而且可从整体上提高养老服务水平，解决家庭照顾功能弱化等系列社会问题，使体育能最大限度地为幸福中国做贡献。研究成果的成功实践在全国也将具有示范意义。

（三）后续研究思路

1. 竞技体育现代康复手段如何作用于老年群体

虽然本研究首次提出了：以现代体育康复手段治疗老年群体因体力劳动和身体运动系统退行性变化而带来的身体损伤，但是具体的实施路径以及哪些体育康复适合于老年群体等问题，将继续展开研究。

2. 老年体育社会福利与市场机制如何相互促进

虽然本研究在实施路径中提出了以政府主导的福利性体育增强体育活动的保障性,但是还需引入市场机制,那么,社会福利与市场机制两种手段如何共依共存相互促进,接下来将继续展开研究。

3. 地域性、民俗性体育与老年体育融合发展路径

村落文化是中国传统文化的重要组成部分,众多的地域性、民俗性体育散落在民间,但是这些体育资源却因为缺乏保护日渐流失。若能从老年体育的角度切入探讨这些地域性、民俗性体育资源的开发,未尝不是一个较好的保护策略。因此接下来将继续研究地域性、民俗性体育与老年体育的融合开发路径。

4. 老年体育理论建构

在研究过程中发现我国老年体育相关理论研究还不成熟,至今未能形成较为完整的理论。因此后续研究将思考并撰写《老年体育学概论》,以期为体育干预提升老年人幸福指数提供更为系统的理论支持。

第一章　理论研究

第一节　幸福中国的理论研究

"每个人都追求幸福"①,这是人类社会发展的永恒主题。习近平总书记在第十二届全国人民代表大会第一次会议上强调:中国梦就是人民的幸福梦。近年来,我党以"让人民生活得更幸福"作为执政的基本理念和立足点,把"为民谋福"提到新的战略高度,将人民的幸福程度作为检验社会发展成就的重要标准,各地政府纷纷提出"让人民幸福"的口号,建设"幸福中国"已经成为全国上下的一种共识。

一、马克思主义幸福观的理论研究

（一）马克思主义幸福观的内容

马克思主义幸福观是科学的幸福观、以人为本的幸福观、生态的幸福观,它揭示了幸福的内涵、本质和实现途径。它的科学性表现为:马克思主义幸福观是对西方传统幸福观的扬弃。坚持物质幸福与精神幸福的统一,强调物质幸福是精神幸福的基础,精神幸福是对物质幸福的发展和超越;坚持幸福的主观性和客观性的统一,强调对幸福的理解和实现主体的独特性、物质生产条件的制约性;坚持个人幸福与社会幸福的统一,强调社会幸福是个人幸福的基础,个人幸福是社会幸福的最终归宿。马克思主义幸福观是一个逻辑严密、层次分明的开放体系。马克

---

① 《马克思恩格斯全集》第42卷,人民出版社1979年版,第374页。

思主义幸福观根据人、社会、自然的划分将人的幸福分为个人幸福、社会幸福、生态幸福；根据人的物质需要、人际需要和精神需要把人的幸福分为生存型幸福、享受型幸福和发展型幸福，是一个层次分明的有机系统。它的人本性体现在强调实现全人类的幸福；关注现实人的幸福；彰显社会正义。它的生态性体现在坚持人与自然的和谐统一；强调科学技术与生态的统一；批评资本主义的过度生产和过度消费造成社会的极大浪费；建立人与自然之间生态的物质交换关系①。马克思主义幸福观代表的是无产阶级，是科学幸福观，它源自于对社会实践的提炼和把握，代表着大众的需求。马琪认为马克思主义幸福观的基本内涵是劳动与享受的统一（马克思主义幸福观的内在要求）；物质幸福与精神幸福的统一（马克思主义幸福观的重要内容）；个人幸福与社会幸福的统一（马克思主义幸福观的基本保证）；人与自然的和谐统一（马克思主义幸福观的应有之义）；共产主义远大理想与个人全面发展的统一（马克思主义幸福观的最终目标）②。王鲁宁、李海青的《马克思主义的幸福观及其中国化何以可能——基于"中国梦"人民幸福内涵的理论渊源及实践价值视角》中，从马克思主义幸福观的文本依据、发展轨迹和逻辑线索；马克思主义幸福观的内涵、基本结构和内在关联；马克思主义幸福观的核心内容、理论前提和实质内涵以及马克思主义幸福观之人类幸福论的世界历史性和当代价值四个方面系统地阐述了马克思主义幸福观的理论形态核心内容和实践价值③。

（二）马克思主义幸福观的中国化

中国化的马克思主义即中国共产党人继承并发展了马克思主义有关人的全面发展理论。在中国特色社会主义现代化建设时期，一切工作的出发点既要满足实现人民群众物质文化生活需要，又要有利于人民群众素质的提高，即促进人的全面发展，这是由"建设社会主义和谐社会的本质要求"所决定。它包括人们的身体素质、科学文化素质、思想道德素质及各种能力的综合发展，它是与经济、政治、

---

① 曾长秋、邱荷：《马克思主义幸福观与幸福中国建设》，载《理论学刊》，2013 年第 9 期。
② 马琪：《马克思主义幸福观与幸福中国》，载《亚太教育》，2016 年第 32 期。
③ 王鲁宁、李海青：《马克思主义的幸福观及其中国化何以可能——基于"中国梦"人民幸福内涵的理论渊源及实践价值视角》，载《理论界》，2014 年第 12 期。

文化、教育、社会、自然的发展相联系的动态系统①。关于"中国梦"的人民幸福内涵及理论基础、历史渊源，必然涉及"中国梦"与中国化马克思主义幸福观的创新与发展，马克思主义幸福观中国化的基本依据和理论前提及"中国梦"人民幸福内涵与马克思主义幸福观中国化等问题，因此，关于马克思主义幸福观中国化基本问题的研究是具有重要研究价值的。在当前，"马克思幸福观中国化"问题已经成为马克思主义中国化理论研究中不能忽视和亟待探讨的重要问题之一。王鲁宁详细阐述了中国化马克思主义幸福观的存在形态、理论贡献和基本结构，并系统地回答了中国的革命、建设和改革为什么需要马克思主义幸福观的中国化，马克思主义幸福观中国化的发展历程、理论贡献和历史方位，中国特色社会主义的人民幸福理论的存在形态及表现形式。

（三）马克思主义幸福观的意义和启示

马克思主义幸福观有利于改造和丰富人们的精神世界，达到个人的身心和谐；有利于人与人之间的和谐相处；有利于创造和谐的社会环境等。马克思主义幸福观对中国特色社会主义有突出的理论贡献。建设"幸福中国"要以马克思主义为主导；建构中国特色社会主义的幸福观体系；以人为本，关注和改善民生；建设生态文明，创建美丽中国。

二、幸福中国的理论研究

（一）幸福中国的提出

2010 年 10 月召开的中共中央十七届五中全会上，党中央已经将"城乡居民收入普遍较快增加"定为今后五年的主要发展目标之一，并提出创建幸福中国的创新构想。从"国富论"到"幸福论"，从 GDP 追求到幸福追求，这既是社会的需要，也是国际社会的主流。2011 年"两会"召开时，习近平总书记发出了建设"幸福中国"的号召，由此，打造"幸福中国"成为我国"十二五"规划的一项重要内容。真正意义上的幸福中国，不仅需要国家富强、民族繁荣，更需要每一个中国人幸福。人民是"幸福中国"的主人，建设"幸福中国"，就是要让"幸福中国"的主人生活得舒心、安心、放心，对未来有信心，这是国家的幸福，人民的幸福，也是每一个人的

---

① 张谨:《马克思主义幸福观及其当代启示》，载《文化学刊》，2015 年第 10 期。

幸福。习近平总书记关于"中国梦"的新思想,成为新时期党和国家以及人民群众新的前进方向。中国梦的实现过程必然是与人民幸福联系在一起的,偏离这个轨道,中国梦也就难以实现。党的十八大以来,"幸福中国"建设正式揭开帷幕,党的十八届三中全会提出深化改革,必须以促进社会公平正义、增进人民福祉为出发点和落脚点,让改革发展成果更多更公平惠及全体人民。"中国梦"的三个层面,国家富强、民族振兴与人民幸福是辩证统一的,国家富强、民族振兴是人民幸福的前提,是民族振兴、国家富强的根本目的和最终归宿。

(二)关于幸福中国的相关理论研究

1."幸福中国"的概念界定

目前为止,学者们对"幸福中国"的概念还未有明确的界定。有学者根据"中国梦"的要求,认为"幸福中国"就是富强的中国,民主的中国,和谐的中国,文明的中国,绿色的中国;还有学者认为幸福中国是以提升人们幸福感为目标,追求人人幸福,能够身心愉悦地进行学习、工作的理想社会等,学者的看法和理解各不相同。

2."幸福中国"的构建

"幸福中国"的构建必须涵盖全体中国人;必须建立在一定的经济基础之上;必须维护公平正义;必须坚持党的领导;必须以人民群众为主要力量;必须把改善民生作为重点等。解晓燕在《幸福中国建设路径研究》中提出,幸福中国建设是一项长期的工程,既依赖于公民主观幸福价值观的构建,也依赖于国家和社会的客观社会物质保障。幸福中国建设是实现"中国梦"的前提和基础,它将与全面建设小康社会以及构建社会主义和谐社会的奋斗目标协同共进、同步发展,为"中国梦"的实现夯实基础。她还提出建设"幸福中国"、催生国民幸福感的几点措施:一是贯彻落实全面建设小康社会的宏伟目标;二是进一步保障和改善民生;三是促进国民经济的进一步发展;四是加强生态文明建设,改善居民生存环境①。熊谋林认为,建设幸福中国应该与法制建设相结合,并从"立法追求与控制的协调""法治保障与经济发展的结合""法治教育与精英教育的结合"三个方面对怎样建设幸福

---

① 解晓燕、张传峰、陶远城:《幸福中国建设路径研究》,载《山东理工大学学报(社会科学版)》,2014 年第 3 期。

的法制中国进行了分析①。张谨、马琪、曾长秋、张琳等人站在马克思主义幸福观的立场从经济、政治、文化、社会、生态共五个方面对构建幸福中国原则进行了阐述。马琪特别指出马克思主义幸福观与我们党建设幸福中国的理念高度一致,应在马克思主义幸福观的指导下探索建设幸福中国的基本思路:促进经济持续健康发展,夯实幸福中国的物质基础;促进人民民主不断扩大,构筑幸福中国的政治基础;促进文化实力显著增强,营造幸福中国的文化氛围;促进生活水平全面提高,奠定幸福中国的民生基础;促进资源节约型、环境友好型社会建设,打牢幸福中国的生态基础②。改善民生是构建"幸福中国"的重点,党的十八大报告指出:"要把保障和改善民生放在更加突出的位置。"还有学者专门从改善民生方面对构建幸福中国进行了研究,王鲁宁分析了"中国梦"人民幸福内涵对解决民生问题的指导意义。马慧颖的《改善民生打造幸福中国》一文中就什么是民生、为什么改善民生以及怎样改善民生打造幸福中国三个问题进行深入分析③。许洋毓分析了马克思主义消费公正观对构建幸福中国的当代启示,他的观点有两个,一是以人为本的科学发展是超越消费主义、实现社会公正幸福的首要条件;二是人的"自由个性"确立是构建幸福中国的价值目标④。

到目前为止,学者们对"幸福中国"的研究成果还不是特别的丰富,毕竟"幸福中国"的构建还处于刚刚起步的阶段,相信未来对这方面的研究将更加的丰富和深刻。

第二节　幸福指数的理论研究

"幸福"成为2011年以来,最热门的词汇,成为大众关注的焦点。如北京提出"发展的根本目的是要让人民过上幸福美好的生活";重庆则要"成为特色鲜明的国家中心城市和居民幸福感最强的地区之一";广东明确"把保障和改善民生作为

---

① 熊谋林:《建设法治社会和幸福中国》,载《四川省社会主义学院学报》,2014年第1期。
② 马琪:《马克思主义幸福观与幸福中国》,载《亚太教育》,2016年第32期。
③ 马慧颖:《改善民生打造幸福中国》,载《商业经济》,2012年第21期。
④ 许洋毓:《马克思主义消费公正观对构建幸福中国的当代启示》,载《社会科学战线》,2015年第3期。

加快转型升级、建设幸福广东的出发点和落脚点";福建准备"大力提升人民群众的幸福指数,为提前三年全面建成小康社会奠定具有决定意义的基础"。2014 年 3 月 24 日,第三届核安全峰会在荷兰海牙举行,国家主席习近平主席并发表重要讲话时指出:"实现中华民族伟大复兴的中国梦,就是要实现国家富强、民族振兴、人民幸福"。在"总体小康"走向"全面小康"的战略新阶段,幸福指数会在更多地区出现,其版图也将会不断扩大。如何看待幸福?怎样衡量幸福?党和政府应该为人民幸福做什么?怎么做有利于提高幸福指数?这是中国经济社会发展进入一个新的历史阶段后面临的重大课题。

"中国共产党成立以来一切奋斗的目标,就是争取人民民主、实现人民幸福"①。新世纪以来,党和政府始终坚定不移地推进"幸福中国"建设。党的十七大报告以国民幸福满意为执政的政治承诺,指出"党的一切奋斗和工作都是为了造福人民"②。党的十八大报告强调发展的目的是国民幸福,指出我们党是国民幸福的领导力量。十八届三中全会通过的《全面深化改革若干重大问题的决定》强调,全面深化改革的出发点和落脚点是促进社会公平正义,增进人民福祉。2010 年《政府工作报告》提出,"我们所做的一切都是要让人民生活得更加幸福、更有尊严,让社会更加公正、更加和谐"③。习近平总书记在《习近平谈治国理政》一书中指出"人民对美好生活的向往,就是我们的奋斗目标"④;2013 年 3 月 17 日,习近平总书记《在第十二届全国人民代表大会第一次会议上的讲话》中指出:"中国梦归根到底是人民的梦,必须紧紧依靠人民来实现,必须不断为人民造福"⑤。因此,提升幸福指数将是未来的焦点。

一、幸福指数

现如今在国内强调科学发展观与构建社会主义和谐社会的同时,幸福指数已

---

① 《江泽民文选》第 1 卷,人民出版社 2006 年版,第 81 页。
② 胡锦涛:《高举中国特色社会主义伟大旗帜 为夺取全面建设小康社会新胜利而奋斗——在中国共产党第十七次全国代表大会上的报告》,人民出版社 2007 年版,第 15 页。
③ 温家宝:《政府工作报告》,人民出版社 2010 年版。
④ 《习近平谈治国理政》,外文出版社 2014 年版,第 424 页。
⑤ 习近平:《在第十二届全国人民代表大会第一次会议上的讲话》,人民出版社 2013 年版,第 5 页。

经引起了广泛的关注。有人认为幸福指数是 GDP 的一个挑战,涵盖传统的发展观①(国内生产总值:Gross Domestic Product,简称 GDP),但是二者并不是相互对立的,而是相辅相成的关系,幸福指数影响着 GDP 增长的各种指标,使人们对社会进步与发展的评价更加完善、系统,使社会经济的发展不会背离人的全面发展这一目标。一直以来,幸福与美好联系在一起,它有两层含义:第一,意味着更好的生活,生活的丰富,人们享受更好的物质条件,感受生命的美丽;第二,是人们的主观感受,是一种美好的体验,这种体验首先是属于个体的,明显受到个体所具有的人格特质、所处的客观条件以及所面临的社会状况的影响。而幸福指数所指的幸福是第二种,人们对幸福主观的感受,也叫主观幸福感。幸福指数的核心和基础是人的主观感受,幸福感是一种心理体验,它不仅是对生活的客观条件和所处的状态的一种事实判断,也是对生活的主观意义和满足程度的一种价值判断,它表现为在满意程度的基础上产生的一种积极的心理体验,幸福指数是衡量这种感受具体程度的主观指标数值②。

最早使用"幸福指数"这个概念的,是地处南亚且国小民寡、人均收入仅为 700 美元的不丹。1970 年,不丹国王提出国民幸福总值这个概念(Gross National Happiness,简称 GNH),他认为政府执政应该关注幸福,并以实现幸福为目标,人的基本问题是如何在物质生活和精神生活之间保持平衡。在这种执政理念下,他们创造出了将环境、传统文化保护置于经济发展之上的"不丹模式"。而实践证明,不丹模式比采用 GDP 来衡量国民幸福感的国家更行之有效。2002 年,美国心理学教授丹尼尔·卡内和艾伦·克鲁格提出建立"国民幸福指数"。随着各国对国民幸福感的关注不断提升,不断有国家根据国内情况制定出适合国民的"国民幸福指数体系"。美国的世界价值研究机构则称之为"幸福指数",英国称之为"国民发展指数"(Marketing Decision Problem,简称 MDP),除考虑国内生产总值(GDP)以外,还考虑了诸如犯罪率、能源消耗、污染和政府投资、失业率等因素;日本则称之为"国民生活快乐指数"(Gross National Cool,简称 GNC),强调了文化方

① 邢占军:《幸福指数的政策意义》,载《红旗文稿》,2006 年第 12 期。
② 苗元江:《从幸福到幸福指数——发展中的幸福感研究》,载《南京社会科学》,2009 年第 11 期。

面的因素。2005年全国两会期间,中国科学院院士程国栋向会议提交的一份题为《落实"以人为本",核算"国民幸福指数"》的提案;2006年,我国国家统计局曾表态将"幸福指数"和"社会和谐指数"纳为新的统计范围;同年,胡锦涛在耶鲁大学演讲时明确提出要"关注人的价值、权益的自由,关注人的生活质量、发展潜能与幸福指数,最终是为了实现人的全面发展"。幸福指数又叫"国民幸福总值"(GNH),它是反映老年人生活质量的重要心理学参数,是衡量幸福感受具体程度的主观指标指数,经常被视为体现主观生活质量的核心指标①。

二、幸福指数的构成

一些人往往不明确什么是幸福,认为外在因素决定着内在体验,有钱、有好车、有大房子,就是幸福。然而,这并不是真幸福。幸福不取决于人们得到了什么或身处何种境地,而是取决于人们选择用什么样的视角去看待生活。美国的历史学家麦玛洪就曾对西方几千年的幸福观变化做过梳理:在氏族社会末期的荷马时期,幸运是幸福的代表;在哲学高度发达的古希腊时期,智慧和德行是评判幸福与否的重要标准;在思想启蒙年代,幸福的代名词是及时行乐。由此我们也可以看出,幸福是一个不断变化的过程,在不同的时代幸福有不同的定义。再看我国,新中国成立后,改革开放的浪潮逐渐让"发展是硬道理"更加深入人心,社会发展水平也从"温饱社会"到"总体小康社会"到"全面小康社会"再到"基本实现现代化社会",这使得人民生活与社会发展更加紧密地联系到一起,这也让人民幸福指数在不同的阶段呈现出更加丰富的内容,在这种幸福指数不断升级的过程中,我国对幸福指数指标的确立需要从以下两个方面来整体考量:

(一)不同阶段居民对幸福的侧重点不同

在"温饱"阶段,首先需要解决的问题就是吃穿住等基本生活资料,所以这一阶段居民对物质的满足与幸福指数具有非常明显的正相关关系。社会发展到"全面小康"阶段,人民的需求则从单一的物质需求逐渐转变为物质需求与精神文化需求并重,此时物质满足与幸福指数的正相关关系则大打折扣。因此,幸福指数

① 杜敏敏:《体育参与对山东省城市老年人幸福指数的影响研究》,曲阜师范大学2014年硕士学位论文。

的评判标准需要综合考虑同一时期不同地域或不同时期同一地域所处的发展阶段,基于此,幸福指数才更能反映居民的真实幸福水平。比如,在发达地区,居民已经实现了全面小康,对物质需求已经得到了满足,对精神文化的需求正在快速增长,所以这些地区制定幸福指数的时候,就需要相对弱化相关的物质指标,而增加能代表文化、精神满足的相关指标;同理,在贫困边远山区或尚未实现"全面小康"的地区,居民对物质需求则更加强烈,物质生活水平与幸福指数关系较大,此时则更应该将物质指标适当增加,而将精神、文化指标适当缩减。

(二)幸福指标的参照体系应符合实际

这是因为不同社会发展阶段、不同地域对幸福有不同的标准,因此幸福指标的参照体系应符合当地实际。参照体系如果出现偏差,那么居民的幸福指数水平就会出现错位。2011年,广东省从当地经济发展程度和居民的现实生活需求出发,率先建立了"幸福广东指标体系",这套指标体系区别于类似的体系,亮点在于指标体系的构建是按照"珠三角"和"粤东西北"进行差别化评价与分类,并在分类中设置不同的类别指标和差别权重,从根本上杜绝了"一刀切"现象。这在指标体系构建方面启发了其他地区,尤其是指标体系中应当关注哪些指标,设立何种参照体系,进而贴切地为公众描绘出当地的幸福水平。

李晖在《幸福指数:媒体报道新课题》中指出,国民幸福总值的核算体系是由四大指数构成:社会健康指数、社会福利指数、社会文明指数和生态环境指数[1]。具体如下:社会健康指数,如医疗保险的可得性、就医服务的便利性、健康服务普及程度等[2];社会福利指数,如生活服务满意度、公共产品服务的供给、养老保险的可得性、政府对居民必需品的供给、参与文体和旅游的频率等[3];社会文明指数,如政治与公益活动参与度、居民精神文明普及、政府信用水平、社会文明水平、公众社会公德等[4];生态环境指数,如生存环境满意度、环境必需品质量、自然资源利用率等。此外,按哈佛大学"幸福课"的主讲师,《幸福的方法》的作者泰勒·本·沙哈尔的说法,幸福是"快乐与意义的结合",快乐是代表人们现在内心感受的美好

---

① 李晖:《幸福指数:媒体报道新课题》,载《新闻实践》,2012年第4期。

② 蔺丰奇:《从GDP到GNH经济发展价值坐标的转变》,载《协商论坛》,2007年第2期。

③ 徐明泽、陆剑:《推进更大突破,实现全面小康》,载《新华日报》,2011年12月8日。

④ 苏雁:《瞧,这里的村民多文明!》,载《光明日报》,2011年11月5日。

事物和时光,是属于当前利益的一种外在方式,而意义来源于目的,是一种未来的利益现实转化①。真正幸福的人,会在自己感受目前有意义的生活方式里享受它的一切。

这一思路给予提升幸福指数报道的启示是,要恰当把握"快乐"与"意义"的结合。一方面,快乐是幸福的必要条件,提升幸福指数报道要让受众体验积极的情绪或者情感;另一方面,拥有"有意义的生活"是幸福的充分条件。提升幸福指数报道要让受众去追求或者感受那种源于真我的目标而奋斗的感觉。通过关注"快乐",显现"意义",提升幸福指数报道以之引导公众树立正确的幸福观。

本研究只摘录与体育、健康、社会发展有关的指标。研究体育干预如何提升老年人幸福指数,就要重点研究体育干预对老年人健康、福利、文明、生态环境这四个方面的促进作用。

三、国民幸福指数指标体系构建

幸福是人类自古以来一直追寻的目标,是人们对美好生活的向往。人类对幸福的研究也经历了从客观到主观、从经济学领域到多种学科交叉研究的历程,幸福指数的构建也成为学术界受宠的热门问题。幸福感是人类个体意识到自己的理想得以实现以及需要得到满足时产生的一种情绪状态,是因为需要、认知、情感等心理因素与外部诱因产生交互作用,从而形成的一种复杂的、多层次的心理状态。是人们对客观现实的主观反映,既体现了人们的主观需求和价值取向,又与人们生活的客观条件密切相关,幸福感是一种主观性心理体验,所以又把幸福感称为主观幸福感,但它既是对生活客观条件和自身所处状态的一种事实判断,又是对于生活的主观意义和满足程度的一种价值判断。因此,可通过主观评价和客观评价相互结合构建一套科学的幸福指数指标体系来综合反映目标人群的幸福程度。构建幸福指数的最主要目的是发现幸福感的主要因素,为执政者制定相关政策和措施提供可靠的依据和参考。

黎昕、赖扬恩、谭敏在《国民幸福指数指标体系的构建》中认为"国民幸福指数是关于人民群众幸福感测量与评估的综合指标体系,它是衡量社会进步发展、监

---

① [以]泰勒·本·沙哈尔:《幸福的方法》,汪冰、刘骏杰译,当代中国出版社2009年版。

测社会良性运转的评估体系,同时也可以作为社会政策调整的主要依据"①。其重要性不言而喻,在构建国民幸福指数指标体系过程中使用"以人为本""以科学发展为基础""全面性""可操作性""可比较性"为原则。"基于人民群众经济状况、健康状况、家庭状况、职业状况、社会状况以及环境条件等六大方面来构筑幸福指数指标体系,具体从中遴选出 44 个指标,力求科学、客观、准确地反映人民群众幸福感"。在合理分配不同指标所占比例权重的情况下,比较能合理地反映被测人群的幸福指数。龙云飞在《公众幸福指数指标体系的构建与运用》中借鉴马克思主义关于幸福含义理解的四个方面,结合参考已有类似的研究成果选择出能较好反映幸福指数的四大指标,即物质丰裕感(二级指标:对自己的经济收入、自己的住房条件、公共设施、医疗条件、教育状况是否满意)、精神充实感(二级指标:身心健康状况,家庭是否和睦,工作压力,婚姻感情生活是否满意等)、环境舒适感(二级指标:对收入差距、社会保障、养老、社会治安、就业情况等是否满意)和社会和谐感(二级指标:对环境卫生、环保质量、食品安全等是否满意等),总计 31 项二级指标②。在指标权重方面,改变以往运用指标直接调查,然后通过专家定权或因子分析法确定指标在体系中的权重方法。转而采用公众选择的方法来筛选指标并确定指标在体系中所占权重,尽量避免因为地区经济发展水平和社会文化习俗的差异以及不同个体对幸福的判断所造成的国民"被幸福"。杨钊、孙彤在《基于内核驱动的区域人民幸福指数评价模型构建》中认为"从赋予幸福指数客观量度的视角出发,提出构建内核驱动型的幸福指数评价体系模型,使幸福指数体系能够从某一需要的视角进行测度,得到具体视角的反馈,根据这种反馈来进行相应的公共管理政策调整,有针对性地改善或影响人民的生活和感官习惯,形成一个正向反馈环路"③。作者并没有深入探讨幸福指数指标体系的构建,而是在指标体系的直接利用效率、可操作性和针对性的基础上,赋予幸福指数这种客观指标体系一个主观视角,使指标体系的构建能够基于一个特定的出发点(即内核),从而形成一个有内核驱动的指标体系。

---

① 黎昕、赖扬恩、谭敏:《国民幸福指数指标体系的构建》,载《东南学术》,2011 年第 5 期。
② 龙云飞:《公众幸福指数指标体系的构建与运用》,载《社会民生》,2012 年第 12 期。
③ 杨钊、孙彤:《基于内核驱动的区域人民幸福指数评价模型构建》,载《当代经济管理》,2013 年第 6 期。

四、不同因素对国民幸福指数的影响

（一）经济因素对国民幸福指数的影响

经济因素对幸福指数的影响是非线性的，要想得到经济因素与幸福指数之间比较全面的关系，不仅要对处于不同经济水平的人群做横向对比，还要对某一特定人群不同时间节点的相对收入做纵向对比。就高收入和低收入之间的对比而言，已有大部分学者做了相关研究，在特定时间节点，收入较高的人群总体的幸福程度要高于收入较低的人群。此结论不光适用于经济比较发达的国家，对发展中国家同样适用。而且，就收入的增长带来的幸福指数增长的幅度，发展中国家要高于发达国家。可以得出的结论是：经济收入与幸福指数呈现正相关关系。同样一些研究者认为：除了人们每个月的绝对收入以外，与周围人群相比的相对收入也是影响其幸福指数的关键因素。伊斯特林认为主观幸福感取决于相对收入而非绝对收入，这样既解释了部分人群中经济收入的增长并没有带来主观幸福感的提升，又说明了人们对金钱的盲目追求。

（二）社会因素对国民幸福指数的影响

随着我国社会经济的快速发展，生活质量水平的提高取代经济收入成为影响国民幸福指数的重要因素，社会环境作为为国民提供幸福生活的乐土逐渐成为每个国民的关注重点。社会环境是人们获得幸福生活的外在环境，社会保障的完善、社会诉求和渠道的通畅、社会公平的落实等都直接影响到人们主观幸福的发展水平。而社会治安的管理会让人们减少恐慌和担忧，增加内心和外在安全感，各种不安全、不公平现象的存在成为影响国民幸福指数提升的一大障碍。

（三）健康因素对国民幸福指数的影响

在生理健康方面，有学者指出，身体健康、较强的适应能力以及兴趣爱好对于个人家庭的幸福感知更为重要①。在我国医疗卫生条件和医学治疗技术如此发达的今天，疾病仍然是降低人们主观幸福感的重要因素。随着对疾病控制能力的增强以及人类总体寿命的延长，人们对健康的关注点逐渐转移到心理健康方面。在心理健康方面，穆光宗、袁城在《探寻家庭幸福之道》中认为心理健康问题成为影

---

① 杨作毅：《北京居民幸福指数的调查与分析》，载《统计与决策》，2008 年第 5 期。

响人们主观幸福感的主要因素①。"个体的认知和态度对幸福感会产生较大影响,一个能从积极乐观的角度观察世界、处理矛盾的人,往往具有较高的幸福感知度,也更能维护和提升家庭的幸福发展水平,而一个消极被动地看待事物、思索问题的人,其幸福感知度则一般不高,从而对家庭幸福发展水平造成不利的影响"②。

第三节　老龄化理论研究

随着社会经济的发展,人们生活水平的提高,医疗水平的提高,死亡率逐渐下降,但同时带来的生活压力等因素,导致生育率下降,老龄化问题已经成为世界共同的问题。西方发达国家早先已经进入老龄化社会,现在中国也在快速进入老龄化社会,给国家的政治、经济、文化带来不小的挑战,解决老龄化问题是当务之急。人民生活水平的提高,社会主义事业的繁荣和发展,坚定不移地走中国特色社会主义道路,全面落实"政治、经济、文化、社会、生态文明"五位一体总布局,实现全面建成小康社会宏伟目标,走可持续发展的道路必须解决好中国老龄化问题。老龄化问题给社会带来的挑战与机遇是并存的,国家如果能正确认识老龄化,协调好老龄化问题,就会在可持续发展的道路上越来越长久。

一、人口老龄化的定义

二次世界大战以后,全球进入一个前所未有的社会发展阶段,以科技进步为主要推动力的社会经济增长,促使物质生活水平、医疗卫生水平有了极大的提高,人类的平均寿命也随之延长,但是由于观念改变和生活压力的增大,人口的出生率却不断下降,最终使社会从高出生率、高死亡率人口发展状态,转变为低出生率、低死亡率发展状态,这直接导致了全球范围内的人口老龄化。社会老龄化问题现在已经成为当今世界的主要难题之一,有学者将人口老龄化与粮食、能源、环境污染等问题并列称为世界四大危机。由此人口老龄化的应对也成为世界范围

---

① 穆光宗、袁城:《探寻家庭幸福之道》,载《中国人口报》,2012年3月23日。
② 陶涛、杨凡、张浣珺等:《家庭幸福发展指数构建研究》,载《人口研究》,2014年第1期。

内研究的热点。

人口老龄化是经过经济的迅速发展、生活质量的提高、卫生医疗水平的提高等方面之后,使得人口死亡率下降,随之伴随着社会压力的增加以及思想的转变,生育率下降,导致劳动人口及青少年人口下降,老龄人口逐年增加,从而使老年人口在总人口中的比重增长的过程,即人口老龄化主要指老年人口比例在某一区域内逐渐增长的动态过程。联合国发布的《人口学词典》中,老龄化的解释是指当老年人口在总人口中所占比例逐渐增大这一过程被称为人口老龄化。而判断一个地区或国家是否是老龄社会的标志主要以"该地区或国家 60 岁以上的人口比例占总人口比例超过 10%,或者 65 岁以上人口比例达到总人口的 7%,即称之为老龄社会"[1]。在人口老龄化的过程中,其主要的形态有两种:第一种是,在人口年龄结构金字塔中,金字塔的底部收缩,也即是出生率下降所引起的人口老龄化,该种类型我们通常称之为底部老龄化;第二种是,由于老年人口预期寿命延长、死亡率下降,促使人口年龄结构金字塔的顶部逐渐扩大,由此所导致的老龄化,我们通常称为顶部老龄化。而现在世界范围内的老龄化则多是由以上两种老龄化途径共同导致所形成的老龄化。

二、人口老龄化的发现

随着工业化的到来,西方经济迅速发展,医疗水平发展迅速,西方一些国家率先进入老龄化社会。1865 年法国是最先进入老龄化社会的国家,随后有瑞典、英国、德国、美国等国家先后进入老龄化社会,但直到 1956 年才确定了一个国家进入老龄化社会的标准。

三、人口老龄化产生的原因

现阶段老龄化进程在不断的加快,人口老龄化是经济发展的必然趋势,社会发展的必然趋势,老龄化的影响越来越体现在各个领域,并且产生的影响将是长期的。人口老龄化产生的原因有两个:生育率的降低和死亡率的降低。

---

① 卢子敏、郑儿:《浙江城市社区差异化居家养老服务叹息》,载《城市开发》,2014 年第 3 期。

（一）生育率的下降

生育率持续降低，带来的是生产率的降低和国家创新能力的降低，国家经济会缓慢增长甚至下降。生育率下降的原因体现在以下几个方面：

1. 孩子教育投入大

家长注重孩子的教育问题是普遍存在的社会现象，教育支出占据家庭总支出的比例越来越大，成为有些家庭的负担，放在孩子身上的时间和资金投入超乎想象。九年义务教育在一定程度上减轻了家庭经济负担，但家长通过课后的辅导班、改善生活环境问题等方式，想让孩子拥有一个好的学习环境，使得家庭经济支出并没有减少。家长普遍对孩子的学前教育更加重视，会选择通过资金的投入使孩子有良好的教育环境，这种做法使孩子心理负担加重，既不利于孩子成长，同时又增加了家庭财政支出。有些家庭则为了孩子的教育，选择妈妈当家庭主妇，全心全意照顾孩子的生活起居，减少了家庭财政收入，带来了生活压力。

2. 人们思想的转变

随着经济的发展，国家保障体系越来越完善，人民生活水平与之前比较有了很大的提高，所以养儿防老的思想逐渐减弱，这就对生育率的下降起了一定的作用。而今男女平等的社会，适合女性的工作越来越普遍，社会的压力和家庭的压力使得很多女性选择事业而躲避生育。

3. 国家政策的影响

之前国家所采取的独生子女政策，虽然有极个别的家庭违背政策，但绝大多数家庭都是只有一个孩子，现在又实行了二胎政策，独生子女政策下的孩子受教育水平普遍提高，且普遍结婚晚，同时又要面对独自赡养老人和抚养孩子的双重压力，所以导致生育率下降。

（二）死亡率的下降

死亡率的下降不难解释，生产力的发展、科技的进步、经济快速发展、人们生活水平的提高、生活环境的改善以及医疗水平的提高等原因都导致了老年人寿命的延长，死亡率下降。老龄化问题给国家带来了挑战，但不可否认，死亡率的下降代表着国家政治水平、经济水平、文化水平的提升。老年人经历广，获得的经验丰富，也是一笔宝贵的财富，老年人这笔宝贵的财富可以提高青少年的认知水平，是青少年获得知识经验的捷径，对社会也能产生一种积极的影响。怎样让老年人的生活做到充实而幸福是国家应该考虑到的事情,在提高社会保障水平的同时,还应该注重老年人的精神生活,让老年人有选择的空间,可从加强老年教育、拓展老年工作领域、丰富老年体育活动内容等方面出发,使老年人获得幸福生活。

四、人口老龄化的现状

（一）西方老龄化的特点

西方国家是在经济发展迅速、制度完善的基础下进入老龄化社会,其经济可以使完善的社会保障制度在短时间内不会受到老龄化的冲击。但在劳动力缺少、经济紧张的情况下,这样完善的社会保障制度使国家经济压力逐渐增大,面临的挑战也是无法估计的。所以西方国家也在通过逐渐推迟退休年龄、改善生育政策等方式去应对人口老龄化。

西方国家的经济发展、教育水平、制度完善程度都比发展中国家优异,完善的社会保障制度是针对增长型人口年龄结构的,对现阶段的老龄化产生的倒金字塔型人口年龄结构就无法适应了。虽然西方发达国家具有一定的物质基础,但是依然具有非常严重的老龄化问题。首先,西方发达国家虽然经济发展水平快,物质基础雄厚,但随着老龄化水平的不断提高,国家支出不断增加,并且随着时间的推移,社会保障水平越来越高,一旦社会保障水平发展越来越高之后,再想从一个高水准的保障水平降下来是不可能的[①]。与西方发达国家相比,中国则是选择量入为出、缓慢增长,这样就在一定程度上降低了国家压力。所以可以看出,中国的人口老龄化问题不能完全归咎于中国经济的发展水平不高。第二,随着老龄化进程的推进,生育率持续降低,带来的是生产率的降低和国家创新能力的降低,国家经济会缓慢增长甚至下降,那么,发达国家面临的老龄化问题实际比发展中国家更加严峻。以中国为代表的发展中国家现阶段的社会保障体系还不完善,老年人享受的福利水平还较低,但在逐渐增长的过程中,在面临挑战的同时也存在着机遇,在构建完善的保障体系过程中具有巨大的可塑性。

（二）中国老龄化的特点

中国进入老龄化社会是"未富先老""未备先老"的过程。没有雄厚的经济支

---

① 陈友华:《关于人口老龄化几点认识的反思》,载《国际经济评论》,2012 年第 6 期。

撑,是一个逐渐完善的社会保障体系,在经济发展过程中去适应老龄化的过程①。

1. 中国老龄化的增长速度快

改革开放以来中国经济发展迅速,人民生活水平和医疗水平也迅速提高,人口死亡率明显下降。加上之前国家的独生子女政策、人们思想的转变使得老龄化发展速度迅速。

2. 老龄化具有明显的城乡地域差异

城市地区经济发展快,就业机会多,大量的农村劳动力转移到城市,加重了农村老龄化程度;相反,城市聚集了大量的年轻劳动力,城市人口密度降低的同时,使老龄人口比例有所降低。

现在看来,虽然中国呈现"未富先老"的国情,与发达国家相比老龄化显得更为严峻,但是不能仅仅通过提高经济去消除老龄化问题,否则会走上西方发达国家老龄化的道路。再者来说,经济的发展需要生产力的不断发展和科技创新能力的提高,人口的老龄化问题就降低了劳动生产率和科技创新能力,生育率的下降使社会不能持续地注入新鲜活力,阻碍了社会经济的发展。

五、人口老龄化产生的问题及影响

在人口老龄化发展的初期,人口寿命的延长,死亡率的下降有助于生产力发展与科技进步。但是,长期生育率和死亡率下降会产生经济的发展缓慢、创新能力下降等一系列不良的影响,因此,积极主动应对老龄化才是重中之重。

中国的老龄化进程还在不断加快,老龄化人口会不断增多,所占比重也会加大,从独生子女到全面二胎政策,中国显然在不断地努力着,但短时间内的效果是不显著的②。不可否认老龄化是一种正常的社会态势,现在面临的诸多挑战和强烈的社会冲击是现阶段国家以及社会还没有找到合适的应对措施和方法,人口老龄化将会变成人类的一种社会资源,这种资源将是积极的。

老年人是每个家庭及社会的建设者,应该享有一定的保障,首先要做到一个有保障的老龄化社会。随着老龄化速度的不断加快,社会保障发展的速度不能完

① 邬沧萍、谢楠:《关于人口老龄化的理论思考》,载《北京社会科学》,2011 年第 1 期。
② 张银锋:《当前中国人口老龄化新特点》,载《中国社会科学报》,2017 年 7 月 26 日。

全跟上老龄化发展的速度,社会保障体系遇到严重的挑战,所以很多的贫困老人无法得到应有的社会保障,也就谈不上让这些老年人充分地参与到老年体育活动中,获得幸福生活。我们所构建的老龄化社会应该是健康的、幸福的、积极的老龄化,让老年人追求高质量的生活①。现阶段老龄化严重伴随着少子化现象,家庭老人社会压力大,家庭压力大,难以得到一个和谐的老龄化,使得老人很难获得幸福感。在中国,老年人的比重仍在不断上升,这部分老年人如果无法获得幸福感,中国又怎能会成为幸福中国。

中国应对老龄化的道路是具有中国特色的,是社会、家庭等共同参与的②。老年人的幸福受经济因素、家庭因素、劳动力因素等多方面影响,但是影响力不同,放在首位的是家庭因素,老年人的生活受家庭因素影响最大,家庭子女对老年人的态度决定了老年人的生活质量。孝敬父母是中华民族的传统美德,家庭的和谐决定着社会的稳定,虽然随着全球化的到来,西方的文化潜移默化地影响着中国,国家的传统文化受到一定的冲击,但家庭的这个基本单位不会变,优秀的传统文化不会变,中国一直走的是取其精华、去其糟粕的道路,所以孝敬老人这个优秀传统的大方向不会变。在家庭这个基本单位中,注重家庭教育,注重尊敬老人的传统文化,将尊老、敬老付诸行动是必要的。其次就是经济因素和劳动力因素,经济因素就是要求国家政策干预,建立完善的社会保障制度,使老人有良好的生活环境。人口老龄化社会带来了许多的问题,这些问题大都来自于老龄化社会的到来与经济发展的可持续性与社会制度的不完善性,当代中国的经济、制度的发展无法满足老龄化社会的需求。

人口老龄化影响社会可持续发展。人口老龄化会导致需求不足,导致经济活力的降低③。构建一个经济、文化与制度相互协调的老龄化社会是中国未来一段时间要走的道路。

老龄化影响着服务行业。老龄化影响着服务行业结构,原来是年轻人口主导服务行业,但随着老龄化人口的增多,将会使老年服务消费需求越来越大,进而使

---

① 陈杜英:《积极老龄化与中国:观点与问题透视》,载《南方人口》,2010 年第 4 期。

② 邬沧萍:《积极应对人口老龄化理论诠释》,载《老龄科学研究》,2013 年第 1 期。

③ 总报告起草组:《国家应对人口老龄化战略研究总报告》,载《老龄科学研究》,2010 年第 4 期。

老年服务行业比重加大,改变服务行业结构。老年服务行业的发展与社会经济发展有很大的关系,西方发达国家,在"先富后老"的情况下,有相对完善的社会保障制度和福利制度,有经济的支持赋予老年人较高的消费能力。对发展中国家来说,社会经济还处在发展阶段,现阶段保障老年人有较高的消费能力是不现实的。

六、人口老龄化的发展进程

(一)从健康老龄化到积极老龄化

长寿并不是老龄化应对的最终目标。众多人在步入老年期后身体机能迅速下降,各种疾病接踵而至,有很大一部分老年人的晚年生活是伴随着疾病与伤残度过的。尤其是中国老年群体在经过一辈子的辛勤劳动后,身体的各种损伤在晚年集中爆发,严重影响了生活质量。由此,社会各界对"长寿"的意义提出了质疑,进而指出,我们所常用的"长寿"指标仅仅是存活时间的数量指标,而"健康"才是真正反映生活质量的质量指标。在老龄化应对过程中,"健康老龄化"和"积极老龄化"是人类为迎接人口老龄化挑战而提出的战略措施和战略目标①。

健康老龄化是1990年世界卫生组织为了应对人口老龄化问题所提出的理论思想,旨在通过全社会的共同努力,提高老年人的生活水平和生活质量,实现健康老龄化,使老年人健康幸福地生活,健康不只是表达了身体上的健康,还体现在心理健康,老年人生活环境的健康,使老年人更好地适应社会,参与社会。1995年邬沧萍教授针对中国的老龄问题做了健康老龄化的报告,着重强调如何理解健康老龄化。健康老龄化是寿命及寿命质量的提高,要求从经济、社会、文化各方面出发去改善老年健康。健康老龄化是人成长到老年的综合体现,不能只注重老年生活,必须提前入手,注重人生每个阶段②。

2002年世界卫生组织提出积极老龄化,积极老龄化比健康老龄化能更好更全面地应对老龄化问题,积极老龄化在强调老年人健康的基础上,同时注重老年人参与社会及受社会保障的机会。

---

① 孙月霞:《中国人口老龄化背景下老年体育价值观与管理体制的研究》,北京体育大学2007年博士学位论文。
② 党俊武:《关于我国应对人口老龄化理论基础的探究》,载《人口研究》,2012年第3期。

同健康老龄化相同的是,积极老龄化也是从社会、经济、文化等多方面出发注重老年人健康,但不同的是注重老年人参与其中的角色,并得到相应的社会保障,以提高老年人的生活质量。

在 2017 年 1 月 15 日国务院颁发的国家人口发展规划中就明确强调了人口老龄化和劳动力老化两个重要问题,并提出积极的老龄化政策。积极应对人口老龄化要提高医疗水平和医疗预防水平,使老年人获得良好的身体健康。同时,还要提高老年人的生活质量,包括提高社会保障(保障住房条件,保障生活环境良好等),重视老年人教育、老年人的休闲娱乐活动、老年人体育健身等。中国从社会主义到中国特色社会主义,从积极老龄化到积极应对老龄化,说明中国在吸取国外经验教训的同时,找到了一条中国特色的应对老龄化理论,体现了中国共产党和中国人民的共同智慧。其中中国特色的养老服务模式是从社区、家庭机构等多角度共同构建的,体现了主次分明、共同养老这一特征。

1. 健康老龄化

为应对人口老龄化的挑战,提高老年人的健康水平,进而提高他们的生活质量,1987 年 5 月的世界卫生大会中首次提出了"健康老龄化"(Healthy Aging)这一概念,并将未来老龄问题的研究重点确定为"健康老龄化的决定因素研究"。此后在 1990 年召开的第 40 届世界卫生组织欧洲地区委员会上,明确将"健康老龄化"作为应对人口老龄化的战略提出来。大会通过的《政治宣言》中提出:"老年人的潜力是发展的强有力基础。老龄社会依靠老年人的技能、经验和智慧,不但能首先改变他们自己的条件,而且还能积极促进全社会条件的改善"。此后的 1993 年,国际老年学学会又将健康老龄化做出了进一步的明确:"科学要为健康老龄化服务"。鼓励人们通过科学的生活方式,提高身体素质,以此缩短生命中的伤病时间,减少病理性和社会性的老化,最大限度地延长自理时间。发展到当前,对于"健康老龄化"的解读主要从以下两个方面:一是指健康的个体老化方面,即在进入老年阶段后仍然保持身体的健康,减少因伤病致残时间段,增加晚年生活的意义,提高晚年生活质量。二是指健康的群体老化方面,即将整个老年群体作为一个集合,在这一大的集合中健康者的比重逐渐变大,实现老年群体健康比例的整体提升。

联合国在《2001 年全球解决人口老龄化问题方面的奋斗目标》中对应对人口

老龄化做出以下定义:"健康老龄化是指从整体上促进老年人的健康,从而使老年人在体力方面、才能方面、社会方面、感情方面、脑力和精神方面得到平衡发展。""健康老龄化"所提出的应对策略就是要保证在进入老龄化社会后,仍然可以保持健康发展,并要求全社会共同维护老年群体的合法权利,在社会上形成敬老、养老、助老、安老的健康文明氛围。同时,老年群体自身也需要自立自强,尤其在生活方式上,更应该形成科学、文明、健康的生活方式,积极主动融入主流社会,努力使自己继续成为社会发展的积极因素。总而言之,"健康老龄化"的最终目的就是要在老龄化社会中,通过各种途径和方式,不断地提高老年人的生命质量和生活质量。因此,在"健康老龄化"这一工程实施过程中,体育、教育、科技、卫生、文化都是实现这一工程的积极因素,对它们进行深入系统的研究是"健康老龄化"目标实现的重要保证[①]。

在中国关于"健康老龄化"的代表性解读中,邬沧萍教授指出:虽然"健康老龄化"与中国传统意义上的"健康长寿"相似,但是前者寓意更加深远,内容也更加丰富。健康老龄化需要从以下六个要点来解读[②]:

(1)老年人要在健康状态下延长预期寿命。"健康老龄化"的目标是老年人在健康状态下预期寿命的延长,针对老年群体。

(2)老年人要在有限的寿命中提高生活质量。"健康老龄化"所提倡的不仅是寿命延长,更重要的是在有限的寿命中生活质量的提高。

(3)健康的涵义应具有多维性。社会的人口年龄结构开始向老龄化社会转变后,一方面要求社会对人口年龄结构的转变做出相应的"健康转变";另一方面,在应对老龄化中要求把健康的涵义扩展到社会、经济、文化等多个方面。

(4)老年人健康要从整体上认识。不管是个人的老龄化还是群体的老龄化,这都是一个过程,因此,个体和群体在增龄过程中就需要整体把握老年人几十年的健康变化,整体认识老年人健康。

(5)要科学认识老龄化。"健康老龄化"是人类面对人口老龄化的挑战提出

---

① 朱光辉、孟凡强:《从体育的视角看"健康老龄化"的实现》,载《哈尔滨体育学院学报》,2006年第1期。

② 邬沧萍:《创建一个健康的老龄社会——中国迎接21世纪老龄化的正确选择》,载《人口研究》,1997年第1期。

的一项战略目标和对策,它应建筑在对老龄化科学认识的基础上。

(6)"健康老龄化"是一项系统工程。"健康老龄化"是同各个年龄段的人口,同各行各业都有关系的一项全民性社会系统工程,需要全党全民长期不懈的努力才能逐步实现。

2. 积极老龄化

"积极老龄化"是在"健康老龄化"的基础上提出来的。2002 年世界卫生组织健康发展中心召开的专家会议中,提出了《积极老龄化:从论证到行动》这一概念。2002 年 4 月,联合国在召开第二届世界老龄大会中,世界卫生组织以书面的形式提交了"积极老龄化"建议书,该建议书通过大会的认可后写入大会的《政治宣言》和《行动计划》。

"积极老龄化"的相关理论是以联合国提出的"独立、参与、尊严、照料和自我实现"原则为理论基础而概括出来的一个新的政策理论,这一新人口老龄化应对理论为全球应对人口老龄化提供了一个崭新的视角。"积极老龄化"中的"积极"不仅仅指积极进行身体活动和体力劳动,更鼓励老年人积极参与社会、经济、文化、精神和其他各个方面的活动,社会则需要对老年群体的各项活动进行保护、照料和保障,从而保持身体健康,延长活动能力,继续为社会做出贡献。"积极老龄化"要求国际社会以积极的态度主动去应对人口老龄化,在实践过程中制定应对措施,实施积极行动,促使老龄社会保持应有活力,实现老龄社会和谐发展。"积极老龄化"政策框架要求在"健康、参与、保障"三个支柱方面采取行动[1]:

(1)老年人的健康

"健康"不单单是身体健康,而是在生理健康、心理健康、道德健康和社会适应能力等多方面的综合评价。"积极老龄化"要求老年群体在逐渐衰老的过程中,仍然保持身体健康、心情愉悦,通过自身的努力来维持自己的健康水平;从社会角度来说,对于那些确实需要照料的老年人,则该让他们享受到应有的生活保障。主要措施包括:积极开展健康教育、养成良好的生活方式、建立医疗保险制度、搞好医疗卫生服务、开展老年医学研究、创建晚年生活环境等多个方面。

---

① 世界卫生组织:《积极老龄化政策框架》,华龄出版社 2003 年版。

（2）老年人的参与

"参与"是指老年群体在退休后，仍然积极融入主流社会，根据自身需要和现实可能，继续参与政治、经济、社会、文化等方面的活动和社会服务，丰富自己的晚年生活，时刻保持与社会发展一致，不脱离主流社会，并在社会生活中继续贡献自身力量，继续发挥自己应有的作用。主要措施包括：参与咨询服务、调查研究、经济建设、社会活动、社区管理、学习培训、文娱活动、体育锻炼以及担任社团职务、继续发挥专长等。

（3）老年人的保障

"保障"是指由政府、社区、家庭，依照法律规定，对退出劳动领域或无劳动能力的老年人实行的社会补助和社会救助措施，包括在政治、经济、社会、医疗以及社会服务等方面的社会救助和保障。在老年人需要提供保障时，国家、社会、社区和家庭，都要依法向老年人提供诸如供养、医疗、安全、权益等方面的保障，提高其生命和生活质量。主要措施包括：巩固家庭供养制度、健全最低生活保障制度、继续实行"五保"制度、对特困老人实行特殊补助、实行社会养老保险制度、向老年人提供法律援助、为老年人提供安全保护等①。

（二）从积极老龄化到幸福老龄化

世界卫生组织指出："人口老龄化不是单个国家或地区所面临的社会问题，而是一个全球现象，它要求国际社会、各国、各地区和各地方都积极采取应对措施"。在老龄化应对过程中，早在 20 世纪 60 年代初，美国学者曾提出过"成功老龄化"的主张。之后，世界卫生组织于 1990 年提出了主要针对身体、心理、社会功能健康的"健康老龄化"应对策略。当今，世界卫生组织在 1999 年提出了"积极老龄化"的应对策略，要求在"健康、参与、保障"三个支柱方面采取行动，而积极老龄化所主张的健康、参与与保障，其目的就是让老年人更加有保障地享受幸福生活，实现幸福老龄化。因此，我们可以将积极老龄化看作幸福老龄化的路径，幸福老龄化看作积极老龄化的归宿。

---

① 蔡成祖：《解读"积极老龄化"》，载《中国老年学学会 2006 年老年学学会高峰论坛论文集》，2006 年。

第四节　体育干预的理论研究

　　"体育"一词是指以身体练习为基本手段,以增强人的体质、促进人的全面发展、丰富社会文化生活为目的的一种有意识、有组织的社会活动。它是社会文化的一部分,其发展受社会和经济发展的制约,并为其服务。体育运动既有增强体质、改善身体素质、缓解精神压力、展现机体活力、抑制不良情绪、提高人的社会适应能力的功能,又对促进人的全面发展具有重要的作用,这种价值是其他任何方式无法替代的。事实上,随着社会的发展,体育的主要任务早已超出了身体范畴(即锻炼体力,增强体质等),在社会高速发展的今天其社会属性更加突出。"干预"一词的原意为:过问或参与别人的事。该词最早应用于医学,到20世纪60年代,国外心理学家将其应用于心理学领域,之后该词应用于社会生活的各个方面。"体育干预"至今尚未形成明确定义,当前对体育干预的理解主要局限在两种层面,其一是作为一种体育医疗手段作用于肥胖、慢性病和心理疾病等方面;其二是作为一种训练手段作用于运动员,以激发其潜能、提高运动成绩等。这个功能与1969年世界卫生组织提出的"运动处方"(Prescribe)这一术语相近。如此狭隘的定义显然有失偏颇,作为一个概念或者定义仅从医学和训练的角度进行阐述是远远不够的。所以说我们非常有必要从概念所反映对象的本质属性角度对概念的内涵和外延进行综合剖析。我们认为,体育干预以体育为纽带综合了社会学、医学、环境学等多个学科,指的是有计划、有步骤地运用体育手段对特定对象施加影响,使之向预定目标变化的过程。体育干预手段的使用不可一概而论,而应根据不同的人群或者同一类人群的不同状态制定不同的体育干预手段。因此与之相关的手段和技术或相关政策措施,都可以作为体育干预的外延。

一、体育干预的研究轨迹

　　古往今来,以"运动"来预防和治疗疾病的历史久远,《吕氏春秋》中记载:"昔陶唐氏之始,阴多滞伏而湛积,水道壅塞,不行其原,民气郁阏而滞著,筋骨瑟缩不达,故作舞宣导之","作舞"即指运动,能使气血通畅、舒展筋骨、通利关节,可达到强健体魄、治病养生的目的。《黄帝内经》中的"吐故纳新、熊经鸟申"演化为完整的养生理论体系,后来的五禽戏、八段锦一直流传至今。隋朝医学家巢元方所著的《诸病源候论》,更是在论述疾病的病因、症候分类、诊断的基础上,提供了丰富多彩、形式多样、肢体运动为主的导引治疗方法,并且一种病有多种药方供选择,此应该为运动处方的始源。

随着西方康复医学的发展,"运动处方"这一概念也随之出现,研究者将"运动"作为预防、治疗和对抗各种身体不适和疾病的药方,以运动内容为药物、运动强度为剂量和运动频度为用法,进行个体化、定量化和具体化的功能康复,并形成了预防性运动处方和治疗性运动处方两种类型①。

近年来,有些学者开始逐渐使用"干预"这一名词来替代"处方","体育干预"或"运动干预"逐渐成为较"运动处方"更广泛采用的学术名词。运动干预的主要目的是预防和治疗疾病。有研究表明,很多疾病在运动干预下,临床均取得显著效果。无论是运动处方还是运动干预,都是通过体育运动的形式实现预防和治疗身体和心理疾病,目的都是为了促进身心健康。随着体育运动心理学理论的发展和日趋完善,体育运动对心理健康的重要作用日益受到人们的重视,越来越多的学者开始涉足体育干预对心理健康的研究。

二、体育干预的研究内容

在中国知网搜索相关文献资料,用"心理健康""体育干预"检索,共有43篇。从研究内容来看:现阶段对于心理健康与体育干预的研究主要集中在大学生心理亚健康与人格健康、大学生心理健康状况特征等方面研究。比较有代表性的研究有:

袁存柱所撰写的《对大学生心理健康与体育教育干预的研究》一文,通过对不同运动量学生心理状况的比较,研究海南省大学生的运动量、体育锻炼感觉、对体育课的喜爱程度与学生心理健康的关系,探讨体育教育对学生心理健康的干预作用②。吕中凡等在《大学生心理健康的影响因素及体育锻炼的心理干预效果研

---

① 刘映海:《青少年网络成瘾体育干预理论构建与实证研究》,山西大学 2015 年博士学位论文。

② 袁存柱:《对大学生心理健康与体育教育干预的研究》,载《武汉体育学院学报》,2005 年第 1 期。

究》一文中,主要阐述了影响大学生心理健康的主要因素,并分析了体育锻炼的独特心理干预效果①。赵夏娣的《大学生心理健康状况的特征及其体育干预》,采用中国成人 SCL - 90 症状自评量表,对 400 名不同性别、年级在校大学生的心理健康状况进行了测试并分析,根据心理健康状况的时相特征,从多角度提出了体育干预的措施,并认为体育干预有助于建立适应和对抗应激的自我保护机制,并以充满活力的身体活动作为改善心境状态的最佳手段,同时强调针对大学生心理健康状态的时相,不应仅限于对有问题困扰个体进行心理支持,更应关注群体的心理健康教育,而且要以体育教育为约束手段,加强群体心理危机的干预②。张棣根据艺术表现类运动项目的特点,运用实验研究的方式就健康体育课程干预模式对大学生心理健康以及人格的影响进行了研究。研究发现艺术表现类体育健康课程干预模式对大学生的心态和人格方面有较好的效果③。陈纲在调查了体育运动作为大学生情绪调节的方法对其焦虑情绪的影响情况,以体育运动作为大学生情绪调节的主要方法,为运动处方进行心理治疗的有效性提供实验证据④。邱远以我国在校青少年学生为研究对象,基于大社会健康观的视角,深入、全面地分析了影响学生健康的社会环境因素,并予以整合、提炼,试图为我国学校教育开展完整的健康教育,创造性地提出了学校体育改善和提高学生健康水平的发展性和补救性措施双管齐下的策略⑤。

体育具有教育的功能,对目标人群实施体育干预,可以改善他们的心理环境。刘映海等对 8 名 3 - 6.5 岁男性自闭症幼儿进行体育干预实验案例研究,结果表明问题行为与刻板行为均有所消退,知情意行以及模仿能力进步明显,语言能力

---

① 吕中凡:《大学生心理健康的影响因素及体育锻炼的心理干预效果研究》,载《沈阳体育学院学报》,2006 年第 6 期。
② 赵夏娣:《大学生心理健康状况的时相特征及体育干预》,载《北京体育大学学报》,2008 年第 5 期。
③ 张棣、冯永丽、陈予等:《艺术表现类体育课程干预模式对大学生心理及人格健康的影响》,载《成都体育学院学报》,2009 年第 4 期。
④ 陈纲:《体育运动对大学生焦虑情绪的干预作用》,载《体育世界(学术版)》,2010 年第 1 期。
⑤ 邱远:《影响我国学生健康的社会环境因素及其体育干预对策研究》,载《北京体育大学学报》,2004 年第 1 期。

也有突破,自立能力增强①。丹豫晋等在《自闭幼儿沟通行为的体育干预个案研究》中,采用体育干预对儿童自闭症进行矫治和改善。采用实验法对 2 名自闭症幼化进行了体育干预,将不同的运动内容融入幼儿的教育训练当中,结果显示,部分自闭症幼儿的社交性沟通行为方面有所进步②。张志勇等在自闭症儿童体育游戏干预个案研究中就要求行为、拒绝行为、引人注意行为、回答问题、要求说明、社交性沟通等方面进行研究分析,发现矫正自闭儿童的问题行为可以通过体育游戏干预得到较好的改善,可以使儿童身心协调发展③。潘红玲等以体育游戏、远足旅行、专项体育活动为内容,对 1 名自闭症男童制定体育训练方案,结果发现体育活动干预是孤独症儿童心理和行为矫正干预的一种有效辅助手段,并在多个层面对孤独症患儿的心理和行为矫正有着积极的作用④。郭剑华、裴晶晶、产光灿等人认为体育舞蹈、韵律操和健美操运动对自闭症儿童的感知觉、情绪等方面有所改善。

网络成瘾属于心理疾病的一种,网络成瘾伴随着各种精神疾病,通过体育锻炼可以减轻一些精神疾病的症状。刘映海通过比较休闲体育干预阶段与专项体育干预阶段目标问题的变化,分析体育干预后体质健康指标和 SCL – 90 的测试以及分析间接评价,发现体育干预适合网络成瘾的青少年,并认识到亲子共同参与的休闲运动项目和专项运动训练相结合的综合干预方式效果理想⑤。张海灵对网络成瘾者开具了运动处方,对网络成瘾者实验前后在一些心理疾病指标上进行测试,发现运动处方能够有效预防和治疗网络成瘾者,对于青少年的心理健康的康复和社会功能的恢复具有一定的积极作用⑥。刘映海等在《网络成瘾青少年体育干预之行动研究》一文中指出,通过有效的体育干预方案对网络成瘾者具有较好的效果,其观点是:体育干预对网络成瘾一般效果尤其是亲子之间沟通障碍干预

---

① 刘映海、丹豫晋、苏连勇等:《自闭症幼儿的体育干预实验案例研究》,载《中国体育科技》,2006 年第 6 期。

② 丹豫晋、苏连勇、刘映海:《自闭症幼儿沟通行为的体育干预个案研究》,载《天津体育学院学报》,2006 年第 2 期。

③ 张志勇、邓淑红:《在自闭症儿童体育游戏干预个案研究》,载《体育科学》,2010 年第 8 期。

④ 潘红玲、李艳翎:《孤独症儿童体育干预个案研究》,载《中国体育科技》,2012 年第 3 期。

⑤ 刘映海:《青少年网络成瘾体育干预理论构建与实证研究》,山西大学 2015 年博士学位论文。

⑥ 张海灵:《体育运动处方对青少年网瘾干预的实证研究》,载《军事体育进修学院学报》,2011 年第 4 期。

效果明显①。张静的研究表明当代我国大学生网络成瘾已成为一个不容忽视的社会问题,这一方面与网络有关,另一方面又与大学生自身有关,运用合理有效的体育手段,采用单盲实验法对被测试者进行了体育干预教育实验。实验表明,加强体育与健康教育对预防和戒除大学生网络成瘾具有有效性和持续性②。

许多学者就"边缘化青少年的体育干预"这一问题进行了研究。黄昌武等对4名不同程度边缘化大学男生,以体育游戏为主要干预内容,进行12周的体育干预,结果表明"实验对象的心理健康水平得到明显改善,情绪状态、沟通方式和问题行为均有明显效果,而躯体化症状变化不明显③"。周泽鸿在分析英国SBI项目在预防边缘青少年反社会行为方面的效应,发现体育是一种温和的社会干预手段,可作为一个缓冲区预防边缘青少年的反社会行为,并构建了我国体育公共服务干预的本土模式,将体育运动融入边缘青少年反社会行为的预防当中,建立可持续的干预机制④。胡惕分析和论证了建立独立学院学生心理健康体育干预研究的必要性和可行性,设计了独立学院"边缘化学生"心理健康的体育干预理想路径⑤。谭新莉对58名"边缘化"大学生进行了12周的体育干预,研究结果表明,实验组体育干预效果明显,被试的大学生边缘化程度显著改善⑥。

三、老年体育干预

(一)老年体育干预的政策措施

1. 第一阶段:酝酿期(1949 – 1989 年)

从建国初期伊始,我国政府对于群众体育工作的重视程度日益加深,采取推

---

① 刘映海、丹豫晋、苏连勇:《网络成瘾青少年体育干预之行动研究》,载《体育与科学》,2010年第4期。
② 张静:《体育干预对大学生网络成瘾影响的实验研究》,载《青年科学》,2009年第3期。
③ 黄昌武、胡蓉晖、李伟峰:《边缘化大学生的体育干预个案研究》,载《山东体育学院学报》,2013年第1期。
④ 周泽鸿、李琳:《边缘青少年反社会行为体育干预模式探巧》,载《体育文化导刊》,2014年第3期。
⑤ 胡惕:《独立学院"边缘化学生"心理健康问题的体育干预研究》,湖南科技大学2011年硕士学位论文。
⑥ 谭新莉、李伟峰:《"边缘化"大学生的体育干预研究》,载《湘潭大学学报(哲学社会科学版)》,2011年第3期。

广举国上下开展体育活动的方式来增进国民的体质健康水平。这段时期虽然没有明确提出老年体育的概念，但是老年体育在国民体育、群众体育的发展背景中也得到一定程度的发展。这一时期的主要政策也多倾向于国民体育或群众体育。最早提出发展国民体育的要求是在 1949 年颁布的具有临时宪法性质的《中国人民政治协商会议共同纲领》。同年，朱德同志在全国体育工作者代表大会上提出："目前的体育事业要以为人民服务为宗旨，以人民的健康利益和国防事业的发展为出发点，积极推动我国各个阶级和层次的体育事业发展，针对学生的体育要开展，工人、农民、部队、机关同样要搞体育"。以此为开端，我国群众体育事业进入了真正意义上的起步阶段。在 1952 年全国体育总会成立大会上提出了"从现有的基础出发，理论与实践相结合，普及体育运动，赋予体育运动经常化，以增强国民体质为出发点，积极推动体育事业发展，服务于国家的国防建设和生产发展"。面对我国当时的社会经济现实状况，城乡之间差距逐渐显现，1958 年颁布的《体育运动十年发展纲要》提出，体育事业的发展不应局限于大城市，而对于农村体育事业的发展应该更加重视。在《纲要》中首次对农村体育事业发展的数量、规模以及建立相应的协会提出了较为明确的指示和要求。1959 年周恩来总理在国务院政府工作报告中着重针对我国体育事业的发展提出"发展我国体育事业，就应当在体育工作中认真贯彻执行普及和提高相结合的方针政策，积极推动群众体育运动的广泛性开展，从而推动我国体育事业的整体发展，逐步形成以增强国民体质为基本任务，以普及和提高为基本方针，为生产劳动和国防建设提供服务的体育事业发展新思路"。在 1962 年召开的全国体育工作会议上指出，群众体育事业的发展应该统筹全局，从整体上进行考量，由点及面，逐步发展。1964 年，在我国社会经济有了明显发展的前提下，群众对于体育的需求不再是一味地被动接受，而逐渐向主动要求转变。由上可以看出，这一阶段的较多政策对群众体育的发展思路、发展目标以及发展方法等内容都做出明确规定。群众体育政策的制定和逐步发展完善在一定程度上为之后老年体育的发展奠定了理论和政策基础。之所以说群众体育发展能促进老年体育的发展，是因为老年体育本身是群众体育的一部分，因此群众体育发展过程中，自然也会发展老年体育；之所以说群众体育发展可以为老年体育发展奠定基础，是因为群众体育发展必定能推动全国范围内体育硬件与软件的发展，而且当群众体育发展到一定阶段，体育发展就会从满足大众的体育需求走向满足特定受众的体育需求,到时再发展老年体育,也就成为体育发展到一定阶段之后的必然了。

2. 第二阶段:形成期(1990 – 1999 年)

自 20 世纪 90 年代开始,我国老龄化社会进程逐渐加快,因此,老年人的健康问题也逐步成为当时社会关注的焦点,老年人体育活动积极开展。这一阶段,在相关体育法规政策中多次明确提到支持发展老年体育,而这些相关政策的叙述重心多在"便利"与"优惠"方面。1995 年 2 月,国家体委发布的《关于公共体育场馆向群众开放的通知》指出:"公共体育场馆设施应当采取相应的有效措施,积极为老年人、残疾人、儿童等弱势群体进行体育活动提供便利。所有向群众开放的公共体育场馆对在校大、中、小学生和学龄前儿童以及残疾人、老年人参加体育健身活动均应提供优惠服务"。历经 8 年时间的酝酿、筹备、研究,《中华人民共和国体育法》最终于 1995 年通过全国人大常委会表决正式通过。《体育法》中指出:"全社会应当关注、关心、支持老年人参与体育健身活动。全国各级人民政府和管理部门也应当积极采取措施,为老年人体育活动提供便利条件。"此外,"公共体育场馆、设施应当向老年人全面开放,并且实施优惠办法,全面提高利用率"。1996 年全国人大颁布的《中华人民共和国老年人权益保障法》中确立了老龄工作和老龄政策在政府工作中位置。1999 年是老年体育发展的一个重要里程碑,国家体育总局颁布的《国家体育总局关于加强老年人体育工作的通知》中明确规定从管理、经费、人才、研究等诸多层面对老年体育发展做出规划。自此,老年体育有了专门的发展政策。本文以这一阶段作为老年体育政策的形成期,也正是因为这个时期有了老年体育发展的专项政策。

3. 第三阶段:发展期(2000 年至今)

将这段时期确定为发展期的一个重要原因在于,这一阶段出台的政策更多地触及到了老年体育发展的很多细节问题,其中既包含上一阶段所关注的"优惠"层面,而且还包含老年体育宣传、老年人需求满足、老年组织发展、老年体育教育等诸多层面。

老年体育的发展是以老年群众健身意识逐步树立并健全为前提的。2000 年 1 月 3 日国家体育总局发布的《老年人体育发展规划》明确提及培养老年人的体育健身意识,并且明确指出"要使得全社会认识到参与体育活动对老年人身心健康的积极性作用,而且老年人体育是国家发展和社会进步的重要标志之一,不仅可以丰富老年人的精神生活,对社会的安定团结和稳定发展也起到重要作用。在此基础上,通过加强宣传工作,全面提升老年人体育健身意识水平,以及对于老年人体育事业发展的关注度和重视程度"。同时,这项政策在全民体育的方向上又向前迈进了一大步,主要体现在它提出的关于建立城乡老年人体质监测站、定期开展体质监测、及时公布结果、体质监测结果反馈的整体规划。与此同时,中国老龄工作也加快了老年体育的发展步伐。2000 颁布的《中共中央、国务院关于加强老龄工作的决定》指出,要逐步建立和完善老年人服务体系,其中包括老年人的福利制度建设、法律制度、生活照料服务、医疗保障制度、体育健身等方面的内容,并要求"各级文化、体育、广播电视等部门和工会、妇联等群众团体要进一步加强老年文化体育工作,发展老年文化体育事业。要建立社区老年活动中心或活动站。现有图书馆、群众艺术馆、文化馆、文化站、公共体育场所等要为老年人提供优先优惠服务,并且在场馆内要建立专门性的老年人文体中心,同时城乡各级各类文化站要配备专门的老年人文体活动室。倡导科学健康生活方式的前提下,经常性地组织开展老年人体育健身活动和其他文艺活动"。同时,还应根据"老年人的身心健康特点,将思想政治教育和科学有效的文体活动相结合,在促进老年人进行健康有益的活动的同时,帮助其解决思想问题"。

和上一阶段的一些政策类似,这一阶段的有关政策继续强调了老年人参加体育活动应当给予优惠政策。国家体育总局于 2001 年颁布的《全民健身计划纲要》(2001－2010 年)中指出"公共体育场所要为老年人、残疾人提供优先优惠服务"。同时,这项政策还明确提到老年体育要依托社区的发展,充分发挥社区的功能作用,"关注老年人体育事业的发展。以社区为依托和载体,积极组织开展老年人体育,发挥社区在老年人体育健身活动组织中的积极作用,加快社区老年人专门性体育设施的建设"。另外,2003 年出台的《公共文化体育设施条例》规定从给予老年人优惠的角度出发,各个省、市、自治区、直辖市的公共体育管理单位要根据当地的特点和现实状况,对需要收费体育场地设施,应当根据设施的功能特点对老年人实施优惠政策或者免费开放,并制定具体的管理制度和施行办法。这个阶段还从其他层面进一步完善了老年体育的发展政策,或者关注老年群体特殊需求,如 2009 年出台的《全民健身条例》提出"制定和实施全民健身计划,应当根据老年人的自身特点,充分考虑老年人特殊需求"。或者关注老年体育组织发展,如2011年2月出台的《全民健身计划(2011-2015)》,提出要高度重视老年人体育事业发展,充分发挥老年人体育协会的作用,建立健全各级各类老年人体育健身俱乐部、体育协会、健身团体。开发和推广适合老年人身心特点的体育健身项目,并且经常性地组织开展各种类型的老年人体育健身活动以及老年人体育健身大会,在此基础上,对老年人进行科学教育。《全民健身计划(2011-2015)》还建议,在老年人教育机构中开设体育健身课程,提供体育健身活动的信息和服务,宣传科学有效的健身方法,在老年人活动中心配备专门性的体育设施,优化健身环境。

正如2011年出台的《中国老龄事业发展"十二五"规划》所指出的"十一五"时期是老龄事业快速发展的五年……在此期间,我国老龄事业的发展得到了全面的提升,不仅老年人的文化、体育事业发展水平有了较大提升,老年精神文化生活也更加丰富。同时,全社会对于老龄工作的重视程度和意识逐步增强,老年人的权益保障制度日益完善,尊老敬老、爱老助老的社会氛围日益浓厚,老年人的社会支持也明显得到了改善。在相关老龄工作领域的科研、国际间的交流和合作也步入了新的发展时期,取得了显著的成绩。为了进一步深化老年体育发展,这项政策明确提出下一阶段的目标是"增加老年文化、教育和体育健身活动设施",具体来说,要充分利用现有的条件,如公园、绿地、广场等公共空间,开发老年人体育健身活动场所,以达到改善老年人生活和参与健身活动的环境,并且在旧城改造、城乡设施完善以及社区环境优化和改善过程中,设立专门性的老年人体育健身活动场地设施,加强各级各类老年人体育专门组织的建设和完善,科学有效地组织开展老年人体育健身活动,全面提升老年人体育活动参与率。

与此同时,体育与文化协同发展的态势愈来愈明晰。2012年颁布的《关于进一步加强老年文化建设的意见》规定,"老年人体育活动场地设施的改造或者重建,要严格按照国家制定的标准实行(涉老工程标准、无障碍标准),充分考虑老年人的身心特点和特殊的需求,设置和配备专门性的体育相关用品,为老年人参加文化体育活动提供便利"。"各级各类的老年人活动中心、老年人文体活动站要定期组织开展老年人相关文体活动,丰富老年人的精神文化生活,并且对老年人自发进行的各类健康活动要提供信息服务以及科学性的指导"。

在中国老年体育长期发展中,《中华人民共和国老年人权益保障法》长时间地发挥着重要作用,这部法律 1996 年通过,后经 2009 年、2012 年两次修正,并于 2012 年再次公布,2013 年 7 月正式施行,这部法律的很多叙述都对老年体育的发展具有直接影响。具体来说,这部法律提到,各级地方政府以及相关的管理部门以及民间自治组织应当在进行城乡建设过程中,严格自觉地将老年人服务设施纳入到基础设施建设之中,根据老年人的特点和特殊需要,从生活服务、社区照料、文体活动、疾病预防、医疗康复等方面建立相应的服务设施网络,为老年人提供便利条件,提升老年人的生活质量和健康水平。而且针对各项服务设施的建设,政府和其他管理部门应当给予财政以及税收方面的支持和提供优惠条件,促进社会力量参与其中,鼓励不同类型的社会团体或个人兴建、兴办不同类型的养老机构、文体场馆设施等。而且各种类型公共文体场馆要向老年人开放,实施优惠或者免费政策。各级人民政府在制定城乡规划时,应结合当地的实际状况和自身条件,根据老年人的数量、分布、趋势,充分考虑适合老年人的专门性体育公共服务场地设施、基本生活服务设施、医疗卫生设施等。

此外,这一时期,其他老年行业也开始主动与老年人体育事业接轨。2013 年颁布的《国务院关于加快发展养老服务业的若干意见》中指出,各地方应当发挥社区在养老服务方面的作用和功能,提升社区养老服务的供给水平和服务能力,加强社区养老服务设施的建设以及与社区内现存的各种类型的公共服务设施相结合,实现功能性衔接,提高利用率。这项政策也对政府机构提出更加明确的要求,地方各级政府和管理部门应当有效利用社区公共资源,开发专门性老年人体育健身活动项目,积极组织开展广泛性的老年人群众体育活动,同时各地开发养老服务产业,在尽量满足老年人养老服务需求的同时,带动当地产业结构的调整,推动整体经济的发展。

从上面的叙述可以看出,经过多年的发展,中国已经建立起逐步完善的老年体育政策体系,这一政策体系对老年体育的发展将起到积极的促进作用。

4. 中国老年体育政策总体评价

中国老年体育政策发展的三个阶段侧重点不同,第一阶段相关政策并没有明确提出发展老年体育,但是老年体育在群众体育、全民体育发展中得以自然发展。第二阶段相关政策中出现了支持老年体育发展的叙述,并且这一阶段还出现了老年体育发展的专项政策。第三阶段相关政策更趋完善,且不论是综合政策还是专项政策都更多地从中观和微观层面关注并支持老年体育发展。可以说,经过很多年发展,中国逐渐建立起了老年体育政策体系。相比之下,由于综合性政策是将老年体育发展与其他类型的体育发展放在一起规划,因此使老年体育的促进作用受到了限制,而老年体育发展的专项政策与老龄工作政策,对老年体育发展的政策指向更加清晰,因此也能更好地促进老年体育的顺利发展。

与此同时,我们还应当看到,由于政策制定主体对老年群体缺乏必要的了解,政策制定层面仍然存在部分政策缺失、针对性不强或者部分政策实施细则不完善等若干问题,如对一些有利于老年体育发展的民俗性、地域性、技能性体育样态缺乏必要的扶持,让其自然生长,造成老年体育阵地流失;再如体育投入没有规定具体指标,导致政策执行层面的模糊化。这种状况使得部分政府机构对政策的敷衍执行、替代执行(即"上有政策、下有对策"式的执行方式)、选择执行或者附加执行(即出于地方保护主义,执行政策时加入当地的"土政策")等状况长期存在,较大程度上削弱了老年体育的政策效力。

(二)老年体育干预的手段与技术

1. 老年人生理心理变化

(1)肌肉骨骼系统

随着年龄的增长,肌肉骨骼系统开始出现退行性改变,肌肉萎缩,力量减弱,兴奋性降低,工作能力下降,易疲劳、不易恢复等。除此之外还表现在,去脂体重的变化受肌肉重量变化的影响,随着年龄的增长,老年人身体成分中体脂率呈现增加的趋势,而且随着体重增加,体脂的含量也相应上升,而去脂体重却相对减少[①]。与此同时,老年人由于内分泌系统功能的衰退,引发钙流失、骨质萎缩,老年人骨中的有机物减少的同时,无机盐的含量却不断增加,因此会产生骨的弹性和柔韧性的降低,容易造成骨折的发生。由于骨之间的关节面软骨、关节囊及关节韧带的水分逐渐减少,不管是可塑性还是弹性和伸展性都出现不同程度的降低,运动灵活性和幅度均出现不同程度的减弱,这都增大了骨折和关节损伤的几率。

---

① 王小燕、周蓉晖、刘芳等:《有氧健身运动对城市老年人体质的影响》,载《中国体育科技》,2002 年第 6 期。

（2）心血管系统

老年阶段,心肌细胞活力开始衰退,脂肪逐渐增厚,心内膜增厚,且心脏的泵血功能逐渐减弱,这影响了心脏的血输出量。在血管中,动脉壁中膜的弹性纤维丧失,胶原纤维含量增加,主动脉及周围的动脉就变得管壁增厚、弹性降低并发生硬化,血管弹性下降,通透性降低,血流量变小,最后导致血液循环缓慢的生理变化。因此老年人常伴心血管疾病,同时老年人的内脏与肢体末端的供血逐渐下降,基础代谢率下降。

（3）呼吸系统

除去老年人呼吸系统及呼吸肌的退行性改变外,由于老年人常出现的驼背、骨质疏松、肋骨活动幅度降低等系列因素,可使胸腔的顺应性下降,由此老年人的呼吸动作幅度将逐渐下降,肺活量与最大通气量明显减少,肺内余气量明显增加,血氧含量则出现明显的降低,所以老年群体常出现缺氧、气短及耐力下降等症状。

（4）心理变化

老年阶段视听觉能力下降,智力、记忆力减退,运动系统逐渐退化,对外界的适应能力和反应能力均出现不同程度的下降,身体状况的持续下降,让老年群体心理压力大增。而到老年阶段,生活角色、工作角色等变化使得老年群体逐渐退出主流社会生活,社会交往圈子越来越小,加上子女大多数不在自己身边,孤独感普遍较强,这一系列变化最终将导致一系列心理改变,忧虑、敏感、猜疑等频繁出现,这又反过来影响到老年群体的身体健康。

2. 老年人身体机能下降的因素

在老年群体身体机能下降的因素中,除了自然衰老及退行性功能下降以外,超重、肥胖、疾病、摔倒、缺乏运动等是导致其身体机能下降的主要因素。

（1）超重与肥胖

刘姝与李俊温提出超重与肥胖是老年人体质下降的重要因素[①]。人民生活水平提高,日常饮食多元化,由此带来的问题便是老年人的膳食结构越来越不合理。衰老带来的身体运动能力降低再加上缺乏适当的体育锻炼,能量摄入大于输出最

---

① 刘姝、李俊温:《制约山西老年人体质水平关键问题的研究》,载《体育文化导刊》,2016年第5期。

终导致超重与肥胖。超重会加重关节负荷,加剧关节软骨磨损,增加关节炎发生的风险;同时超重状态会加重脊柱与代谢系统的负担,增加脊柱压缩性骨折与代谢疾病,如痛风、糖尿病的发作。另外,基因水平、长期的代谢紊乱会增加自由基,增加 DNA 损害并降低其表达水平。Young Ch 等人提出老年肥胖女性规律的有氧锻炼在不造成下肢关节软骨退化变形的情况下可能对减少肥胖所导致的 DNA 严重损伤有效[1]。

(2)疾病、摔倒与缺乏运动的恶性循环

老年人由于慢性病以及身体素质降低,大多很少进行体育活动或者进行轻微的锻炼。其肌力、器官功能、协调能力、平衡能力下降以及骨质疏松症的出现使得老年人摔倒经常发生,且一旦发生摔倒则骨折的几率明显高于成年人。骨折静养期间,骨量丢失进一步增加,身体由于缺乏运动发生进一步的功能下降,并有可能复发已有的慢性病或继发新的疾病,由此促使老年人进一步减少运动,进入一个死循环。

3. 体育干预维持或提升老年人身体机能的原理

(1)提高物质代谢,增强组织循环

体育运动需要能量供应,这就需要动员身体内能源储备,由此可改善代谢循环。Minoan Auk 等人的小鼠实验证实:剧烈运动可能会通过激活肝脏里与脂代谢有关的基因来增加葡萄糖利用与脂肪氧化[2]。持续性的长期运动尤其是有氧运动可以增强机体内无论是安静状态或者运动状态下脂肪分解能力,使得脂肪供能的比例增加,产生这种适应性变化的原因在于,肾上腺受体敏感度增加、肾上腺素抗脂解作用不变或减弱;此外长期运动导致可的松及生长素长时间升高对加强脂解作用可能也有一定的关系。由此可见,机体的代谢异常是老年群体血脂增高的主要诱因。通过不断的体育干预,会明显提升循环血浆蛋白总量,尤其是白蛋白总量,胶体渗透压升高,由此促使更多水分储留在血液循环中,达到血脂降低的目

---

① Young Ch, Gee Mae Doh, ET AL. Effects of aerobic exercise intervention on serum cartilage cliometric matrix protein levels and lymphocyte damage in obese elderly femalesJ. Phys. Her. Sci. 2016(28): 1892 – 1895.

② Minoan Auk, Luna Shin. Effect of high – intensity exercise and high – fat diet on lipid metabolism in the liver of rats. Exec. Nu tr. Bio chem. 2015,19(04):289 – 295.

的,从而降低血液黏滞,促进器官、组织血液循环。

(2)提高免疫能力

老年人免疫系统的功能随着年龄的增长也会发生自然退化趋势,出现抵抗力下降,容易造成感染、肿瘤等病症。相关实验显示:实验组老年群体在坚持一年以上有氧运动后,细胞的免疫功能明显比不锻炼组老年群体高。由此可说明通过有氧运动锻炼,可提高细胞免疫能力。

(3)提高神经系统功能

众多相关研究表明,长期打乒乓球对老年群体中枢神经系统功能的影响显著,可提高老年人情绪的稳定性、反应能力、协调能力。另外,Mortimer 等人提出体育锻炼能提升脑容量和增进认知能力,且较好的社交参与活动已被证实能降低痴呆风险[①]。

(4)提高肌肉骨骼系统功能

运动可提升肌肉力量,肌肉力量的保持能够对老年人骨骼系统能力的下降起到一定的抑制作用,同时肌肉力量决定着骨骼的结构和质量,能够使得骨骼产生适应运动负荷的状态。由肌肉收缩产生的外力作用使骨骼产生剪切应力和流动电压,进而激活骨塑建或骨重建等骨生物学调节机制,通过自我更新及自我调整来适应新的力学环境[②]。对于女性骨骼来说,绝经后由于雌激素分泌迅速下降,骨量的流失速度逐渐加快。众多研究表明,绝经期后的女性通过适量的体育锻炼可促使雌激素的增加,从而延缓因雌激素下降所造成的骨钙流失。

(5)有效防止摔倒

与摔倒有关的因素主要为肌力、骨量、平衡能力。平衡能力是指身体对来自前庭器官、躯体感觉以及视觉等各方面刺激的协调能力。人体内的调节平衡感觉是由内耳的三个半规管、椭圆囊和球囊所组成的前庭器官执行。平衡能力包含坐位、立位和移动平衡三方面。King 等也发现平衡能力强弱的分水岭在 60 岁,60 岁

---

① J. A. Mortimer ET AL. Changes in Brain Volume and Cognition in a Randomized Trial of Exercise and Social Interaction in a Community – Based Sample of Non – Demented Chinese Elders. Journal of Alzheimer's Disease 30 (2012):757 – 766.

② 郭飙:《乒乓球运动与老年人生命质量的关系》,载《中国应用生理学杂志》,2016 年第 2 期。

以前恒定且较强,60 岁以后每 10 年下降 16% 或更多。临床学上,60 岁以上时,随着年龄的增加、心律不齐和退行性变化(如牵张反射减退),皮肤的触觉降低。视力下降和前庭迷路部分老化现象也很常见。有研究指出当年龄上升到 65 岁,平衡的贡献下降,所以老年人群视力下降导致周围输入感觉减少,造成摇晃区域增加,必将导致老年人平衡能力下降①。运动可以防摔倒的原因主要有三:其一是运动能延缓骨质疏松,减低老年人摔倒骨折的风险;其二是运动能增强老年人骨骼肌力,从而增强相应关节的稳定性;其三是运动能提升平衡能力,增强老年人防摔的三大机制(髋调节、踝调节、跨步调节)中的跨步调节以及前庭功能,有效防止摔倒。

4. 老年人体育干预的方式及手段

(1)力量练习干预

根据 Wolff 定律,适当的力量性训练对骨骼的作用明显,相关研究资料表明,力量性训练可提高肌肉力量,增加老年人的稳定性,而且对骨质疏松的防治也有明显效果。此外,还可改善老年人心血管机能,降低心脏病的发病率。而 Barren 等人认为,对于平衡能力和左右侧股四头肌的发展,从事渐进性阻抗训练的老年人明显优于参加灵活性训练的老年人②。

目前老年群体的力量练习干预主要有日常静力性体位干预、耐力干预、离心运动干预三大类。其中日常静力性体位干预主要通过肌肉静力性收缩舒张,以及体位的保持等方法,促使机体保持正常体位,主要对骨折、驼背等具有显著的防范作用。耐力干预则主要是通过提高老年群体最大摄氧量和基础代谢率来达到提高老年人机能的目的。离心运动干预对肌肉增长与力量发展是非常重要的刺激,主要作用于不能耐受运动的老年人。当然,对老年人来说,所选择的体育项目只要全身骨骼都受到足够的拉力和张力,那都是可行的。

(2)器械性干预

不论城镇或乡村,社区健身器材普及度非常广,这也是目前老年群体主要的

① 肖春梅、王明铮、熊开宇等:《老年人平衡能力的测试方法(综述)》,载《北京体育大学学报》,2001 年第 4 期。
② Barren CJ, Smelly P. A comparison and flexibility of community – based resistance exercise and flexibility exercise for seniors Au st. J Physiography,2002,48(03):215–219.

体育干预方法之一。健身器材中涵盖了多种练习,包括了力量练习、协调练习等,场地、器材使用方便。其中,有助于心脑血管健康的太空漫步机和慢跑机锻炼受欢迎程度较高。此外,压腿架、梅花桩、健骑机、扭腰器、肋木架、太极推手器、云手转轮等也较受欢迎。

(3)功法类干预

多项研究均表明健身气功可以维持老年人平衡能力,增强下肢力量与心血管耐力,从而能有效预防摔倒与心血管疾病。在练习过程中半曲与直立、重心左右的不断变化,以及下肢不断的屈伸运动,这对于大脑调节身体协调与平衡,提高本体感觉及神经系统敏感性等均具有明显的效果,这是老年人增强身体平衡性的主要因素。

(4)运动式游戏干预

运动式游戏已经被引进为对老年人安全有效的介入项目。Unoriginal 研究证明运动式游戏提供了适合老年人的运动强度并且安全,提高了他们的运动机能。运动机能的提高对预防摔倒有帮助[1]。老年人踝关节和髋关节的肌肉力量比年轻时期要弱,这两部分的肌肉起着防摔倒作用。对于老年人来说,跨步调节是主要的防摔措施,如果老年人不能跨步调节以防摔倒就容易发生股骨近端骨折。而在老年特征性骨折中,股骨近端骨折对其健康生活的预期和预后影响最大。因此,重建侧方稳定对预防骨折非常重要。

(5)其他运动项目类干预

郭飙发现长期乒乓球运动可减少练习者的脂肪含量,尤其是握拍肢(手)。长期进行乒乓球锻炼,对提高老年人的骨密度有显著的促进作用,而且对预防骨折以及骨质疏松症也同样具有积极的作用和重要的意义[2]。长时间的空竹锻炼可以有效改善老年人血脂水平,提高老年人心血管机能,延缓衰老,并对老年人的心理健康起到积极的作用[3]。冬泳一般是指在8℃以下的水域中游泳,坚持合理的冬

---

[1] Unoriginal Flanagan, Kanji Danish, Toshiba Anti, Motorcade Kawasaki and Masochism Hitchhike. Short and long – term effects of examiner for the elderly. Sprinkler, (2016) 5:793

[2] 郭飙:《乒乓球运动与老年人生命质量的关系》,载《中国应用生理学杂志》,2016 年第 2 期。

[3] 李军:《空竹锻炼对老年人血脂变化的影响》,载《西安体育学院学报》,2007 年第 1 期。

泳锻炼,可以增强体质、改善和增强心、肺功能,延缓衰老、提高人体健康水平,有效地控制体重,尤其是体脂百分比,对预防和减少心血管疾病以及老年性骨质疏松症具有积极的意义。陈志强的实验提出扇子舞对老年人身心健康的影响优于太极拳及快走,身体素质差的老年人可选择扇子舞作为日常运动方式[①]。

5. 国内外老年人体育干预处方

老年人运动处方是根据医学、运动测试和体力测试等方面检查结果,按照老年人身体情况、体力、心血管功能等的状况,结合生活、环保条件、体育运动爱好等特点,用运动处方的形式制定适合于老年人身体状况的运动项目进行锻炼,从而达到健身和康复的目的。

(1)不同权威组织给老年人的运动处方指导、科学报告以及建议

运动处方的 FIT VP 原则	专业组织					
	ACSM/AHA	CDC	NIH	CSEP	BSG	WHO
运动频率	温和强度: ≥5 天/周 剧烈强度: ≥3 天/周 二者综合: 3－5 天/周	≥3 天/周	一周中大多数或整天	NA	5 天/周	NA
运动强度	从柔和到剧烈	从柔和到剧烈	从柔和到剧烈	从柔和到剧烈	柔和	从柔和到剧烈
运动时长	温和强度: ≥30min/d 剧烈强度: ≥20min/d	NA	≥30min/d	NA	30min/d, 单次或循环	NA
运动方式	有氧	有氧	耐力	有氧	有氧	有氧

---

① 陈志强:《不同运动方式对某社区老年人身心健康影响的观察》,载《中国农村卫生事业管理》,2015 年第 11 期。

运动处方的FIT VP原则	专业组织					
	ACSM/AHA	CDC	NIH	CSEP	BSG	WHO
辅助1	增强肌力：≥2天/周（不连续）温和到剧烈8－10次；或一组10－15次，重复≥1组	增强肌力：≥2天/周，中等强度到高强度2－3组，每组重复8－12次	增强肌力：≥2天/周（不连续），30min/d	加强肌肉骨骼力量：≥2天/周	增强肌力：≥2天/周（不连续）	增强肌力：≥2天/周
辅助2	柔韧性：≥2天/周，每天至少10分钟	平衡：如果有跌倒风险≥3天/周。另外，标准的平衡训练程序	NA	平衡：如果活动能力很差	柔韧性：在其他活动之前与之后，或者≥2天/周，每天超过10分钟	平衡：如果活动能力很差，≥3天/周
辅助3	练习平衡，如果有潜在的跌倒风险	NA	NA	NA	练习平衡，如果有潜在的跌倒风险≥3天/周	NA
运动量	中等强度：≥150min/周 剧烈强度：≥75min/周	中等强度：≥150min/周 剧烈强度：≥75min/周	NA	≥150min/周	NA	中等强度：≥150min/周 剧烈强度：≥75min/周

备注：

①ACSM/AHA中，老年人指65岁以上的男性、女性以及50到60岁间有慢性疾病和/或功能受限的人群；CDC，NIH，CSEP and BGS中，老年人指65岁以上的男性和女性；WHO中，老年人是指60岁以上的男性和女性。

②ACSM(American College of Sports Medicine)：美国运动医学会；AHA：American Heart

Association,美国心脏协会;CDC:Centers for Disease Control and Prevention,疾病预防控制中心;NIH:National Institutes of Health,美国国立卫生研究院;CSEP:Canadian Society of Exercise Physiology,加拿大运动生理学会;BGS:British Geriatric Society,英国老年医学协会;WHO:World Health Organization,世界卫生组织。

③中等强度被定义为按照从 0 至 10 尺度上量强体力活动(通过多种方式动员肌肉来保持健康的活动)的 5—6 级,或者是有氧运动中能引起心率与呼吸明显加快的强度,或者肌力最多进行一次的活动强度的 60% 到 70%;剧烈强度或高强度指按照从 0 至 10 尺度上量强体力活动的 7—8 级,或者是在有氧运动/肌力练习中能引起心率及呼吸急剧升高的强度。

④为了得到更好的效果,ACSM/AHA 建议提升运动量到中等强度的 60 min/d,300 min/wk 以及高强度的 30 min/d,100 min/wk;CDC 和 WHO 则推荐提升运动量至中等强度的 300 min/wk 总量以及高强度的 150 min/wk。

⑤锻炼可以是一组或多组回合练习,每组至少 10 分钟。

⑥锻炼可以为等效的中等强度和高强度的活动。

⑦增强肌力的运动应包括所有主要的大肌群。

⑧应强调合适的进展。

(2)老年运动处方中对常见慢性病的特殊考虑

ACSM 的 FITT 原则	慢性病				
	健康老人	高血压	2 型糖尿病	脂代谢紊乱	骨关节炎
运动频率	中等强度 ≥ 5 d/wk;剧烈强度 ≥5 d/wk;二者结合 3—5d/wk	一周中的大多数,每天更好	3—7 d/wk	≥5 d/wk,卡路里消耗最大化	3—5d/wk
运动强度	中到高强度	中等强度	中到高强度	中等强度	低强度到中强度
运动时长	中等强度:≥ 30min/d 周总量 150min;高强度:≥ 20min/d 周总量 75 min	30—60 min/d	10—30 min/d 每周总量 150 min,若要更好的效果,增至 ≥300min/wk	30—60 min/d,更好的减重效果如 50—60min/d	短时间的 10min/d 随耐受力增至 30min/d,每周总量 150 min

ACSM 的 FITT 原则	慢性病				
	健康老人	高血压	2 型糖尿病	脂代谢紊乱	骨关节炎
运动方式	有氧	有氧	有氧	有氧	有氧
辅助 1	增强肌力：≥2 天/周（不连续）中等到剧烈 8－10 次；或一组 10－15 次，重复 ≥1 组	增强肌力：≥2 天/周，中等强度到高强度 2－3 组，每组重复 8－12 次	增强肌力：≥2 天/周（不连续）中等到剧烈 8－10 次；或一组 10－15 次，重复 ≥1 组	增强肌力：≥2 天/周（不连续）中等到剧烈 8－10 次；或一组 10－15 次，重复 ≥1 组	增强肌力：≥2 天/周（不连续）低度到中等 8－10 次；或一组 10－15 次，重复≥1 组
辅助 2	柔韧性：≥2 天/周，每天至少 10 分钟	柔韧性：≥2 天/周，每天至少 10 分钟	柔韧性：≥2 天/周，每天至少 10 分钟	柔韧性：≥2 天/周，每天至少 10 分钟	柔韧性：≥2 天/周，每天至少 10 分钟
辅助 3	练习平衡，如果有潜在的跌倒风险	练习平衡，如果有潜在的跌倒风险	练习平衡，如果有潜在的跌倒风险	练习平衡，如果有潜在的跌倒风险	功能锻炼可以提高平衡能力
特殊考虑	最开始的强度和时间应非常低，再进展到可忍受以及喜欢的程度。对体弱的老年人来讲抗阻训练应在有氧锻炼以前	鼓励患者晨练来降低整体的血压水平。强调有氧活动	有氧与抗阻结合比二者任意单项训练能更好地改善血糖水平。一周中避免连续两天不锻炼。进程中的目标主要是高强度以及卡路里的高消耗	使卡路里消耗最大化并且尽量运用大肌群	病情发作期避免费力的活动。运动后 2 小时以内的轻微不适很常见。温水锻炼对疼痛处理可起辅助作用。

（3）国内常见慢性病的体育处方

	冠心病	糖尿病	肥胖症
运动方式	步行（主要以耐力性有氧运动为主）	"全身性"运动,如步行、慢跑、游泳、健身操、太极拳、气功等	耐力性运动,如长距离步行、游泳、慢跑等
运动强度	速度为 80 - 100m/min、心率在 100 - 110 次/min	心率 110 - 130次/min	心率 120 - 130次/min
运动时间	20 - 30min	15 - 20min	一般为 30 - 45min
运动频率	每周 3 - 4 次	每周 4 - 5 次	每周 3 - 5 次
注意事项	在进行有氧运动之前必须要进行合理的准备活动以及之后要进行科学有效的放松活动,而且时间都应该尽量保持在 5min 左右,若在运动过程中出现胸闷、气短、心率过快以及其他不适状况时应停止运动	由于全身性运动可动员全身肌肉参与,提高肌肉对葡萄糖的利用率,所以长期锻炼有治疗作用	在锻炼过程中可以根据自身的感受来随时调整运动负荷和持续时间,运动过程中或运动后,身体若感觉有不适应当立即停止运动。同时锻炼期间应适当注意膳食平衡
	冠心病	糖尿病	肥胖症
运动方式	步行（主要以耐力性有氧运动为主）	提倡"全身性"运动,主要是耐力运动,如步行、慢跑、游泳、健身操、太极拳、气功等	耐力性运动,如长距离步行、游泳、慢跑等
运动强度	速度为 80 - 100m/min、心率在 100 - 110 次/min	心率 110 - 130次/min	心率 120 - 130次/min
运动时间	20 - 30min	15 - 20min	一般为 30 - 45min
运动频率	每周 3 - 4 次	每周 4 - 5 次	每周 3 - 5 次

	冠心病	糖尿病	肥胖症
注意事项	在进行有氧运动前及运动后须做5min的准备活动和5min的整理活动。在运动中出现心前区不适、气短、心率超过120次/min等情况时应停止运动	由于全身性运动可动员全身肌肉参与，提高肌肉对葡萄糖的利用率，所以长期锻炼有治疗作用	锻炼时感觉轻松或吃力，可以适当调节运动强度或时间。每周适当增加运动量。运动中或运动后，身体有不适感应停止运动。锻炼期间应适当控制饮食，注意膳食平衡

6. 小结

促进老年人的体育锻炼不仅需要社会工作人员的参与，也需要国家提供相关扶持政策与措施来辅助发展老年人体育产业。老年人的运动处方，应结合国际标准与国内实际情况综合考虑，并争取做到系统化与个性化并存。工作人员主要是考虑不同老年人群的运动处方，如正常（含慢性疾病）、特殊慢性病、行动不便者、残疾人等的针对性处方内容。并对所有老年人加强预防骨质疏松、增强平衡、针对身体弱的干预性内容。

第五节　体育干预与幸福指数

一、体育干预与幸福指数的关系

（一）体育干预通过增进健康提升幸福指数

无论社会如何发展，对于其最小的组成个体——家庭和个人来说，健康才是最重要的。健康是影响工作效率的主要因素，健康是享受一切物质生活的基础，拥有了健康才能体会到生活的快乐。体育干预对人们身体健康和心理健康是不言而喻的，体育干预作为一种外界的刺激，在人们进行体育锻炼的过程中，会产生诸如呼吸加快、体温升高和加速循环等应激反应，这些都是人们对运动产生的适应性表现，长期坚持，必然会给人们带来积极性的改变，如体质增强、预防疾病和缓解社会节奏加快带来的心理压力。季浏在《体育与健康》一文中论述了体育锻炼对人体的最重要作用是全面增进人们的身体健康,改善呼吸系统和神经系统的功能,提高消化系统的功能,预防心血管病,减少糖尿病的发病率,预防骨裂,提高人体的运动能力,改变人们的体型和控制体重,延缓衰老,延年益寿等[①]。同样的,体育干预在减少焦虑、抑郁等消极情绪的心理状态,提高人们积极心理、自我认知等方面也有良好的作用。赵殿军在《在读硕士研究生心理健康与体育锻炼的相关研究》中说明了体育锻炼对研究生的精神病、抑郁、躯体化、焦虑和偏执等心理健康问题上具有较好的改善作用[②]。体育干预就是通过增进健康来提升人们的幸福指数的。

（二）体育干预通过促进社会经济发展提升幸福指数

随着社会经济的快速发展,人们对有质量的健康生活关注远超以往任何时候,体育消费也逐渐在人们日常消费支出中显露头角。健身房、各种体育场馆等健身娱乐设施愈发齐全,越来越多的人开始参与其中,享受身体健康带来的高质量生活。随之可以产生由健身娱乐市场、体育竞技表演市场、体育用品生产和各种活动承办商等组成的一整套体育产业链。更多的企业正是看到这一点,纷纷投资体育市场,不断开发完善体育市场潜力。西方国家在这方面起步比较早,做的也比我们优秀。比如:美国的体育产业年产值达 2000 亿美元左右,是美国非常大的支柱产业[③]。随着近年来人们观念的改变,已经逐渐认识到体育不仅是一种身体练习的手段,还是一种刺激经济增长的方法。张凤珍、李卫平、谢忠萍等在《现代社会体育与提升国民幸福指数关系初探》中认为:"由于体育产业的高速发展,它已成为我国第三产业中的一个新兴产业,发展势头非常强劲,成为促进就业、增加就业机会的相关产业的主力产业之一。体育对经济发展的促进、就业机会的增加必将会提高民众的生活水平,提升民众的富裕感"[④]。

---

① 季浏:《体育与健康》,华东师范大学出版社 2001 年版。
② 赵殿军:《在读硕士研究生心理健康与体育锻炼的相关研究》,载《北京体育大学学报》,2004 年第 4 期。
③ 邢占军:《幸福指数的指标体系构建与追踪研究》,载《数据》,2006 年第 8 期。
④ 张凤珍、李卫平、谢忠萍:《现代社会体育与提升国民幸福指数关系初探》,载《体育与科学》,2007 年第 5 期。

(三)体育的政治功能可激发民族自豪感和幸福感

体育的最高水平是国际赛场上的竞技体育,而体育的政治功能就是运动员在世界大赛上为国家争金夺银,通过展示国家对竞技体育的投入展示其综合国力,是一个国家的国际声望和综合影响力的体现。就这一方面而言,竞技体育早已超越单纯的体育范畴,通过它可以促进国家、民族和地区间的交流沟通和相互理解,竞技体育俨然成为展示国家魅力的舞台。重大的国际体育比赛往往牵动着亿万观众的心,每一次奖牌的取得和成绩的提高都可以激发出广大民众强烈的爱国心和自豪感,从而提高民众的幸福感。如,1984年美国洛杉矶奥运会的自选手枪慢射比赛中,许海峰获得中国奥运史上的第一枚金牌,实现"零的突破";2004年雅典奥运会,中国获得32枚金牌,名列金牌榜的第二位;2008年,中国成功举办了第29届夏季奥林匹克运动会,让世界诸国感受到了东方体育大国的魅力。近年来,我国小球项目、水上项目和田径项目等方面都取得了突破性的成绩,这既是运动员努力拼搏、刻苦训练的结果,也是人们日益关注体育和国家在高水平运动员培养上的不遗余力。成绩的取得,无不可以激发人民群众的爱国心和自豪感,进而提高民众的幸福指数。

二、老龄化背景下的体育干预与幸福指数

在体育蓬勃发展的今天,还没有人专门研究体育干预在老年群体中的运用,也较少有人关注老年人幸福指数提升问题。老龄化背景下,以提升老年人幸福指数目标的体育干预既是一种对弱势群体的关怀,也是对城乡二元结构下体育福利不均等的一种反思。多年探索,人们逐渐形成共识:社会可持续发展是个等边三角形,一条边是经济发展,另一条边是环境生态,第三条边是幸福指数。经济、生态与民生,三者互相依存和贯通①(如下图所示)。三条边中,与人民最相关的是民生,因此,在这个发展三角中,要以幸福指数为纲才能保证其发展的稳定性。

---

① 仇保兴:《城镇化与城乡统筹发展》,中国城市出版社2012年版。

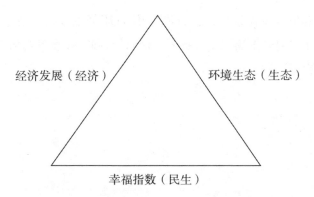

图 1 - 1　社会可持续发展的等边三角形结构

老龄化背景下要提升老年群体的幸福指数,体育干预将是其重要的突破口之一。主要体现在以下几点:

(一)体育是健康生命的守护神

幸福的一生应当经历朝气蓬勃的少年、充实光辉的成年和安适自如的晚年。晚年是人生的最后阶段,老年体育也是此前各阶段体育效果的终审与总结。如果步入老年就疾病缠身,甚至丧失活动能力,整日靠打针吃药度日,还有什么幸福可言? 安度晚年更是成了一个遥不可及的梦。体育作为健康生命的守护神,有义务为提升老年人幸福指数而落实到老年人的日常生活中。

(二)体育容易使老年人产生积极的认同感

中国老年人文化水平普遍不高,对其继续进行文化教育的可行性并不大,但是体育作为人的一种与生俱来的本能,受知识水平的影响较小,以体育作为提升幸福指数的突破口,可以让最大范围内的老年人融入其中,并在较短时间内产生积极的认同感,从而促进老年人幸福指数的提升。

(三)体育是提高老年人幸福指数的重要途径

以往的体育干预多用于治疗心理疾病和肥胖人群,而本研究所提出的体育干预,目标人群转移到了老年人群体,其路径选择是一种直接区别于传统体育干预手段的全新干预。本研究旨在探讨如何通过多种手段和方法实现其对幸福生活的引导和健康生活方式的培育,从而提升老年人的幸福指数,这既突破原有体育干预手段的单一性,又体现了手段方法的现代性。研究内容将涉及从体育资源的开发利用到对老年人体育参与思想的转变,体育康复手段治疗老年人身体损伤,体育锻炼对老年人身体健康水平的提升和疾病的预防,体育参与对老年人精神满足和成就感获得等不同方面。

第二章　体育干预提升老年人幸福指数的意义

　　体育作为一种重要的社会文化生活方式,是老年生活方式的重要组成部分。中国老年人学历普遍不高且知识结构早已经固化,对其继续进行文化教育的可行性并不大,但是体育作为人的一种与生俱来的本能,受知识水平的影响较小,以体育作为提升幸福指数的突破口,可以让最大范围内的老年人融入其中,并在较短时间内产生积极的认同感,实现老年人老有所为、老有所学、老有所乐,从而提升老年人的幸福水平。

　　人口老龄化是社会发展的必然趋势,随着中国老龄化进程的加深,中国必须采取措施来应对老龄化。老龄人口比例不断增多,社会压力的增加使得老年人的生活质量不能得到有效的保证,大多数家庭年轻人都与父母分居,使得老年人健康不能得到及时的关照。另外,老年人有享受再教育的权利、参与社会的权利、参与体育活动的权利,老年人幸福指数关乎社会稳定,需要决策者积极应对。中国处于"未富先老"的人口老龄化社会,经济、社会保障制度都在发展过程中,中国面对老龄化既是挑战又是机遇,在这样逐渐完善的保障制度下,有缓和调整的空间,使社会经济趋于稳定发展,但这只是权宜之计,要想使老龄化问题得到有效解决,从体育干预入手也是必然选择的一方面,保证老年人的健康、生活质量可以促进社会和谐发展,减轻社会保障的压力。选择适合中国国情的老年体育的发展道路是一条应对老龄化的正确选择。

第一节　体育干预提升老年人幸福指数的意义

一、提高老年人生命质量

生活质量是以身体健康为基础,而不是以生活水平为基础,一个人如果没有健康的身体,那么生活水平再高也不会有较高的生活质量。由于社会转型、传统家庭养老功能弱化、养老服务业刚刚起步等问题,难以满足人口数量迅速增长的老年人群的需要,发展老年体育至少在应对上述三方面困境中具有积极作用。具体来说,体育活动对老年人身体健康的影响具有其他药物所不可替代的作用,老年体育可以让老年人拥有健康的体魄、降低患病率、缓解老年人医疗卫生消费支出的压力。在参加体育活动的过程中,还可以让老年人形成和谐互助的氛围,让老年人老有所为、老有所乐。这可以满足一部分老年人的社会需要,改善养老服务供不应求的局面。另外,在老年人积极参加体育活动的过程中,还能通过老年人之间的友爱互助,在一定程度上让老年人完成由"被赡养"到"自助养老"的角色转换,这其中的体魄强健、精神满足和角色转变为老年人生命质量的提升起到重要作用。

老龄化是经济社会发展的必然趋势,老年人口随着生育率的下降和死亡率的下降在总人口中所占的比例越来越高,解决好老年人的健康问题是解决老龄化问题的第一步,解决好老年问题就可以解放家庭压力,增加社会劳动力水平。健康问题的来源主要是慢性疾病问题,而生活方式则是主要导致慢性疾病的原因,所以,注重老年人的生活方式是解决老年人健康的主要途径。

体育干预是在生活中加入体育的内容,其宗旨是调动老年人的积极性,有效地利用体育资源来改善老年人的生活方式,提升老年人的生命质量,增强老年人健康。对老年人体育干预的具体做法是根据老年人的行为现状,提出整体的体育干预对策及内容。体育干预无论对健康老年人还是患病老年人都是必要的。对健康老年人来说,体育活动既可以预防疾病,又可以强身健体。而对于患病老年人来说,参与体育活动可以提高老年人机能水平,改善身体状况和精神状况。将体育最大化地融入老年人的生活是健康老龄化的关键一步,将体育渗透到老年人生活中,让老年人认可体育、参与到体育活动中来,采取体育干预是毋庸置疑的。并且单纯的体育教育无法明显地增多老年人的体育参与次数,必须增加老年人体育器材设施、增强老年人体育行为干预,才能使老年人参与体育的积极性得到提升,从而改善生活方式,增强生命质量。

老年人随着年龄的增长体育活动的次数也会越来越少,但研究结果显示,持续参与体育活动的老年人比长时间久坐的更能保持健康的人体机能。所以可以看出,体育活动对提高老年人生命质量的作用是不可忽视的。影响老年人参与体育活动的因素有很多,包括年龄性别、文化程度等一般因素,也包括社会资本、场地设施资源、环境管理等社会因素,同样还有老年人的心理身体等状况。国外研究与国内研究相比,涉猎范围更广、层次更深。我国国情与国外不同,人口基数大、老年人口多,国内体育干预水平如果想要达到国外水平,社会支持必然要继续增加,体育干预使得我国面临的社会经济压力较国外相比会大得多。对老年人的体育干预离不开社会支持,既包括对精神的干预,也包括对物质的干预。精神干预就包括对老年人的思想教育,使老年人了解体育对健康的重要性,鼓励老年人积极地参与到体育活动中去。物质干预就是要保证老年人参与体育活动时有完善的活动场地设施与良好的环境条件,同时提高医疗水平,增加老年人参与体育活动后的体质监测,时常关注老年人身体状况,丰富体育活动的种类,提高老年人参与体育运动的兴趣,培养老年体育指导员,让老年人找到合理的活动项目和活动方法,有效地增进健康。国内学者可以通过对国外的研究进行分析总结,吸取经验,提出适合我国国情的体育干预方法,走中国特色的体育干预道路。

对老年人的体育干预必须与中国国情相结合,并且这是个不断持续的过程。在开展过程中可以从国外老年人的体育干预的方式方法中分析总结、借鉴经验,结合我国人口基数大、老年人口多、国家地域广泛等国情,结合以往国内实行体育干预的实践经验,不断地完善对老年人的体育干预,使得老年人能够有一个良好的锻炼环境,从而参与到体育活动中来。总之,体育干预就是合理规划场地,增加体育活动设施,使老年人有一个良好的参与体育活动的环境;体育干预就是丰富老年人体育活动项目,增加老年人的选择空间,提高老年人运动兴趣;体育干预就是增加老年人的健康思想教育以及参与体育活动的教育,积极疏导某些老年人的心理障碍,保障老年人的心理健康,使老年人提高体育参与的兴趣,积极参与到体育活动中去;体育干预就是国家培养专业的体育指导员,帮助老年人能够合理地参与到体育活动中去,有效地提升身体素质。

参与体育活动可以使老年人保持一个良好的精神状态。人们可以从体育活动中获得流畅体验。人们在参与体育活动的过程中,经常会全身心地投入到所参与的体育活动中,从体育活动中得到乐趣,享受活动过程。流畅体验的获得可以暂时使人忘掉焦虑等不良心理因素,全身心地投入其中,使人们达到行动意识的融合,这就是体育活动的乐趣之所在,使人们得到精神的满足。

参与体育活动可以使老年人在一定程度上完成角色的转换。体育活动一般是团体项目,可以增进老年人之间的交流,保障良好的心理状态,增强体质减少家庭医疗费用,调节家庭矛盾,增强和谐的家庭、社会之风,既减轻了社会压力又减轻了家庭子女的负担,在一定程度上获得了"被赡养"到"自助养老"的角色转变。

体育干预在提高老年人的生命质量中起着不可忽视的作用。体育干预可以使老年人在体育活动中提高自身健康水平,可以逐渐使社会进入一个良性循环,让人们意识到体育参与的重要性,这同样也符合中国倡导的走可持续发展的道路。

二、应对人口老龄化挑战

截至目前,中国老年人口已经超过 2 亿人,且老年人口数量有持续增加的趋势。在世界其他国家应对人口老龄化中,日本虽然是快速老龄化社会,但是进入老龄化社会时,经济水平已经达到发达国家水平,整个社会对于人口结构变化的承受能力较强;再看,西欧、北欧和北美等国家虽然也早已进入老龄化社会,但是这些地区属于慢速人口老龄化地区,因此进入老龄化社会后社会所受冲击较小。反观我国,在应对人口老龄化过程中,经济实力则显得捉襟见肘,社会保障制度也尚不健全,这就产生了较多影响经济社会发展的现实问题。人口老龄化将引起一系列社会问题,在应对过程中体育活动可以作为人口老龄化应对的突破口。中国老年人文化水平普遍不高,对其继续进行文化教育的可行性并不大,但是体育作为人的一种与生俱来的本能,受知识水平的影响较小,以体育作为人口老龄化应对的突破口,可以让最大范围内的老年人融入其中,并在较短时间内产生积极的认同感,从而对人口老龄化产生积极的作用。

　　人口老龄化是社会发展所经历的必然过程,由于社会经济的发展,使得人们生活质量显著提高、医疗水平显著提高,加上战乱的减少,使得寿命延长。但随着社会压力、家庭压力的增加,使得一些人不愿去生孩子,导致生育率下降,从而导致老龄化社会的到来。人口老龄化由于老年人口比重增加,劳动力资源下降,劳动力供应减弱,使得国家财政负担增加,社会压力增加。当代中国,经济发展迅速,科技发展迅速,而老龄劳动力随着年龄的增加接受新事物新知识的效率比较慢,很难适应迅速发展的社会,并且老年人的工作效率低,影响国家经济效益。慢性疾病的不断增加,使得老年人生活质量得不到提高,伴随的医疗费用的增加也给家庭子女带来了经济的压力。人口老龄化同样给国家的社会保障制度带来了冲击。从西方发达国家角度来讨论,西方发达国家是在经济发达的国情下进入老龄化社会的,其社会保障制度完善,能够暂时缓解老龄化带来的挑战,但是,完善的社会保障制度面对的是巨大的资金支持,随着老龄化进程的不断加深,劳动力供应不足的情况会不断地显现出来,社会经济压力也会伴随老龄化程度的加深而不断增大,国家要面对的老龄化问题也会越来越多。与西方发达国家不同的是,中国是在经济发展过程中进入老龄化社会的,处于"未富先老"的情势,社会保障制度也是在逐渐完善的过程之中,社会福利也是逐渐缓慢增加的,给国家经济带来一定的缓和空间,具有较大的可塑性,如何将挑战变成机遇是国家要面对的问题。

　　随着全球化进程的发展,各个国家之间影响巨大,老龄化问题已经是全球性的问题,是各个国家的挑战。1990 年 9 月,世界卫生组织将老龄化提上议程,面对老龄化带来的挑战,将实现"健康老龄化"作为全球的发展战略。健康老龄化就要求保证老年个体健康的同时保证老年群体的健康。一方面是老年人口寿命的延长,生命质量的提高;一方面则是要求健康老年人口在总的老年人口中的比重增加[①]。生命质量的提高就要求从经济、文化等各角度出发,妥善处理每个方面,使老年人具有健康的身体、健康的心理、充实的生活以及参与社会的能力。2002 年,世界卫生组织找到了更好的应对老龄化的发展战略——"积极老龄化",在"健康

---

① 　郑志丹:《健康老龄化视野下我国老年体育发展对策研究》,载《山东体育学院学报》,2011年第 12 期。

老龄化"的基础上,强调了老年人的参与性,还有老年人受教育的权利,应得到的社会保障的权利,提高生活质量的权利等方面,包含生活各个方面,可谓是完善的老龄化社会。健康老龄化到积极老龄化是一个发展的过程,积极老龄化可以说是应对老龄化问题到达一个更为完善的发展水平。无论是起初的健康老龄化,还是后来发展的积极老龄化,都将老年人健康放在首位,而影响健康的因素是多方面,其中最主要的因素是老年人的生活方式。老年人口增加的同时患病率也在不断升高,使得国家医疗保障制度和社会养老服务制度受到挑战。不健康的生活方式增加了患病几率,医疗费用的增加、医疗需求的增多无疑增大了社会压力,此外独生子女甚至无子女家庭的增多,使得孤独老人、留守老人、患病卧床老人的人数逐渐增加,从而使得老年服务体系受到冲击。要保障有充足的老年服务场所,就需要国家的经济支持、政策支持,让全体社会成员共同参与进来,其中体育干预是改变老年人生活方式的关键一步。有规律地参与到各种体育活动中,获得有效的锻炼方法,可以使老年人获得良好的生活方式,增进老年人健康,减少慢性疾病的发生,为积极老龄化的发展战略做铺垫。老年人获得健康,可以增强老年人社会参与的能力,运用以往的知识经验回馈社会,在社会中起到指导、协调、监督等作用,解决就业与再就业等问题。体育参与可以广泛交友,使得独身一人在家的老年人获得愉悦的心情,保持良好的精神面貌,所以老年体育干预是有益于实现"积极老龄化"的发展战略。

不可否认,通过体育干预让老年人参与到体育运动中去,无论是对"健康老龄化"还是"积极老龄化",体育干预所起的作用都是不容忽视的。应对老龄化问题首要职责就是保障老年人的健康,而有规律地参与体育活动既可以预防疾病,又可以强身健体。对老年人的体育干预是一个良性的循环过程,是可持续发展战略的一部分,通过对老年人的体育干预可以预防老年人慢性疾病、增强体质、保持身心健康,可以有效地减轻社会经济压力、家庭压力,可以减轻对国家医疗保障制度及老年服务体系的压力,通过保证老年人的社会参与能力可以积极地应对老龄化,让老年人在社会上找到属于自己的位置,对促进社会稳定有益无害。

三、有效减少政府财政支出

养老保障的负担日益沉重。中国财政部公布的 2014 年全国社会保险基金预算显示,2014 年养老保险基金收入 21489 亿元,比上年增长 8.1%,其中保险费收入 17554 亿元,财政补贴收入 3038 亿元,支出 19117 亿元。剔除财政补贴后,当期保险费收入与支出相减,"亏空"1563 亿元①。再如老年人医疗卫生消费支出的压力越来越大,60 岁以后生病几率不断加大,随着医疗技术水平的不断提高,昂贵的药品和医疗器械促使老年人口医疗费用节节攀升。此外,中国人口老龄化具有基数大进程快的特点,这也直接导致医疗费用大幅度增加。体育活动有助于老年人身体健康的作用已经形成共识。中国老年人体育健身有着悠久的历史,如中国传统的导引、五禽戏、八段锦、易筋经、太极拳、气功、站桩,利用呼吸吐纳,达到活动全身筋骨血脉的目的。同时,西方锻炼方法也逐渐被老年人认可,如有氧舞蹈、有氧体操、迪斯科、门球、地掷球、高尔夫球等对老年人的身体也有很大的促进作用②。因此,提高老年人健康水平的体育运动在一定程度上可有效地减少政府财政支出。

对老年人的体育干预不是单纯地使老年人参与身体锻炼,而是要让老年人在良好的锻炼环境中找到适合自己的锻炼身体的方法,增强体质,调节心理状态,建立积极向上的乐观精神。只有使老年人保持良好的机能状态,才可能使家庭、社会从老龄化问题的压力中解脱出来,减轻家庭负担,减轻政府的财政支出。

四、丰富老年人精神文化生活

随着社会经济的发展,除了基本的健康需求之外,老年人的精神需求日益多元。主要有以下六个方面:情感需求、尊重需求、人际交往需求、文化娱乐需求、教育需求、自我实现需求。但是这些需求至今仍然难以得到满足,具体表现在以下几方面:第一,情感需求没有得到满足,孤独寂寞、没人谈心等问题仍然困扰着部分老年人。第二,文化娱乐需求和教育需求没有得到满足,活动缺乏、场地不足、设施短缺等导致了相当大一部分老年人没有参与到体育活动中来。第三,尊重需求没有得到满足,退休后的生活被很多老年人等同于被边缘化的生活,在众多场

---

① 李唐宁、赵婧:《我国今年养老保险亏空或超千亿元》,人民网:http://politics. people. com. c/n/2014/0416/c1001 - 24901455. html。

② 卢元镇:《中国的老年健康与老年体育》,载《山东体育学院学报》,1999 年第 1 期。

合处于被忽视的地位。第四,自我实现需求没有得到满足,虽然大部分老年人想继续实现自己的价值,却在大多数时候找不到下手点,社会活动整体参与率低①。此外,独生子女家庭或空巢家庭中的老年人的情感需求无法满足时,如果能通过体育活动和更多人沟通交流,就会减弱老年人的情感需求无法满足的孤独感。老年人在体育活动的过程中,与老朋友和新朋友逐渐建立起一种彼此依赖、彼此互助的关系,还能在较大程度上满足其情感以及人际交往的需求。其实,老年人从体育活动中的收获不止于此,老年人可以借助体育活动组织的平台参加更多的文化娱乐活动,让他们的生活更加充实。而在此再教育的过程中,老年人不断地从参与体育中学习到新的知识与技能,丰富自己的生活,提升自我价值和成就感。因此,发展老年体育是增强老年人体质、丰富老年人精神文化生活、提高老年人生活质量的重要途径。

从老年人在家庭中产生的孤独感出发,来探讨体育活动如何调节老年人的心理状态。老年人产生孤独感的原因有以下几个方面:第一,子女常年不在家,与父母分开居住。现在子女受教育程度高,思想观念变化大,从原来时时依靠父母,到现在逐渐独立起来,选择自己喜欢的城市打拼,获得更好的工作机会。与留在父母身边相比,大多数人更愿意选择用金钱去补偿父母,然而,他们却忽略了父母的感受。社会竞争压力大,子女在外也是早出晚归,有些家庭甚至躲避生育来逃避社会压力。现阶段,我国的家庭模式已经从原来的"四世同堂"变成婚后与父母分开居住。社会经济发展迅速,已经与之前社会大不相同,受教育程度与之前相比也差异较大,现在的老人,大多受教育程度低,思想观念陈旧,父母与子女之间的代沟越来越大,使得双方交流越来越少,这也是子女与父母分开居住的原因。第二,兴趣爱好。有些老年人早年忙于工作,早出晚归,缺乏兴趣的培养,退休在家后,无所事事,每天就是吃饭、睡觉、看电视,生活索然无味,加上经常在家,缺少与人沟通交流,缺乏良好的人际关系。第三,身体机能状态的下降。随着年龄的增加,老年人身体状态下降是正常的,但如何延缓身体机能下降是多数老年人不懂的,每天贫乏的精神生活,使老年人容易发生心理问题,使得老年人产生孤独感,还会产生一些怪癖。身体机能的下降,容易引发疾病,会使老年人参与一些活动

①　李倩:《基于需求理论的城市老年人精神需求研究》,沈阳理工大学 2011 年硕士学位论文。

时力不从心,让老年人参与活动时感觉融入不到集体中去。第四,社会角色、家庭角色的变化。老年人退休后,从原来社会家庭的支撑角色变为被赡养的角色,会产生不适的感受。起先在家庭中长时间担任家庭的支柱,抚养孩子,照顾父母。随着年龄的增大,人生观、价值观与年轻人差距越来越大,代沟加大,使得子女与父母开始疏远,让老年人孤独、挫败等消极心理增加,这是恶性的循环过程,老年人越是进入自己的世界,越很难走出来,而对老年人的体育干预则能有效地解决这个问题。

通过改变子女现有的工作,回家与父母同住是不现实的,体育干预是从老年人自身出发,解决好老年人的身体心理因素,使老年人提高自己的生活质量。体育干预不只是增添场地设施,使老年人老有所乐,而是从老年人的思想教育出发,转变老年人的思想状态,走出自己的世界,去融入集体,增强人际交往能力。体育干预可以让老年人参与到体育运动中来,释放自己的精神世界,在体育指导员的帮助下,获得有效合理的锻炼方式,以及心理疏导,让老年人走进集体,获得体育的快乐,转变孤独的感受,也可以使老年人在参与的过程中找到自己的价值所在,消除从社会退休后带来的挫败感。老年人在各种各样的体育活动中,找到适合自己感兴趣的体育活动,积极参与到体育活动中去,丰富自己的精神世界。老年人健康问题解决了,才能获得更加丰富多彩的生活,提高老年人的生活质量,进而减轻子女的压力和社会的负担。

要想使得老年人的精神世界丰富多彩,解决好老年人体育场地问题、解决好体育设施问题、解决好老年人体育管理指导等问题是必不可少的。因为体育活动项目的多样性,使得场地设施的要求不一样,有些地区就是因为场地设施等资源的缺乏使得老年人无法从事想要参与的体育活动。我国地大物博,涉及地域广泛,短时间内去建设完善的体育场地设施是不现实的,这是一个逐渐发展的过程。时至今日,国家已经投入大量资金,建设体育场地设施并开放学校的体育场地,使得人们可以随时地参与进来,但体育场地设施的投入是老年人参与体育活动的硬件条件,积极老龄化缺少硬件条件也是不可能实现的。随着经济的发展,思想观念的转变,老年人在参与到体育活动的过程中去满足应有的精神需求和身体需求。

再从老年人体育指导与管理方面讨论,就要求国家培养体育指导员,让这些体育指导员融入到每个社区中去,这些体育指导员要有丰富的体育知识、心理学知识,并且需要有一定的管理能力、心理疏导能力,才能更好地帮助老年人有效地参与到体育中去,对于那些不愿意参与体育活动的老年人,体育指导员则有义务去做思想工作,让老年人了解体育、了解体育的作用,让老年人尽快地积极地参与到体育活动中来,从而在体育中获得身体健康的体验,获得心理的流畅感受,找到生活的乐趣,丰富自己的生活,在社会压力、家庭压力中释放出来,提高自己的主观幸福感。

另外,有很多老年人不知道自己想要得到什么,包括精神需求、文化需求以及自身的价值需求等,这些也使一部分老年人将自己放在家里,而不从事到体育活动中来。体育干预则是引导老年人找到自己的精神需求、文化需求、价值需求,老年人的生活其实无非就是希望子女生活幸福,自己身体健康,自己可以为子女、为社会做出应有的贡献,而体育参与就可以使老年人保持身体的健康、获得丰富的精神世界、得到再教育的机会,从而实现自身的价值。

五、补充体育学等相关学科内容

体育干预看似是一种单学科干预手段,但是在具体实施过程中早已超出了体育学本身。老年体育与其他学科之间的关系也越来越紧密。如:医学是以治疗和预防生理疾病及提高人体生理机能为目的的一门科学。狭义的医学只是疾病的治疗和机体有效功能的恢复,广义的医学还包括中国养生学和由此衍生的西方营养学。医学主要通过医药或者其他医学手段干预使人保持身体健康,体育则是通过自身的锻炼来达到优化体质使身体健康的目的。正因为有着相同的目的,所以二者之间存在一定的交叉关系,而二者的结合使用对于提升老年人健康水平也将起到最为重要的作用。再如:《黄帝内经》中记载了通过导引、推拿、按摩等方法作用于残疾人,以治疗瘫痪、肢残带来的肌肉萎缩等疾病。由此可见,老年体育和残疾人体育同样存在着交集。一方面是残疾人年龄日增自然会变成老年人,另一方面是由于老年人器官老化,部分人行动不便,不得不依靠拐杖等帮助行走,这两部分人群,在实施体育锻炼时宜选择残疾人体育项目,才不至于对老年人身体造成更大的损害。老年体育与其他学科的关联还不止于此,随着老年体育的快速发展,其在老龄化社会中将发挥越来越大的作用,对相关学科的带动与补充作用会越来越明显。

体育干预对体育学内容的补充。老年体育干预首先就是对体育学内容的补充,针对老年人的体育干预是国家对老年人的重视程度的加深,老年人的体育干预可以增加老年人体育的知识,促进老年体育产业的发展,促使更多的人去研究老年体育,得到更丰富的老年体育知识,结合国内外老年体育的应对措施,借鉴其经验,吸取其教训,得到合适的体育政策,扩展老年体育领域,丰富老年人的体育生活,给未来老年体育的发展传递经验。将丰富了的老年体育知识融入学校体育教材中,培养学生对老年体育的认识。老年人的体育干预融入体育教材中为体育指导员的培养指明了方向,为体育教学提供了重要信息,如果学生在学校提前接触到老年体育的知识,可以为家庭中的老人做出适当的指导,促进老年人积极性的提高。在此之前都是以增强学生体质为主要任务,而在一定程度上忽视了老年人的体质健康问题,对老年人的体育干预是以老年人为主体,增强老年人的体育意识与能力。对老年人的体育干预不是单纯地让老年人参与到体育中来,而是让老年人增强参与体育的意识,养成规律的体育锻炼的行为。在学校中加入老年体育的教学内容,可以培养学生终身体育的意识,培养终身体育的习惯。在高校可将老年体育知识传递到体育指导员课程的培训中,让体育指导员能不断了解新的知识,为以后的工作开展打下基础。

体育干预对医学内容的补充。医学是预防和治疗疾病,对老年人的体育干预也是为了预防和治疗疾病,两者目的相同但采取的方法和过程不同,体育干预是通过干预老年人的行为、思想教育使老年人参与到体育活动中去,使老年人保持良好的身体状态和心理状态。一方面,体育运动有预防疾病的作用。老年人适宜参与一些中小强度的有规律的体育运动,这些体育运动可以活动全身,减慢心肺机能和各关节的老化程度。由于老年人缺乏身体锻炼,肥胖现象在老年人中是普遍存在的,却不知肥胖带来的危害是各式各样的,有些甚至是致命的。最显现的问题是肥胖的人体重增加导致行动不便,增加骨骼关节及心肺的负担,还会引发高血压、冠心病、糖尿病、血脂异常等疾病,最常听到的三高大都是因为肥胖导致的。随着年龄的增长心脑血管弹性降低,发生脆化、高血压等疾病引发脑出血的概率增高,危害人的生命,而老年人适当地参与体育活动可以起到减脂的作用,降低老年疾病的发病率,加速血液流通,促进新陈代谢和缓解心脑血管弹性的降低速度,甚至增加心脑血管弹性,以及预防高血压、冠心病等带来的并发症。通过体育锻炼来预防疾病与通过药物来预防疾病相比,体育锻炼对人体无害,并且降低医疗成本。另一方面,体育运动对疾病康复的作用。如身体运动障碍的疾病现在的医疗手段很难做到使患者完全康复,患者对运动康复手段认知很少,大多数人一味地寻求药物治疗,但效果甚微,运动康复手段运用到医疗中去,是使运动障碍的患者得到有效恢复的显著方法,运动可以促进血液循环,促进肌肉组织恢复。所以参与体育运动对偏瘫患者是较为有效的恢复方法,可以促进手臂腿部的血液循环,使组织间的粘连性降低,刺激神经感觉,促进肌肉神经的恢复,减轻肌肉萎缩现象。所以,体育干预对丰富医学内容有着关键的作用。

体育干预对心理学内容的补充。要让老年人参与到体育运动中来,就要解决好老年人的心理问题,探究老年人拒绝参与到体育运动中的原因,帮助老年人解决问题,使老年人主动积极地参与到体育活动中来。心理和身体是相互影响的,两者必须都解决好才能使老年人获得健康,老年人的运动行为反映着老年人的心理状态,老年人的心理状态又影响着老年人参与体育运动的程度,在体育运动中,老年人可以减轻、消除抑郁症状,改善心理状态,从体育活动中获得兴趣,才能使老年人愿意参与进来,并且体育活动中包含着人际交往,可以帮助老年人得到交流的机会,抒发心情,调节情绪。

体育干预对社会学内容的补充。随着老龄化进程的加深,老龄人口比重越来越大,老龄化问题已经成为全球关注的问题,解决好中国的老龄化问题,要把中国置身于全球老龄化进程之中,考虑大局观,不能一味地单纯解决中国的老龄化问题,只有借鉴全球老龄化发展的经验教训,立足中国国情,才能更好地解决中国老龄化问题[①]。中国所提倡的"积极应对老龄化"的发展战略和世界卫生组织提及的"积极老龄化"有异曲同工之处,但"积极应对老龄化"是结合了中国老龄化的发展现状和特点,更适合中国国情。其中对老年人的体育干预则是积极应对老龄化过程中的一个有效的手段,应对老龄化应该以老年人身心健康为基本要求,其次是追求老年人独立生活并具有参与社会活动的能力。对老年人体育干预的出

①　郭金华:《中国老龄化的全球定位和中国老龄化研究的问题与出路》,载《学术研究》,2016年第2期。

现将会促进老年人生活质量的提高,有利于社会稳定,顺应中国倡导的可持续发展的道路。

体育干预对经济学内容的补充。老年体育干预可以促进体育产业的发展,老年人爱好体育,愿意去为体育运动而消费,同时获得了身体健康,减少了家庭的医疗消费,减轻了国家医疗保障的压力,老年人在保持健康的情况下可以参与到社会活动中去,担任指导、监督等职务,从而促进经济的发展、社会的稳定。

六、唤醒全社会对老年体育的关注

老年体育发展的迫切需求与老年体育发展不力的现状形成鲜明对比,因此,发展老年体育需要引起全社会对老年体育的关注。主要原因在于:一是老年人口越来越多,体育需求持续增长。2013 年,中国老年人口数量突破 2 亿大关,老龄化水平达到14.8%。预计到 2025 年,老年人口总数将超过 3 亿,2033 年超过 4 亿,平均每年增加 1000 万老年人口。与持续增长的老年人口相伴而生的是持续旺盛的老年体育需求。二是老年体育实践发展滞后,相关投入不足。根据本研究的前期调查显示,老年体育的各个方面发展都较为落后,如管理机构对老年体育发展重视不足、老年体育场地设施匹配不足、活动项目单调乏味、保障措施力度不够、资金人力投入较少等,不少地方的老年体育活动处于无人引导的自然发展状态。三是老年体育的理论研究也较为滞后。中国体育的理论和实践是建立在年轻人口类型社会基础上的,其着眼点是处于生长发育的青少年和身体机能相对稳定的中年人,而对身体机能日趋衰退的老年人如何开展体育则缺乏必要的认识。相比幼儿体育、青少年体育、竞技体育等体育形态,学界对老年体育关注较少。综上所述,在亟须满足的老年体育需求与较为滞后的老年体育发展现实中,老年体育的理论和实践研究亟须展开。本研究以中国老年体育为研究对象,所涉及的内容将包含上述各个层面,所提出的建议可以直接为相关机构提供策略参考。

社会对老年体育的重视应该是从人口老龄化问题成为全球问题开始的。随着工业化的到来,西方经济发展迅速,卫生医疗水平迅速提高,法国早在 1865 年就率先进入老龄化社会,随后瑞典、英国、德国等发达国家先后进入人口老龄化社会,这引起了世界各国关注。中国早在 1999 年就进入了老龄化社会,并且到现在为止,中国老龄化速度越来越快甚至超过发达国家的老龄化速度,但与西方发达国家不同的是,中国是在经济发展过程中和社会发展过程中提前进入老龄化社会,而西方发达国家进入老龄化社会有一定的经济支撑和完善的社会保障制度、福利制度,短时间内老年人生活不会发生很大变化。而中国,没有雄厚的经济支撑,也没有完善的社会保障制度,一切都在发展过程中,当人口老龄化形势进一步严峻时,国家制度政策的不完善加上中国的少子女化严重使得中国老年人的生活不能得到较好的保障,在这个老年人口占全世界老年人口五分之一的国家,如果继续这样发展下去势必会影响社会稳定,影响社会的和谐发展。

积极应对老龄化是国家应对老龄化所采取的中国特色的应对老龄化的道路,对老年人的体育干预是积极应对老龄化的关键一步,让人们更加重视老年体育的重要性,引发社会关注。年龄结构的改变使得老年体育干预的产生,从原来的增长型人口年龄结构到现在的倒金字塔型的年龄结构使得体育的干预从重视青少年体质到重视老年人体质的过度。主要因素有以下三个方面:第一,老年人口的持续增长,使得体育社会需求加大,体育文化需求加大。老年人体育文化建设是城市建设的一项不可忽视的内容,老年人体育文化建设要以社区为基本单位,丰富体育活动内容,加大体育活动的宣传力度,增添老年体育的文化特色。对老年人的体育干预就是要尽力满足老年人参与体育活动的需求,建立完善的体育活动场所和设施,组织广泛的人群参与到体育中来,从体育指导员为体育活动的主导者转变为老年人是体育活动的主导者。发挥群众的力量,只有唤醒社会群体对老年人的关注,才能从根本上解决问题;如果单纯依靠国家的力量、单纯依靠国家发布的政策去让老年人改变自己的态度去参与到体育活动中去是效果甚微的。第二,国家对老年体育重视少,老年体育文化发展缓慢。面对这个现实,对老年体育的干预可以促进老年体育文化的发展,国家通过老年体育干预带来了极大的社会需求,包括了解老年人体育的人才较少,对老年人的体育干预要从培养会指导和管理老年体育的人才做起,只有在人才资源储备充足的情况下,才能更好地发挥老年体育干预的作用。通过对老年人体育文化的培养,提高老年人的体育意识,通过各种途径让老年人学会用合理的方式参与到体育中,以起到体育干预应有的作用。老年体育在国家的重视、社会的关注、群众的需求下不断地丰富、创新和发展,如今的老年体育得到了社会、群众的认可,在各个社区已经有越来越多人参与进来,人们不断追求着更高的生活质量,更优秀的体育文化。第三,对老年人的体育干预可以促进老年体育的理论研究。随着老年体育干预的完善，使得越来越多的研究者将视角从青少年体育转向老年体育。体育教学是在每个校园都实行的，校园体育丰富多彩，随着国家素质教育的开展，学校也将体育作为考察学生的一部分，不再只注重文化课成绩。素质教育是让学生在学习文化课的同时选择自己喜欢的或者擅长的运动项目，培养学生的个性发展、重视学生的思想教育与身体健康，研究者早先针对学生的身体素质进行了多方面的研究，相对来说，老年体育研究匮乏，老年人的体育干预就要求重视老年人的再教育，让老年人享有受教育的权利，这就要求体育研究者从实际出发，调查老年人的文化需求，针对老年人的问题，提出意见和建议，将老年人生活中遇到的心理问题，通过体育参与的途径让老年人在再教育的过程中了解体育的意义和作用，丰富老年人的精神世界，让老年人积极地参与到体育活动中来。

全民健身的时代已经到来，通过参与体育活动可以使老年人老有所为、老有所乐，是构建和谐社会、落实科学发展观的关键一步。党和政府一直重视着老年人问题，丰富老年人的体育知识、体育活动，使老年人可以有所选择，让老年人积极主动地参与到体育活动中来，提高老年人的生活质量，让老年人融入社会，实现老年人与社会的共同发展。对老年人的体育干预可以增强老年人的身体机能状态、可以改善老年人的人际关系、调节心理问题、使老年人老有所为，以提高老年人的生命质量；对老年人的体育参与是应对老龄化的积极措施，中国老龄化发展迅速，老年人口比例不断提升，如何及时地解决老龄化问题是重中之重，体育参与可以增强体质，保持老年人参与社会的能力，使老年人完成从"被赡养"到"自助赡养"的角色转换，减轻社会压力、家庭压力，利用老年人丰富的知识和经验回报社会。老年人有规律、有目标地参与到体育活动来，可以丰富自己的精神世界，提高老年人的幸福指数。当然，对老年人的体育干预需要全体社会成员共同参与，营造一个舒适、和谐的环境。

第二节　体育干预提升老年人幸福指数的基本方向

一、增进老年人身体健康

人体的衰老和疾病虽然不可避免,但是却可以通过各种干预来延缓机体的衰老或有效预防疾病的发生。法国医学家蒂素曾说过,运动的作用可以代替药物,但任何药物都不能代替运动。体育作为纽带,联系着生命的衰老与机体健康。老年体育作为老年科学文明生活方式的重要手段,它不仅可以增强老年人身体各个系统的功能,通过一些运动项目的锻炼,可以强化老年人的肌肉、骨骼系统,提高老年人的心血管系统功能及抗病能力,减少患病率。从需求方面来说,随着年龄的增长,身体各项机能开始逐渐衰弱,该群体整体健康水平处于一个较低位置,对健康的需求相较于其他年龄段人群要更高。因此,体育干预提升老年人幸福指数应重点解决如何增进该群体身体健康。

体育干预增进老年群体的身体健康,首先要让老年人参与到体育运动中来,让老年人参与到体育运动中来要了解老年人不参与运动的原因。第一,随着老年人年龄的不断增长,身体机能下降,运动后恢复能力下降,损伤恢复能力下降。人的衰老是不可避免的,身体的器官功能下降、机体抵抗力下降,运动能力下降。运动系统方面表现在关节运动角度变小,容易骨质疏松,肌肉发生萎缩,韧带弹性减低等;神经系统方面表现在随着年龄的增长神经细胞数目减少,因此导致对事物的反应减慢,血液循环减慢,造血功能下降,容易脑供血不足,使大脑皮层反射减慢;呼吸系统方面表现在肺部呼吸肌萎缩、力量减弱,使得老年人容易呼吸不顺畅;心血管系统方面表现在心血管弹性降低,发生脆化,易得高血压、冠心病等疾病。第二,老年人心理问题。退休使得老年人社会角色发生了转变,从原来社会的奉献者转为社会的被赡养者,这种角色的转变使得老年人心理很难适应。并且现在子女多在外工作,很难长时间在家陪父母,使老年人心理产生抑郁等消极情绪,老年人自己很难从这种消极的心理中走出来。再有就是身体机能的衰退让老年人有力不从心的感觉。还有些老年人缺乏对体育运动的认识,认为体育需要消耗体力,让人身体劳累难以恢复。第三,社会环境因素。国家虽然在体育领域投入了大量资金,但显然还是不够的,体育场地器材设施的数量不足依然是老年人不能参与体育运动的一个重要原因。再有就是老年体育知识宣传力度的不足使很多老年人没有参与体育的意识,老年人不了解体育,盲目地参与体育也对老年体育的发展不利。国家缺乏专门的社会体育指导员的培养,没有专业的体育指导者引导老年人参与体育,也是一些老年人不愿参与体育的原因①。

因此,第一应该继续加大老年体育资金的投入,合理利用场地资源,规划开发老年体育场地,建设老年体育设施,让老年人有地方去参与体育活动,在建设体育场地设施的同时,也让老年人感受到国家和政府对老年人的重视,让老年人有动力参与到体育活动中来。第二,动用社区资源,让老年体育走入社区,大力宣传老年体育,让老年人了解体育、认识体育,在社区中营造一个和谐的体育环境,让老年人愿意参与到体育中来。第三,建立心理咨询室,并经常走入老人家中对老人进行家庭心理疏导,缓解老年人的消极情绪。第四,培养专业的社会体育指导员,老年人参与到体育中来,需要有专业人员管理与指导,体育活动因人而异,为老年人选择合适的体育锻炼项目,让老年人有规律地按照科学的方式参与体育运动。第五,建立完善的卫生医疗体系,为老年人定期做检查,让老年人安心地参与到体育活动来。第六,丰富老年体育活动种类,让老年人可以根据自己的兴趣爱好选择喜欢的运动项目。

二、获取政府层面支持

老年体育在中国的发展还处于初始阶段,迄今为止,中国没有一部法律是专门针对老年体育的,相关政策也较少,既不能在法律上保障老年体育的发展,也不能为老年体育的发展提供有效指导。政府层面虽然已经开始加大对老年群体体育锻炼的支持力度,但是与强大的需求相比,支持力度仍然较弱。加上老年体育相关产业长期处于缓慢发展阶段,资本进入该市场的意愿并不强。由此,政府层面应积极在法律与支持力度上加大对老年体育的引导,在政策制定过程中应该有效避免体育部门单独制定政策,而应该联合多个部门共同制定,如卫生部、民政部、老龄委员会等国家部门;在支持力度上可适当放开审批,减免场地租金、税收

---

① 赵荣莉:《影响老年人参与体育锻炼的因素分析》,载《体育世界》,2012 年第 3 期。

等方式引导社会资本进入该领域,在政府的引导下中国老年体育定会肩负起提升老年群体幸福指数的重任。因此,政府层面的支持对体育干预提升老年人幸福指数具有较强的实际意义。

（一）老年体育法律法规的制定

在体育干预过程中应建立老年体育保障体系,只有建立相应的老年体育法律法规才能更好地保障老年人参与体育的权利,建立完善的法律法规可以更好地管理和规范老年体育。老年体育干预涉及领域广、人数多,建立完善的老年体育法律法规可以促使社会组织、工作人员能更有效地管理老年体育,老年体育干预就是通过社会团体、社区、个人为依托,再加上老年体育的法律法规,结合老年体育的实际问题,将老年体育规范化,能够对老年人参与体育活动产生推动和促进作用,这种作用是积极的,能够使老年体育在错综复杂的社会关系中协调有序地进行。这些参与体育活动的老年人有着不同的文化、人际关系,但参与体育活动这个共同需求,使得老年人走到一起,老年体育的法律法规让这些老年人更合理、更和谐地融入到一起。为了使老年体育走入一个可持续发展的道路,使老年体育健康地向前迈进,必须受到国家、政府及全体社会成员的支持,建立完善的老年体育的法律法规,使法律法规对其进行强制力的有效保障。老年体育的法律法规规定了老年人可以做什么、不能做什么,也规定了社会成员在参与过程中,应当做什么、禁止做什么,把老年人的参与构成与社会管理规范起来,使社会和谐发展。建立老年体育法律法规具体的意义是什么? 首先,老年体育法律法规是体育法律法规的一部分,要完善体育法律法规,必然要完善体育法律法规的各个方面,当然老年体育也就不能例外了。其次,建立老年体育法律法规是改革现有管理体制的需要,当今社会处在老龄化进程加速深化阶段,之前的应对老年体育的方式方法已经不能满足现有的需求,要对现有体制进行改革,必须从完善法律法规做起,转变老年人及社会成员的思想。同样,完善老年人体育法律法规是提高管理人员自身素质和管理水平的关键,也是保障老年人体育权利的关键①。

---

① 颜天民、高健:《试论社会体育法规的作用与意义》,载《天津体育学院学报》,1996 年第 1 期。

(二)老年体育公共服务体系的完善

健身运动已经覆盖各个阶层、各个年龄阶段,大众体育已经成为社会热点,但是大众体育的重点还是放在了青少年体育上,青少年体质普遍下降,引起社会重视,但现在中国进入人口老龄化社会,老龄人口占总人口的比例增加,老年人是社会的一部分,重视老年人口的健康是现在必须要做的,体育干预能有效地为老年人提供一个路径,使老年人在体育运动中获得健康,使老年人在参与体育过程中受到体育法律法规的保障,继续完善老年体育的社会服务体系也是要同时进行的,提高老年人身体素质的同时还要提高老年人的生命质量。第一,完善老年体育社会服务体系就是要增加老年人的体育设施和健身场地,合理规划和使用现有的场地设施,使现有的场地设施得到更科学合理的使用。第二,完善老年体育的社会服务体系就要丰富现有的体育活动内容,使老年人更有兴趣地参与到体育活动中,使老年人在参与体育活动时有更多的选择性。第三,完善老年体育的社会服务体系就要提高老年体育管理人员和指导人员的自身文化素质和道德素养,使老年人能够在专业人员的帮助下科学健身,保证健身效果。当然,让老年人参与进来还需要加大宣传力度,包括社会、社区、网络、媒体等方式,提高老年人参与体育活动的意识,增强老年人法律意识,重视自己享受体育运动的权利。

老年体育获得社会支持可以有效地提升社会人员的关注度,促使老年体育指导员更加重视自己的职责,使老年人得到应有的关注,增加老年人的社会感染力,促进老年人健康发展就是促进社会和谐稳定,保证可持续发展的道路。

三、与其他相关领域融合发展

中国老年体育主要在公共文化服务领域作为一种老年人休闲娱乐方式发展,在其他领域发展较为缓慢。老年体育还应该大力发展老年人健康领域以及社会福祉领域。此外,在学科发展中,老年体育与医学的融合不失为一种可行性较高的融合途径,体育与医学可以实现以一种绿色健康的方式提升老年人的生活质量与生命质量,既有效摆脱了医学对药物过于依赖的弊端,又克服了体育在促进身体健康过程中过于粗放的缺点。老年体育也可与残疾人体育融合,老年人身体机能普遍出现大幅下降,患病导致身体残疾的人数众多,与残疾人具有较大的共性,而且残疾人康复体育经过多年的发展已经取得了较多成果,如果老年体育与残疾人体育融合发展,可有效促进老年体育发展进程。老年体育还可与老年学融合,老年体育从社会属性来看属于老年学范围,在发展中也应该紧密结合老年学。

以老年体育与医学的融合为例阐述体育与其他领域融合发展的意义。虽然社会经济在不断发展,但人口老龄化的到来使得社会经济未来的发展前景令人担忧,年轻劳动力也越来越感受到工作、生活的压力,健康问题是每个人的需求,健康是人们获得幸福生活的前提。体育是让人们通过参与体育运动来增强体质、娱乐身心,与医学有着共同的目标。既然体育和医学有着相同的目标,那么针对健康问题,可以将两者相结合,共同为人们的健康服务。现在,高血压、冠心病等慢性疾病在老年人中普遍存在,依靠药物治疗虽然也能得到有效的缓解,但很多医生都会建议患者平时做适当的锻炼,更加有效地达到治疗效果。老年人参与体育已被越来越多人认可。当然,两者是相辅相成的,在治疗老年人疾病过程中,需要体育和医学的相互配合,如治疗某些意外损伤后的肢体暂时性障碍时,适宜的运动有助于肌肉骨骼韧带的修复,配合医学的治疗可以使患者更快地恢复健康。老年人参与体育过程中的医务监督也是必要的,如通过对老年人身体状况的监测,找到适合老年人身体健康的运动种类、运动强度以及运动时间等[1]。通过医务监督可以让老年人科学地参与体育运动,科学地获得健康。医学和体育都是以促进人们的健康为目的,是人们获得健康的方式和途径,现在倡导疾病的预防,不能等到疾病到来的时候才想到治疗,疾病的预防就体现在平时的良好的生活方式上,大多数的慢性疾病都来自于平时人们不良的生活方式,通过科学合理的体育运动,可以改变人们不良的生活方式,要转变人们的思想,使人们积极地参与到体育运动中来。随着体育和医学关系的日益密切,体育与医学的结合需要研究学者不断地去完善、去深化。

当然体育还融合了经济学、社会学等领域,这些领域都需要人们不断的探索,从中寻找一个有体育参与的、有益于构建和谐社会的、有益于社会可持续发展的、有益于构建健康科学的发展道路。

---

① 崔瑞华:《体育与医学结合促进"健康流行学"的发展》,载《医学与社会》,2010 年第 2 期。

四、规范老年体育干预方式方法

随着互联网的普及，人们对于获取知识变得异常容易，各种知识在网上均能轻易获取到，但是这造成了知识泛滥，各种无用或有害信息也混杂其中。由此造成了老年群体在体育干预方式方法的获取中存在巨大隐患。所以在体育干预过程中应注重体育干预的规范性，保证干预的正确性，并对干预进行优化改善，逐步达到安全、准确、高效、省力的效果，确保以最大效率、最小成本完成老年阶段体育干预的各项活动。

保障老年人参与体育运动的权利首先要建立健全老年体育法律法规，老年体育的发展需要社会每个人共同参与，组织老年人更好地参与到体育运动中是一项巨大的社会工程，需要社会成员协同参与。老年人获得体育知识的途径不同，包括在人际交往、网络等地方，但老年人缺乏辨识能力，很难从众多的信息中获得适合自己想要的信息，也无法在得到的信息中判断正误。因此，健全和规范老年体育法律法规要做好以下三个方面的工作：第一，从网络信息安全入手，完善网络管理体系。随着经济和科学技术的不断进步，信息化时代早已经到来，知识的获得来自各方各面，网络信息随处可见，要学会有效地利用这些资源，保证老年人获得信息的安全性和有效性，如果能处理好网络安全管理，让老年人能够在网络信息中获得安全的信息，那么就可以为社会减少压力，让老年人更有效率地获得健康。第二，完善老年体育的法律法规。只有建立完善的法律法规，规范社会所有成员的行为准则，才能保障老年人参与体育活动的权利。体育法规不断完善，就是要保障每个社会公民公平参与体育的权利，当然老年人也不能例外，要从法律上规定参与体育的原则、组织内容的原则等。只有在法律的基础之下，才能使老年体育往健康体育、和谐体育、可持续发展的体育路线上走。第三，规范老年体育管理人员和指导人员的行为。老年体育的管理人员和指导人员是最直接接触老年人群体和老年体育的人，他们的责任感，知识专业程度影响老年人参与体育获得健康的效率，他们对信息的把握程度直接影响老年人参与体育的程度。所以规范老年体育必须把规范管理者和指导者的行为放在重要的位置。

五、提高老年体育干预的实用性

实用性是事物持续发展的基础,老年体育过多关注于其娱乐价值,而对其健身祛病的实用功能发掘不够。虽然大多数公众对体育的健身功能有普遍的共识,但是却很少有人知道究竟该如何进行体育锻炼才能真正起到增进健康的目的。媒体在对大众引导的过程中,对相关体育活动的公共文化服务功能过于依赖,而对体育的健身价值却较少关注,且对于如何正确进行体育锻炼等内容的报道力度仍然不足。因此,在体育干预提升老年人幸福指数过程中应该强调体育运动对老年人疾病的预防、治疗以及康复作用,充分发挥其实用价值。

(一)发挥老年体育的健身价值

提高老年人的健身价值要使老年体育更加深入人心,让老年人积极主动地参与到体育运动中来。经济快速发展的时代使得人们的生活压力变大,很多人为了拼事业而忽略了良好的生活习惯,导致人们随着年龄的增长身体机能下降,身体的各种慢性疾病就显现出来,为了人生幸福,人们势必要把金钱名利放在健康后面,发挥体育运动的实用性,每天拿出一部分时间有规律地参与体育运动就可以对自己的身体健康起到关键作用。随着生活进步,体育的政治功能已经慢慢淡化,体育的健身娱乐功能慢慢深入人心,这使得体育的实用性不断提升,体育的发展不再只是竞技运动的发展,社会体育的发展也不再只是年轻人的体育,青少年体育可以增强身体素质,而老年体育也是老年人获得身体健康的关键,每个人参与体育的程度也反映着国家富强、人民幸福,在构建和谐社会的道路上,社会体育已变得不可或缺。

(二)发挥老年体育的娱乐价值

提升老年人的幸福指数不光要注重老年人的生命质量,还应该注重老年人的生活质量。发挥其娱乐价值首先要丰富老年体育的种类,丰富老年体育的种类就要增加体育场地和设施,像跑步、太极拳、广场舞、健身气功等这些不需要什么运动器材,但运动场地问题还是需要注意的,合理规划现有的场地、拓展有限的场地是大问题,还需要专业人员的指导与管理。像游泳、乒乓球等运动,就既需要场地也需要运动器材的配合,缺一不可,在运动实施过程中就需要更大投入,包括资金、安全、人员配备都需要更大的要求。老年体育的发展也将由简单的身体活动转向技能练习,将临时的运动场地转向专门的运动场地,从无器械练习转向有器械无器械随意结合,这是一个循序渐进的过程①。

六、鼓励全社会共同参与

体育的发展长期以来都是以政府主导,资金投入和资源配置上均与现实脱节,这也是中国老年体育发展缓慢的一个重要原因。在发展过程中应该引导社会资本流入老年体育市场,摆脱政府资金投入不足、场地缺乏、服务单一等一系列问题。以社会需求为导向,发挥市场在资源配置中的作用,提高市场活性,鼓励全社会共同参与,加快老年体育发展。

老年体育的发展必然受到经济条件的影响,只是依靠政府投入资金是远远不够的,毕竟老年体育的活动种类、活动规模等都离不开经济的支持,其中主要包括体育场地、设施的建设,还有老年体育指导员的培养。老年体育的经费获取主要是通过国家政府拨款和老年团体自筹,很少有其他方式参与进来,这是远远不够的,无法保证充足的体育场地设施就无法保证老年人参与体育的需求。中国经济发展不平衡,人口分布不均,所以政府投入资金时应该因地制宜、因人制宜。城乡老年人口比例不同,所以在建设体育运动场地时应该根据实际情况实施,使经济发达地区和经济欠发达地区共同发展。如何摆脱政府资金投入不足的问题是我们接下来要关注的。例如以老年人体育需求为导向,由政府和企业联合发展半经营型的体育产业,共同出资建设场馆和体育设施,企业借助这个平台发展体育产业,既可以满足老年人消费需求又可以弥补政府资金投入不足的问题。

---

① 田雨普:《21 世纪我国社会体育的发展趋势》,载《哈尔滨体育学院报》,2001 年第 1 期。

第三章　体育干预对老年人幸福指数的实际影响分析

第一节　体育干预对城市老年人幸福指数的实际影响分析

2016 年出台的《"健康中国 2030"规划纲要》明确提出要通过"促进重点人群体育活动""发挥全民科学健身在健康促进、慢性病预防和康复等方面的积极作用""重点人群体育活动"再成热议焦点。老年群体年龄跨度达 40 年,健康需求尤为迫切,如何针对这一人群开展适用性强的体育干预,势必成为现在和将来健康中国工程的焦点。

一、被调查者基本情况分析

（一）高龄老年人比重大,女性多于男性

本研究 200 名城市老年人被调查对象中低龄老年人（60 – 69 岁）的占有比例为 35% ,高龄老年人（70 – 79 岁,46% ;80 – 89 岁,14% ;90 岁以上,5% ）的比例为 65% ,其中又以 70 – 79 岁的老年人比重最大,同时,女性的比例（63% ）要高于男性比例（37% ）。

（二）健康状况不容乐观,学历水平较低

虽然城市的医疗条件和水平随着时代的变化不断更新和发展,但是通过调查分析发现目前城市老年人的健康水准依然不容乐观,在被调查对象中,"非常健康"和"健康"的比例仅占总人数的 16% 和 14.5% ,而个人状况"一般"（30% ）和

"较差"(34%)却占有最大的比重,甚至个人健康状况非常差的老年人有 11 人,占有总比例 5.5%,由此可以看出,目前处于本研究受访区域的老年人的健康状况不容乐观。

在对受访者的学历调查中发现,调查对象的学历水平分布相对均衡,但存在着学历总体水平较低的现实状况。其中文盲的人数仍占有 16.5% 的比例;小学和初中学历的老年人占有最大比重,分别为 40.0% 和 32.5%;高中以上(包含大学以上)的学历仅为 11.0%,而且具有高中或以上学历的老年人均分布在 60 - 65 岁年龄段之间。

(三)收入来源多样化,收入水平较低

随着近年来国家和政府对于老年人养老保险政策的深化改革以及福利政策的渗透和完善,城市老年人的收入来源也趋向于多元化,通过对受访者的调查,从单一来源角度来看,城市老年人排前三位的主要收入来源分别是自己离退休金(20.5%)、养老保险(17.5%)和子女补贴(13.0%),领取政府的补贴和社会救助(6.0%)以及凭借个人劳动获得收入(5.0%)的老年人也占一定的比例,同时也有老年人以配偶的离退休金(2.0%)维持生计。从整体角度来看,有两种或者以上收入来源的老年人所占比重最大(36.0%),这也说明了,在国家一系列的针对老年人的福利政策调整和实施之后,城市老年人确实也得到了实实在在的好处。

经查阅资料,受访者所在省份的最低生活保障标准在 360 元/月左右,调查中发现,处于保障标准线以下的老年人的数量为 0,可以在一定程度上说明受访地域的老年人经济得到了改善,但是同时在表中可以看出,月收入低于 500 元以下的老年人比例也达到了 13%,相对于其所在区域的消费水平和消费结构来讲,维持正常的生计存在着一定的困难;处于中等收入(1001 - 2000 元)的老年人所占比例最大(39.0%);处于较高收入(3000 元以上)的老年人比例最低(7.0%),调查中发现,处于此类收入水平的老年人的工作性质基本为脑力劳动者,其中有一部分是政府、事业单位的退休人员。此外在对家庭成员结构的调查中,配偶健在和丧偶的比例分别为 71% 和 29%。

表 3 - 1 城市老年人被调查者基本情况

指标		人数	百分比(%)
年龄	60 - 69 岁	70	35.0
	70 - 79 岁	92	46.0
	80 - 89 岁	28	14.0
	90 岁以上	10	5.0
性别	男	74	37.0
	女	126	63.0
健康状况	非常健康	32	16.0
	健康	29	14.5
	一般	60	30.0
	较差	68	34.0
	非常差	11	5.5
收入来源	自己现在劳动所得	10	5.0
	自己离退休金	41	20.5
	子女补贴	26	13.0
	配偶离退休金	4	2.0
	社会救助,政府补贴	12	6.0
	养老保险	35	17.5
	两者结合以上	72	36.0
学历	文盲	33	16.5
	小学(含未毕业者)	80	40.0
	初中(含未毕业者)	65	32.5
	高中以上	22	11.0
月收入	500 元以下	26	13.0
	500 - 1000 元	47	23.5
	1001 - 2000 元	78	39.0
	2001 - 3000 元	35	17.5
	3000 元以上	14	7.0

指标		人数	百分比(%)
配偶是否健在	健在	142	71.0
	丧偶	58	29.0
总计		200	100.0

二、体育干预对提升城市老年人健康指数的现状

(一)体育干预对提升老年人体育认知现状

体育认知从根本上来讲,是人们对于体育的主要认识过程,人们对于体育的认知不仅会影响到自身参与体育活动的主动性,而且往往会影响到体育的动态发展过程。"长寿并不等同于健康",老年期作为人生的最后一个时期,老年人最关心的是自己生命的延长和生活质量的提升和延续。经过前人的大量科学研究,已经充分证明,科学地进行体育健身活动是提升老年人健康水平和生存质量的正向催化剂,科学的体育导向和体育思维才能促使老年人有效地、科学地进行体育健身活动,从而达到促进提高生活质量,提升健康水平的目的。而体育认知则是此种体育有效形态形成的始发点和关键环节。

体力劳动一般来说具有锻炼身体的作用,但是它不能完全代替体育锻炼,甚至在持续紧张的体力劳动过程中由于肌肉中的氧气和营养物质消耗过多而产生疲劳,致使劳动效率下降,日积月累,反而会对身体产生损伤和危害,而体育锻炼和体育活动的根本目的是通过刺激兴奋点的更替达到消除疲劳、促进身体恢复的作用,从此角度来看,体力劳动和体育锻炼对人体是完全相反的作用。但是从表3—2可以看出,在对受访者进行调查时,有60.5%的老年人认为体育劳动基本等同于体育,而认为不等同的老年人并不能回答两者的不同点。无论是从年龄类别、性别还是收入的层次来看,不同结构层次的老年人选择的比例也呈现相对一致的趋势。同时,有65.0%的老年人没有经历过较好的运动体验,这与老年人在参与体育活动时缺乏专业指导和专门性的体育项目有直接的关系;思维在个人行为导向中起到关键作用,在对"有没有必要进行体育锻炼"进行询问时,有55%的老年人,认为没有必要进行体育锻炼,但是月收入在3000元以上的老年人中仅有

28.5%左右的人认为没有必要进行体育锻炼,这与其离退休前的工作环境以及学识水平是息息相关的,也从侧面反映,对于老年人来讲,学历水平越高,从事的工作环境越优越,对其体育意识和对体育的认知起到促进作用;从表3-2中还可以看出,有主动体育习惯的老年人的比例已经接近50%,这说明,国家关于全民健身政策的宣传制定以及场地设施的建设对促进老年人参与体育活动起到了积极的推动作用。

表3-2　城市老年人体育认知调查表

指标		体力劳动基本等同于体育	劳动与体育的作用基本相同	无较好运动体验	没有必要进行体育锻炼	无主动体育习惯
年龄	60-69	38	40	35	34	28
	70-79	57	62	64	50	50
	80-89	18	21	23	19	18
	90岁以上	8	5	8	7	8
性别	男	45	56	35	38	30
	女	76	72	95	72	74
月收入	500元以下	12	11	10	12	10
	500-1000	29	32	35	27	23
	1001-2000	57	61	60	52	53
	2001-3000	17	16	19	15	15
	3000元以上	6	8	6	4	3
总/%		121/60.5%	128/64%	130/65.0%	110/55.0%	104/52.0%

(二)体育干预对老年人体育参与动机现状

体育活动动机是促进一个人参与体育活动的内部动因,它是个体的内在过程。进行体育健身活动的行为则是这种内在心理活动过程所产生的结果。动机源于人类的各种需要,当人们心理上或者生理上有了某种需要之后,就会产生为了实现这一需要而从事某种活动的动机[①]。对于老年人而言,体育动机显得尤其

---

① 马启伟:《体育心理学》,高等教育出版社1996年版。

重要。老年人不同于一般中年人和青少年,其各项身体机能逐步衰老,造成行动不便,容易受到损伤。此时老年人自身内在的"需要"对其参加体育活动起到决定性的作用。

调查发现,老年人参与体育活动的动机依次为增进健康(77%)、交际交流(74%)、预防疾病(71.0%)、愉悦精神(57.5%)、调节心理(46.0%)。体育锻炼可以促进身体健康这一想法在老年人心目中已"根深蒂固",这就使得老年人参与体育活动具有了极强的指向性,随之而来,老年人将其作为进行体育锻炼的首要动机。这表明,首先老年人已经对体育的基本功能有了较深的认识。其次,老年人已经逐渐将交流交际作为了其参加体育锻炼的主要目的,老年人一方面自身机能老化,行动不便,另一方面子女一般不能陪伴身边,极易产生孤独感,尤其是对于独居老人或者失去配偶的老人,而群体性的体育活动项目能给老人提供一个社交的平台,因此交际交流逐渐成为老年人参加体育活动的主要目的。此外,体育锻炼的预防疾病(71.0%)的效果得到越来越多老年人认可的同时,调节心理(46.0%)的作用也被引起关注。总之,老年人参与体育锻炼的动机和目的与自身主观需求和客观事实是密不可分的,这说明受访者所在区域老年人对体育锻炼的价值和功能的认识逐渐成熟,同时对体育的需求也呈现多样化、多元化趋势,因此体育锻炼和体育干预对在中国老龄化社会背景下实现"健康中国"无异于一剂良药。

表 3 – 3　城市老年人体育参与动机调查表

指标		增进健康	预防疾病	愉悦精神	调节心理	交流交际
年龄	60 – 69	54	50	38	31	51
	70 – 79	76	67	60	48	71
	80 – 89	17	19	14	10	20
	90 岁以上	7	6	3	3	6
性别	男	58	62	55	37	60
	女	96	80	60	55	88

	指标	增进健康	预防疾病	愉悦精神	调节心理	交流交际
月收入	500 元以下	20	18	17	16	21
	500 - 1000	36	32	24	14	34
	1001 - 2000	68	64	53	44	65
	2001 - 3000	22	20	15	12	21
	3000 元以上	8	8	6	6	7
	总/%	154/77.0%	142/71.0%	115/57.5%	92/46.0%	148/74.0%

(三)体育干预对提升老年人参与体育活动的时间和频度现状

运动频数指的是人们每周参与体育锻炼的次数,经查阅相关资料得知:当每周的体育锻炼次数多于 3 次时,人体的最大摄氧量将会保持稳定并且趋于平缓,对心肺功能的提升具有良好的效果;每周的体育锻炼次数在 5 次或者 5 次以上时,最大摄氧量的提升水平就会相对减小;而每周参与体育锻炼次数小于 2 次时,人体内的最大摄氧量将得不到提高,基于此,我们可以认为,每周的最佳锻炼频数应该保持在 3 - 4 次。究其原因是体育运动的蓄积效应,间隔时间不宜超过 3 天,但是对于老年人本身的生理机能特性而言,进行一般性的健身保健,最好能够保持 1 天 1 次,若 1 周进行 1 次,运动的蓄积效应不会出现,而身体疲劳每次都会出现,甚至在运动后 1 - 3 天内或许会产生生理病变[①]。因此,老年人每周进行少于 2 次的体育锻炼,不仅不会起到应有的健身效果,反而会起到抑制作用。

通过表 3 - 4 我们可以明显看出,老年人参加体育锻炼的频数≤2 次/周的人数比例为 34.0%,3 - 4 次/周的人数占最大比重(59.5%),≥5 次/周的人数所占比例最少,仅为 6.5%。分指标结构来看,90 岁以上的老年人每周参与体育锻炼次数≤2 次的人数达到 7 人,占此年龄段的 70%,每周体育锻炼 5 次以上的人数为 0;60 - 69 岁、70 - 79 岁两个年龄段参与体育锻炼频数明显高于其他两个年龄段,这与此阶段的老年人的生理机能衰老迅速、各项指标迅速下降,而自身具有通过体育锻炼恢复机能的需求有直接的关系。男性周锻炼次数 3 - 4 次(60.8%)以及

---

① 何维民:《老年人体育课诸问题之探讨》,载《学位与老年人教育》,1999 年第 2 期。

5 次以上的比例(8.1%)远高于女性(58.7%、5.5%),但是总体来讲,无论男女老年人每周锻炼的频数都集中在 3－4 次,5 次以上的比例偏低。从月收入状况与参加体育锻炼频数的关系来看,处于中低收入的(500 元以下、500－1000 元)的老年人体育锻炼频数≤2 次的比例都达到了 40% 左右,而月收入 3000 元以上的老年人此项数据为 14.2%,从侧面反映出经济收入水平也对体育锻炼频数产生了一定的影响。

表 3－4　城市老年人体育锻炼频度与时间

	指标	≤2 次	3－4 次	≥5 次	≤30min	30－60min	≥60min
年龄	60－69	20	44	6	36	29	5
	70－79	21	67	4	39	45	8
	80－89	20	5	3	17	6	5
	90 岁以上	7	3	0	6	3	1
性别	男	23	45	6	29	40	5
	女	45	74	7	69	43	14
月收入	500 元以下	10	12	4	18	8	2
	500－1000	19	27	1	25	19	3
	1001－2000	24	51	3	38	34	6
	2001－3000	13	20	2	14	18	3
	3000 元以上	2	9	2	3	6	5
	总/%	68/34.0%	119/59.5%	13/6.5%	98/49.0%	83/41.5%	19/9.50%

总之,从参与体育锻炼的频数来看,受访地区老年人参与体育锻炼频数集中在每周 3－4 次,这反映出老年人进行体育锻炼的现状有所改善,对体育的健身功能更加重视,但是每周≥5 次的人数比例依然很低,所以我们要做的应该是进一步进行体育方面的干预,在提升老年人体育健身意识的同时,激发其参与体育锻炼的积极性和主动性,以便提高老年人参与体育锻炼的频数,从而提升老年人体育健身活动的科学性和有效性,继而提高老年人身心健康水平。

体育锻炼的持续时间是保障健身有效性的核心因素之一,想要取得良好的体育健身效果,不仅要求锻炼频数的合理性和适当性,而且每次锻炼的持续时间也应该具有科学性和有效性。有研究表明:每次体育锻炼持续30min以上的适宜有氧运动对人体的身体机能、生化指标均有良好的效果,同样的,体育人口的确定标准对锻炼时间的要求是每次达到30min以上①。目前来看,最适应的锻炼持续时间为30min。

从总体来看,受访地区老年人参与体育锻炼的时间较少,其中体育锻炼时间≤30min的比例为49%,占最大比重,≥60min以上的比例仅为9.5%。分指标结构来看,男性老年人体育持续锻炼时间超过30min的比例为60.8%,女性老年人的比例为45.2%,这说明女性老年人在体育锻炼过程中中途较为容易放弃;60-69岁、70-79岁两个年龄段的老年人锻炼持续时间超过30min的比例分别为48.6%、57.6%,反映出这两个年龄段的老年人已经有了较强的健身意识,但是不足之处在于锻炼时间超过60min的比例还是偏低;而超过80岁的老年人锻炼持续时间偏低,这也与该年龄段老年人的身体机能严重退化有关。从月收入的角度来看老年人体育锻炼持续时间,500元以下低收入老年人的体育锻炼持续时间≤30min的比例高达69.2%,500-1000元收入人群此项比例为53.2%,而收入3000元以上的老年人群此项比例为21.4%,由此可以看出,经济收入状况对体育锻炼的时间有较大的影响。总体来看,受访地区老年人参与体育锻炼的时间集中在≤30min,反映出老年人对体育锻炼的科学化、有效性的认识尚显不足,盲目地、随机地参与体育健身活动只能事倍功半,因此通过干预手段提高老年人体育锻炼的科学性、有效性、适应性对于提升老年体育健身效果、健康水平具有战略性意义。

三、体育干预对提升城市老年人福利指数的现状

(一)体育干预对提升老年人体育健身场地设施的现状

体育场地设施是人们参与体育健身活动的物质基础,对于老年人来讲,体育健身场所的合理性、安全性和就近性会直接影响老年人体育健身活动的参与度以及进行体育锻炼的效果。调查发现,老年人参与体育健身活动的场所依次为公园广场(88%)、公共体育场馆(59.5%)、学校体育场馆(47.0%)、收费体育场馆(27.0%)、老年人专门活动室(21.5%)以及其他(10.5%)。

---

① 张力为:《体育运动心理学研究进展》,高等教育出版社2000年版。

表3-5　城市老年人体育健身场所调查表

指标		公园（广场）	公共体育场馆	学校体育场馆	收费体育场馆	老年人活动室	其他
年龄	60-69	62	45	34	14	11	7
	70-79	84	62	48	25	17	10
	80-89	23	15	11	13	9	3
	90岁以上	7	4	1	2	6	1
性别	男	66	58	52	31	14	5
	女	110	68	42	23	29	16
月收入	500元以下	23	21	14	1	3	2
	500-1000	43	32	22	9	12	4
	1001-2000	70	48	37	20	15	5
	2001-3000	31	19	18	16	8	3
	3000元以上	9	6	3	8	5	7
总/%		176/88.0%	126/63.0%	94/47.0%	54/27.0%	43/21.5%	21/10.5%

通过表3-5可以看出,无论哪个指标结构的老年人选择公园广场的比例都超过80%。公园或者广场是人们活动的聚集区,可以满足老年人社交、排除孤独感以及进行简易运动的需求。同时属于免费区域,也达到了中低层甚至贫困老年人对体育需求的期望值。学校体育场馆存在着不完全对外开放、不稳定性因素以及人员复杂等潜在威胁因子,因此男性低龄老年人选择进入学校场馆锻炼的较多。收费场馆的服务一般比较好,运动的项目也较多,但是目前具有老年人福利政策的收费场馆尚不多见,老年人的体育消费观念以及收入状况等原因致使他们不愿意进入此类场馆进行体育锻炼。

老年人活动室属于老年人福利场馆设施的一部分,其内的辅助设施比较齐全,安全系数较高,而且活动的项目和体育设施也具有专业性和专门性特点,能够促使老年人在安全的基础上有效地进行体育锻炼,但是调查发现,选择进入老年人活动室的比例仅有21.5%,这一方面与开设的场地设施不足有关系,另一方面,对于老年人活动室的宣传和表达机制不健全,致使老年人的认知度不足。

(二)体育干预对提升老年人体育健康信息服务现状

体育健康信息服务是指通过书刊、报纸、杂志以及实地讲座等传统宣传渠道联合互联网技术、LED 大屏幕、电话热线等现代通信手段传播体育信息,为老年人提供体育健身知识、体育活动信息、体育培训、健身信息、体育竞赛等,方便老年人体育参与的公共服务,体育健康信息服务对激发老年人体育锻炼兴趣、提高锻炼效果具有重要作用①。

通过实地调查,受访者地域针对老年人体育健康信息的宣传力度逐渐增大,各大主流报刊媒体都设有体育专栏,老年人进行休闲体育健身活动的报道数量也大幅增加,积极利用各种媒介的资源扩大和增强老年人体育工作的影响力,提升老年人体育福利的覆盖率。并且利用互联网、电视广播资源推广老年人群体健身活动,结合聘请国内老年人健康专家进行"走进社区,贴近老年人"的健康讲座活动。但是调查也发现,宣传的效果与老年人对其信息的接收之间存在着一定的偏颇。

表 3-6　城市老年人体育健康信息服务接收度调查表

	指标	运动损伤知识普及	心脑血管疾病预防	运动康复讲座	科学健身讲座	健身指导体育培训	健身信息发布
年龄	60－69	18	32	12	37	33	42
	70－79	21	46	26	49	40	50
	80－89	15	15	9	18	11	16
	90 岁以上	3	5	4	3	1	4
性别	男	23	37	20	40	40	42
	女	34	61	31	67	45	70

---

① 王占坤:《老龄化背景下浙江老年人体育公共服务需求与供给的实证研究》,载《中国体育科技》,2013 年第 6 期。

	指标	运动损伤知识普及	心脑血管疾病预防	运动康复讲座	科学健身讲座	健身指导体育培训	健身信息发布
月收入	500元以下	9	12	7	13	10	14
	500-1000	10	30	13	24	17	27
	1001-2000	18	26	15	42	32	43
	2001-3000	12	21	10	20	18	20
	3000元以上	8	9	6	8	8	8
	总/%	57/28.5%	98/49.0%	51/25.5%	107/53.5%	85/42.5%	112/56.0%

通过表3-6可以看出各项体育宣传指标中,仅有科学健身讲座和健身信息发布的接收率超过50%,运动损伤知识普及的接收率为28.5%,心脑血管疾病预防49.0%,运动康复讲座25.5%,健身指导和体育培训42.5%。这其中60-69岁、70-79岁两个年龄段的各项接收率比较高,90岁以上年龄段健身信息的接收率都低于50%。女性对于各项体育健身服务信息的接受率普遍高于男性老年人,高等收入人群的信息接收率高于中低收入的人群。由于自身的学历水平限制,老年人对于文字性的宣传信息接收比较有难度,通过家庭成员或子女的转述效果就形成了老年人的被动接受,大大折损了宣传的效果和接收的实效。同时,现在较多的运用互联网技术作为宣传和福利提供的媒介,而老年人由于前期的生存背景和生活状态,完全理解互联网几乎不可能实现,如何有效地将传达信息转换为老年人的主动接受信息,对于老年人进行有效体育健身活动、提升健康水平以及主观幸福感起到关键性作用。

(三)体育干预对提升老年人参与体育组织活动现状

老年人体育活动是全民健身运动的重要组成部分,也是政府提供的老年人福利政策的关键环节,因此采取行之有效的手段和方式促进老年人积极主动地参与体育群体活动,不仅能够提高老年人的身心健康水平和生活质量,而且是建设社会主义文化强国、实现"健康中国"的重要途径。

一般来讲,广义的体育活动包括老年人体育比赛、体质监测、体育旅游、社区组织的日常体育锻炼及其相关的活动。缘于此,本研究针对老年人参与政府社区组织的体育活动展开调查。

表 3-7　老年人参与体育组织活动的现状

	指标	体质监测无偿体检	老年人健身日活动	老年人健身大会	体育培训班	体育旅游活动	社区体育健身活动
年龄	60-69	37	40	44	29	38	46
	70-79	51	42	49	30	41	60
	80-89	20	12	13	12	14	13
	90 岁以上	8	3	1	0	2	3
性别	男	46	37	50	28	31	42
	女	70	60	57	43	64	80
月收入	500 元以下	17	10	11	8	7	15
	500-1000	28	26	29	11	22	29
	1001-2000	41	28	37	31	36	45
	2001-3000	22	24	20	13	19	21
	3000 元以上	8	9	10	8	11	12
	总/%	116/58.0%	97/48.5%	107/53.5%	71/35.5%	95/47.5%	122/61.0%

　　被调查老年人参与组织的无偿体检(体质监测)的积极性较高,比例达到58%,从各个指标层面来看,高龄老年人对体检的需求度(80-89 岁,71.4%;90岁以上,80%)远远高于其他年龄层次的老年人,男性的比例(62.2%)高于女性(55.6%),低收入老年人对无偿体检的参与度高于中高层收入阶层的老年人。国家和地方政府为了促使老年人参与体育健身活动,组织多层次、多样化的老年人健身大会、综合性和单项的运动会,但是调查发现效果不甚理想,参与老年人健身日活动的比例未过半数(48.5%),参加老年人体育健身大会的状况稍好(53.5%)。其中,90 岁以上老年人参与其中的比例仅为30%、10%。从男女参与比例来看,男性老年人参与度高于女性老年人;从经济收入角度来看,高收入层次的老年人不用为维持生活而奔波,因此其闲暇时间比较充足,参与度也最高(64.2%,71.4%)。体育培训班能够使老年人获得运动技能和健身康复相关的知识,因此对于老年人进行科学有效的锻炼具有重要意义,但是数据显示,仅有

35.5%的老年人参与体育培训班课程。参与体育旅游活动不仅可以提高老年人锻炼效果,更深层次的是提高老年人心理健康的行之有效的方式之一,但是参与度也仅有47.5%。比较乐观的是,老年人对于参加社区组织的体育健身活动比较热衷,比例达到61%,这与老年人健身的就近原则、安全原则取向是分不开的。

总体来讲,目前受访者所在地区老年人体育组织活动的参与度偏低,影响了老年人自身对体育活动的真实体验,降低了其自身积极参与体育锻炼的兴趣。因此通过行之有效的干预手段方法,发挥老年人主观能动性,积极参与体育组织活动,以达到体育福利作用其身,对于提高身心健康、提升生活质量和幸福感都具有现实意义。

四、体育干预对提升城市老年人文明指数的现状

(一)体育干预对提升老年人闲暇生活质量的现状

闲暇生活是人精神文明生活的重要方面,是评价老年人晚年生活质量的重要尺度和标准,也是提高老年人精神文明建设的时间载体。当老年人退出经济生活领域,拥有了相对较多的空闲时间,闲暇活动的内容就成为其生活的最重要组成部分以及个人幸福感的重要评判标准。

通过调查老年人闲暇活动分布以及行为规律来看,当前受访者所在地域的老年人闲暇生活质量一般,"串门闲谈,与家人交流"的选择比例达到76.5%,尤其是女性老年人的选择比例达到88.9%。而且老年人乐于沉浸在看电视或者听广播(61%),尤其是高龄老年人(90岁以上,80%),调查表明,100%的老年人都喜欢晚上看电视,其实这并不利于身心健康。医学证明,总喜欢坐在电视前易患老年痴呆症,因此老年人要走出户外,多参加社区活动,多运动锻炼,多与人沟通交流。表3-8的数据体现,老年人参与体育锻炼和社区活动的选择比例较低(43.5%),这说明老年人的业余闲暇活动是相对孤立的。事实上,业余闲暇时间并不等同于社会活动时间,老年人真正意义上的休闲时间(社会活动时间)并不多,他们认为在家休息或者做家务劳动也属于休闲生活的一部分,调查数据显示在家休息(做家务)的选择比例达到55.5%,尤其是对于女性(60%)和高龄老年人(80%)来讲,此项比例更高。大部分老年人为了达到健身目的进行户外休闲活动,而且选择环境的特点是安静、安全和安逸,游园散步、旅游的选择比例达到

49.5%,说明老年人渴望身体上的放松和精神上的交流,因此家庭事务是老年人闲暇的重点问题,走出家门去户外休闲,儿女支持和社会包容是关键。

表3-8 老年人闲暇活动分布调查表

	指标	串门闲谈家人交流	棋牌麻将	在家休息做家务	看电视听广播	体育锻炼社区活动	游园散步旅游
年龄	60-69	57	22	31	43	40	35
	70-79	72	35	49	51	35	42
	80-89	20	10	23	20	11	20
	90岁以上	4	1	8	8	1	2
性别	男	41	37	36	43	33	42
	女	112	31	75	79	54	57
月收入	500元以下	19	9	14	16	12	10
	500-1000	36	12	26	28	17	24
	1001-2000	61	22	49	47	30	33
	2001-3000	29	18	17	23	18	21
	3000元以上	8	7	5	8	10	11
	总/%	153/76.5%	68/34.0%	111/55.5%	122/61.0%	87/43.5%	99/49.5%

目前,城市老年人大部分和子女一块居住,理所当然地认为家庭中的琐碎事务必然有老人承担,大多数老年人也将力所能及地照顾孩子、承担家务算作休闲,其实不然,老年人的休闲不仅仅是指身体上的锻炼,更应该重视精神上的交流。因此应该引导老年人放松自己,把自己从家庭劳作中解放出来,选择自己感兴趣的运动休闲方式,积极参加社区活动和体育锻炼,回归社会群居生活,提高老年人闲暇生活质量,提升文明程度和幸福感。

(二)体育干预对提升老年人日常生活习惯现状

不良的生活习惯和缺乏相应的身体活动已经成为影响人们身心健康的重要因素之一。利用体育手段改善老年人的生活习惯,对于提高老年人的生存质量,提升老年人文明指数和幸福指数,促进成功老龄化建设与实现"健康中国"都有现实价值和长远意义。缘于此,本研究针对老年人的生活习惯现状进行调查。

表3-9 老年人生活习惯的调查表

	指标	吸烟	喝酒	作息规律良好	参与社区活动	参与封建迷信活动	经常性健身活动
年龄	60-69	23	20	40	34	32	44
	70-79	28	28	56	42	58	67
	80-89	4	10	24	14	19	5
	90岁以上	1	1	8	2	6	3
性别	男	43	44	52	31	27	45
	女	13	15	76	61	88	74
月收入	500元以下	14	10	18	11	22	12
	500-1000	13	14	25	25	35	31
	1001-2000	16	19	52	30	40	46
	2001-3000	11	14	21	18	16	21
	3000元以上	2	2	12	8	2	9
	总/%	56/28.0%	59/29.5%	128/64.0%	92/46.0%	115/57.5%	119/59.5%

　　吸烟的危害不言自明,对于身体机能处于快速衰老期的老年人的危害更是无比巨大,不但影响其寿命的长度,更会引起周围人或者家庭成员的反感度,影响老年人本身的幸福体验。通过表3-9可以看出吸烟的总体比例虽小(28%),但是在不同性别之间存在着巨大的差异,男性老年人吸烟比例为58.1%,女性为10.3%,同时吸烟老年人集中在60-69岁和70-79岁两个年龄段。通过对老年人喝酒现状的调查显示有29.5%的老年人有饮酒的习惯,其中男女比例也存在巨大差异,男性为59.4%,女性比例为11.9%,总体数量较少的原因在于样本的男女比例差异(男,74;女,126)。科学研究表明:微量少次的饮酒可以促进老年人血液循环,而且对预防心血管疾病有一定的益处,但调查发现,饮酒的老年人中大部分都是随意而喝,并没有考虑到饮酒的"科学性",同时其中还有超过1%的老年人存在酗酒的不良习惯。关于吸烟、饮酒,总体来看,与老年人的年龄以及收入也存在着一定的关系,高经济收入层次的老年人吸烟(20%)和饮酒(20%)比例较小,90岁以上老年人基本不存在吸烟和饮酒的不良习惯。

老年人的作息习惯总体来看比较规律,占有比例为64%。据了解,存在作息不规律问题的老年人由于神经衰弱、失眠等状况造成的居多,这是老年人生理机能个体差异性所导致的。中国历史遗留的糟粕传承会一定程度影响学历水平较低的老年人,调查数据显示,有57.5%的老年人参与封建迷信活动,其中女性比例(69.8%)远高于男性(36.4%),高收入老年人群参与度最低(14.2%)(这里我们所指的封建迷信活动包括"求神拜佛""民间祭祀""算命卜卦""风水命理"等中国封建社会遗留现象,并没有参与邪教组织、非法组织状况)。参与封建迷信活动不仅抑制老年人的身心健康,造成心理压抑情感,也大大延缓甚至阻碍了老年人精神文化生活的传播和发展,最终危害社会主义精神文明的建设。

从活动健身方面来看,老年人社区活动参与率(46.0%)和经常性体育健身活动参与率(59.5%)较为乐观,但同时也应该看到,有近半数的老年人平时没有参与体育健身活动的习惯。调查发现,进行经常性的体育锻炼与老年人的饮食规律、作息习惯、文明生活等生活习惯呈现正相关关系①。因此应通过体育锻炼的媒介作用,改善老年人生活习惯,增强老年人的精神文明状态,促进老年人与社会的联系,满足老年人的精神需求,提高老年人幸福感。

(三)体育干预对提升老年人人际交往能力的现状

老年人的人际交往能力能反映出其心理活动的状态,是参与社会活动能力的直接体现,也是建设老年人精神文明的重要组成部分。孤独、自卑、抑郁、焦虑是老年人最常见的集中心理疾病,其中关键因素和重要原因是源于其在人际交往时受到交谈困扰、与异性交往困扰、交友困扰、待人接物困扰等。这种状态的持续会影响老年人的身心健康,降低老年人生活质量和幸福感,而体育锻炼是促进人际交往和社会参与能力的有效手段。基于此,本研究针对老年人的人际交往能力现状进行调查分析,发现问题,力图通过体育干预手段提升老年人的人际交往能力。

老年人与子女的关系融洽度是其参与社会交往的基础。调查发现,老年人与子女的相处状况良好,有60.5%的老年人认为与子女关系融洽,相处状况很差的比例不到5%,主要原因是婆媳关系的不和谐导致和子女关系的紧张。通过性别差异也可以看出,男性老年人的比例为73.0%,而女性的比例为53.1%。与子女

---

① 朱健民:《老年人生活方式对健康自我完好评价的影响》,载《体育科学》,2006年第9期。

关系的融洽度与收入也有一定关系,月收入 3000 元以上的老年人选择比例最高达到 64.2% 。

表 3 – 10　老年人人际交往现状调查表

指标		子女关系融洽	邻里关系和睦	亲密朋友众多	与异性交往无困扰	待人接物无紧张感	与人交谈无障碍
年龄	60 – 69	34	34	33	26	31	43
	70 – 79	61	47	50	31	42	51
	80 – 89	19	19	11	17	10	11
	90 岁以上	7	4	2	4	1	2
性别	男	54	40	31	32	30	34
	女	67	64	65	46	54	73
月收入	500 元以下	14	15	18	10	9	10
	500 – 1000	22	18	21	19	21	23
	1001 – 2000	50	43	38	25	31	42
	2001 – 3000	26	21	16	18	15	20
	3000 元以上	9	7	3	6	8	12
总/%		121/60.5%	104/52.0%	96/48.0%	78/39.0%	84/42.0%	107/53.5%

　　城市社区不同于农村村落的人群类型是,城市社区大都是陌生人通过各种原因聚集生活在一起,而农村村落人与人之间都很熟悉。因此在对邻里和睦调查发现,仅有 52.0% 的老年人与邻居的关系比较紧密,相处和谐。在调查时一部分老年人表示,自己对邻居根本就不认识,根本没相处过,更别说和睦了,这也从侧面反映出老年人不愿意与陌生人交往的心理状态。有研究指出,亲密朋友的多寡能直接影响老年人孤独心理的产生与否,调查数据显示,亲密朋友众多的选择比例为 48%,而且女性(51.6%)比例高于男性(41.7%)。其中收入越高,亲密朋友的选择比例越小。此外,与异性交往无困扰(39.0%)、待人接物无紧张感(42.0%)、与人交谈无障碍(53.5%)所占比例说明了受访者地域老年人受到了人际交往的困扰较大。

　　总体来讲,老年人的人际交往能力现状不容乐观,部分老年人不同程度地产生了人际交往障碍,甚至出现"出门一把锁,进门一盏灯"的极端现象,这种现实状况抑制了老年人自身的社会参与度,继而导致老年人心理疾病的产生。

五、体育干预对提升城市老年人生态环境指数的现状

生态心理学认为,人与环境之间并不是单独存在的、互相不受影响的"个体",而是相互影响的复杂的统一的整体,并不是对立关系。人的心理层面的发展不仅仅受到遗传因素方面的影响,更大程度上受到的是所处环境的影响。不同层次的生态系统会以不同的方式途径直接或者间接地影响着人的生存与发展,也就是说,人们的一切行为都与其环境有关,是随着环境的变化而产生不同变化取向的[①]。对于老年人来讲,其参与体育活动与外界的环境是分不开的。比如,家庭、朋友、亲属、邻里之间的支持与否很大程度上决定了老年人参与体育锻炼的态度。俄国著名心理学家布朗芬布伦纳的《发展心理学》生态系统理论将不断变化的环境分为:微系统、中系统、外系统和宏系统。本研究针对老年人体育生态环境现状从以下几个方面进行分析:

(一)体育干预对提升微环境系统的现状

微系统是指个体直接面对和接触的系统,个体身处其中并且形成特定的活动方式、行为角色和人际关系模式[②]。微系统是不断发生变化的动态情景,存在于其中的个体会通过不同方式产生作用和影响。作为老年人来讲,其所处的微环境应该包括其家庭、朋友、亲属、邻居。家庭是社会生活的基本单位,家庭对每个人形成的生活方式、习惯、发展起着决定性的作用。家庭中伴侣、子女、亲属对老年人参与体育活动的态度,对促进老年人健身起着关键性作用。同时老年人在闲暇活动时会和亲戚、朋友、友好邻居一起休闲娱乐,在频繁的交往中,容易产生共同的兴趣和爱好以及高度的群体认同感,因此亲戚、朋友、邻居的支持也对老年人体育健身起着推动作用。

对影响老年人从事体育锻炼的微环境系统支持的调查中发现,子女支持的选

---

① 毛占洋:《生态系统理论视域下我国农村老年人体育锻炼影响因素分析》,载《山东体育科技》,2014 年第 3 期。
② 韩会君、陈建华:《生态系统理论视域下青少年体育参与的影响因素分析》,载《广州体育学院学报》,2010 年第 6 期。

择比例最大,达到77.0%,说明子女的支持态度对老年人参与体育锻炼的影响力最大,其次是伴侣支持,选择频率为51.5%,因为本研究的研究对象中配偶健在的人数为142,因此真实的选择频率为72.5%,其余依次为亲戚支持(47.5%)、朋友支持(38.0%)、邻居支持(31.5%)以及社会支持(27%)。其中不存在男女比例选择性差异,不同收入层次以及不同年龄层次之间的选择也无明显差异。应该注意到的是,邻居的支持这一选项偏低的原因在于城市不同于农村,农村的自然村落是社会的初级群体,村民之间关系普遍比较自然、单纯和亲密,价值认同高,具有明显的趋同心理,而城市居民邻居的概念逐渐淡化,因此对于老年人的影响力也随之减小。

表 3-11 老年人参与体育健身活动的支持来源现状

指标		伴侣支持	子女支持	亲戚支持	邻居支持	朋友支持	社会支持
年龄	60-69	38	52	34	22	30	18
	70-79	47	74	46	30	34	26
	80-89	16	21	13	10	10	8
	90岁以上	2	7	2	1	2	2
性别	男	35	54	36	21	31	15
	女	68	100	59	42	45	39
月收入	500元以下	15	20	12	8	10	6
	500-1000	21	35	20	11	17	9
	1001-2000	35	61	44	22	26	21
	2001-3000	23	27	15	17	15	13
	3000元以上	9	11	4	8	8	5
总/%		103/51.5%	154/77.0%	95/47.5%	63/31.5%	76/38.0%	54/27.0%

(二)体育干预对提升中环境系统的现状

中环境系统是指个体存在两个或者两个系统以上的微系统之间交互作用而形成的,如家庭关系、邻里关系、家庭与单位的关系。微系统之间的相互作用、相互影响决定了中环境系统对个体的影响。对于老年人来讲,参与体育锻炼的形式、方式以及是否为群体性也对老年人的体育健身参与度产生影响。老年人微系统之间的良好互动关系,可以对老年人参与健身活动起到促进作用,例如,和家人朋友一起互动、学习,参与健身活动,能够激发老年人参与兴趣和身心愉悦的体验,和朋友一起进行休闲活动彼此了解,分享健身信息和心得,能够建立良好的锻炼氛围等。基于此,本研究对老年人参与体育健身活动的方式进行调查。

表3-12统计显示,总体来看老年人以与周围社区人一起锻炼为主(66.0%),其次是与朋友或同事(41.5%)、健身辅导站同伴(33.0%)、个人锻炼(31.5%)、与邻居一起(24.0%)以及与家人一起(18.5%)。可以看出老年人倾向于群体性的体育健身活动,而与子女一起锻炼的选择频率最低,说明家庭成员并没有成为老年人体育锻炼的伙伴和陪伴者,究其原因,城市老年人多为独生子女家庭,直系亲属的数量相对较少,而且老年人的锻炼时间一般集中在上午或者傍晚,这与子女的上班工作时间相冲突,另外年轻人和老年人进行体育活动的项目有着本质区别,年轻人倾向于刺激性、大运动量且具有竞技元素的运动,而老年人则适宜参加舒缓运动为主的健身项目。从性别差异来看,男性老年人体育锻炼主要以个人锻炼、与周围社区人以及朋友同事一起锻炼为主,女性老年人则以与周围社区的人和朋友或同事一起锻炼为主,表中数据显示,男性老年人倾向于个人锻炼,女性倾向于群体健身活动。年龄越大的老年人越偏重于个人锻炼,而年龄越小越喜欢群体性的体育锻炼形式。

总体来讲,社区成员是老年人体育健身活动的主要伙伴,也就是说中环境系统对于老年人参与体育锻炼的方式影响较大,基于此,应该提升社区体育公共服务的质量,特别是体育场地设施和体育健身信息的发布以及体育组织活动。

表 3 – 12 老年人体育锻炼伙伴的选择调查表

指标		个人锻炼	家人陪伴	邻居	周围社区的人	辅导站同伴	朋友或同事
年龄	60 – 69	25	6	15	57	30	30
	70 – 79	30	12	20	60	21	36
	80 – 89	7	15	12	12	12	14
	90 岁以上	1	4	1	3	3	3
性别	男	42	24	11	38	26	36
	女	21	13	37	94	40	47
月收入	500 元以下	10	3	9	21	6	10
	500 – 1000	13	8	13	36	10	14
	1001 – 2000	22	13	16	54	26	30
	2001 – 3000	14	10	8	17	15	21
	3000 元以上	4	3	2	4	9	8
总/%		63/31.5%	37/18.5%	48/24.0%	132/66.0%	66/33.0%	83/41.5%

(三)体育干预对提升外部环境系统现状

一般意义上来讲,外系统是指个体并未直接参与但对他们的发展产生影响的环境系统①。对于老年体育来讲指的是外部的政府和社会活动的组织。

统计数据显示,老年人参加的体育活动主要组织形式为社区街道组织的群体性体育健身活动(71.0%),其余依次为民间自发组织(54.0%)、老体协体育组织(48.0%)、半官半民组织(40.0%)、体育俱乐部组织(36.5%)、依托社会经营性组织(23.5%)。

科学有序地组织老年人体育健身活动,有利于增进老年人参与体育锻炼的效果,保证活动中的安全性,提升锻炼过程中的情感体验和团队合作的乐趣。调查发现有 54.0% 的老年人倾向于民间自发组织的体育活动,这种组织类型活动更加贴近老年人的生活,但同时它自发、随机的特性决定了内部管理的松散,缺乏合理性并且没有专门的指导者,无法保证老年人在健身活动中的科学有效性以及安全

① 辛自强、池丽萍:《社会变迁中的青少年》,北京师范大学出版社 2008 年版。

性。半官半民性的组织在我国城市社区普遍存在,主要组织一些晨晚练还有单项的体育活动以及社区运动会,吸引了一部分(40.0%)老年健身爱好者参与,但是这种类型组织存在着职责不明确,计划性差,多数用来应付上级检查,临时性的任务居多等问题。另一种正在兴起的组织形式是将老年人体育组织由福利型向经营化转变的实体型组织形式,它的最大特点是具有营利性,因此参与的老年人多为收入相对高的人群。

社区街道和政府体育协会组织的老年人体育健身活动相对成熟,管理相对完善,能真正做到为老年人进行体育健身活动服务。因此一方面应该鼓励老年人参与此类组织健身活动,另一方面完善其他类型的体育组织,为老年人进行体育健身活动提供良好的外环境系统,提高老年人体育锻炼的科学有效性。

表3-13 老年人参与体育活动组织的现状

	指标	社区街道组织	民间自发组织	老体协体育组织	半官半民性组织	体育俱乐部组织	依托社会经营性组织
年龄	60-69	52	40	32	25	22	16
	70-79	64	52	43	41	37	20
	80-89	20	14	17	12	11	10
	90岁以上	6	2	4	2	3	1
性别	男	52	46	35	27	20	14
	女	90	62	61	53	53	33
月收入	500元以下	19	17	14	12	10	5
	500-1000	34	23	20	18	15	7
	1001-2000	55	38	41	29	26	12
	2001-3000	24	22	13	16	14	13
	3000元以上	10	8	8	5	8	10
	总/%	142/71.0%	108/54.0%	96/48.0%	80/40%	73/36.5%	47/23.5%

第二节　体育干预对农村老年人幸福指数的实际影响分析

《国家"十二五"时期文化改革发展规划纲要》中明确指出大力推进农民体育健身工程。老年人作为农村的特殊群体,在生活过程中将会更加关心与其生命延续及生存状态密切相关的方式方法,出于这种动机参与体育健身理应会更加稳定。那么,在国家大力支持与参与者自身也具有一定参与动机的情况下,农村老年群体是否积极参与体育运动呢? 实地调查发现,农村老年群体体育健身现状非常不容乐观,具体表现在以下几个方面:

一、被调查者基本情况分析

被调查者年龄主要集中在 60－69 岁和 70－79 岁两个年龄段,占总人数的82.5%,其中女性人数所占比例比男性人数多,分别为 59.5% 和 40.5%,这基本符合农村老年人的性别比例。健康状况不容乐观,健康与非常健康人数仅占30.5%,其余多为身体一般或较差,经常性打针吃药是这部分人维持健康的主要手段。学历分布呈现一边倒趋势,虽然在第二次调查中已经对被调查者学历进行了筛选,但是在实际调查中文盲人数占 36%,小学(含未毕业者)学历人数占49%,初中以上者仅占 15%,这直接反映出该群体文化水平的不足。收入方面,随着我国低保的普及,农村老年人收入保障有了很大的改善,收入来源主要为自己劳动、子女供养、政府补贴三种形式结合,单靠自己干活取得收入的人群仅占 6%,这说明农村老年群体基本生活有了保障,然而其月收入水平仍然较低,60.5% 的农村老年人月收入在 200 元以下,1000 元以上人群仅占 11%。调查对象中配偶健在的占 61%,但此部分人群主要集中在 60－75 岁人群,75 岁以上人群中大部分为自己生活,且女性居多。以上分析来看,调查对象基本可以反映现阶段农村老年群体状况,因此数据分析应当具有代表性。

表 3 - 14　被调查者基本情况（n = 200 名）

指标		人数	百分比(%)
年龄	60 - 69 岁	78	39.0
	70 - 79 岁	87	43.5
	80 - 89 岁	26	13.0
	90 岁以上	9	4.5
性别	男	81	40.5
	女	119	59.5
健康状况	非常健康	25	12.5
	健康	36	18.0
	一般	57	28.5
	较差	60	30.0
	非常差	22	11.0
收入来源	自己干活	12	6.0
	政府补贴	37	18.5
	子女供养	14	7.0
	自己干活和政府补贴	24	12.0
	自己干活和子女供养	23	11.5
	政府补贴和子女供养	24	12.0
	三者结合	66	33.0
学历	文盲	72	36.0
	小学(含未毕业者)	98	49.0
	初中(含未毕业者)	25	12.5
	高中以上	5	2.5
配偶是否健在	健在	122	61.0
	丧偶	78	39.0
总计		200	100.0

二、体育干预对提升农村老年人健康指数的现状

体育干预能否有效地提升农村老年人幸福指数,和农村老年人对体育活动的认知有一定关系。只有对体育干预形成正确认知,才能积极地运用预防性和康复性的体育干预手段提升自身的健康指数。因此,我们将农村老年群体健康指数的指标确定为体育认知、参与动机以及能促进身体健康和心理健康的其他指标。

(一)积极运动体验缺失,体育认知与参与动机呈现反差

由于农村老年群体受教育水平普遍偏低,对体育的认知程度不高,绝大部分人把"劳动"简单地当成"体育",以至于把劳动后的辛苦劳累体验想当然地当作体育运动体验,这也直接造成了农民群体对积极体育运动体验的缺失。另外,长期从事体力劳动,使得大多数农民普遍认为没有再进行体育锻炼的必要性,更没有主动进行体育锻炼的习惯(见表3-15)。

表3-15　体育认知情况调查

指标		体力劳动基本等同于体育	劳动与体育的作用基本相同	无较好运动体验	没有必要进行体育锻炼	无主动体育习惯
年龄	60-69	45	56	60	41	68
	70-79	62	67	63	74	76
	80-89	22	17	20	16	23
	90岁以上	5	4	5	8	8
性别	男	56	62	45	63	71
	女	78	82	103	76	105
月收入	200元以下	99	106	110	106	118
	200-500	18	16	19	18	29
	500-1000	9	11	8	7	18
	1000-2000	6	8	6	7	7
	2000元以上	2	3	2	1	4
总/%		134/67%	144/72%	145/72.5%	139/69.5%	176/88%

但是,虽然农村老年群体对体育认知理解有偏差,但是该群体的体育参与动机却是正确的。体育参与动机中,73.5%的被调查者参与体育是为了增进健康,67.5%的被调查者参与体育是为了预防疾病,62%的被调查者参与体育是为了愉悦精神,43.5%的被调查者参与体育是为了调节心理,69.5%的被调查者参与体育是为了提高生活质量(见表3-16)。该调查结果显示农村老年群体体育参与动机非常积极,与体育认知较差的调查结果形成强烈的反差。通过回访与深入分析,造成此种反差的原因主要是:一是农村老年群体虽然对体育的定义分类等概念不理解,但是对体育促进生活质量的功能已经形成共识;二是农村老年群体参与体育活动长期无人教授与指导,周围也较少有人一起参与,加之年事已高,所以想当然地认为体育是年轻人的事情,已经与自己无关。由此可见,在体育干预提升农村老年人幸福指数的过程中,转变该群体对体育认知的偏差,培养他们对积极运动体验的兴趣,促使农村老年人养成积极体育参与的习惯是体育干预提升农村老年人幸福指数所面临的首要问题。

表3-16 体育参与动机调查

指标		增进健康	预防疾病	愉悦精神	调节心理	提高生活质量
年龄	60-69	67	69	54	37	61
	70-79	52	42	55	33	59
	80-89	21	18	12	14	15
	90岁以上	7	6	3	3	4
性别	男	68	62	56	43	67
	女	79	73	68	44	72
月收入	200元以下	82	70	57	45	79
	200-500	28	28	26	18	22
	500-1000	16	15	19	12	14
	1000-2000	13	14	15	8	9
	2000元以上	8	8	7	4	5
总/%		147/73.5%	135/67.5%	124/62%	87/43.5%	139/69.5%

（二）预防性体育过于简单，深耕不足

在农村老年群体中，高血压、糖尿病、心脑血管疾病、骨质疏松症等属于多发病症。在这些病症出现的早期，医学上鼓励患者通过饮食和体育锻炼进行自我治疗。调查显示，62.5%的农村老年人知晓体育活动对疾病的预防与治疗功能，但所有人都不知道究竟该如何通过体育活动来预防和治疗，哪些疾病适合哪些体育活动等。进一步对农村老年人日常参与的体育项目进行调查时发现，现阶段农村老年群体进行的体育活动主要为散步（82%），对于散步的距离、速度以及着装等注意事项一概未接受过科学的指导，在散步过程中均是根据自身的感觉来实施，散步场所也较为局限，一般仅仅是从村头到村尾。其他体育活动基本没有，传统养生气功、导引养生等适合老年人锻炼的活动在农村较少出现，门球、地掷球、老年舞蹈等新兴项目更是鲜有人知晓（见表3－17）。对于健身、养生经验丰富且历史悠久的中国来说，这种现象着实让人叹息，这也反映出农村老年群体运动项目开发不足。

表3－17　农村老年群体对预防性体育的了解程度及活动形式

指标		体育对疾病的预防		如何实施		体育活动形式				
		知道	不知道	知道	不知道	散步	传统养生气功类	门球	地掷球	舞蹈（不包含秧歌）
性别	男	62	19	0	81	68	19	10	7	2
	女	73	46	0	119	96	9	2	0	3
	总	135	65	0	200	164	28	12	7	5

（三）康复性体育需求较高，但至今空白

随着年龄的增长，老年人身体机能呈现快速衰退趋势，众多研究表明体育对延缓衰老、增强身体机能具有显著功效。除人体自然衰老致使器官逐渐老化外，农村老年群体因长期农村生活和体力劳动经历还患有身体劳损，并在这个年龄段开始集中显现。所有调查者均表示有不同程度的身体损伤，主要表现在：腰痛、背痛、肩痛、四肢关节痛、全身肌肉和韧带痛等（见表3－18），甚至部分老年人因此丧失活动能力。针对此类病痛,农村老年群体大部分具有较高的康复意愿,少部分身患重病且年纪较大者认为无所谓。但是没有任何官方或民间组织对相关恢复措施进行普及和指导,仅有很小一部分老年人看到过一些小型按摩器材公司的简单演示。总之,农村老年群体身体劳损范围较广,且分散在身体的多个部位,患者康复意愿较强,但缺乏科学的指导。从身体运动损伤理论看,此类身体损伤与身体病变具有本质不同,完全可以通过康复性体育治疗对该群体进行干预,以此实现健康指数的提升。

表 3-18   农村老年人身体劳损部位

	指标	腰痛	背痛	肩痛	四肢关节痛	不同程度肌肉、韧带痛
年龄	60-69	73	68	72	76	71
	70-79	80	72	80	83	79
	80-89	24	19	21	26	22
	90 岁以上	9	8	8	9	7
性别	男	71	58	72	77	66
	女	115	111	110	117	113
	总/%	186/93%	167/83.5%	181/90.5%	194/97%	179/89.5%

三、体育干预对提升农村老年人福利指数的现状

体育干预对农村老年人福利指数的提升绝不是对所建场地和设施数量的简单衡量,也不是对活动开展多少的简单统计,而更应该立足于农村老年人实际,对该群体体育活动的保障性、易得性和体育服务满意度等相关指标展开综合评价。

（一）体育服务结构失衡,缺少相关保障机制

体育服务的失衡不仅表现在城乡二元结构对农民群体的体育服务供给相对不足,更表现在社会各年龄段人群体育供给的严重失衡。我们已经把青少年按照年龄段分为了幼儿、少儿和青年,按照不同年龄段提供不同的体育供给,但是对于年龄跨度将近 40 年的老年人体育统称为"老年体育"。另外,根据《中国人口老龄化发展趋势预测研究报告》相关数据显示,到 2023 年我国老年人口数量将与少儿

人口数量持平,到 2051 年老年人口数量是少儿人口的 2 倍。面对如此庞大的人群,政府和社会的服务供给与制度保障明显少于我国体育重点服务对象的青少年群体。对农村老年人体育服务供给调查显示:虽然大量的民间体育组织或团体已经开始逐渐深入到农村,但是体育服务的主要供给主体仍然是体育行政部门,这直接造成了供给主体单一、供给总量不足的现状。具体表现在:理论缺乏、时间缺乏和政策缺乏三个方面(见表 3 - 19)。

表 3 - 19 体育服务缺失分类表

种类	具体内容
理论缺乏	(1)至今没有形成系统的老年体育理论,农村老年体育理论空白 (2)学者研究较少,相关研究仅有 29 篇,核心期刊 4 篇 (3)理论创新少,比如运动训练中"超量恢复"等理论创新鲜见
实践缺乏	(1)活动形式主要是晨练、晚练等,多样化组织形式严重缺乏 (2)活动内容主要是散步、秧歌(节假日),丰富多彩的内容未开发 (3)指导人员缺乏,我们培养了针对青少年儿童的体育教师以及社会群体的体育指导员,但是没有专门针对老年人体育的指导者
政策缺乏	(1)缺乏政策保证,有关老年人体育的相关法律法规至今没有,仅有相关发展规划 (2)缺乏政策引导,到 2051 年老年人口数量是少儿人口的 2 倍,但是相关政策引导远远小于少儿群体

(二)活动项目分布缺乏科学规划,易得性较差

距离的远近是老年群体参与体育活动易得性的主要制约因素。老年群体活动能力相对下降,如果活动场所距离居住地较远,那么会直接影响到该群体参与体育活动的频率,甚至直接导致其不参加体育活动。调查显示,农村老年群体主要活动地点有棋牌室、运动场、路边、小广场等,其中路边和小广场是该群体的主要活动场所,其次是棋牌室(包含简易的路边小摊),在运动场所进行活动的人数较少且男性参与者明显比女性参与者多。另外,农村老年群体住所与经常活动场所之间的距离主要集中在 300 米以上,占 58%。该范围内的活动场所主要有棋牌

室、小广场或是街边小路,布局呈现自然分散状态,活动场所较少且缺乏科学规划(见表3-20)。在村落较为分散的地区,住所与经常活动场所之间的距离达到5000米以上,活动更为不方便。

表3-20 活动地点与易得性调查

指标		活动地点				活动地点与住所的距离			
		棋牌室	运动场	路边或小广场	其他	100米内	100-300米	300-500米	500米以上
性别	男	57	38	65	21	96	37	20	133
	女	66	22	89	37	68	41	12	104
	总	123	60	154	58	48	36	55	61

(三)开展项目的双向性不足,评估不够

体育服务供给方式过于简单,是造成体育服务项目粗放性的重要因素。通过互联网对全国范围老年人群体所开展的运动项目进行综合搜集发现,所开展项目主要可以分为技能类项目、力量类项目、体育处方类项目三种(见表3-21),表面上看老年体育开展状况较好,全国各地均有不同类型的活动,但是活动的后续服务相当欠缺。在体育服务供给过程中,对项目开展效果和受欢迎程度等缺少必要的统计,尤其是对开展效果较好和受欢迎程度较高的项目缺少深入开发,对项目的可持续性精耕不足。另外,现行体育项目大多为竞技体育项目的延续,对贴近老年人生活又简单易行的体育项目缺乏必要的发掘,也导致现有项目过于陈旧缺少对老年群体的吸引力。

表3-21 全国老年群体体育活动开展项目

种类	具体内容
技能类项目	散步、慢跑、游泳、健身操等操类,舞蹈等舞蹈类,太极拳等武术类,瑜伽、传统养生气功及导引养生类,骑行、乒乓球、网球等球类,园艺等
力量类项目	健身器材、弹力带、负重抗阻力项目等,哑铃杠铃等力量器械
体育处方类项目	主要有脑血栓、痴呆、肥胖等作用于疾病康复的体育处方

四、体育干预对提升农村老年人文明指数的现状

党的十八大报告提出要"坚持贴近实际、贴近生活、贴近群众的原则,推动社会主义精神文明和物质文明全面发展",我们要运用体育干预提升农村老年人文明指数,也要从这两个文明下功夫。从这个角度来说,农村老年人文明指数主要包含农村老年人参加体育活动对社会物质文明和精神文明的促进两个指标。

（一）农村老年体育发展未能提升老年群体物质生活水平

农村老年体育若能健康发展,必能带动系列健身设施以及相关服务的发展,而这些健身设施和相关服务一旦惠及农村老年人,也能在一定程度上提升其物质生活水平。全国80万个行政村在"十一五"期间,有23万个行政村建成"农民体育健身工程",政府支持建设乡镇农民体育健身工程966个,虽然在健身设施上有了极大的改善,但是与城市相比还相差很远,并且专门针对农村老年人的健身设施极少。健身设施缺乏,相关服务更是无法兑现。调查中,我们发现农村老年人对体育服务相对陌生,仅有少部分人可以明确说出所在地区是否有体育设施和相关服务,经过调查人员详细讲解后,有大部分人仍然不清楚是否有此类设施和服务,72.5%的调查对象不清楚体育服务的主要提供形式是什么(如表3-23)。在对体育指导的接受情况调查中显示,有69%的人没有接受指导,仅有6%的人接受过详细体育健身指导(如表3-23)。这种状况使得以农村体育发展提升农村老年物质生活水平目前还只是停留于观念层面。

表3-22　农村老年体育服务普及情况

种类	有	没有	不清楚
是否有老年体育活动室或健身活动点	15	98	87
是否有老年文体站或体育指导中心	6	85	109
是否有民间体育社团、协会等组织	32	46	122

备注:老年活动设施主要有乒乓球、棋牌室、篮球场、小广场、健身路径等

表 3 - 23　农村老年群体体育服务获取调查

	来源	选择人数	百分比
是否接受过体育指导	详细指导	12	6%
	不全面的指导	50	25%
	没有	138	69%
接受过谁的指导	体育指导员	11	5.5%
	亲朋好友	33	16.5%
	电视广播	41	20.5%
	书籍报纸	28	14%
主要提供形式	体育健身书籍	32	16%
	体育宣传栏	39	19.5%
	体育健身知识讲座	24	12%
	体育健身指导中心	6	3%
	体育健身指导员	11	5.5%
	没有任何形式的体育服务	14	7%
	不清楚	145	72.5%
	其他:体育健身报、体育广播、体质监测等		

(二)农村老年体育发展未能提升老年群体精神文明水平

"流水不腐,户枢不蠹,形气亦然",早在两千多年前古人就已经认识到身体锻炼的重要性,同时体育活动也有利于提升国家或者区域民众的精神文明水平。首先,体育技能的获得有助于农村老年群体自我认同的产生及生活自信的重新建立。随着年龄的增长,农村老年人身体机能、收入水平以及生活状态等逐渐开始下降,对成功的体验减少,容易产生惰性和消极心理,此时如果可以重新掌握一项或两项在年轻时没能掌握的体育技能,势必会极大地增加其自信心。其次,体育活动可以培养参与者高尚的道德品质与崇高的精神风貌。在体育活动的参与中,不但可以促进知识与技能的获得,而且体育活动的相互配合为提高农村老年人的道德品质提供了条件。不仅可以培养其组织纪律性、集体主义精神,还能帮助他们形成互相激励、互相帮助的良好习惯,各种优良的意志品质也能在潜移默化中形成,这也是爱国家、爱社会、爱家乡等生活热情的强大动力。但是调查中发现,农村体育运动的缺乏使得体育活动并未在促进农村老年群体精神文明建设中起到应有的作用。

五、体育干预对提升农村老年人生态环境指数的现状

如果说农业文明是"黄色文明",工业文明是"黑色文明",那生态文明就是"绿色文明"。十八大报告明确指出生态文明是人类为保护和建设美好生态环境而取得的物质成果、精神成果和制度成果的总和,反映了一个社会的文明进步状态。体育干预促进生态环境建设,主要是通过民俗型体育、地域型体育和技能型体育三条途径。相应的,这三方面也成为衡量农村生态环境指数的重要指标。

（一）民俗型体育开发尚待深入

民俗体育是由一定民众所传承和享用并融入和依附于民众日常生活的风俗习惯（如节日、礼仪等）之中的一种集体性、模式性、传统性、生活化的体育活动,它既是一种体育文化,也是一种生活文化。调查发现虽然各地农村民俗型体育活动较多,如牧球、打棍球等,但是老年人对民俗体育活动认知水平较低,绝大部分人认为此类活动不是体育活动,老年人很少参与,参与人群多集中在儿童少年等低年龄人群。与此同时,我们还发现,各地民俗型体育活动开发力度不足,鲜有官方组织引导,呈现"自然生长"状态,在这种背景下,针对农村老年群体的民俗型体育发展更是严重不足。

（二）地域型体育开发规模较小

地域型运动项目,是指由于地理、气候条件和文化等原因只能在某些特定地区或民族中流行的运动项目。我国地域辽阔,从寒冷的大兴安岭到亚热带的海南岛,从东北呼伦贝尔辽阔的草原到西南遮天蔽日的原始森林,从西部天山的草场到东部渔猎的大海,不同的居住环境、不同的气候环境、不同的生产方式培育了不同的宗教信仰、群体气质和民俗生活。于是,依凭草原、山地、雪域、山林、海岸的乡村也就有条件开展很多与农村生活和农业生产相关的地域型体育项目。但调查发现,很多农村体育发展却未能有效利用当地的地域资源。

（三）技能型体育开发理念缺乏

技能型体育,是与农村的生产和生活相关的特色体育项目,如采摘、插柳、摆渡等。该类项目的提出源于农村体育,而且相关的项目也在全国农运会中多次出

现,参与人群为青壮年,针对农村老年人的技能型体育缺乏相关的开发。在对农村老年人的调查中发现,绝大多数人将该类项目错误地当作农活劳动,认为没有实际意义。其实,如果能在这类项目开发上注重开发思路的创新,把技能型体育竞赛转变为农村老年人技能型体育博览会等形式,挖掘项目内涵,调动老年人参与积极性,也许能够在很大程度上调动农村老年人的参与热情,并真正实现技能型体育为农村老年人所用。

第三节　体育干预对老年群体幸福指数的整体影响分析

体育旨在以身体运动促进和保持人的健康状态。体育干预作为提升老年人幸福指数的突破口之一,其作用早已经远远超出了体育的范畴,对其进行研究,既是社会对弱势群体的关爱,也是和谐社会的要求所在。一个人的健康状态随着年龄的增长呈现出抛物线的发展轨迹,这种轨迹的变化不仅是生理的,也是心理的和社会的。从生理维度来看,老年人处于机能衰退期,体育的作用重在阻止及延缓其生理机能的衰退趋势;从心理维度来看,老年人趋静,身体各种感官功能下降,开展体育面临更多的限制因素;从社会维度来看,老年人已经履行了其社会责任,逐渐淡出主流社会,成为社会边缘的"散兵游勇",要组织并开展这一群体的体育活动,面临诸多特殊困难。我国人口老龄化进程呈现出的人口规模巨大、老龄化发展迅速、地区发展不平衡、城乡倒置显著、女性数量多于男性、老龄化先于现代化等不同寻常的特点,为老年体育的开展带来了更为复杂的现况。在我国,人们所熟知的体育,其理论和实践是建立在年轻人口类型社会基础上的,其着眼点是处于生长发育的青少年和身体机能相对稳定的中年人,而对身体机能日趋衰退的老年人如何开展体育则缺乏必要的认识。调查显示,现阶段相较于青少年体育、竞技体育,全社会对老年体育普遍呈漠视状态,相关研究极度缺乏,场地设施匹配不足,活动项目单调乏味,保障措施力度不够,老年体育活动处于自然发展状态。主要表现在以下几个方面:

(一)管理层面

政府是老年体育相关服务的供给主体,但是长期以来呈现出供需错位的现状,尤其是人才、项目、场地设施、体育健康产品、资本和创新等关键领域缺少有效的管理。

（二）服务主体层面

老年体育服务与活动类型多复制其他人群的相关样式，没有遵循老年人对文化的需求倾向和需求数量来配备，导致对老年人有吸引力的活动不多，结果是费力不讨好。

（三）服务客体层面

老年体育的服务客体是老年人。老年人虽然对体育有所重视，但是重视程度仍然不高，这就导致其不愿意投入更多人力、物力、财力去从事体育活动，使其体育消费长期停留于较低水平。

（四）经费方面

近年来，在相关政策的推动下，各级财政对体育投入有了很大增长，但是基数仍然偏小。财政部采取的统计口径是"文化、体育和传媒经费"，从这一数据指标可以看出，虽然十年内文化体育与传媒支出逐年递增，但是总体增长较慢，体育建设经费总数仍然偏小。

（五）人力方面

老年体育指导员配备不足，导致很多地方的老年人不能及时接受科学的指导，他们的体育活动也长期存在自给自足状态。

这种情况下，体育干预不但无助于提升老年人福利指数、文明指数、环境指数，而且也无助于提升对于老年人而言最为基本的健康指数。因此，积极制定符合老年人生活特点的体育干预路径，实施切实可行的体育干预策略迫在眉睫。

第四章 体育干预提升老年人幸福指数的实施路径及实证分析

第一节 德尔菲法第一轮结果及实证分析

一、德尔菲法第一轮调查问题构成及实施过程

本部分的主要目的是通过德尔菲法来确定体育干预提升老年人幸福指数的框架并为第二轮调查提供相关内容。在第一轮调查问题构成过程中,本研究选取相关领域的四名体育学专家和五名社会学专家组成一个九人专家组进行开放型调查,调查内容为《体育干预提升老年人幸福指数实施路径调查问卷的预先调查》。根据专家提供意见,最终确定《体育干预提升老年人幸福指数实施路径的第一轮半开放型调查问卷》的构成分三个部分:第一部分为"体育干预提升老年人幸福指数的意义",第二部分为"体育干预提升老年人幸福指数的基本方向",第三部分为"体育干预提升老年人幸福指数的细分路径",其中前两部分专家组意见较为统一,第三部分问卷的构成过程中,课题组向专家提供了课题组成员李晖前期研究成果《幸福指数:新闻报道新课题》,根据前期研究成果中所提出的中国幸福指数所包含的四大板块,结合中外相关文献梳理分析,最终将老年健康指数、老年福利指数、老年文明指数、老年生态环境指数列为本课题老年幸福指数的四个组成部分。由此,第一轮调查问卷的第三部分由"体育干预提升老年人健康指数路径""体育干预提升老年人福利指数路径""体育干预提升老年人文明指数路径""体育干预提升老年人生态环境指数路径"四个部分构成。经专家组对调查问卷框架

论证无异议,且对各细分项目进行了简单的引导性回答后,最终形成《体育干预提升老年人幸福指数实施路径的德尔菲法第一轮半开放型调查问卷》(见表4-1)。

表4-1　第一轮调查细分项目

项目	要素
体育干预提升老年人幸福指数的意义	(1)提高老年人生命质量
	(2)减少老年人医疗费用
	(3)充实体育相关学科内容
	(　　　　)
	(　　　　)
体育干预提升老年人幸福指数的基本方向	(1)发挥体育干预的实用性
	(2)发挥体育干预的科学性
	(3)发挥体育干预的规范性
	(　　　　)
	(　　　　)
体育干预提升老年人健康指数路径	(1)制定专门的老年体育干预政策
	(2)开发适合老年健康的体育干预方法
	(3)深挖适合不同老年人的体育干预策略
	(　　　　)
	(　　　　)
体育干预提升老年人福利指数路径	(1)普及适合老年人的专门体育设施
	(2)合理设计老年体育设施的分布
	(3)增加老年体育设施和服务
	(　　　　)
	(　　　　)
体育干预提升老年人文明指数路径	(1)增加老年体育财政预算
	(2)设立专门的老年体育基金
	(3)合理引导老年体育相关组织
	(　　　　)
	(　　　　)

项目	要素
体育干预提升老年人生态环境指数路径	(1)开发老年特色的地域性民俗体育
	(2)挖掘老年特色的节庆体育
	(3)与当地自然环境相结合
	（　　　　）
	（　　　　）

二、德尔菲法第一轮调查结果及实证分析

（一）德尔菲法第一轮调查实施过程

德尔菲法第一轮调查的目的主要是通过对于本课题相关领域的专家团实施《体育干预提升老年人幸福指数实施路径的第一轮半开放型调查问卷》的半开放型调查,得出体育干预提升老年人幸福指数的初步实施路径,为第二轮调查问卷的形成提供最直接的内容参考。

本轮调查主要要求:专家对各调查项目进行穷尽性匿名作答,在自己的知识范围内找出尽可能所有适合本项目的实施路径,课题组在收到专家反馈后,对所有专家调查结果进行整理,合并重复项,归纳相似项,得出简单清晰的实施路径。

为提高调查结果的准确性与可行性,在专家组选择上选取老年体育领域专家10名、老年学领域专家9名、社会体育学领域专家5名、老年医学领域专家5名、残疾人体育领域专家5名、民政部和老龄委及国家体育总局相关工作科研人员8名、资深老年运动者10名,总共52名专家。课题组为专家提供"国内外相关研究综述""国内体育干预对老年人幸福指数实际影响及分析""体育干预提升老年人幸福指数的理论研究"等相关研究成果的基础上,为专家发放《体育干预提升老年人幸福指数实施路径的第一轮半开放型调查问卷》,在规定时间内应答专家人数为47人,占调查人数的90.4%,其中有效问卷46份,占调查人数的88.5%。

表4－2　德尔菲法第一轮调查专家组成

类别	专家细分领域(级别)	调查人数	应答人数	有效人数
1	老年体育(教授)	10	9	9
2	老年学(教授)	9	8	8
3	社会体育(教授)	5	5	5
4	老年医学(主任医师)	5	4	4
5	残疾人体育(教授)	5	4	4
6	民政部、老龄委、国家体育总局等政府工作人员	8	7	7
7	资深老年运动者 (10年以上运动经历)	10	10	9
	总	52	47	46

(二)德尔菲法第一轮"体育干预提升老年人幸福指数的意义"应答结果与分类

根据47位专家的调查反馈,在"体育干预提升老年人幸福指数的意义"一项中共收到专家157项意见,通过对意见的整合,合并重复项或相似项后共有26项。专家应答结果如下:

表4－3　体育干预提升老年人幸福指数的意义的开放型应答结果

问题	您认为体育干预提升老年人幸福指数的意义是什么
体育干预提升老年人 幸福指数的意义	提高老年人生命质量
	提高老年人的生活满意度
	有利于老年人建立自信
	对实现健康老龄化具有积极意义
	为积极老龄化提供支持
	可以促进社会的稳定
	防止老年人上当受骗
	有利于老年人精神文明建立
	促进老年人度过健康晚年
	有利于消除老年人孤独感

问题	您认为体育干预提升老年人幸福指数的意义是什么
体育干预提升老年人幸福指数的意义	可有效延长老年人自理年龄段
	提高老年人生活水平
	能减少政府负担
	有效增加社会劳动力
	增进人际关系
	增加心理满足感
	有效减少老年人的迷信行为
	可推动社会文明的前进
	建立新的老年文化
	补充体育学科理论
	促进体育学的横向发展
	促进家庭和睦
	丰富老年人业余生活
	增加社会对老年人的尊重
	有利于传递社会正能量
	引起全社会对老年体育的关注

表 4-3 为"体育干预提升老年人幸福指数的意义"德尔菲法第一轮专家调查结果,经过去重复项后剩余 26 项,继续对以上 26 项进行分类整合后,共得到 7 大项,提出人数最少一项为 2 人,最多一项为 45 人。该结果为生成德尔菲法第二轮调查问卷的主要依据。结果如下:

表4-4　体育干预提升老年人幸福指数的意义的开放型应答分类结果

问题	您认为体育干预提升老年人幸福指数的意义是什么	应答人数
体育干预提升老年人幸福指数的意义	提高老年人生命质量	45
	应对人口老龄化	40
	减少政府财政支出	38
	丰富老年人精神文化生活	32
	补充体育学等相关学科内容	26
	引起全社会对老年体育的关注	15
	传递社会正能量	2

（三）德尔菲法第一轮"体育干预提升老年人幸福指数的基本方向"应答结果与分类

根据47位专家的调查反馈，在"体育干预提升老年人幸福指数的基本方向"一项中共收到专家135项意见，通过对意见的整合，合并重复项或相似项后共有31项。专家应答结果如下：

表4-5　体育干预提升老年人幸福指数基本方向的开放型应答结果

问题	您认为体育干预提升老年人幸福指数的基本方向是什么
体育干预提升老年人幸福指数的基本方向	开发适合老年人的体育干预方式
	有利于治疗老年人疾病
	维持老年人的身体机能
	从法律上来保证老年体育的发展
	设立专门发展经费
	纳入每年政府工作报告
	老年体育与公共文化相互融合
	向终身体育方向发展
	老年体育与医学相互融合
	为老年体育进行分类
	为体育干预提升来年人身体机能进行量化研究
	老年体育规范化

问题	您认为体育干预提升老年人幸福指数的基本方向是什么
体育干预提升老年人幸福指数的基本方向	政府、市场、民间形成合力
	老年体育主动发展
	体育干预方式简单化
	增加体育干预实用性
	合理规划老年体育设施
	培养老年体育指导员
	发展老年体育意见领袖
	增加体育干预的娱乐性
	重点关注农村老龄群体
	政策应向该领域倾斜与引导
	鼓励社会人员进行志愿服务
	营造良好的体育干预环境
	建立相关老年体育组织
	充分发挥社区功能
	生产适合老年群体的体育器材
	体育运动场所的适老化改造
	发挥中国传统运动养生的作用
	引导老年人形成健康的消费方式
	积极申请国家相关政策

表4-5为"体育干预提升老年人幸福指数的基本方向"德尔菲法第一轮专家调查结果,经过去重复项后剩余31项,继续对以上31项进行分类整合后,共得到6大项,提出人数最少一项为5人,最多一项为41人。该结果为生成德尔菲法第二轮调查问卷的主要依据。结果如下:

表 4－6　体育干预提升老年人幸福指数基本方向的开放型应答分类结果

问题	您认为体育干预提升老年人幸福指数的基本方向是什么	应答人数
体育干预提升老年人幸福指数的基本方向	增进老年人健康	41
	获取政府层面支持	40
	老年体育与其他相关领域融合发展	38
	规范老年体育干预方式方法	32
	提高老年体育干预的科学性	26
	鼓励全社会参与	5

（四）德尔菲法第一轮"体育干预提升老年人幸福指数的实施路径"应答结果与分类

1. 德尔菲法第一轮"体育干预提升老年人健康指数的实施路径"应答结果与分类

根据 47 位专家的调查反馈,在"体育干预提升老年人健康指数的实施路径"一项中共收到专家 173 项意见,通过对意见的整合,合并重复项或相似项后共有 27 项。专家应答结果如下:

表 4－7　体育干预提升老年人健康指数的实施路径开放型应答结果

问题	您认为体育干预如何提升老年人健康指数
体育干预提升老年人健康指数的实施路径	制定相关的干预政策
	体育与医疗并轨
	保险与体育锻炼量挂钩
	医保卡消费放宽至体育领域
	设立专门发展经费
	需政府的高度重视并推进
	营造良好的体育干预氛围
	转变老年人体育观念
	普及相关健康知识
	为市面上众多健康知识进行鉴定

问题	您认为体育干预如何提升老年人健康指数
	增加老年人体育干预积极体验
	采取各种方法争取老年人的认同
	延缓老年人骨骼的退行性病变
	作用于老年人心血管疾病
	调节老年人身体脏器机能
	纠正老年人错误的锻炼方式
	维持老年人神经反应能力
体育干预提升老年人	竞技体育康复手段作用于老年人
健康指数的实施路径	丰富业余生活
	提高老年人精神健康
	提高老年人生活积极性
	预防老年性疾病
	劳动性损伤的康复
	治疗相关老年性疾病
	老年性疾病的康复
	高致残率疾病的康复
	提高老年人整体健康水平

表 4-7 为"体育干预如何提升老年人健康指数的实施路径"德尔菲法第一轮专家调查结果,经过去重复项后剩余 27 项,继续对以上 27 项进行分类整合后,共得到 6 大项,提出人数最少一项为 7 人,最多一项为 47 人。该结果为生成德尔菲法第二轮调查问卷的主要依据。结果如下:

表 4 - 8　体育干预如何提升老年人健康指数实施路径的开放型应答分类结果

问题	您认为体育干预如何提升老年人健康指数	应答人数
体育干预提升老年人健康指数的实施路径	预防性干预	47
	康复性干预	45
	体育与医学相结合	36
	引导性干预	27
	政府性干预	23
	精神性干预	7

2. 德尔菲法第一轮"体育干预提升老年人福利指数的实施路径"应答结果与分类

根据 47 位专家的调查反馈,在"体育干预提升老年人福利指数的实施路径"一项中共收到专家 185 项意见,通过对意见的整合,合并重复项或相似项后共有 33 项。专家应答结果如下:

表 4 - 9　体育干预提升老年人福利指数的实施路径开放型应答结果

问题	您认为体育干预如何提升老年人福利指数
体育干预提升老年人福利指数的实施路径	制定专门的老年体育相关法律
	加大老年体育相关的研究力度
	在其他法律的制定中加入老年体育部分
	多部门联合制定相关发展政策
	在财政支出中明确老年群体相关经费
	加大体育设施在农村地区的普及
	相关政策的制定要充分考虑老年医疗卫生、现实生活、老龄化等背景
	相关政策的制定后需要有细化政策来落实
	对政策实施需要建立相关的评价标准
	政策的制定与实施应该具有区域性,不同地域采取不同的政策策略
	对老年体育发展主题应给予政策性扶持与优惠
	老年体育发展应体现社会福利的特性
	政府应积极介入老年体育发展,体现其公益性

问题	您认为体育干预如何提升老年人福利指数
体育干预提升老年人福利指数的实施路径	老年体育发展初期应体现政府主导
	建设老年人专用体育场所
	建设老年人专用单项体育场地
	完善老年体育配套设施
	加大开放学校、企业、事业单位体育设施
	老年体育设施与其他体育设施的合理分布与合理利用
	研发新型的老年体育设施
	研发更符合老年人自身的体育设施
	老年体育设施的分布要有利于老年人使用
	设置多元化的老年体育设施
	体育设施和服务需要贴近老年人需求
	体育设施普及后需要有维护方案
	老年体育相关发展政府应制定中长期发展方案
	经费的拨发应具有连续性与针对性
	加大对贫困地区或薄弱地区的支持力度
	设置相关平台或通道，鼓励社会各界对老年体育的支持，特别是经济发达地区对不发达地区的支援
	加大老年体育指导员的培养力度
	体育干预项目不宜过难
	体育设施的相关使用需要有培训
	建设相关老年人康复体育设施

表4-9为"体育干预如何提升老年人福利指数的实施路径"德尔菲法第一轮专家调查结果，经过去重复项后剩余33项，继续对以上33项进行分类整合后，共得到6大项，提出人数最少一项为26人，最多一项为45人。该结果为生成德尔菲法第二轮调查问卷的主要依据。结果如下：

表4-10　体育干预如何提升老年人福利指数实施路径的开放型应答分类结果

问题	您认为体育干预如何提升老年人福利指数	应答人数
体育干预提升老年人福利指数的实施路径	政府主导提高老年体育的保障性	45
	合理分布提高老年体育的易得性	38
	城乡及偏远地区合理规划提高老年体育设施均等化	37
	分级分类开发保证老年体育多元化	32
	建立服务评估机制保证老年体育满意度	30
	增加体育设施与服务提高老年体育普及度	26

3. 德尔菲法第一轮"体育干预提升老年人文明指数的实施路径"应答结果与分类

根据47位专家的调查反馈,在"体育干预提升老年人文明指数的实施路径"一项中共收到专家142项意见,通过对意见的整合,合并重复项或相似项后共有27项。专家应答结果如下:

表4-11　体育干预提升老年人文明指数的实施路径开放型应答结果

问题	您认为体育干预如何提升老年人文明指数
体育干预提升老年人文明指数的实施路径	完善政府主导的老年体育协会
	建立各种形式的老年体育组织
	将老年体育作为一种文化,融入其他老年体育组织活动中
	开发不同于其他群体的运动项目
	对相关器材与项目进行科学指导,确保老年人能学会
	摒除简单重复乏味的项目,增加时代性与趣味性
	体育干预应突出其健身效果
	体育干预对疾病的防治需具有科学的理论指导
	加强对众多老年体育小群体的引导
	建立长期的宣传计划,对体育干预进行宣传
	增加健康理念等知识对老年人的普及
	加大对老年人运动技能的教授力度
	运动营养与日常饮食相结合

问题	您认为体育干预如何提升老年人文明指数
体育干预提升老年人文明指数的实施路径	深挖体育中的人文精神
	尝试以体育作为老年人生活自信建立的动力
	让老年人在体育中找到乐趣
	以体育来改变老年人的精神风貌
	多种渠道引入资金
	鼓励全社会共同参与到老年体育开发中来
	设立相关资金平台,加大对老年体育的投资力度
	增加老年体育资金在政府财政中的比重
	政府应制定财政投入规划
	通过多种途径增加老年体育相关基础设施
	扩大老年体育相关服务内容
	将老年体育推向市场化
	树立老年体育典型
	将老年体育干预与大健康市场相结合,深挖老年健康市场

表 4-11 为"体育干预如何提升老年人文明指数的实施路径"德尔菲法第一轮专家调查结果,经过去重复项后剩余 27 项,继续对以上 27 项进行分类整合后,共得到 6 大项,提出人数最少一项为 18 人,最多一项为 39 人。该结果为生成德尔菲法第二轮调查问卷的主要依据。结果如下:

表 4-12　体育干预如何提升老年人文明指数实施路径的开放型应答分类结果

问题	您认为体育干预如何提升老年人文明指数	应答人数
体育干预提升老年人文明指数的实施路径	以健康水平的提高来建立生活自信	39
	经营性资金提升体育服务的多元化	39
	以体育活动培养老年人健康的精神风貌	32
	政府公益性资金提升体育服务的普及度	31
	多渠道筹集资金提高对老年群体物质投入	25
	以体育技能的获得来帮助老年人重新建立自我认同	18

4. 德尔菲法第一轮"体育干预提升老年人生态环境指数的实施路径"应答结果与分类

根据 47 位专家的调查反馈,在"体育干预提升老年人生态环境指数的实施路径"一项中共收到专家 125 项意见,通过对意见的整合,合并重复项或相似项后共有 15 项。专家应答结果如下:

表 4 – 13　体育干预提升老年人生态环境指数的实施路径开放型应答结果

问题	您认为体育干预如何提升老年人生态环境指数
体育干预提升老年人生态环境指数的实施路径	挖掘民间传统体育资源
	开展民俗性体育
	在传统节日中融入特色体育
	将体育干预融入到日常生活中
	开发劳动性体育干预
	发展技能性体育项目
	将传统运动项目与现代项目相融合
	开发绿道类运动项目
	体育干预密切与当地自然环境相结合
	充分利用当地特色发展老年体育
	体育设施开发与自然环境相融合
	开发徒手类体育干预
	充分发挥体育干预对健康的促进功能
	将人的健康与生态环境相融合
	引导老年群体参与到民俗传统体育中

表 4 – 13 为"体育干预如何提升老年人生态环境指数的实施路径"德尔菲法第一轮专家调查结果,经过去重复项后剩余 15 项,继续对以上 15 项进行分类整合后,共得到 6 大项,提出人数最少一项为 9 人,最多一项为 46 人。该结果为生成德尔菲法第二轮调查问卷的主要依据。结果如下:

表 4 - 14 体育干预如何提升老年人生态环境指数实施路径的开放型应答分类结果

问题	您认为体育干预如何提升老年人生态环境指数	应答人数
体育干预提升老年人生态环境指数的实施路径	开展民俗性体育干预	46
	注重体育干预的自然属性	38
	发挥地域性体育干预优势	36
	开发劳动性体育干预	21
	健康促进性体育干预	19
	技能性体育干预	9

第二节 德尔菲法第二轮结果及实证分析

一、德尔菲法第二轮调查问题构成及实施过程

（一）德尔菲法第二轮调查问题构成

本部分主要目的是找出体育干预提升老年人幸福指数的初步路径。第二轮调查问卷的生成主要是根据第一轮调查结果，共分为三部分，第一部分为"体育干预提升老年人幸福指数意义的各路径重要性评判"，第二部分为"体育干预提升老年人幸福指数基本方向的各路径重要性评判"，第三部分为"体育干预提升老年人幸福指数路径的重要性评判"，其中第三部分又分为四个细分领域："体育干预提升老年人健康指数各路径的重要性评判""体育干预提升老年人福利指数各路径的重要性评判""体育干预提升老年人文明指数各路径的重要性评判""体育干预提升老年人生态环境指数各路径的重要性评判"，最终形成《体育干预提升老年人幸福指数实施路径的德尔菲法第二轮重要性评判问卷》（见表 4 - 15）。

表4-15　第二轮重要性评判调查细分项目

项目	要素构成	第一轮应答数	完全不重要	不重要	一般	重要	非常重要
			1分	2分	3分	4分	5分
体育干预提升老年人幸福指数的意义	(1)提高老年人生命质量	45					
	(2)应对人口老龄化	40					
	(3)减少政府财政支出	38					
	(4)丰富老年人精神文化生活	32					
	(5)补充体育学等相关学科内容	26					
	(6)引起全社会对老年体育的关注	15					
	(7)传递社会正能量	2					
体育干预提升老年人幸福指数的基本方向	(1)增进老年人健康	41					
	(2)获取政府层面支持	40					
	(3)老年体育与其他相关领域融合发展	38					
	(4)规范老年体育干预方式方法	32					
	(5)提高老年体育干预的科学性	26					
	(6)鼓励全社会参与	5					
体育干预提升老年人健康指数路径	(1)预防性干预	47					
	(2)康复性干预	45					
	(3)体育与医学相结合	36					
	(4)引导性干预	27					
	(5)政府性干预	23					
	(6)精神性干预	7					

续表

项目	要素构成	第一轮应答数	完全不重要 1分	不重要 2分	一般 3分	重要 4分	非常重要 5分
体育干预提升老年人福利指数路径	(1)政府主导提高老年体育的保障性	45					
	(2)合理分布提高老年体育的易得性	38					
	(3)城乡及偏远地区合理规划提高老年体育设施均等化	37					
	(4)分级分类开发保证老年体育多元化	32					
	(5)建立服务评估机制保证老年体育满意度	30					
	(6)增加体育设施与服务提高老年体育普及度	26					
体育干预提升老年人文明指数路径	(1)以健康水平的提高来建立生活自信	39					
	(2)经营性资金提升体育服务的多元化	39					
	(3)以体育活动培养老年人健康的精神风貌	32					
	(4)政府公益性资金提升体育服务的普及度	31					
	(5)多渠道筹集资金提高对老年群体物质投入	25					
	(6)以体育技能的获得来帮助老年人重新建立自我认同	18					

项目	要素构成	第一轮应答数	完全不重要	不重要	一般	重要	非常重要
			1分	2分	3分	4分	5分
体育干预提升老年人生态环境指数路径	(1)开展民俗性体育干预	46					
	(2)注重体育干预的自然属性	38					
	(3)发挥地域性体育干预优势	36					
	(4)开发劳动性体育干预	21					
	(5)健康促进性体育干预	19					
	(6)技能性体育干预	9					

(二)德尔菲法第二轮调查实施过程

德尔菲法第二轮调查的目的主要是通过专家对各分项的重要性赋分,来得到专家对各项的一致性评判,最终形成一个较为一致的专家意见,从而形成体育干预提升老年人幸福指数的初步路径,为下一轮各项层次分析提供内容参考。

本轮调查主要要求:专家对各调查项目进行重要性评分,非常重要得5分,重要得4分,一般重要得3分,不重要得2分,完全不重要得1分,且在赋分过程中尽量陈述自己相关意见,以备在统计结果出现较大分歧时,为持有不同意见的专家提供说明。最终得出简单清晰具有一致性的实施路径。

为提高调查结果的准确性与可行性,在专家组选择上选取第一轮应答专家47名,具体为老年体育领域的专家9名、老年学领域专家8名、社会体育学领域专家5名、老年医学领域专家4名、残疾人体育领域专家4名、民政部和老龄委及国家体育总局相关工作科研人员7名、资深老年运动者10名,总共47名专家。课题组为专家提供《体育干预提升老年人幸福指数实施路径的德尔菲法第二轮重要性评判问卷》,在规定时间内应答专家人数为46人,占调查人数的97.9%,其中有效问卷46份,占调查人数的97.9%。

表 4 - 16　德尔菲法第二轮调查专家组成

类别	专家细分领域(级别)	调查人数	应答人数	有效人数
1	老年体育(教授)	9	9	9
2	老年学(教授)	8	8	8
3	社会体育(教授)	5	5	5
4	老年医学(主任医师)	4	4	4
5	残疾人体育(教授)	4	4	4
6	民政部、老龄委、 国家体育总局等政府工作人员	7	7	7
7	资深老年运动者 (10 年以上相关运动经历)	10	9	9
	总	47	46	46

二、德尔菲法第二轮调查结果及实证分析

(一)德尔菲法第二轮"体育干预提升老年人幸福指数的意义"评判结果与实证分析

德尔菲法第二轮调查中,对"体育干预提升老年人幸福指数的意义"调查结果如表 4 - 17 所示:

"提高老年人生命质量"一项中,专家对此项重要性评判平均得分 4.70 分,大于 3 分,表明专家对该项重要性持认可态度。标准差为 0.470 < 0.564(M × 12%),表明 46 名专家意见趋于一致。

"应对人口老龄化"一项中,专家对此项重要性评判平均得分 3.80 分,大于 3 分,表明专家对该项重要性持认可态度。标准差为 0.523 > 0.456(M × 12%),表明 46 名专家意见呈现出一定的分歧。

"减少政府财政支出"一项中,专家对此项重要性评判平均得分 4.15 分,大于 3 分,表明专家对该项重要性持认可态度。标准差为 0.933 > 0.498(M × 12%),表明 46 名专家意见呈现出一定的分歧。

"丰富老年人精神文化生活"一项中,专家对此项重要性评判平均得分 4.65

分,大于 3 分,表明专家对该项重要性持认可态度。标准差为 0.489 < 0.558(M × 12%),表明 46 名专家意见趋于一致。

"补充体育学等相关学科内容"一项中,专家对此项重要性评判平均得分 3.90 分,大于 3 分,表明专家对该项重要性持认可态度。标准差为 0.447 < 0.468 (M×12%),表明 46 名专家意见趋于一致。

"引起全社会对老年体育的关注"一项中,专家对此项重要性评判平均得分 4.10 分,大于 3 分,表明专家对该项重要性持认可态度。标准差为 0.553 > 0.492 (M×12%),表明 46 名专家意见呈现出一定的分歧。

"传递社会正能量"一项中,专家对此项重要性评判平均得分 2.35 分,小于 3 分,表明专家对该项重要性持否定态度。标准差为 1.496 > 0.282(M×12%),表明 46 名专家意见呈现出一定的分歧。

表 4 – 17　体育干预提升老年人幸福指数的意义调查结果及实证分析

问题	要素	第一轮应答数	第二轮结果分析	
			M	SD
体育干预提升老年人幸福指数的意义	(1)提高老年人生命质量	45	4.70	0.470
	(2)应对人口老龄化	40	3.80	0.523
	(3)减少政府财政支出	38	4.15	0.933
	(4)丰富老年人精神文化生活	32	4.65	0.489
	(5)补充体育学等相关学科内容	26	3.90	0.447
	(6)引起全社会对老年体育的关注	15	4.10	0.553
	(7)传递社会正能量	2	2.35	1.496
专家实证分析意见	◎体育对人体机能具有直接的影响,而且对人体健康具有不可替代的作用。 ◎如果老年期整天以吃药打针维持生命,那么生命质量与晚年幸福将会变为一句空话。 ◎老年期与外界的接触逐渐变少,精神文化生活相对较为欠缺,上当受骗甚至于受到不良群体的不法思想的影响,这不利于社会的和谐稳定。 ◎针对"减少政府财政支出"有一名学者提出了完全不同的意见,他认为:体育活动必然会增进老年人的身体健康,身体健康又将会延长老年人寿命,但是人的死亡大多都会经过"患病——病情加重——死亡"这样一个过程,那么体育将会延长老年人的寿命,而不能缩短一个人从患病到死亡的时间,而老年期间医疗费的花费恰恰是在老年人从患病到死亡的过程中,身体健康期间医疗花费并不大。所以从这个角度来说,体育的开展并不会减少医疗费用的支出,反而在延长老年人寿命过程中增加了社会支出。			

（二）德尔菲法第二轮"体育干预提升老年人幸福指数的基本方向"评判结果与实证分析

德尔菲法第二轮调查中，对"体育干预提升老年人幸福指数的基本方向"调查结果如表4-18所示：

"增进老年人健康"一项中，专家对此项重要性评判平均得分4.35分，大于3分，表明专家对该项重要性持认可态度。标准差为 $0.587 > 0.522(M×12\%)$，表明46名专家意见呈现出一定的分歧。

"获取政府层面支持"一项中，专家对此项重要性评判平均得分4.15分，大于3分，表明专家对该项重要性持认可态度。标准差为 $0.489 < 0.498(M×12\%)$，表明46名专家意见趋于一致。

"老年体育与其他相关领域融合发展"一项中，专家对此项重要性评判平均得分3.95分，大于3分，表明专家对该项重要性持认可态度。标准差为 $0.510 > 0.474(M×12\%)$，表明46名专家意见呈现出一定的分歧。

"规范老年体育干预方式方法"一项中，专家对此项重要性评判平均得分4.20分，大于3分，表明专家对该项重要性持认可态度。标准差为 $0.496 < 0.504(M×12\%)$，表明46名专家意见趋于一致。

"提高老年体育干预的科学性"一项中，专家对此项重要性评判平均得分4.00分，大于3分，表明专家对该项重要性持认可态度。标准差为 $0.449 < 0.480(M×12\%)$，表明46名专家意见趋于一致。

"鼓励全社会参与"一项中，专家对此项重要性评判平均得分3.95分，大于3分，表明专家对该项重要性持认可态度。标准差为 $0.605 > 0.474(M×12\%)$，表明46名专家意见呈现出一定的分歧。

表 4 – 18　体育干预提升老年人幸福指数的基本方向调查结果及实证分析

问题	要素	第一轮应答数	第二轮结果分析	
			M	SD
体育干预提升老年人幸福指数的基本方向	(1)增进老年人健康	41	4.35	0.587
	(2)获取政府层面支持	40	4.15	0.489
	(3)老年体育与其他相关领域融合发展	38	3.95	0.510
	(4)规范老年体育干预方式方法	32	4.20	0.496
	(5)提高老年体育干预的科学性	26	4.00	0.449
	(6)鼓励全社会参与	5	3.95	0.605
专家实证分析意见	◎老年群体已经形成了固定的人生观和价值观,对于体育运动这种不能即刻展现效果的活动或许不会太认可,所以在老年体育开展中应该注重其实用性的开发,如体育对疾病的防治等。 ◎老年体育由于缺少法律的约束,现在自由发展较为严重,在全国范围内出现老年体育与居民生活的冲突,所以在以后的发展中应该获取政府层面的支持,以法律的形式进行约束与保护。 ◎体育与医学具有天然的结合点,而且体育与医学的结合在历史上早已有之,所以老年体育的发展应该逐步引入医学部分。 ◎到现在为止对于老年人的分类仍然很模糊,该群体年龄跨度高达40岁,仅用老年人来概括显然不足,所以可以将老年群体按照不同指标进行分类,指标如:患病种类、年龄、健康状况等。 ◎老年阶段作为人生中的最后阶段,在生活过程中将会更加关心与其生命延续与生存状态密切相关的方式方法,体育无论是作为一种纯天然医疗生活方式,还是作为一种大众生活娱乐方法,对健康均具有不可替代的作用,但是到老年期再让该群体进行体育技能的学习则有点不现实,所以老年体育的开展不应该太难,而要保证大多数老年人可以参与其中。			

（三）德尔菲法第二轮"体育干预提升老年人幸福指数的实施路径"评判结果与实证分析

1. 体育干预提升老年人健康指数实施路径的评判结果与实证分析

德尔菲法第二轮调查中,对"体育干预提升老年人健康指数的实施路径"调查结果如表 4 – 19 所示:

"预防性干预"一项中,专家对此项重要性评判平均得分 4.75 分,大于 3 分,表明专家对该项重要性持认可态度。标准差为 0.444 < 0.570(M × 12%),表明 46 名专家意见趋于一致。

"康复性干预"一项中,专家对此项重要性评判平均得分 4.45 分,大于 3 分,表明专家对该项重要性持认可态度。标准差为 0.510 < 0.534(M×12%),表明 46 名专家意见趋于一致。

"体育与医学相结合"一项中,专家对此项重要性评判平均得分 3.85 分,大于 3 分,表明专家对该项重要性持认可态度。标准差为 0.587 > 0.462(M×12%),表明 46 名专家意见呈现出一定的分歧。

"引导性干预"一项中,专家对此项重要性评判平均得分 4.30 分,大于 3 分,表明专家对该项重要性持认可态度。标准差为 0.511 < 0.516(M×12%),表明 46 名专家意见趋于一致。

"政府性干预"一项中,专家对此项重要性评判平均得分 3.75 分,大于 3 分,表明专家对该项重要性持认可态度。标准差为 0.550 > 0.450(M×12%),表明 46 名专家意见呈现出一定的分歧。

"精神性干预"一项中,专家对此项重要性评判平均得分 1.95 分,小于 3 分,表明专家对该项重要性持否认态度。标准差为 1.191 > 0.234(M×12%),表明 46 名专家意见呈现出一定的分歧。

表 4-19 体育干预提升老年人健康指数实施路径的调查结果及实证分析

问题	要素	第一轮应答数	第二轮结果分析	
			M	SD
体育干预提升老年人健康指数的实施路径	(1)预防性干预	47	4.75	0.444
	(2)康复性干预	45	4.45	0.510
	(3)体育与医学相结合	36	3.85	0.587
	(4)引导性干预	27	4.30	0.511
	(5)政府性干预	23	3.75	0.550
	(6)精神性干预	7	1.95	1.191

问题	要素	第一轮应答数	第二轮结果分析	
			M	SD
专家实证分析意见	◎老年人经过一辈子的生活磨砺,已经积累了众多的生活经验,如果此时再仅仅对他们进行单纯的技能教学,那么势必不能让他们信服。所以老年体育指导员应该充分学习体育生理、心理、力学、营养、传播学等众多学科,从而能够运用相关知识向受众揭示运动原理以及运动对身体机能影响的机理,这样才能有效带动老年人进行体育锻炼。 ◎现阶段中国老年体育人才培养计划还没有树立,对老年体育人才的培养更是依托于社会体育,老年体育人才数量根本不能满足老年人的实际需求,所以在老年体育指导员方面应该在国家层面上首先建立中长期的人才培养计划,逐步培养专门的老年体育指导员,科学的指导老年人进行体育锻炼。 ◎宣传的内容应该具有引导性,而不是直接的对老年人进行灌输,尤其是在体育对健康的重要作用方面。 ◎宣传应该具有持续性,老年人的思想观念不是一天两天就能改变的,应该制定中长期计划,不断地进行宣传。			

2. 体育干预提升老年人福利指数实施路径的评判结果与实证分析

德尔菲法第二轮调查中,对"体育干预提升老年人福利指数的实施路径"调查结果如表4-20所示:

"政府主导提高老年体育的保障性"一项中,专家对此项重要性评判平均得分4.60分,大于3分,表明专家对该项重要性持否认态度。标准差为0.503＜0.552($M \times 12\%$),表明46名专家意见趋于一致。

"合理分布提高老年体育的易得性"一项中,专家对此项重要性评判平均得分4.50分,大于3分,表明专家对该项重要性持认可态度。标准差为0.507＜0.540($M \times 12\%$),表明46名专家意见趋于一致。

"城乡及偏远地区合理规划提高老年体育设施均等化"一项中,专家对此项重要性评判平均得分4.30分,大于3分,表明专家对该项重要性持认可态度。标准差为0.513＜0.516($M \times 12\%$),表明46名专家意见趋于一致。

"分级分类开发保证老年体育多元化"一项中,专家对此项重要性评判平均得分4.45分,大于3分,表明专家对该项重要性持认可态度。标准差为0.605＞0.534($M \times 12\%$),表明46名专家意见呈现出一定的分歧。

　　"建立服务评估机制保证老年体育满意度"一项中,专家对此项重要性评判平均得分4.15分,大于3分,表明专家对该项重要性持认可态度。标准差为0.489<0.498(M×12%),表明46名专家意见趋于一致。

　　"增加体育设施与服务提高老年体育普及度"一项中,专家对此项重要性评判平均得分2.10分,小于3分,表明专家对该项重要性持否认态度。标准差为0.718>0.252(M×12%),表明46名专家意见呈现出一定的分歧。

表4-20　体育干预提升老年人福利指数实施路径的调查结果及实证分析

问题	要素	第一轮应答数	第二轮结果分析	
			M	SD
体育干预提升老年人福利指数的实施路径	(1)政府主导提高老年体育的保障性	45	4.60	0.503
	(2)合理分布提高老年体育的易得性	38	4.50	0.507
	(3)城乡及偏远地区合理规划提高老年体育设施均等化	37	4.30	0.513
	(4)分级分类开发保证老年体育多元化	32	4.45	0.605
	(5)建立服务评估机制保证老年体育满意度	30	4.15	0.489
	(6)增加体育设施与服务提高老年体育普及度	26	2.10	0.718
专家实证分析意见	◎老年体育在中国现在隶属于群众体育,所以财政支出在群众体育财政支出计划中,由于对老年体育的不重视,导致多年来财政支出所占比例非常少,所以在以后的发展中应该首先提高老年体育财政的支出比例。 ◎仅仅依靠国家财政很难满足老年体育自身的发展需求,所以应该逐步地将老年体育推向市场,逐步满足自身的财政发展需求。 ◎在中国体育指导员仍然处于一种尴尬的境地,工作岗位、待遇等均不能保证,有众多的指导员处于失业状态,所以老年体育指导员的培养不仅要在质量上得到保证,还要保证他们的工作岗位与待遇,只有这样才能使老年体育指导员的发展得到良性循环。 ◎在老年体育组织链中,各级组织的权力级别与管辖范围不同,因而其所发挥的职能又各有侧重。只有完善了中央—省级—市级—区(县)级—乡镇政府和村(社区)基层组织这一完整的组织链,才能实现老年体育组织有效地上传下达协调发展。 ◎老年人具有不同于其他人群的身体特点,如果让老年人使用一般性体育设施,那么体育锻炼的针对性不强,所以在体育设施的建设中应该充分考虑到老年人身体特点,建设专门的老年体育设施,尤其是针对老年人身体能力下降以及疾病等原因产生的身体残疾等建立专门的身体再活体育设施。			

问题	要素	第一轮应答数	第二轮结果分析	
			M	SD
	◎老年体育设施的建立需要合理的规划,不仅要建立近距离、中距离、远距离体育设施,还要在建立过程中充分考虑与其他人群体育设施的合理分布,提高设施的使用率和合理性。 ◎科学合理的体育设施的建立需要强大的科研支持,如果仅仅是对原有体育设施进行照搬与改进,那么很难满足老年人的需求,而且即使建立起来也很难提高设施的利用率。			

3. 体育干预提升老年人文明指数实施路径的评判结果与实证分析

德尔菲法第二轮调查中,对"体育干预提升老年人文明指数的实施路径"调查结果如表 4-21 所示:

"以健康水平的提高来建立生活自信"一项中,专家对此项重要性评判平均得分 4.65 分,大于 3 分,表明专家对该项重要性持认可态度。标准差为 $0.487 < 0.558(M \times 12\%)$,表明 46 名专家意见趋于一致。

"经营性资金提升体育服务的多元化"一项中,专家对此项重要性评判平均得分 4.10 分,大于 3 分,表明专家对该项重要性持认可态度。标准差为 $0.418 < 0.492(M \times 12\%)$,表明 46 名专家意见趋于一致。

"以体育活动培养老年人健康的精神风貌"一项中,专家对此项重要性评判平均得分 3.85 分,大于 3 分,表明专家对该项重要性持认可态度。标准差为 $0.451 < 0.462(M \times 12\%)$,表明 46 名专家意见趋于一致。

"政府公益性资金提升体育服务的普及度"一项中,专家对此项重要性评判平均得分 4.15 分,大于 3 分,表明专家对该项重要性持认可态度。标准差为 $0.487 < 0.498(M \times 12\%)$,表明 46 名专家意见趋于一致。

"多渠道筹集资金提高对老年群体物质投入"一项中,专家对此项重要性评判平均得分 2.25 分,小于 3 分,表明专家对该项重要性持认可态度。标准差为 $0.550 > 0.270(M \times 12\%)$,表明 46 名专家意见呈现一定分歧。

"以体育技能的获得来帮助老年人重新建立自我认同"一项中,专家对此项重要性评判平均得分 3.75 分,大于 3 分,表明专家对该项重要性持认可态度。标准差为 0.510 > 0.45(M × 12%) , 表明 46 名专家意见呈现一定分歧。

表 4 - 21　体育干预提升老年人文明指数实施路径的调查结果及实证分析

问题	要素	第一轮应答数	第二轮结果分析	
			M	SD
体育干预提升老年人文明指数的实施路径	(1)以健康水平的提高来建立生活自信	39	4.65	0.487
	(2)经营性资金提升体育服务的多元化	39	4.10	0.418
	(3)以体育活动培养老年人健康的精神风貌	32	3.85	0.451
	(4)政府公益性资金提升体育服务的普及度	31	4.15	0.487
	(5)多渠道筹集资金提高对老年群体物质投入	25	2.25	0.550
	(6)以体育技能的获得来帮助老年人重新建立自我认同	18	3.75	0.510
专家实证分析意见	◎老年人本身即是社会的弱势群体,在社会发展中应该对其进行照顾,所以在政策的制定中应该体现出公益性和福祉性,这也是一个国家是否文明的直接反应。 ◎老年人具有不同于其他人群的身体特点,如果让老年人使用一般性体育设施,那么体育锻炼的针对性不强,所以在体育设施的建设中应该充分考虑到老年人身体特点,建设专门的老年体育设施,尤其是针对老年人身体能力下降以及疾病等原因产生的身体残疾等建立专门的身体再活体育设施,帮着该群体恢复生活自信。 ◎在财政的补充方面,可以设立专门的老年体育发展基金,既可以是政府主导也可以是民间团体主导,规范运营并合理的接受社会各界的财政赞助,有效的补充老年体育财政不足。 ◎仅仅依靠国家财政很难满足老年体育自身的发展需求,所以应该逐步地将老年体育推向市场,逐步满足自身的财政发展需求。 ◎现阶段中国老年体育人才培养计划还没有树立,对老年体育人才的培养更是依托于社会体育,老年体育人才数量根本不能满足老年人的实际需求,所以在老年体育指导员方面应该在国家层面首先建立中长期的人才培养计划,逐步培养专门的老年体育指导员,科学的指导老年人进行体育锻炼。			

4. 体育干预提升老年人生态环境指数实施路径的评判结果与实证分析

德尔菲法第二轮调查中,对"体育干预提升老年人生态环境指数的实施路径"调查结果如表 4 - 22 所示:

"开展民俗性体育干预"一项中,专家对此项重要性评判平均得分 4.45 分,大于 3 分,表明专家对该项重要性持认可态度。标准差为 0.505 < 0.534 (M × 12%) , 表明 46 名专家意见趋于一致。

"注重体育干预的自然属性"一项中,专家对此项重要性评判平均得分3.85分,大于3分,表明专家对该项重要性持认可态度。标准差为0.451<0.462(M×12%),表明46名专家意见趋于一致。

"发挥地域性体育干预优势"一项中,专家对此项重要性评判平均得分3.80分,大于3分,表明专家对该项重要性持认可态度。标准差为0.416<0.456(M×12%),表明46名专家意见趋于一致。

"开发劳动性体育干预"一项中,专家对此项重要性评判平均得分3.55分,大于3分,表明专家对该项重要性持认可态度。标准差为0.980>0.426(M×12%),表明46名专家意见呈现出一定的分歧。

"健康促进性体育干预"一项中,专家对此项重要性评判平均得分4.75分,大于3分,表明专家对该项重要性持认可态度。标准差为0.444<0.570(M×12%),表明46名专家意见趋于一致。

"技能性体育干预"一项中,专家对此项重要性评判平均得分2.75分,小于3分,表明专家对该项重要性持否认态度。标准差为0.450>0.33(M×12%),表明46名专家意见呈现出一定分歧。

表4-22　体育干预提升老年人生态环境指数实施路径的调查结果及实证分析

问题	要素	第一轮应答数	第二轮结果分析	
			M	SD
体育干预提升老年人生态环境指数的实施路径	(1)开展民俗性体育干预	39	4.45	0.505
	(2)注重体育干预的自然属性	39	3.85	0.451
	(3)发挥地域性体育干预优势	32	3.80	0.416
	(4)开发劳动性体育干预	31	3.55	0.980
	(5)健康促进性体育干预	25	4.75	0.444
	(6)技能性体育干预	18	2.75	0.450

续表

问题	要素	第一轮应答数	第二轮结果分析	
			M	SD
专家实证分析意见	◎随着社会的快速发展,乡村人口向城市人口的迅速迁移,众多的民俗性体育已经面临失传的境地。这些民间体育资源在农村老年人体育中加以挖掘开展,既是对民间传统体育资源的保护,也是对生态体育资源的开发。 ◎民俗性体育具有广泛的社会基础,完全可能在农村老年群体中转化为受欢迎的体育活动形式。 ◎地域性生态体育资源的挖掘与整理,可使具有乡土气息的地域性体育更好地为农村老年居民所享有。 ◎劳动性体育干预这一说法有失妥当,我们都知道劳动不等同于体育,那么在劳动中的体育干预又从何谈起。 ◎老年人经过一辈子的辛勤劳动,对自己擅长的劳动项目可以说永远都忘不掉,所以适当的开展技能性体育干预,更有利于老年人接受。 ◎健康促进性体育干预从某种意义上来说也是一种生态体育。			

（四）德尔菲法第二轮专家不同意见部分的整体分析

为了得到统一的专家意见,我们在以上数理分析的基础上,再进一步对专家不同意见部分进行整理可以得到以下几种类型:第一,持有不同意见但均认为重要;第二,持有不同意见且有专家认为不重要;第三,持有不同意见且专家普遍认为不重要。具体分析如下:

1. 第一种类型:持有不同意见但均认为重要

该部分判断标准为:标准差＞平均数×12%,但是专家评判平均数均大于3,且所有专家评判分值中没有一项小于3。该部分所包含项目具体有以下项:体育干预提升老年人幸福指数的意义中"应对人口老龄化""引起全社会对老年体育的关注"两项;体育干预提升老年人幸福指数的基本方向中"增进老年人健康""老年体育与其他相关领域融合发展""鼓励全社会参与";体育干预提升老年人健康指数的实施路径中"体育与医学相结合""政府性干预";体育干预提升老年人福利指数的实施路径中"分级分类开发保证老年体育多元化""增加体育设施与服务提高老年体育普及度"。以上项目虽然专家意见具有分歧,但是所有专家评判均在3分以上,又由于本课题属于框架构建类型,所以以上具有分歧的项目均可保留。

2. 第二种类型:持有不同意见且有专家认为不重要

该部分的判断标准为:标准差＞平均数×12％,专家评判平均数均大于3,且专家中有低于3分的评判。该部分所包含项目具体有以下项:体育干预提升老年人幸福指数的意义中"减少政府财政支出";体育干预提升老年人文明指数中"以体育技能的获得来帮助老年人重新建立自我认同";体育干预提升老年人生态环境指数的实施路径中"开发劳动性体育干预"。以上项目需要低于3分的评判专家陈述自己意见:

(1)反对"减少政府财政支出"的专家意见为:体育活动必然会增进老年人的身体健康,身体健康又将会延长老年人寿命,但是人的死亡大多都会经过"患病——病情加重——死亡"这样一个过程,那么体育将会延长老年人的寿命,而不能缩短一个人从患病到死亡的时间,而老年期间医疗费的花费恰恰是在老年人从患病到死亡的过程中,身体健康期间医疗花费并不大。所以从这个角度来说,体育的开展并不会减少医疗费用的支出,反而在延长老年人寿命过程中增加了社会支出。针对该条意见,其他专业的意见是:现在所有文献均证明体育锻炼可以减少政府相关开支,而没有文献来证明体育锻炼能增加政府开支,而且大部分医疗费用出自患病到死亡过程这一假设没有相关数据来证实。在意见交互过程中持有反对意见的专家改变自己观点为:体育干预可以减少老年人卧床状态之前的医疗开支。

(2)反对"以体育技能的获得来帮助老年人重新建立自我认同"的专家意见为:到老年期再让该群体进行体育技能的学习则有点不现实,所以老年体育的开展不应该太难,而要保证大多数老年人可以参与其中即可。针对该专家意见,其他专家意见为:人在任何一个阶段都有学习新技能的能力,在老年阶段如果成功学习一项运动技能所产生的自豪感或自我认同会更高。在意见交互过程中持有反对意见的专家改变自己观点,认可老年阶段可以通过学习一项或多项运动技能来帮助老年人建立自我认同。

(3)反对"开发劳动性体育干预"的专家意见为:劳动性体育干预这一说法有失妥当,我们都知道劳动不等同于体育,那么在劳动中的体育干预又从何谈起。针对该专家意见,其他专家意见为:这里的劳动性体育干预并不是单纯意义上的劳动,而是更倾向于日常生活中一些必需的运动或活动,通过这些必需的运动或活动来达到体育干预的目的。在意见交互过程中专家同意将"开发劳动性体育干预"改为"开发日常活动性体育干预"。

3. 第三种类型:持有不同意见且专家普遍认为不重要

该部分的判断标准为:标准差＞平均数×12%,专家评判平均数均小于3。该部分所包含项目具体有以下项:体育干预提升老年人幸福指数的意义中"传递社会正能量";体育干预提升老年人健康指数的实施路径中"精神性干预";体育干预提升老年人福利指数中"增加体育设施与服务提高老年体育普及度";体育干预提升老年人文明指数中"多渠道筹集资金提高对老年群体物质投入";体育干预提升老年人生态环境指数中"技能性体育干预"。由于该部分专家意见分歧较大,且大多数专家认为该项不重要,所以将该5项内容直接删除。

第三节　体育干预提升老年人幸福指数实施路径基本框架

根据德尔菲法第一轮与第二轮调查,得出体育干预提升老年人幸福指数实施路径意见一致的基本框架,具体如表4-23所示:

表4-23　体育干预提升老年人幸福指数实施路径基本框架

目标	分类	主要要素
体育干预提升老年人幸福指数	意义	(1)提高老年人生命质量
		(2)应对人口老龄化
		(3)减少政府财政支出
		(4)丰富老年人精神文化生活
		(5)补充体育学等相关学科内容
		(6)引起全社会对老年体育的关注
	基本方向	(1)增进老年人健康
		(2)获取政府层面支持
		(3)老年体育与其他相关领域融合发展
		(4)规范老年体育干预方式方法
		(5)提高老年体育干预的科学性
		(6)鼓励全社会参与

目标	分类	主要要素
体育干预提升老年人幸福指数	健康指数提升	（1）预防性干预
		（2）康复性干预
		（3）体育与医学相结合
		（4）引导性干预
		（5）政府性干预
	福利指数提升	（1）政府主导提高老年体育的保障性
		（2）合理分布提高老年体育的易得性
		（3）城乡及偏远地区合理规划提高老年体育设施均等化
		（4）分级分类开发保证老年体育多元化
		（5）建立服务评估机制保证老年体育满意度
	文明指数提升	（1）以健康水平的提高来建立生活自信
		（2）经营性资金提升体育服务的多元化
		（3）以体育活动培养老年人健康的精神风貌
		（4）政府公益性资金提升体育服务的普及度
		（5）以体育技能的获得来帮助老年人重新建立自我认同
	生态环境指数提升	（1）开展民俗性体育干预
		（2）注重体育干预的自然属性
		（3）发挥地域性体育干预优势
		（4）开发日常活动性体育干预
		（5）健康促进性体育干预

第四节　层次分析法对实施路径各要素间优先发展顺序确定

一、建立体育干预提升老年人幸福指数实施路径的递阶层次结构与判断矩阵

（一）递阶层次结构构造

表 4－24　体育干预提升老年人幸福指数实施路径的递阶层次结构

体育干预提升老年人幸福指数（A）	健康指数提升（B1）	C1. 预防性干预
		C2. 康复性干预
		C3. 体育与医学相结合
		C4. 引导性干预
		C5. 政府性干预
	福利指数提升（B2）	C6. 政府主导提高老年体育的保障性
		C7. 合理分布提高老年体育的易得性
		C8. 城乡及偏远地区合理规划提高老年体育设施均等化
		C9. 分级分类开发保证老年体育多元化
		C10. 建立服务评估机制保证老年体育满意度
	文明指数提升（B3）	C11. 以健康水平的提高来建立生活自信
		C12. 经营性资金提升体育服务的多元化
		C13. 以体育活动培养老年人健康的精神风貌
		C14. 政府公益性资金提升体育服务的普及度
		C15. 以体育技能的获得来帮助老年人重新建立自我认同
	生态环境指数提升（B4）	C16. 开展民俗性体育干预
		C17. 注重体育干预的自然属性
		C18. 发挥地域性体育干预优势
		C19. 开发日常活动性体育干预
		C20. 健康促进性体育干预

　　根据德尔菲法第一轮与第二轮专家调查所形成的实施路径,对体育干预提升老年人幸福指数实施路径的递阶层次结构的构造如表4－24所示:第一阶层为体育干预提升老年人幸福指数,标记为A阶层。第二阶层为体育干预提升老年人幸福指数四大主要路径,标记为B阶层,包含健康指数提升(B1)、福利指数提升(B2)、文明指数提升(B3)、生态环境指数提升(B4)。第三阶层为四大主要路径的各细分路径,健康指数提升中包含五项细分路径,依次标记为C1－C5;福利指数提升中包含五项细分路径,以此标记为C6－C10;文明指数提升中包含五项细分分路径,以此标记为C11－C15;生态环境指数提升中包含五项细分路径,依次标记为C16－C20。

　　(二)判断矩阵构造

　　根据递阶层次结构我们将体育干预提升老年人幸福指数实施路径来构造判断矩阵。构造判断矩阵的方法是:每一个具有向下隶属关系的元素(被称作准则)作为判断矩阵的第一个元素(位于左上角),隶属于它的各个元素依次排列在其后的第一行和第一列。重要的是填写判断矩阵。填写判断矩阵大多采取的方法是:向填写人(专家)反复询问,针对判断矩阵的准则,其中两个元素两两比较哪个重要,重要多少,对重要性程度按1－9赋值(重要性标度值见下表4－25)。

表4－25　重要性标度含义表

重要性标度	含义
1	表示两个元素相比,具有同等重要性
3	表示两个元素相比,前者比后者稍重要
5	表示两个元素相比,前者比后者明显重要
7	表示两个元素相比,前者比后者强烈重要
9	表示两个元素相比,前者比后者极端重要
2,4,6,8	表示上述判断的中间值
倒数	若元素I与元素j的重要性之比为a_{ij}, 则元素j与元素I的重要性之比为$a_{ij} = I/a_{ij}$

　　由此我们将判断矩阵构建如下(完整详细矩阵请见附件):

表4-26　体育干预提升老年人幸福指数实施路径的判断矩阵

基本项目	极度重要	非常重要	重要	比较重要	相同	比较重要	重要	非常重要	极度重要	比较项目
分值	9	7	5	3	1	1/3	1/5	1/7	1/9	
健康指数（B1）										文明指数（B2）
健康指数（B1）										福利指数（B3）
健康指数（B1）										生态环境指数（B4）
文明指数（B2）										福利指数（B3）
文明指数（B2）										生态环境指数（B4）
福利指数（B3）										生态环境指数（B4）

二、层次分析法第三轮调查实施过程

层次分析法调查的目的主要是通过专家对细分项目两两比较进行赋分,综合所有专家的赋分结果,综合计算,最终得出各细分项目的权重值,即是发展顺序。

为提高调查结果的准确性与可行性,在专家组选择上选取第二轮应答专家46名,具体为老年体育领域专家9名、老年学领域专家8名、社会体育学领域专家5名、老年医学领域专家4名、残疾人体育领域专家4名、民政部和老龄委及国家体育总局相关工作科研人员7名、资深老年运动者9名,总共46名专家。课题组为专家提供《体育干预提升老年人幸福指数实施路径的层次分析法第三轮优先顺序评判问卷》,在规定时间内应答专家人数为46人,占调查人数的100%,其中有效问卷39份,占调查人数的84.8%。

表4-27　德尔菲法第二轮调查专家组成

类别	专家细分领域(级别)	调查人数	应答人数	有效人数
1	老年体育(教授)	9	9	8
2	老年学(教授)	8	8	8
3	社会体育(教授)	5	5	4
4	老年医学(主任医师)	4	4	4
5	残疾人体育(教授)	4	4	3
6	民政部、老龄委、国家体育总局等政府工作人员	7	7	5
7	资深老年运动者(10年以上相关运动经历)	9	9	7
	总	46	46	39

三、体育干预提升老年人幸福指数主要路径间优先发展顺序确定

通过层次分析法对第二阶层中健康指数提升、福利指数提升、文明指数提升和生态环境指数提升四项进行两两比较,最终健康指数提升的权重值为0.654,福利指数提升的权重值为0.204,文明指数提升的权重值为0.046,生态环境指数提升的权重值为0.096,且层次一致性检验 CR = 0.064 < 0.1,一致性检验通过。第二阶层优先发展顺序依次为:健康指数提升、福利指数提升、生态环境指数提升、文明指数提升。

表4-28　主要路径间优先发展顺序

A	B1	B2	B3	B4	权重值	优先顺序
B1	1	5	9	7	0.654	1
B2	1/5	1	5	3	0.204	2

A	B1	B2	B3	B4	权重值	优先顺序
B3	1/9	1/5	1	1/3	0.046	4
B4	1/7	1/3	3	1	0.096	3
			CR = 0.064			

B1:健康指数提升;B2:福利指数提升;B3:文明指数提升;B4:生态环境指数提升。

四、体育干预提升老年人幸福指数主要路径中各细分路径间优先发展顺序确定

(一)健康指数提升中各细分路径间优先发展顺序

通过层次分析法对第三阶层中健康指数提升的细分路径进行两两比较,最终"预防性干预"权重值为0.414,"康复性干预"权重值为0.267,"体育与医学结合"权重值为0.100,"引导性干预"权重值为0.047,"政府性干预"权重值为0.172,且层次一致性检验 CR = 0.087 < 0.1,一致性检验通过。第三阶层中健康指数提升的细分路径优先发展顺序依次为:预防性干预、康复性干预、政府性干预、体育与医学相结合、引导性干预。

表4 - 29　健康指数提升中各细分路径间优先发展顺序

B1	C1	C2	C3	C4	C5	权重值	优先顺序
C1	1	3	3	5	3	0.414	1
C2	1/3	1	3	5	3	0.267	2
C3	1/3	1/3	1	3	1/3	0.100	4
C4	1/5	1/5	1/3	1	1/5	0.047	5
C5	1/3	1/3	3	5	1	0.172	3
			CR = 0.087				

B1:健康指数提升;C1:预防性干预;C2:康复性干预;C3:体育与医学相结合;C4:引导性干预;C5:政府性干预。

(二)福利指数提升中各细分路径间优先发展顺序

通过层次分析法对第三阶层中福利指数提升的细分路径进行两两比较,最终

"政府主导提高老年体育的保障性"权重值为 0.497,"合理分布提高老年体育的易得性"权重值为 0.088,"城乡及偏远地区合理规划提高老年体育设施均等化"权重值为 0.047,"分级分类开发保证老年体育多元化"权重值为 0.131,"建立服务评估机制保证老年体育满意度"权重值为 0.238,且层次一致性检验 CR = 0.025 <0.1,一致性检验通过。第三阶层中福利指数提升的细分路径优先发展顺序依次为:政府主导提高老年体育的保障性、建立服务评估机制保证老年体育满意度、分级分类开发保证老年体育多元化、合理分布提高老年体育的易得性、城乡及偏远地区合理规划提高老年体育设施均等化。

表 4 - 30 福利指数提升中各细分路径间优先发展顺序

B2	C6	C7	C8	C9	C10	权重值	优先顺序
C6	1	6	8	5	2	0.497	1
C7	1/6	1	3	1/2	1/3	0.088	4
C8	1/8	1/3	1	1/3	1/4	0.047	5
C9	1/5	2	3	1	1/2	0.131	3
C10	1/5	3	4	2	1	0.238	2
				CR = 0.025			

B2:福利指数提升;C6:政府主导提高老年体育的保障性;C7:合理分布提高老年体育的易得性;C8:城乡及偏远地区合理规划提高老年体育设施均等化;C9:分级分类开发保证老年体育多元化;C10:建立服务评估机制保证老年体育满意度。

（三）文明指数提升中各细分路径间优先发展顺序

通过层次分析法对第三阶层中文明指数提升的细分路径进行两两比较,最终"以健康水平的提高来建立生活自信"权重值为 0.304,"经营性资金提升体育服务的多元化"权重值为 0.154,"以体育活动培养老年人健康的精神风貌"权重值为 0.051,"政府公益性资金提升体育服务的普及度"权重值为 0.401,"以体育技能的获得来帮助老年人重新建立自我认同"权重值为 0.090,且层次一致性检验 CR = 0.087 <0.1,一致性检验通过。第三阶层中文明指数提升的细分路径优先发展顺序依次为:政府公益性资金提升体育服务的普及度、以健康水平的提高来建立生活自信、经营性资金提升体育服务的多元化、以体育技能的获得来帮助老年

人重新建立自我认同、以体育活动培养老年人健康的精神风貌。

表4-31　文明指数提升中各细分路径间优先发展顺序

B3	C11	C12	C13	C14	C15	权重值	优先顺序
C11	1	3	4	1/2	5	0.304	2
C12	1/3	1	3	1/3	3	0.154	3
C13	1/4	1/3	1	1/5	1/4	0.051	5
C14	2	3	5	1	4	0.401	1
C15	1/5	1/3	4	1/4	1	0.090	4
			CR = 0.087				

B3：文明指数提升；C11：以健康水平的提高来建立生活自信；C12：经营性资金提升体育服务的多元化；C13：以体育活动培养老年人健康的精神风貌；C14：政府公益性资金提升体育服务的普及度；C15：以体育技能的获得来帮助老年人重新建立自我认同。

（四）生态环境指数提升中各细分路径间优先发展顺序

通过层次分析法对第三阶层中生态环境指数提升的细分路径进行两两比较，最终"开展民俗型体育干预"权重值为0.141，"注重体育干预的自然属性"权重值为0.447，"发挥地域型体育干预优势"权重值为0.057，"开发日常活动性体育干预"权重值为0.073，"健康促进性体育干预"权重值为0.282，且层次一致性检验CR = 0.077 < 0.1，一致性检验通过。第三阶层中文明指数提升的细分路径优先发展顺序依次为：注重体育干预的自然属性、健康促进性体育干预、开展民俗性体育干预、开发日常活动性体育干预、发挥地域性体育干预优势。

表4-32　生态环境指数提升中各细分路径间优先发展顺序

B4	C16	C17	C18	C19	C20	权重值	优先顺序
C16	1	1/4	3	4	1/4	0.141	3
C17	4	1	5	6	2	0.447	1
C18	1/3	1/5	1	1/2	1/4	0.057	5
C19	1/4	1/6	2	1	1/3	0.073	4
C20	4	1/2	4	3	1	0.282	2

B4	C16	C17	C18	C19	C20	权重值	优先顺序
			CR = 0.077				

B4：生态环境指数提升；C16：开展民俗性体育干预；C17：注重体育干预的自然属性；C18：发挥地域性体育干预优势；C19：开发日常活动性体育干预；C20：健康促进性体育干预。

五、体育干预提升老年人幸福指数实施路径间优先发展顺序确定

通过层次分析法对整个第三阶层进行两两比较，最终得出整个第三阶层权重值，其中前6位分别是："预防性干预"权重值为0.271，"康复性干预"权重值为0.175，"政府性干预"权重值为0.112，"政府主导提高老年体育的保障性"权重值为0.102，"体育与医学相结合"权重值为0.065，"建立服务评估机制保证老年体育满意度"权重值为0.049。其中整体层次一致性检验CR = 0.074 < 0.1，一致性检验通过。

表4-33 体育干预提升老年人幸福指数实施路径间优先发展顺序确定

目标	B阶层	B阶层权重值	C阶层	C阶层权重值	整体权重值	优先顺序
体育干预提升老年人幸福指数（A）	健康指数提升（B1）	0.654	C1. 预防性干预	0.414	0.271	1
			C2. 康复性干预	0.267	0.175	2
			C3. 体育与医学相结合	0.100	0.065	5
			C4. 引导性干预	0.047	0.031	8
			C5. 政府性干预	0.172	0.112	3
	福利指数提升（B2）	0.204	C6. 政府主导提高老年体育的保障性	0.497	0.102	4
			C7. 合理分布提高老年体育的易得性	0.088	0.018	11
			C8. 城乡及偏远地区合理规划提高老年体育设施均等化	0.047	0.010	15
			C9. 分级分类开发保证老年体育多元化	0.131	0.027	9
			C10. 建立服务评估机制保证老年体育满意度	0.238	0.049	6

目标	B 阶层	B 阶层权重值	C 阶层	C 阶层权重值	整体权重值	优先顺序
体育干预提升老年人幸福指数（A）	文明指数提升（B3）	0.046	C11. 以健康水平的提高来建立生活自信	0.304	0.014	13
			C12. 经营性资金提升体育服务的多元化	0.154	0.007	16
			C13. 以体育活动培养老年人健康的精神风貌	0.051	0.002	20
			C14. 政府公益性资金提升体育服务的普及度	0.401	0.018	11
			C15. 以体育技能的获得来帮助老年人重新建立自我认同	0.090	0.004	19
	生态环境指数提升（B4）	0.096	C16. 开展民俗性体育干预	0.141	0.013	14
			C17. 注重体育干预的自然属性	0.447	0.043	7
			C18. 发挥地域性体育干预优势	0.057	0.005	18
			C19. 开发日常活动性体育干预	0.073	0.007	16
			C20. 健康促进性体育干预	0.282	0.027	9

第五章　体育干预提升老年人幸福指数的实施方案

第一节　体育干预提升老年人健康指数的实施路径

以体育干预提升老年人的健康指数,可以改善老年人的疾病、孤独、贫穷等不良状况,从而促进老年群体的身心健康。当前,可通过预防性、康复性、政府性、体医结合、引导性干预五个层面提高老年人的健康水平。

一、预防性干预防患老年常见疾病

人的健康 60% 靠自我保健,科学的体育干预对预防疾病具有积极的意义。缺乏身体活动已上升为全球范围死亡的第四大主要危险因素(6%),仅次于高血压(13%)、烟草使用(9%)和高血糖(6%)。有大约 21% – 25% 的乳腺癌和直肠癌、27% 的糖尿病以及 30% 的缺血性心脏病是由于缺乏身体活动所直接造成。与此同时,提升老年人健康指数并不容易,身体状况的持续下降,劳动能力的逐渐丧失,经济地位以及社会角色的转变等,都不同程度地威胁着老年人的独立与尊严,其心理压力势必很大。有研究资料表明,中国老年人自杀率与抑郁症发病率很高[1]。参加体育运动可调节人的情绪,使人从烦恼、紧张、压抑、忧愁的不良情绪中解脱出来[2]。因此,政府相关部门应当鼓励并积极引导更多的组织和个人为发展

① 陈柏峰:《代际关系变动与老年人自杀对湖北京山农村的实证研究》,载《社会学研究》,2009 年第 4 期。
② 伍小兰、李晶、王莉莉:《中国老年人口抑郁症状分析》,载《人口学刊》,2010 年第 5 期。

老年体育添砖加瓦,从而带动更大范围的老年人参加体育活动,使之强壮身体,提高精神修养。例如,重庆74岁的钟运湘老人每天带领当地老年人通过跳操、讲笑话、唱童谣等方式"练笑",这些运动对增进身体健康、释放不良情绪、拉近邻里关系等有积极效果。预防性干预主要通过体育干预来预防疾病的产生和预防疾病产生后病情的加重。预防性干预手段主要有:

(一)释放不良情绪

通过体育活动调节人的情绪,使人从烦恼、紧张、压抑、忧愁的不良情绪中解脱出来。

健康水平在体育运动的干预下可以得到有效地提高,适当的体育运动可以减少慢性病的发病率,节约投资健康的成本。在参加体育运动的过程中,老年人不仅提高了健康水平,还丰富了闲暇时光,身心得到放松,缓解压力,减少了内心焦虑、暴躁、忧伤等负面情绪。老年人精神愉快、身心健康,也是保证我国NHI增长的关键因素。

通过释放不良情绪可以达到调节老年人情绪的效果,一次性体育活动或者长期性体育活动既可以降低特质性情绪(长期、稳定)也可以降低状态性情绪(短期、波动)。放松的体育活动更能有效地释放不良情绪,老年人参加体育活动可以最大限度地减少药物和心理恢复手段的应用,而有氧运动在影响老年人情绪方面呈现积极效果,因此有氧运动可以成为老年人释放不良情绪的必经之路。例如,一项由Barker和Morgan进行的实验研究,比较三种降低焦虑的技巧,包括慢跑、渐进性放松以及压力管理。结果发现,慢跑具有即刻降低焦虑状态的显著效果。因此针对老年人制定的运动方式应该选择腹式、有节奏的呼吸运动,可以自定节奏、重复式的锻炼。运动负荷则采取中等偏下强度练习,一次锻炼时间持续在20-30分钟,每周锻炼时间至少3次。在小区中进行广场舞锻炼对老年人来说就是很好的运动方式,在较低强度下伴随着节奏性音乐,可以使人从烦恼、紧张、压抑、忧愁等不良情绪中解脱出来。另外需要注意的是,对那些经常进行有规律运动的老年人来说,如果一两周被迫不去运动,心情会变得更加糟糕。

(二)增进人际关系和谐

主要采用集体性运动项目,增加老年群体间的交流,建立一种立足于共同兴趣爱好基础上的信任,增进人际关系和谐。

运动是一种沟通社交的有效方式,由其本身所赋予的社会属性而决定。老年人参加体育活动,无论是以个体为单位,还是三两好友一起,朋友之间的关系不仅能够得到巩固加强,还能结交新的朋友。老年人的人际交往在体育锻炼中占有十分重要的地位,而体育锻炼则是老年人进行人际交往促进和谐的重要途径。健康的生活方式和身体状况是提高老年人生活质量的前提。老年人在进行一段时间的体育锻炼后,会对在体育锻炼过程中形成的人际关系有依赖感和归属感。当体育锻炼形成的人际交往对老年人形成强烈的吸引后,老年人参与体育锻炼的热情和坚持性便会显著提高①。

针对不同老年人人际交往的需求,可以选择不同的体育锻炼项目。棋牌类休闲体育项目是增加老年人交往能力的一个不错的选择,通过这类运动可以提高个体交流思想感情的能力,在博弈的过程中既形成了缜密的思维又与别人建立友情。太极、舞蹈等表演系数较高的体育运动可以增加老年人个体在社交活动与交友方面的能力,当个体此项能力偏弱时,容易在正常集体活动与社交场合产生拘谨感,因为这种现象会导致老年人在有陌生人存在的场合由于气氛压抑而产生紧张情绪,因此影响正常的待人接物和人际交流。通过此类运动项目,采取系统脱敏的方式,让自己显现在大众视野范围中,赢得尊重,增强对责任的担当和对环境的适应等方面的能力。拥有较好人际关系的老年人往往获得他人的好感与赞同。当下比较受欢迎的广场舞可谓是增强老年人异性交往能力的不二法宝,音乐中,广场上,老年人交相呼应展现个体的风度和仪态,能够得到从同性朋友那里得不到的东西,增加了对异性的了解,丰富了情感。总之,以上各类体育运动都是增加老年群体间交流,建立一种立足于共同兴趣爱好基础上的信任,增进人际关系和谐的优选实施路径。

（三）预防常见疾病

采用健步走、健身功法、功能体操等体育活动项目可以提升老年群体的体质水平,有效地预防感冒、高血压、高血脂等常见疾病。

老年人运动计划的重要组成部分应包括发展和保持柔韧性的练习,此类练习

① 杨欣:《不同体育锻炼方式对老年人人际交往的影响》,河北师范大学 2012 年硕士学位论文。

可以安排在准备活动或整理活动之中;全面的包括主要肌群的力量和阻力训练的耐力训练计划也是必不可少的,可以保持肌肉质量和骨密度稳定;大多数老年人的运动计划应是中等强度和低冲击力的,并且需要安排一个平缓、循序渐进的适应阶段。老年人应该将健康水平的提高作为运动计划的重点,并且保持机能能力和生活质量同样重要。在训练计划中采用的强度较低,训练频度和持续时间则应该增加,因为相对于年轻人来说,老年人的身体条件相对较弱,运动时身体和医疗方面有较多的限制。所以,训练进度应平缓,避免高冲击力的运动。老年人常见病的运动预防如下:

1. 高血压

选择运动强度中等偏下,运动心率在 120 次/分钟左右的运动。每次至少 30 分钟,每周至少 3 次。有节奏的较轻松的运动是患高血压老年人的首选运动方式,如快步走、交际舞和太极拳等,可以增强迷走神经功能,增大血管扩张能力,减少外周阻力,达到降压作用[①]。一定要注意选择内容轻松的运动,避免对抗竞争型的项目,实施前做心血管功能方面的检查。

2. 高血脂

选择运动强度中等偏下,运动心率在 130 次/分钟左右的运动。每次 20 分钟,每周 6 次,或每次 60 分钟,每周 3 次。可选项目如慢跑或功率自行车等,可以使中性脂肪加速代谢,加速胆固醇通过 HDL 到肝脏的运输,增强对胆固醇的氧化和清除力度,从而降低血脂水平[②]。一定强调要保证运动时间和每周运动的次数。

3. 注意事项

老年人参加体育运动要避免运动过量而导致抵抗力降低,遵循循序渐进的原则;适当增加营养,补充一定的蛋白质;坚持在阳光充足的户外活动;在运动过程中视天气情况增减衣物,防止气候变化引起感冒或其他病症;为达到增强体质,提高预防疾病能力的目的,老年人运动要持之以恒,需长期坚持。

---

① 凌文杰、党剑:《对中老年高血压患者运动处方的分析》,载《河南大学学报(医学版)》,2006 年第 2 期。
② 马志君:《老年人血脂异常防治的运动处方研究》,载《体育世界(学术版)》,2012 年第 9 期。

（四）预防重大疾病

采用运动处方的形式对相关有重大疾病前兆的群体进行干预，稳定、降低各项身体指标，达到预防效果，比如对痴呆、脑卒中前兆老年群体进行干预等。

运动处方在对痴呆前兆老年群体干预过程中，必须根据老年人的身体能力、健康状态、个性特征、兴趣爱好等综合情况，制定与本人实际体质状况相适应的健康锻炼计划，针对性地选择适合自己的健康锻炼方法，选择内容轻松的运动项目。

老年人可以参加很多运动项目，但是应该选择对其身体健康更为有利的运动项目来进行，如太极拳、走步、游泳、爬山、交际舞、气功等。这些项目的运动心率在 120 次/分钟左右，更适合预防老年人重大疾病。学者们在对老年体育研究过程中发现，中国太极拳有较明显的增加心血管系统、神经系统、消化系统和内分泌系统等人体系统功能的作用[1]。练习太极拳时"意到身随"，以意念引导动作，此时大脑皮质的大部分区域都处于抑制状态，只有相关的运动中枢及第二信号系统处于高度兴奋。此时运动中枢兴奋对周围区域产生负诱导，从而使慢性病的病理兴奋得到一定抑制，使原有疾病得以缓解。

除此之外，手指运动是一种改善记忆力和延缓神经细胞老化的简单而有效的方法。例如，把玩手把件，经常使用手指旋转小葫芦或核桃，或双手伸展握拳运动，这种手指运动成本低，又不需要固定场地，有一举两得之优点。近年来，日本掀起珠算热，珠算的手指运动能够刺激大脑，左手运动锻炼右脑，右手运动锻炼左脑，从而促进脑力发展。老年人的健康不能仅仅靠医药、营养来维护，体育锻炼也是促进老年人健康的重要因素之一，体育运动已成为老年人对健康生活的基本追求。科学适宜的体育运动、合理的营养和乐观的心态是预防老年痴呆症和提高老年人健康生活水平的重要手段。

二、康复性干预治疗劳动性身体损伤

体力劳动虽然不等同于体育，但是体力劳动所造成的身体损伤与体育运动损伤具有高度相似性。老年群体大多长期从事体力劳动，身体均在不同程度受到慢性损伤的侵扰，这极大地制约了老年人的生活质量。现阶段，虽然体育康复手段

---

① 杨慧馨：《中老年人太极拳健身运动处方研究》，上海体育学院 2011 年硕士学位论文。

已经达到了一个较高水平,但是主要应用于竞技体育,服务范围较窄,受益人群较为固定且少。在"幸福老龄化"背景下,我们非常有必要将体育康复手段向老年群体进行推广,作用于该群体长期以来备受困扰的身体损伤,让普通老年人分享我国近年来竞技体育飞速发展的科技成果。这既有利于该群体健康水平的提升,也符合体育大国向体育强国迈进的时代要求。康复性干预主要通过体育干预来促使机体摆脱病痛,提升健康水平。康复性干预手段主要有:

(一)身体慢性损伤的康复

老年群体经过了大半辈子的辛勤劳动,身体各部位均有不同程度慢性损伤,可以采用竞技体育中的康复方法,对常见劳动性损伤进行康复干预。

比如,劳动性膝关节的慢性损伤往往比较普遍。膝关节骨关节炎是在老年人群中发病率最高的退行性骨骼肌肉系统疾病,是导致老年人功能障碍的最主要慢性疾病之一[①]。针对这一身体损伤,可以通过相关的恢复性体育锻炼进行干预,对膝关节的运动能力进行改善,以降低膝关节在今后生活中的承受压力。膝关节活动性训练是较好的干预方法,该训练指的是在不增加任何外力的帮助下,所开展的针对膝关节的训练,其作用是帮助膝关节腔中滑液的分泌,使原本膝关节处不通畅的血液循环流通。其具体方法是:

1. 膝关节的弯曲练习

在床仰卧,双腿抬起,进行膝关节的弯曲练习,每 15 次为 1 组,每天可以进行 1-3 组的练习。通过该种练习方式,能够让患者的膝关节弯曲程度得到显著的改善,还能够增加膝关节的灵活性。该项运动的内容,质量为首要前提,根据老年人损伤的不同情况,对其膝关节弯曲角度进行测量,进而对膝关节弯曲幅度做不同的调整,并基于膝关节受损老年人的恢复情况对运动方法和运动强度进行适当调整。

2. 抬腿练习

平躺在床上,将膝关节伸直,抬起双腿,臀部紧贴床面,脚后跟抬起与床面保持 25 厘米左右距离,保持该动作 1 分钟,缓速放下,每天至少练习此项动作 10 -

---

① 侯世伦:《功能练习在老年人膝关节骨关节炎中的应用研究》,北京体育大学 2015 年博士学位论文。

20 次左右。若患者可以比较轻松地进行 20 次以上的抬腿练习,并且每次都可以维持在 1 分钟以上时,便可以基于老年人的伤病情况,在其踝关节处进行负重练习(在踝关节位置绑定沙袋),在负重环境下进行腿部抬高训练,由此来提高患者股四头肌的力量,沙袋重量的增加也应循序渐进。

3. 终末伸展膝盖练习

终末伸展膝盖练习就是把膝关节进行彻底拉伸的运动训练。首先让膝盖受损者平躺于床上,在准备进行练习的膝关节下,垫上一个质地柔软的垫子,让膝关节呈现 30°左右的弯曲,之后让其绷紧股四头肌,并通过自己努力伸展膝关节,让足跟脱离床面,持续时间需要保持在 5 秒钟以上,之后慢速把足跟放到床面之上,每天重复此套动作 15 次左右。另外,股四头肌当中的内侧肌肉是人类膝关节弯曲过程中最后 15°的最主要力量来源,它是人体运动过程中维持膝关节稳定的重要因素。人在站立过程中,必须要由股四头肌进行收缩,这样才能预防膝关节出现弯曲,并能够使人长期处在站立姿势。所以,终末伸展膝盖练习对于膝关节慢性损伤的治疗有十分重要的意义。

(二)常见身体疾患的康复

身体退行性病变是老年人群体不得不面临的一个问题,可以采用功能体操、有氧运动、器械拉伸、按摩等康复方法,对肩周炎、髌骨软骨软化症等常见身体疾患进行康复干预。

1. 肩周炎

肩周炎的全称叫作肩关节周围炎,老年人患肩周炎常以肩部为中心出现剧痛感,每当夜晚来临,这一痛觉尤为突出。功能性锻炼对老年肩周炎患者来说十分重要,多做肩关节的运动,特别是适当的大幅度运动,可以预防肩关节的粘连、肩部软组织的挛缩。可以说,锻炼的重要性胜于治疗的重要性,即"三分医七分练"。以下六种有效的锻炼方式有助于肩周炎康复:

(1)手指爬墙。老年患者面向墙壁保持站姿,双手上抬,扶于墙上,手指努力向上爬,每天尽量比前一天爬得更高一些。

(2)旋肩。站立,两手自然下垂,从前到后、由上到下的进行肩部旋转。速度从慢到快,在患者能够忍受的疼痛范围内进行锻炼。

(3)旋摩肩周法(以右肩患病为例)。坐姿,以左手手掌贴于右肩,旋摩肩周

30 次,产生温热感为宜。

(4)两手抱头开合。两足站立与肩同宽,两手于头后交叉,紧抱后脑处;两肘拉开与身体平行;两肘收拢夹头部,周而复始。

(5)双手压肩。面对墙壁,开步站立,双手水平扶墙与地面平行,上体慢慢前俯,两臂尽量伸直,力量集中于肩部。

(6)扩胸分肩。站立,两手放于胸前,两肘与肩平直,手背在上,掌心朝下。扩开胸怀,分开双肩呼气,回复时吸气。

2. 髌骨软骨软化症

这是一种比较常见的退行性病变,该疾病有着较高的发病率,并且同老年人年轻时期的劳动项目特点有着比较密切的联系,此病症在运动员当中非常常见。针对该退行性病变的治疗,除了需要使用药物、针灸、推拿等方式以外,体育锻炼康复也是其中非常重要的一点。因此针对该疾病的体育康复治疗,便成为康复医生重点关注的一个问题。运动疗法作为目前一种有效的治疗方法,对不同程度的髌骨软化症都适应。它可以防止膝周围肌肉萎缩与机能减退,增加肌力,改善局部血液循环,促进病变处修复,防止或消除粘连,使损伤部位适应能力提高,减轻疼痛和关节积液。

从生理结构的角度开展分析,髌骨实际上是膝关节位置处的一块籽骨,其位置在膝关节前方,股四头肌肌腱内部,整体形状为一个上宽下窄的三角形,因为髌骨的出现,才能有效地对股四头肌的力量进行传导。但是在运动的过程中,髌骨和股骨的软骨面都会彼此进行接触,所以,膝关节在进行拉伸、弯曲运动的过程中,髌骨软骨面将不可避免地受到摩擦或者挤压,如果职业劳动常常要求采用半蹲发力的方式,发力点又相对集中,则会进一步增加髌骨与股骨的负荷,长期环境下,髌骨软骨软化症便逐渐产生。在初始阶段,患者可以感觉到膝关节处有慢性疼痛的症状,这和患者的活动量有直接关联,如果不及时进行控制,病情将逐渐发展成做半蹲状即会感觉到剧烈疼痛,做猛烈活动时,疼痛将最为明显。

针对该疾病的运动康复,患者需要进行股四头肌静力性收缩练习,即基于老年患者的身体情况进行运动量的设定。设计股四头肌静力性收缩练习 1 组,每日进行 3 组练习,每组练习中间间隔 2 分钟,并且膝关节收缩速度不能够过快,由此让髌骨处的肌肉得到有效的锻炼,以及进行蹲马步及夹球训练。股四头肌静力性收缩练习时,患者仰卧,患肢尽力伸膝,用力压床面,能感觉到大腿肌肉绷紧,保持10秒后放松;蹲马步时,两足分立一个半肩宽,缓慢屈膝、屈髋,躯干保持正直,双臂自然前伸,尽量下蹲,保持10秒后放松;夹球训练时,患者坐位,选取大小合适的球夹于两大腿内侧,逐渐夹紧至自己能承受的最大限度,保持10秒后放松。另外,老年患者还需知道,运动康复是治疗髌骨软骨软化症过程中十分关键的一部分,必须要引起高度的重视,要持之以恒才可以收获到较为显著的成效。

(三)重大疾病的康复

众多实验及实践证明,重大疾病的运动康复具有药物所不可替代的作用,可以采用运动处方、健步走、器械辅助等康复方法,对糖尿病、脑卒中等重大疾病进行康复干预。

1. 糖尿病

主要由机体分泌胰岛素绝对或相对不足所致,以血糖水平增高为特征,病程伴随终生的全身性慢性疾病[①]。在人口老龄化背景下,老年人患糖尿病的概率不断增加,而老年糖尿病人的并发症较为常见,发病率和死亡率较高。运动康复不仅能使患者机体利用胰岛素功能得到改善,使外周组织对胰岛素的敏感性增强,改善糖代谢异常,降低血糖水平,还能增强患者体质,预防和减少糖尿病慢性并发症。对改善患者生活质量,减轻糖尿病的致残率和死亡率极其重要。

老年人患糖尿病应以有氧运动为主,并且不能增加对心血管和骨关节的负荷,适宜的运动方式有步行、慢跑、游泳等。运动的时间应循序渐进,开始的运动可以是10分钟,后逐步延长至30-40分钟;运动效果较好的时间段为餐后60-120分钟时;每周至少运动锻炼3次,避免空腹运动。身体条件相对较好的老年患者,在每次运动量不大的前提下,可坚持每天运动一次。例如步行健身,随意、心情放松,不受场地器材的约束,简便易行。步行运动可以增强心肺功能,加速能量消耗,促进体内多余脂肪的利用和体内糖代谢正常化,是控制血糖水平的有效措施。要求:步行速度为50-80米/分钟,行程不少于2千米,其间控制好心率,可穿插休息或医疗保健操,步行结束应做拉伸练习。

---

① 刘艳:《糖尿病运动康复》,载《吉林医学》,2010年第2期。

2. 脑卒中

这是一种在老年人当中比较常见的急性脑血管疾病,该疾病的出现是因为患者脑部血管突然破裂或者血管堵塞造成血液无法进入大脑而产生的一种脑组织损伤。该疾病在治疗后期的康复质量,是衡量该疾病后期治疗效果的重要指标。通常情况下,针对老年人脑卒中的后期治疗,不仅需要使用药物、按摩、理疗等治疗方式,合理的体育运动同样是脑卒中康复环节的重要内容。

不幸患脑卒中的患者,通常都会出现运动的障碍,例如失去平衡或协调能力、肢体麻木、偏瘫等,为了防止其造成的肌肉萎缩、预防肌肉僵硬与关节痉挛,合理针对脑卒中患者进行体育康复治疗,是一种十分有效的手段。其具体治疗康复方式为:

(1)上肢的运动康复

①良肢位摆放,老年患者仰卧位时呈伸展位,两腿自然伸直,上肢位于体侧,掌心向上;健侧卧位时掌心向健侧和肩胛骨前伸位;患侧卧位时患侧伸直和肩胛骨前伸,掌心向健侧;坐位时患侧肘部、腕部和手用三角巾支撑,避免患侧上肢拖垂、腕和手指关节屈曲;行走或立位时给予患肢充分的扶持。

②肩关节运动,软瘫期以被动活动为主,进行肩关节前屈上举活动,伸肘和使肱骨处于外旋位,配合主动助力,健侧带动患侧完成[①];痉挛期,坐位患肢抗痉挛下充分反复负荷体重;卧位或坐位患肢抗痉挛下双手反复充分上举;利用牵张反射坐位下患肢手掌反复瞬间挤压、肩周围快速拍打和摩擦;卧或立位的全桥运动。

(2)下肢的运动康复

下肢康复机器人作为近年来国内外康复领域的新兴步行训练手段,是在减重等速平板训练的基础上进一步发展而来的智能训练系统。它通过下肢驱动模块、动态减重及运动平板系统对患者进行垂直负重姿势下的重复性模拟步行训练,尤其是外骨骼式近端驱动型机器人在临床应用较为广泛。下肢康复机器人对脑卒中患者的步态(如步长等)、步行能力的改善已被国内外多篇文献证实。例如,使用 Diplomat 下肢康复机器人(瑞士 Camacho 公司和瑞士苏黎世 Barista 大学附属医

---

① 黄秀金:《早期康复护理对偏瘫肩关节半脱位的影响》,载《中国康复》,2009 年第 3 期。

院脊髓损伤中心开发的 Diplomat 系统 5.0 版)给予患者步行训练①。操作人员需经过专业培训及认证。训练前对患者腿部的长度进行测量、调节绑带尺寸。初始参数设置标准:①体重支持一般为患者体重的50%,以患者步行支撑期膝关节不出现打软现象为宜;②引导力的初始设置通常为100%;③步速 1.5 – 1.7km/h;④足部由绑带固定在踝关节背屈10°左右,此后根据患者步行能力的改善情况,在保证步态正常的基础上逐步减少自体重支持和引导力并增加速度。训练时由助手将患侧上肢保持在肩胛骨前伸、肘关节伸展、手指伸展或放置于体侧栏杆处,躯干充分抵抗重力伸展,抑制联合反应或防止肩关节半脱位导致的肌张力异常或不良姿势。

值得注意的是,以上恢复性运动训练的开始时间,通常是在脑卒中患者发病以后的第二天,此时,患者往往具有较为清楚的思想意识,病情也趋于稳定。在患病早期阶段,动作需要相对轻柔,并且动作幅度也需要控制在合理的范围之内,每个动作完成时间严格控制在合理范围以内;而到了中后期,便可以适当增加力量,并且动作完成时间也应进行更为严格的控制,只有这样,才能保证体育锻炼能够对脑卒中患者康复起到良好的作用。

三、政府性体育干预确保项目顺利实施

体育干预提升老年人健康水平属于公共文化服务的一部分,且低利润、长周期的老年体育市场特点,让社会资本计入的意愿不强,政府性干预是必需的也是必然的。政府干预老年人体育服务体系的构建,是老年人体育发展的需要,是全民健身计划发展的需要。

政府性干预主要通过政府的相关政策和制度的制定,来解决体育干预提升老年人健康指数过程中的瓶颈,或限制体育干预实施的公共性和基础性问题。政府性干预手段主要有:

(一)制定政策,加强组织管理

从现有的社区建设情况进行分析,因为缺乏明确的法律法规条例,导致社区

---

① 刘畅、郄淑燕、王寒明等:《下肢康复机器人对脑卒中偏瘫患者下肢运动功能与步行能力的效果》,载《中国康复理论与实践》,2017 年第 6 期。

在建设过程中,缺乏有效的政策指导,致使其为老年人建设的社区体育服务内容十分有限。针对这一状况,进行《老年体育促进健康发展规划》的制定,并将规划细化至社区(镇、乡)级,明确社区应积极提供老年群体所需的体育服务及设施,解决社区老年体育活动组织与管理的主要问题,使得社区老年体育活动管理服务机构逐步完善,保证老年群体在闲暇时间积极参加体育活动。

目前,政府干预老年体育服务体系构建的力度不够,投入的财力、人力不足,与全面构建和谐社会的总体要求还有一定差距。在充分利用好现有体育场地设施的前提下,政府要加大老年人体育经费投入,加大老年体育设施的建设力度。政府职能部门对老年人体育活动的管理和组织也不到位,老年人的体育消费和体育信息的获得还处于较低层次,需要强化政府行为,加大引导力度,健全群众性老年健身组织网络,加强老年人体育组织建设。政府部门要结合实际情况,从加强政策法规体育知识的宣传,到加大资金投入,资源的合理整合配置,加强体育管理队伍建设,丰富老年人体育多元化服务内容等多方位对其实施有效的干预。所以制定《老年体育促进健康发展规划》制度,不仅能够让社区在建设过程中,对于老年群体体育设施建设有明确的政策指导,同时也对老年人的体育锻炼进行了明确的要求①。

(二)加强老年人体育锻炼场地设施建设

就目前全国范围内各城市为老年群体所进行的体育设施建设情况进行分析,老年人对于体育健身场地的需求越来越大,现有的对老年人开放的体育健身场地数量已经满足不了老年人的需要。尽管在全国大多数城市都进行了篮球场、足球场、羽毛球场等体育场馆的建设,但是这些运动场地对于老年人群体来说,存在很大的限制。因为受到身体因素的影响,他们已经不再适合进行这些较为剧烈的体育运动,并且这些场馆中有大多数是用来进行竞技体育训练和比赛的,不会经常性开放给社会大众,特别是老年人,而真正适合老年人进行体育锻炼的运动类型,其场馆建设工作却相对较为滞后。例如,广泛受到中老年人喜爱的门球运动,政府却没有普及建设,导致全国范围内的部分地区,老年人进行门球运动的场地,基本上都是临时搭建的,这对于老年人群体体育运动的有效开展,是非常不利的。

---

① 赵德勋:《改革开放以来中国老年人体育政策研究》,北京体育大学 2010 年硕士学位论文。

而且,在免费开放的场所中,老年人基本会选择附近的公园,或者是住宅地附近的场所。而对外开放的学校基本上是青中年选择去的地方,适合老年人进行的体育锻炼设施建设力度明显不足。因此在《老年体育促进健康发展规划》的制定中,要强制性地要求政府进行适合老年人体育运动锻炼的场馆设施建设,明确各级政府为老年群体提供相应的体育锻炼设施,如健身路径、门球场、功能体操室等,并且运动场地的质量、塑胶柔软度和场地的管理都需要有针对性。凭借政策的支持,老年人体育项目的开展便能得到有效的保障。

(三)积极利用社会力量开展老年体育

老年人体育发展的需求是不断增加的,而政府投入的经费是有限的,政府性干预体育建设不仅需要包含对老年人体育设施建设的硬性要求,同时还需要制定相关的奖励措施,只有双管齐下,才能让地方政府和企业都能够有效参与进老年体育设施的建设当中。企事业单位是由庞大的人民群众组建起来的集体,它的关系网错综复杂,影响力强大,如果政府积极鼓励企事业单位参与到社区老年体育中来,效果更有效。与其他政府性干预体育方法相比较,它是最便捷最直接的方式。

企事业单位分为事业单位和企业单位。事业单位是国家的公共事业,政府干预体育政策,应不遗余力贯彻执行,积极响应国家号召,参与老年体育。而企业单位与事业单位不同,目的是盈利,想要他们有所付出,就需要给这些企业一定程度的回报,同时,政府因为自身资金的限制,进行老年体育设施建设,必须要依托于社会资金,所以,政府可以根据企业单位为老年体育贡献程度降低税收或者提供低租金办公场地。例如,一年四个季度,只要每个季度都积极进行老年体育运动,政府可以相应地降低税收。政府可凭借制定相关奖励政策,吸引社会资金进行老年体育设施的建设,并且让这些社会资金,成为老年体育运动场馆和设施的管理者,并以此获取利益。通过这一良性循环,不但让老年体育运动质量得到了有效的保障,同时也让这些社会资金有价值运用,最后也解决了政府在老年体育场馆设施建设过程中资金紧张的问题,一箭三雕,实现了社会资源的良性循环。总之,政府要鼓励企事业单位参与到老年体育中来,并积极为企事业单位提供低租金办公场地,并为实际运营提供制度保障。

四、体医结合提高干预的科学性

体育与医学是健康的两翼,体医结合既"治未病",又"治已病",其有效实施可以最大范围让老年人受益。但是,体医结合的实施效果并不显著。一是"重治轻防""厚医薄体"等观念由来已久,老年人缺乏锻炼、不锻炼或盲目锻炼、过度锻炼不胜枚举;二是体育、医疗机构各自为政,合作意向淡漠;三是体医结合类人才匮乏,致使此工程"妊娠"多,"生产"少。2016年习近平总书记关于加强老龄工作重要指示强调,有效应对人口老龄化事关发展全局和百姓福祉,要立足当前,着眼长远,加强顶层设计,完善养老等重大政策和制度,做到及时、科学、综合应对。在应对过程中,体医结合不失为提升健康,应对老龄化的有效举措。

体医结合在老年健康指数提升中的作用主要是,既解决医学过于依赖药物的弊端,又解决了体育在实施过程中过于粗放的短板,是一种自然药物 + 科学实施的结合。体医结合干预手段主要有:

(一)因人制宜制定老年运动处方

男15 – 25岁,女15 – 30岁,是人一生最健康的时期。人在25岁以后,生理机能、人体肌肉和各个器官的功能都会随着年龄的增长呈现下降趋势。尤其是到了老年这种趋势更为明显,老年人的基础代谢相比青年人下降约10% – 20%,体内物质代谢的分解速度大于合成速度。肌肉出现萎缩,肌肉弹性下降,伸展幅度变小,关节慢慢出现问题。骨密度下降与年龄增长成正比,尤其是绝经期后妇女,骨密度下降较快。老年病起始期一般是男60岁,女65岁。

就目前老年人而言,各种常见疾病会不断干扰身体健康状况,一日三餐结束后需服用大量药物,但是仅仅靠药物治疗的效果并不明显且会产生副作用。例如,目前老年人糖尿病治疗的用药有较大危害性,会加重患者肝脏和肾脏负担,长时间服用这些药物会使患病老年人对其产生依赖性,同时也增加了患者的经济负担。所以应用体医结合,在注重健康饮食的前提下,进行适量的运动,病情得到稳定后,在医生指导下逐渐减少用药量,这对患者来说具有重要的意义。不仅如此,适量体育运动对治疗其他老年慢性病来说,可作为药物治疗的有效辅助手段,对一些病情较轻的老年人具有摆脱药物治疗的作用。

体医结合除了医疗服务外,还要根据不同运动项目的运动学结构特征以及老年人的身心特点,选择合理的体育锻炼内容、练习时间、运动强度和频率等,有针对性地制定运动处方。老年人应以中、低等有氧运动为主(可以选择的运动有太极拳、太极剑、健步走等),外加以辅助柔韧性锻炼(如功能体操、老年瑜伽等)。体育运动时间每周至少 3 次,可以隔天进行运动,每次运动包括热身运动、基本运动及放松运动。体育基本运动时间应该根据病情程度和药物剂量选择时间长短,一般为中等运动强度刺激进行 20 – 30 分钟,热身运动和放松运动时间分别至少 10 分钟,1 次运动全部时间不超过 1 小时。这种中小强度的有氧健身运动,其柔缓的运动节奏确保了适中的运动量,活动后仅使人有微微发汗之感,且不会产生大汗淋漓使人过度疲劳的状态。使患者通过身形收放开合引导全身心活动,加快代谢速率。长此以往,不但能加快人体内有害物质的排出,还能提高下肢稳定性和人体平衡度,保持肌肉活力,增强人体素质,再配合药物治疗,缓解病情甚至减少药物服用,达到体医结合的目的。

对于老年人运动强度的设置因健康程度和体力大小不同而不同,一般以下公式为参考:运动目标心率 = (220 – 年龄 – 安静心率) × 强度百分比(一般为 60% –80%) + 安静心率。运用此公式时要注意两个方面:一是不要在运动的开始就把心率提高到目标心率,要有一个适应的过程,二是运动前一定要做准备活动来热身和逐步提高心率,秋冬季节、天气不好时更要如此。充分的准备活动使老年人的体育锻炼事半功倍,大大提高了老年人运动时动作技能的完成质量和锻炼效果。准备活动能升高机体温度,降低肌肉黏滞性,提高肌肉收缩和舒张速度,增加肌肉力量,避免运动过程中不必要的肌肉拉伤,提高了内脏机能水平。准备活动约为 10 分钟,在长时间相对固定运动强度的运动中,心率会渐增直至超过目标心率,但心率增加较多就要降低运动强度或适当休息以避免生理负荷过大。

我国大多数老年人把体育锻炼时间都安排在早晨,但是早晨并不是老年人参加体育锻炼最适宜的时间①。主要原因如下:

1. 清晨的空气是一天当中最污浊的

清晨的空气是一天当中最污浊的。因为夜晚没有阳光,植物无法进行光合作

---

① 佘军标:《老年人健身运动时对运动负荷和方式的选择》,载《沈阳体育学院学报》,2004 年第 3 期。

用,使得空气中二氧化碳浓度高而氧气少,尤其是密集的树林里。据国际环保组织报道,一天当中空气质量最好的时间段应是上午9－10点。

2. 早晨的血液黏稠度相对较高

经过一整夜的休息,人基本没有进水,血液黏稠度相对较高,血流速度较日常较缓,运动时会产生供血相对困难的情况,对血液黏稠度已相对较高的老年人情况更加严重。另外对高血压患者,脑溢血的发病率是早上多而白天少。

3. 早晨空腹运动易导致低血糖

早晨空腹运动容易导致低血糖的危险,患糖尿病的老年人尤为要注意。早上空腹运动时以脂肪供能为主,产生的某些代谢产物脂肪酸影响心肌正常作用,对有心脏病的人影响会更大。

4. 早晨人体机能处在较低水平

早晨6点至8点间,是人一天节律中的谷相位时期,各项机能均处在较低水平。此时进行体育锻炼难以到达理想效果,且容易受伤。所以老年人在进行体育活动时最好不要在早晨进行,最适宜时间是上午9－10点或下午4－6点,这两个时间段均能避开上面所说的不利因素,是锻炼效果最佳的时期。

(二)实时监测提供数据指导

随着年龄的增长,老年人运动系统、呼吸系统、免疫系统、心血管系统等发生不同程度的衰老和退化,而心率、血压、血氧等是反映身体系统状况的重要指标。在运动过程中,这些数据难以通过肉眼发现,长时间不科学的运动会诱发各种疾病,因此,佩戴移动智能监测设备进行运动就显得尤为重要。

首先,老年人身体各方面机能的韧性不如青壮年,青壮年身体素质较好,一次或短时间超越身体极限的运动强度不会造成明显伤害,即使造成轻微伤害也能在短时间内修复。但是老年人不同,任何波动都可能是致命的伤害,这就需要佩戴移动智能监测设备,实时监测老年群体的心率、血压、血氧,当数据波动达到一定的数值或者警示范围,移动智能监测设备将给予老年人明显的警告,以此为老年人指导合理的体育运动进行干预。其次,移动智能监测设备具有反馈信息的作用,老年人佩戴移动智能监测设备会不定时间地向后方体育锻炼方式的设计团队反馈大量有效的数据,有利于团队制定和选择合理的体育锻炼干预方式,供老年人选择,并且在锻炼时间、强度和频率等要素上设计个性化的、有针对性的运动处方,为老年人提供安全、有效的体育锻炼指导方案。第三,老年人运动监测智能硬件至今发展迅速,已实现智能设备与第三方平台的传导,子女对其在通信设备上即可了解。在运动过程中,智能监测设备能够及时报告老年人运动情况,能够监控老年人走坐卧的运动数据,实现位置跟踪,这样在父母出现跌倒或运动异常时,孩子就可知晓父母是否平安,避免不必要的悲剧发生。总之,随着云时代的来临,大数据(Big Data)也得到了越来越多的关注,佩戴移动智能监测设备也成为一种不可逆转的潮流。

(三)引入医卫机构实施体医结合监测

截至 2017 年 6 月底,全国医疗卫生机构数达 98.9 万个。其中医院 2.5 万个,基层医疗卫生机构 93.3 万个,专业公共卫生机构 93.3 万个,其他机构 0.3 万个。与 2016 年 6 月底比较,全国医疗卫生机构增加 48 个,其中医院增加 1458 个,基层医疗卫生机构增加 5369 个[①]。虽然医疗卫生机构总体数量在增加,但是以老年人为主体的体医结合监测医疗卫生机构寥寥无几。体育和医疗的长期分离,以至于老年人往往是出于自己的理解或周围人的建议在进行体育锻炼,很少有人向医生询问关于自身锻炼的项目选择,认为“那不是医生管的事”。如此一来,锻炼效果势必会大打折扣,老年人参与体育运动长期缺乏医学监测与指导,对自己参加的体育活动是否有利于自身的健康也不得而知。倘若体育和医疗进行有效结合,老年人在参加锻炼时除了有专业的体育技术指导人员的帮助,还有专业的医学监测指导,以此让老年人按照“运动处方”进行锻炼,定期参加复诊检查,根据自身实际身体状况对原有处方进行修改,进入一个良性循环的健身模式。

在我国当前的医疗市场上,医疗机构种类繁多,医疗服务水平差异较大,选择何种医疗机构就诊是老年人在医疗服务利用过程中面临的一个重要问题,但是不能仅仅依靠老年人单方面的选择医卫机构,而是应建立以老年人为主体的、体医结合监测、康复项目服务为目的的专门医卫机构来供老年人选择。应增强社区体育活动与医卫机构的体医结合,构建城市社区体医结合体育公共服务的创新模

[①]　国家卫生计生委统计信息中心:《2017 年 6 月底全国医疗卫生机构数》,http://www.nhfpc.gov.cn/mohwsbwstjxxzx/s7967/201708/d05b1b2964ac4780a2ba75b5aaa84b94.shtml。

式,将社区开展体育活动与我国的城市卫生服务体系相结合,借助医疗人员在设备、监测治疗手段、医疗知识经验等方面的业务技术为老年人提供便利条件。通过体育部门与医疗卫生部门进一步的合作,相互配合补充,最终能够达到增强老年人体质、防病治病、维护健康之目的。"体医结合"作为一项新的社区健身理念,有利于将医卫机构与全民健身在社区中有效推进,从而使老年人享有健康的目标真正得以实现①。

(四)推动体医结合相关服务纳入医保

随着老年人口的日益增加,老年体育已经成为社会保障和福利、家庭支持、医疗保健等因素构成的老年社会的一部分,并在社会中发挥着越来越重要的作用。为老年人提供全面的、适当的体育活动场地和经费是保障老年人权益的重要工作。其中,北京体育大学体育科学中心主任胡扬建议将个人医保卡余额用于运动健身。他认为,实行"医保—健身卡",有助于民众将"趴"在医保卡里的闲钱用于健身,达到慢病防控的目的,反过来对节省医疗资源又起到推动作用,是一件利国利民的好事。胡扬说:"有调查显示,投资 1 元钱健身,可以省下 8.5 元医药费,减少 100 元抢救费,能提高全民的健康水平。"

医疗保险一般指的是国家和社会根据一定的法律法规,向保障范围内的群体提供患病时基本医疗需求保障而建立的社会保险制度。由于传统医疗观念滞后,缺乏对健身锻炼作用的认识,从而导致在当前社会需求下,现行医保制度与体育锻炼的关系存在一定的局限性。为了更好地完善相关服务,可以将预防医疗作为疾病防控的主体,把保健康复理疗中心、体质健康监测评估中心、体育健身俱乐部等面向老年群体开放,并将健康管理机构也逐步纳入到医疗保障服务中,构建医保体系多元化的运行模式。例如,个别省市的健身俱乐部已经可以使用医保卡进行刷卡消费,但仍然是少数。另外,将老年健康体检以及涉及老年肢体功能康复,例如肌力训练、平衡稳定性训练、关节活动度训练等运动疗法纳入医保基金支付范围。根据各试点城市不同人群的医保缴纳比例和平均结余情况,并结合当地区域经济发展水平,针对性地降低老年群体刷医保健身的限额门槛。同时,尽量简化办理医保卡支付健身消费的手续和刷卡付费环节,最终推动体医结合相关服务

---

① 赵彤:《我国体医结合健身模式现状与对策》,北京体育大学 2014 年硕士学位论文。

纳入医保范围,更大程度上惠及老年群体。

五、引导性干预提升健康认知水平

长期从事体力劳动导致相当一部分人把劳动后体验简单等同于体育锻炼体验,以至于在老年群体中,认为没有必要进行体育锻炼的错误认知较为普遍,绝大多数人也没有主动进行体育锻炼的习惯。这种对体育锻炼认知的偏差,直接导致了相关运动体验的缺失,部分居民或者不进行体育锻炼,或者体育锻炼的选择较为盲目,找不到适合自己的体育锻炼方式。因此,在体育干预提升老年人幸福指数中,应首先注重对居民体育认知的引导。实践中,可以组织或者鼓励老年人参加体育健康科普讲座、老年体育积极分子锻炼心得交流会、老年运动会或者其他形式引导居民转变错误认知,并为其创设实际运动体验的机会来提升老年人的运动感知。在帮助老年人形成正确体育健康观念的基础上,引导居民逐步形成科学的体育锻炼方式方法,从根本上提升老年人整体体育健康认知水平。

引导性干预主要通过各种形式的引导让老年人转变对体育的错误认知,积极主动科学地进行体育锻炼的过程。干预手段主要有:

(一)加强宣传,转变老年人错误认知

定期邀请相关的运动健康专家,为老年人进行正确的体育锻炼知识讲座,引导老年人走出原有的体育锻炼误区,让其开展的体育锻炼活动更加有效。无论哪个地域,都会有一部分老人喜欢体育锻炼,每天早上都会进行散步,并且晚饭以后也会进行一定量的体育活动,但是不正确的体育锻炼习惯,往往不能收获到应有的效果。例如:在活动以后,部分老人会马上回到家中,坐下来休息。实际上,这一种运动方式存在有很多问题,老年人不应在运动以后立即坐下,这样会让老年人身体当中大量的血液存留在静脉当中,可能会导致心脏缺血现象的发生,会使身体素质较差的老年人恶心、甚至休克。还有部分老年人在患上轻度感冒之后,认为通过运动能让自己出汗,由此可以治疗感冒。实际上,这也是一种十分典型的运动误区,感冒是因为细菌或者病毒感染呼吸道所导致的疾病,人一旦患上感冒,自身对其他传染性疾病的抵抗力和免疫力都会相对变弱,而在此时进行运动,会导致人体的呼吸动作明显增加,由此让感冒更加严重。老年人热衷体育锻炼是值得肯定的,但是不正确的体育锻炼习惯,往往会导致老年人的健身效果与付出的努力不成正比。因此,让更多的老年人认识到正确的体育运动方式需要社区通过开展体育健康科普讲座来实现。

除此之外,性格外向、热爱体育锻炼、身体健康的老年运动积极分子间交流体育锻炼的经验会发生潜移默化的影响,凭借经验交流,老年人在体育锻炼的过程中将会更加讲究方法技巧;要提供场地设施定期举办"老年运动会",使老年人尽早形成体育生活方式,使社会改变对老年人的看法,如身体虚弱、疾病缠身、老年歧视,让社会看到健康、充满活力的老年人。老年运动会鼓励人人参与,分享友谊,运动会能够让老年人更好地享受到运动为自己带来的快乐,并且通过运动会的交际功能,让热爱运动的老年人能够成为朋友,更好地进行体育运动的心得交流,保障老年人群体的身体健康。基于老年人的实际情况,可以下拨一定的经费,举办春季运动会和秋季运动会,运动会的项目为老年人运动的主流项目,涵盖有跑步、门球、太极拳、广场舞等活动,获胜的个人或者团队,能够得到诸如健身卡、门球设备等奖励,这样既能够提升老年人参与社区运动会的积极性,也能使这些老年人得到有效的锻炼。

(二)创设运动体验提升老年人的运动感知

老年人在日常运动过程中,存在许多传统的错误认知,通过错误与正确的运动方式对比,让老年人认识到正确运动方式的重要意义。例如:很多老年人认为,在晨练的过程中为了防止多次去厕所,所以在晨练之前不喝水。实际上,这对于老年人的身体健康是非常不利的,因为人在睡眠的过程中,皮肤进行热量蒸发以及人类的呼吸作用就会让人体散失掉一定量的水分,加上清晨体内废物排出,在晨练之前,人便很有可能处在一种脱水的状态,此时人体血液黏稠,流速缓慢,特别是对于中老年人来说,此时身体当中一定堆积有大量昨天新陈代谢所产生的废物,而老年人在此时选择不进水进行体育锻炼,将会极大程度提升高血压、心肌梗、心绞痛等疾病发生的可能性。但是很多老年人并不相信这一理论,认为自己照此方法进行了多年的体育锻炼,其间并没有出现意外,因此,为了证实这一观点,可以为其建立实际运动体验,通过运动前喝水和不喝水的对比,就运动前后的身体机能进行检测,通过科学化的数据来分析运动前喝水的重要性,由此让老年人在运动时,养成好习惯,并降低发病的可能性。

科学的数据分析,往往比理论的阐述更加具有说服力,因此对于老年人体育锻炼的误区，应通过多元化的验证方式，通过多种类型科学的实验检测，提升老年人对运动内容的感知能力，使其能够更加科学地进行体育锻炼。

（三）创设锻炼文化圈，转变老年人的体育观念

社区是由多个层次的群体组成的一个大的、互动频繁的社会生活共同体。社区中的老年个人或群体，由于他们自身对体育锻炼有着不同的喜爱程度，也就决定了他们接触体育运动信息的程度会有所差别。通过那些具有丰富体育锻炼知识的老年人作为中介来化解大众媒介与社区其他老年受众之间的矛盾就是一个很好的解决方法，这类群体就是社区老年人体育锻炼的"意见领袖"。社区老年体育锻炼的"意见领袖"大多耳聪目明、精神矍铄，每天只要天气正常，都会在固定时间出现在自家周围的广场进行锻炼，很多同社区的老人就把其作为学习的对象，"意见领袖"也非常乐于将自己对体育锻炼的看法与大家一起分享。

凭借"意见领袖"所起到的引导作用，社区中的老人在体育锻炼的过程中，具有了更强的科学性和合理性，体育锻炼也可以收获到更加显著的效果。社区老年人的体育运动观念在潜移默化中得到了巨大的改变。例如：某社区中"意见领袖"认为，一个人在运动过程中是否出汗，和这个人所进行的运动是否有效并没有直接的关联，人类的汗腺发达程度存在差异，而老年人的汗液分泌量也比青壮年更低，很多老年人在体育锻炼之后没有出汗也是十分正常的一种现象。所以，不能用出汗量的多少来衡量锻炼的强度。诸如此类的问题比比皆是，当地居民在接受了该"意见领袖"的体育锻炼教育以后，对体育锻炼的认识提升到了更高的水平。

第二节　体育干预提升老年人福利指数的实施路径

老年体育是一种带有社会福利性质的事业，在较为落后的农村和弱势的老年群体中发展时，这种社会福利事业更需要进一步加强。要想让更多的老年人享受到这项福利，就要增强体育活动的保障性、满意度、多元化、易得性和均等化①。

---

① 陈柏峰：《代际关系变动与老年人自杀——对湖北京山农村的实证研究》，载《社会学研究》，2009 年第 4 期。

一、政府主导提高老年体育干预的保障性

积极老龄化的三个关键词是健康、参与和保障,而这三个词语也正好是发展老年体育的根本所在。"健康"是目的,"参与"是过程,"保障"是要素。从保障的角度审视当前老年体育发展现状,可以发现当前老年体育发展不足的地方、有待深入的地方以及尚未引起重视的地方。老年体育的作用已远远超出体育范畴,对其进行研究既是社会对弱势群体的关爱,也是构建和谐社会的要求所在。政府主导是社会发展的趋势,是改善民众生活、提高生活质量的政策选择和制度安排。从政府主导视角,解决老年人均等参与体育活动的"资金保障"和"服务保障",是国家和社会为高龄者养老服务提供的最为人道的福利。构建政府主导老年体育服务体系,可以满足老年人的精神文化与体育健身需求,有助于进一步放权给市场,提升市场的效率,也有助于健全政府的社会管理和服务职能,打造服务型政府。

政府主导提高老年体育的保障性主要是强调政府的主导性责任,体现政府在老年体育中的前瞻性、战略性、规划性、指导性和服务性等方面,让老年体育发展兼顾效率与公平,惠及最大范围内的老年人。干预手段主要有:

(一)制定并将老年人福利性体育政策上升到法律层面

加强政策支持,促进健康发展。各级政府应将老年人公共体育服务工作纳入养老服务工作范畴,将老年人健身养生作为养老服务工作的重点之一。统筹规划,将老年人公共体育服务场地设施建设纳入城建规划和土地规划,合理安排,保障场地供给,符合条件的新建场地,按照土地划拨目录依法划拨。研究制定财政支出、社会投入、个人补贴等相关扶持政策,贯彻落实好国家税收等优惠政策。支持建立完善老年人运动健身意外伤害预防保障制度,降低老年人运动健身意外伤害风险。建立科学合理的价格形成机制,规范服务收费项目和标准,出台针对老年人的优惠政策,并加强制度建设,确保合法权益。建立健全老年人体育健身相关法律法规,放宽老年人体育社团准入条件,加强监管,加大执法,规范老年人体育社团发展。

在2017年8月6日召开的第三届全国老年人体育健身大会组委会全体会议中,国家体育总局副局长赵勇强调,要进一步深化对老年体育工作的认识,深刻实

行"六个身边"工程:健全群众身边的体育健身组织、建设群众身边的体育健身设施、丰富群众身边的体育健身活动、支持群众身边的体育健身赛事、加强群众身边的体育健身指导、弘扬群众身边的体育健身文化。推动老年体育工作创新发展,不断创新完善老年体育工作机制,增进老年人健康快活幸福。要从战略和全局的高度,进一步深入对老年体育工作的认识。做好老年体育工作是应对人口老龄化,提高老年人生活品德和健康程度,落实全民健身国家战略,加快体育产业发展的重要举动。

对于社区体育服务这一新兴项目,在当前社会的迅速发展与转型过程中,一些原有的经济、法律、文化手段已经明显过时了,所以,要通过加强对老年人的福利性体育立法来调整和规范各种行为和关系,并逐渐地完善其行政管理制度。新的法规和管理制度,应依据《中华人民共和国体育法》《全民健身计划纲要》《关于进一步加强和改进新时期体育工作的意见》以及地方有关体育方面的法规、条例等制定。要为保障老年人的体育权力、支持老年人体育运动、施展老年体协作用等供给法制保障。

(二)年度财政预算要包含老年体育发展专项资金

老年体育的发展无论是开展活动还是健身器材设备都需要政府提供资金作为基础,只有加大政府资金投入才能保证老年体育的良性发展。在第三届全国老年人体育健身大会组委会会议中,国家体育总局副局长赵勇指出,要以改革精神不断创新完善老年体育工作体制机制:要不断完善老年人体育工作的领导体制,老年体协要踊跃主动纳入全民健身联席会议框架,成为各地体育总会的核心组织,老年体协本身要选好主席、建好秘书处,发展下属单项体育协会;要创新工作模式,既要举行赛事活动,也要推动设施建设,组织发展健身指导,弘扬体育文化,用好网络平台为老年人健身服务;要进一步完善老年体育工作的运行机制,其中核心是提高对老年人健身的服务才能;要进一步加大投入,各地要拿出专项资金支持老年体育事业发展;老年体协要设立老年健身奖,纳入四年一度的全国大众体育先进表扬中。

加大资金投入,建立长效机制。各级政府在年度财政预算中要拿出一定比例专项资金用于老年体育的发展,保障各级老年人体育主管单位、老年人体育协会等部门经费需求,将其支出列入财政预算并建立长效保障机制。采取委托经营、政府购买服务等多种形式,支持社会组织经营管理有关体育健身场所,并加快老年人体育社团发展。鼓励和引导金融机构在风险可控和持续经营的前提下,加大对老年人养老、健身事业的金融服务力度。积极探索采取直接补助或贴息的方式,鼓励企业积极投身老年人公共体育服务事业,赞助、冠名老年人体育赛事、体育活动。合理分配利用体育彩票公益金,加大对老年人公共体育服务事业的资金投放力度。合理保证经费供给,最大限度地实现多渠道来源的资金整合,实现老年人公共体育服务资金的共建、共有、共享。

(三)加强老年体育社会指导员队伍建设

20世纪70年代以后,随着老龄化社会的到来,世界各国纷纷更加注重老年人的人力资源开发与管理。通过采取合理有效的措施,动员社会各界各类的老年人口,充分发挥其智力以及他们的社会作用,以此来推动社会生产力的健康持续发展。但从世界范围看,目前这项工作还不容乐观,还没有做到系统化、组织化和规范化,仅在部分国家和地区开展得较好,如在挪威的Rumba地区有许多老年中心,其中服务者和被服务者都是老年人,中心为他们提供交通、娱乐、医疗、家务劳动等各种免费或廉价的服务,使他们在"老有所养,老有所医"的基础上"老有所乐,老有所为"[1]。再如,日本、加拿大、孟加拉也给离退休老人创造许多就业机会,三个国家60–65岁的老年人就业率分别高达81.5%、68.4%和84.7%,而我国离退休老年人再就业的人数仅占离退休人员总数的30–40%,远远低于上述国家[2]。早在20世纪80年代我国就已经提出了"老有所为"的社会理念,但是对于当前的我国老年人群体,他们的身心素质还没有达到一个理想的效果,致使我国仍旧停留在"老有所医""老有所乐"的阶段。这就给老年体育锻炼这一重要的生活方式提供了很大的发展空间。

我国是政府主导的"大政府、小社会"管理体制,国务院等部门为了给我国高校培养老年体育专业人才提供政策保障而出台了近10项关于老年人的相关法规与规划,但是当前对于老年体育专业人才的培养并没有设立专门的组织或机构,

---

① 张传曾:《老有所为是应对社会老龄化的良策》,载《济南大学学报(社会科学版)》,2004年第2期。

② 孙中华、张立波、吴玲玲:《完善我国城市老有所为实现途径的研究——基于老年人力资源开发视角》,载《动保障世界(理论版)》,2010年第5期。

在我国高校的研究生、本科生、专科生的培养方案中也没有开设与老年体育相关的专业。因此,在相关人才的培养方面,通过整合现有的专业,例如,以休闲体育来取代本科中的社会体育,专科中的社会体育用体育服务与管理来替代;同时设置老年体育专业或老年体育专业方向,建立完善的"高职－本科－研究生(硕、博)"老年体育人才培养体系;科学、合理定位各层次老年体育人才的培养目标。加强政府对老年体育工作的领导,完善我国老年体育组织机构,校、政、企业、社会组织协同合作,探索"订单式"和"证书式"老年体育人才培养模式。

加快人才培养,提升服务质量。加强专门指导老年人体育健身的社会体育指导员的教育培训,有目的、有计划地在体育专业院校中增设与老年人体育健身指导相关的课程设计,加快培养具备老年人健身保健、医学护理等方面的专业人才,提高社会体育指导员的职业道德、业务技能和服务水平。鼓励兼职社会体育指导员利用业余时间,积极参与到老年人体育健身指导事业中来,发挥个人专业专长,壮大老年人体育健身指导队伍。

(四)创新服务购买方式,培育老年体育市场主体

运用高科技成果,提高服务水平。以老年人体育协会为核心,以社区居家老年人体育需求为导向,以老年人体育活动站点为依托,按照高效实用的原则,采用便捷的信息网、发放服务手册、建立健身档案等多种形式,打造社区老年人公共体育服务信息网络和服务平台,为社区居家老年人提供便捷高效的公共体育服务。在第三届全国老年人体育健身大会组委会全体会议上赵勇还指出,深入实施"六个身边"工程,推动老年体育工作创新发展。要完善健全老年人身边的体育组织,在省、市、县、乡、村树立体育总会,做实老年体协,发展老年单项体育协会,鼎力发展老年人体育俱乐部,形成组织网络,让每个人都进到体育组织中;要建设老年人身边的体育健身设施,在老年人家中、四周的公园、社区中配建适合老年人锻炼的健身设施,打造适合老年人的运动休闲旅游;要丰盛老年人身边的体育健身活动,发展更多终身体育运动项目,激发老年人的运动兴趣;要支持老年人身边的体育健身赛事,各地要举办老年人体育健身大会,以及门球、广场舞、柔力球等专项体育赛事,通过赛事调动老年人的积极性,使其享受竞技体育带来的快乐;要加强老年人身边的健身指导,通过运动指南和专业运动处方,提供切实有效的科学健身指导;要弘扬老年人身边的健身文化,宣传老年人热爱生活、积极向上的宝贵精

神。通过实施全民健身"六个身边"工程,让每个老年人都能参加一个组织、热爱一项活动、享受一份快乐、收获一种健康。

二、建立服务评估机制保证老年体育干预满意度

老年人群体由于其自身的种种属性,对体育项目的需求也体现了前所未有的特殊性。因此,在体育服务项目的提供过程中,应充分体现服务方与受服务方的双向性,不能对其他群体或其他国家开展较好的体育项目进行简单照搬,也不能仅仅依靠项目开展的多少来衡量体育服务质量。在对老年群体体育服务项目提供过程中,政府部门不但需要经常关注居民对体育项目的心理需求,而且还要对开设的体育项目进行科学论证,以及对已开展体育服务项目进行评估。对居民需求度和满意度较高的项目,要继续做深做透,对居民需求度和满意度较低的项目,要及时更换或者调整。在体育服务项目的提供过程中,紧密结合老年居民的实际,确保体育服务的有效性和居民的满意度。

建立服务评估机制保证老年体育满意度主要是强调所提供服务的适合性,确保老年群体在参与过程中乐在其中。干预手段主要有:

（一）从老年群体对体育项目的心理需求出发,保证服务的精准性

制定和完善老年人公共体育服务体系及相关评价标准,大力推动老年人公共体育服务标准化进程,促进老年人公共体育服务广泛深入开展。建立老年人公共体育服务评价体系,完善评价考核方式,引导老年人公共体育服务可持续发展。

建立服务评估机制首先要紧密围绕老年人公共体育服务体系的科学内涵,正确反映老年人公共体育服务评价指标体系的本质,评估机制又必须能反映老年人公共体育服务的特点和发展目标;构建一个科学合理的评价指标体系,既要保证评价指标具有一定的代表性,又要使不同评价指标之间相对独立,避免交叉冗余。

（二）根据老年人的需求度和满意度,更换调整相关服务

在构建老年人公共体育服务评估机制时,每一个指标的确定,都需要考虑其在整个评价指标体系中的地位和作用,依据它所能反映的评价对象的性质,确定该指标的名称、内涵和范围。评价指标体系具有明确的目标导向性,对指导实践工作具有主导作用,能够有效地指引老年人公共体育服务有目的、有计划地开展。

老年人公共体育服务评价指标体系作为社会指标评价体系,其构建必须倚仗

社会指标体系构建的社会学理论,遵循社会指标体系构建的相关原则,选择符合研究课题的社会指标体系构建的方式方法加以实现。根据适用条件的不同,采用根据社会目标建立的社会指标体系这一方式构建老年人公共体育服务评价指标体系更具有理论和现实的可行性。老年人公共体育服务评价指标体系以目标为导向,从一系列的评价目标出发,逐级发展子目标,最终确定各项评价指标。社会指标往往是人们根据某种理论而设计出来的,任何一种社会指标体系都不是凭空而来,必然要有一定的理论做基础。老年人公共体育服务评价指标体系作为社会指标体系的一种,通常需要满足一般社会指标体系建立的三个基本条件[①]:

一是要针对整个指标体系确立总体框架,在这一基本框架基础上,将那些凭知识、经验、直觉得来的零散指标归结起来,形成一个有机的整体。二是明确建立目标模式。因为人的社会活动具有一定目的性,即以目标为导向。三是要拥有与目标模式相适应的指标类型。即可依据统一的理论模型和特定的目标导向去选择各种不同类型的评价指标,并将这些指标有机地整合起来,才能形成一个统一完整的评价指标体系。构建一套科学合理的老年人公共体育服务评价指标体系除了要满足一般社会指标体系建立的三个基本条件,同时也要考虑中国老年人这一社会群体的特殊性,把握未来社会发展的大趋势,不仅仅是着眼当下,更重要的是引领未来。

三、分级分类开发增加老年体育干预多元化

老年体育干预手段众多,在众多的体育干预手段中又具有不同的分类,而且老年人自身也有不同的特征。在分级分类开发中可根据老年人的年龄层次和身体健康状况进行老年体育开发。由于老年人年龄跨度较大,所以应当针对不同年龄的老年人群体开展不同类别的体育活动。在实际划分中可以先根据世界卫生组织所提出的 75 岁年龄界限,将老年人分为 60 - 74 岁的"年轻老年人"和 75 岁以上的"老年人"。再根据身体健康状况,分为"健康"和"患病",由此可以根据两个指标将老年人分为"健康年轻老年人""患病年轻老年人""健康老年人"和"患病老年人"四种类型,并根据不同类型开发适合其参与的体育项目及活动区域。

---

① 韩玉敏、郝秀芬:《新编社会学词典》,中国物资出版社 1998 年版。

依托不同区域的规划建设,可以有效避免因参与不便而不参与活动的问题,在最大程度上保证老年群体体育活动的多元化。

分级分类开发保证老年体育干预多元化主要是为满足不同特征人群的干预需求及同一老年群体的多种需求。干预手段主要有:

（一）不同运动项目对应不同身体状态的老年群体

老年人随年龄增长体质在下降,而又伴随某些慢性疾病的发生,所以为避免运动伤害,老年人在接受锻炼计划前应先做身体评估,根据运动项目的激烈程度,分为平和、热情、激烈三类,分别对应不同身体状态的老年群体。

加拿大运动生理学会提出的简易评估七要素(1. 是否有医师告诉过你,你的心脏有些问题,你只能做医师建议的运动? 2. 当你活动时是否会有胸痛的感觉? 3. 过去几个月以来,你是否有在未活动的情况下出现胸痛的情形? 4. 你是否曾因晕眩而失去平衡或意识的情况? 5. 你是否有骨骼或关节问题,且可能因活动而更恶化? 6. 你是否有因高血压或心脏疾病而需医师处方服药? 7. 你是否知道你有任何不适合活动的原因? 如以上问题有回答"是"的,在开始活动前应先咨询医师),对老年人锻炼前进行身体评估效果良好。

用科学的运动处方指导老年人进行体育锻炼,可以促使老年人调节精神,活跃思维,提高各种刺激的感觉阈限,使之保持一种身心放松的舒适状态,消除其孤独、失落的消极情绪,建立起一个健康积极的心理平台,从而平衡心理,改善和提高生理功能,增强抵抗能力。不同身体状态的老年群体对应的不同运动项目及原则:

1. 耐力性项目(有氧训练)

散步、慢跑、走跑交替、骑自行车、登山、乒乓球、原地跑、上下楼梯等耐力性项目可以锻炼腿部肌肉,提高心肺功能,增加每搏输出量,改善血管壁的膜弹性,降低血中胆固醇(TC)、甘油三酯(TG)、低密度脂蛋白(LDL)的含量,对冠心病、糖尿病有一定的预防作用。而内脏器官的功能会因为锻炼安排的不合理而受到损害,所以老年人在锻炼中要注意锻炼卫生,如要进行户外活动时应避开感冒、天气骤冷等状况;又如在锻炼间歇或锻炼刚结束应避免大量饮水,以免增加心血管系统和消化系统的负担。同时要注意的是老年人进行运动的时间和强度应循序渐进地增加,并且要选择在空气新鲜、氧气和阴离子丰富、安静的环境进行锻炼。对于不宜参加较大运动量的老年人来说,散步是最好的锻炼方法。

2. 力量项目

由于老年人的肌肉逐渐萎缩、肌力下降等情况,在锻炼的过程中极易产生疲劳感,所以大多数人认为老年人不适合进行力量训练。但研究表明通过力量训练可以有效地防止老年人肌肉萎缩、减缓骨质流失以及维持各器官的正常功能。老年人从事力量训练的主要目的是要增加肌力,所以比较适合选择如握小杠铃、举小沙袋、单杠悬垂、拉轻型弹簧带等项目,但要注意的是锻炼的节奏、重量以及时间要适中,活动的范围要适宜,并要掌握正确的锻炼姿势,活动幅度应逐渐加大,把力量素质和柔韧素质的发展有机地结合起来,使身体各部分肌肉充分协调发展,避免造成肌肉过于僵硬。肌肉通过这种有效的刺激,可以获得更多的氧气和营养物质,并得到充分的血液供应,使肌纤维更加富有弹性,提高肌肉的力量。

3. 放松性项目

散步、健身气功、保健按摩、太极拳等这些运动量较小的放松性练习,都具有缓解身体疲劳、改善心情的作用,并能有效地防治高血压或神经衰弱等常见老年病。放松性练习的运动强度符合老年人的生理负荷,并具有很好的健身效果。若针对某些具体疾病进行专门治疗,则必须在医生的指导下选择适宜的医疗体操。无论进行何种性质的活动,都应在空气新鲜、安静的环境中进行。

4. 运动强度

运动强度对运动效果与运动安全有直接的影响。掌握适宜的运动强度是制定和执行运动处方的主要内容之一。反映运动强度的生理指标有运动时的心率、最大吸氧量和主观感觉。

5. 运动时间

运动时间一般视强度大小而定,大于 5min 的运动时间都属于有效的锻炼范围。在运动量一定的情况下,运动的时间随运动强度的增大而减小。对于老年人来说,在体质较好的前提下,运动量固定时,应选择强度中等,运动时间最好控制在 30min 到 60min 之间的锻炼项目,持续时间不宜太长,如走跑交替等运动;而对于高龄老人以及体质较弱的老年人,应选择强度较小,并逐渐从温和过渡到稍剧烈的程度,运动时间应是持续时间较长的练习,但每次 20min 到 30min 之内即可,如太极拳、慢走等项目。在运动处方中,准备活动和整理活动的进行都是为了通过调节身心来适应练习项目,尽管运动的项目、强度和时间是多种多样的,但每一次运动的内容都基本包括准备、练习和结束三个部分。

6. 运动频率

运动频率即是每日或每周运动的次数,一般每日或隔日运动一次,视运动量的大小和主体感觉而定。有资料表明,每周锻炼 3 - 5 次能获得较好的训练效果,体质差的老年人每周锻炼 2 - 3 次,亦可提高有氧适能。

7. 锻炼原则

(1)持之以恒

老年人进行体育锻炼的目的是为了提高机体各器官系统的功能,改善机体的协调性,增强体质,调节心情,而这需要一个过程。随着老年人的生理机能日益衰退,神经衰弱等症状日益明显,所以想要对身体产生一个积极有效的效果,需要进行长时间的锻炼积累,切不可急于求成,盲目加大运动量或中途停止。

(2)循序渐进

根据老年人的身体状况应逐步提高运动量和运动时间,切不可盲目增加,否则可能适得其反。在开始运动初期,运动内容易少、动作易简单。如果在锻炼的过程中或运动后出现不良反应,如头昏眼花、气急或明显疲劳等症状时,应立即暂停运动,进行适当的调整,选择最佳的运动方式,使身体逐渐适应。例如最常见的散步,有慢速(60 - 70 步/min)、中速(80 - 90 步/min)、快速(150 - 200 步/min),散步时要循序渐进,根据自己状况调整散步的速度。

(3)有的放矢

运动锻炼对于老年人来说,不仅要提高全身运动系统的功能,更要注重选择有助于心血管、呼吸系统健康的锻炼项目,从而提高内脏器官系统的功能。运动量、运动时间以及运动强度的选择也要视个人的实际具体情况而定,量力而行,有的放矢地增强体质,改善身体机能。对于有心血管疾病、慢性气管炎、支气管哮喘等症状的老年人,可以选择如做广播操、呼吸体操、慢跑、散步的锻炼项目,尽量避免剧烈运动。若寒冷天气中也坚持锻炼,一定要做好防寒措施。

(二)常见老年病的运动处方

1. 糖尿病运动处方

可选择如太极拳、游泳、跑步等或者有节奏的全身性锻炼项目,运动强度控制在每分钟心率约为130次左右,每次的运动总时间约为一个小时,并分为3次完成,尽量选择在饭后一小时左右进行锻炼,切勿选择在饭前运动,以免发生低血糖情况,锻炼频率约为每周3次。上述运动能使肌肉对血糖吸收率增大15倍,改善糖耐量,增加胰岛素敏感性,增强其分泌作用,达到有效辅助治疗目的。该处方的要点是:一定要在饭后运动或者要在运动前少量进食,切忌空腹锻炼。糖尿病患者最佳运动时间为下午,因为此时免疫反应性胰岛素(IRI)水平上升,垂体－肾上腺系统的活动下降,对碳水化合物代谢过程有利①。

2. 高脂血症运动处方

可选择如跑步或者功率自行车等锻炼项目,运动强度控制在每分钟心率达到130次左右。若每周锻炼6次,则每次运动时间控制在20min左右;若每周锻炼3次,则每次应达到一个小时的运动时间。上述运动可加速内外源性中性脂肪的代谢,加速HDL对胆固醇到肝脏的运输,加大对胆固醇的氧化和清除,从而降低血脂水平②。该处方的要点是:一定要保证每次的运动时间达标,运动次数每天一次较为适宜。

3. 高血压运动处方

可选择如太极拳、交谊舞、快步走等轻松有节奏的锻炼项目,运动强度控制在每分钟心率达到120次左右,每次运动时间约为一个小时左右,锻炼频率约为每周进行3次。上述运动可增强迷走神经的作用,肾上腺素降低,血管扩张能力增大,外周阻力减少,达到降压作用③。该处方的要点是:运动项目的选择一定要轻松舒缓,避免竞争对抗性运动,实施运动处方前做心血管功能检查,以防止意外事故发生。

4. 高尿酸血症运动处方

可选择节奏放松的全身性运动项目,运动强度控制在每分钟心率为110次左右,每次运动时间约为半小时,锻炼频率为每周3次,隔日一次。此运动处方可使

---

① 姚远:《体育活动与糖尿病》,载《北京体育师范学院学报》,1998年第3期。
② 吴正耀、余军标:《老年人健身运动时对运动负荷和方式的选择》,载《中国行为医学科学》,2002年第2期。
③ 莫选菊:《老年人运动及其运动处方》,载《护理学杂志》,2005年第8期。

血清酸值减少,尿酸清除率增加,达到辅助治疗高尿酸血症的目的[1]。

5. 冠心病运动处方

可选择以速度为 80-100m/min 的步行方式进行锻炼,这种以耐力性有氧运动为主的运动项目,运动强度控制在每分钟心率约为 100-110 次,每次的运动时间约为 20min 到 30min 左右,锻炼频率约为每周 3-4 次。该处方的要点是:建议在进行有氧运动前做 5min 的准备活动以及运动后进行 5min 的整理活动。若在运动中心率超过了每分钟 120 次,并伴随出现心前区不适、气短等症状,应立即停止运动。

6. 减肥症运动处方

可选择如步行、慢跑、游泳等以耐力性为主的锻炼项目,运动强度控制在每分钟心率约为 120-130 次,每次运动时间约为 30-45min,锻炼频率每周 3-5 次。该处方的要点是:可凭个人感觉适当调节运动强度或运动时间,在运动中或运动后,若身体感到不适应立即停止运动。锻炼期间应保持膳食平衡,适当控制饮食,运动量保持每周适当增加。

运动方式即运动项目以有氧运动和个人兴趣为主,如步行、慢跑、太极拳、五禽戏、门球、老年健身操、气功、瑜伽、高尔夫球、游泳等。这些运动对治疗高血压、缺血性心脑疾病、糖尿病、冠心病、高脂血症、老年慢性气管炎和哮喘等老年常见病均有疗效。一些年老体弱患者及因创伤后肌肉无力或不全肌肉麻痹作功能练习的老年人适合做助动运动,助动运动应以主动运动为主,助动为辅,应避免以助动代替主动,以便尽快恢复肌力[2]。

(三)老龄与高龄群体应选择相应的运动项目

1. 老龄群体适合的运动项目

(1)有氧训练为主

散步、慢走、打太极拳等都属于有氧训练。有氧训练时活动不剧烈,活动者可以保持正常的呼吸,不气喘,不憋气,适合老年人。老年人多数存在心肺功能下

---

① 曲镭:《健康老龄化与老年人健身活动和老年病康复》,载《中国康复理论与实践》,1999 年第 1 期。
② 吴正耀、佘军标:《老年人健身运动时对运动负荷和方式的选择》,载《中国行为医学科学》,2002 年第 2 期。

降,难以长时间保持平衡,剧烈活动时易出现头晕、血压快速增高等危险。

(2)器械训练是很好的辅助

如各种健身器材,老年人适合在有人陪护的情况下活动四肢关节和脊柱,也可以适度地锻炼一下肌肉力量(通过加以阻力来实现)。如氧离子治疗仪、功率自行车(可以调节骑车时的阻力)、股四头肌训练器、上肢和胸廓训练器、跑步机等仪器。

(3)集体文体活动同样重要

集体大合唱、打麻将、看电影、听健康讲座等同样很有好处。老年人行走缓慢,视力和听力都变差,可参与的活动很少,如果不能参与集体活动或者欠交流,很多人都会变得抑郁寡欢和昏昏欲睡。一群老人在一起做集体游戏,或者一起大合唱、打麻将、看电影等等,他们就会很开心很投入。愿意参加集体活动的老人明显头脑更灵光、精力更好一些,生活质量也相对较高。

(4)推拿针灸理疗大有好处

关节病和一些疼痛,推拿针灸和理疗有比较明显的治疗效果。推拿针灸本身也有放松和治疗各种疾病的效果。

(5)自我保健是重中之重

除了合理而科学的饮食、合理地安排一天的时间、适度的锻炼、合理的药物治疗等等之外,自我保健也非常重要。自我保健包括自我按摩穴位、拍打经络、修习气功、学习八段锦五禽戏等传统养生方法。

2. 高龄群体适合的运动项目

(1)强度适中

中高龄老人(80岁以上为高龄老人)参加体育健身锻炼必须谨慎从事,由于高龄老人的身体机能及各器官功能都明显衰退,并且伴有肌肉萎缩、骨质疏松等症状,因此不宜进行运动强度过高的活动项目,否则容易造成骨关节和肌肉的损伤。由于老年人的身体恢复过程较为缓慢,如果一次练习过于劳累,身体得不到恢复,反而会使身体机能下降。

(2)全身性运动项目

高龄老人应选择全身性运动项目,使各肌群、各关节都能得到活动,锻炼时动作要缓慢而有节奏,例如可选择散步、慢跑、练太极拳、气功、八段锦、保健按摩、打门球,以及日光浴、空气浴、冷水浴等。

(3)身体不适要停止锻炼

参加健身运动时,如果身体感到不适,切不可勉强,应待恢复后再练。

(4)要进行医务监督

高龄老人健身运动最好要有医务监督,健身运动前后检查身体,记录运动前、中、后的心率和血压,有条件时做心电图,根据反应情况及时调整运动强度,必要时要更改运动项目。

(四)运动注意事项

1. 清晨锻炼不适合老年人

目前我国大多数老年人都是在清晨时间进行体育锻炼,但是早晨并不是老年人最佳的锻炼时间。原因:(1)如果早上空腹锻炼很容易诱发低血糖症状,尤其是对于患有糖尿病的老年人来说。早上如果空腹运动,身体所消耗的能量主要有脂肪提供,而脂肪供能所产生的一些脂肪酸等代谢产物对心肌有不好的影响,尤其对患有心脏病的老年人影响更大。(2)人体一天节律中的谷相位时期是早晨的6点到8点之间,此时人体的各项机能均处于较低的水平,如果在这一时期进行体育锻炼,则很难达到预期的效果,甚至容易受伤。(3)在一夜的睡眠后,人体基本没有进水,导致血液黏度相对较高,血流速度相对较慢,若此时进行锻炼很容易发生脑供血不足的现象,尤其是对于血液黏度较高的老年人更应注意。另外,经调查研究发现,高血压患者多是在早上诱发脑溢血,而在白天的发病率相对较少。(4)早上空气中的氧气含量相对较少,而二氧化碳含量较多,特别是在浓密的树林中,树木经过一夜的呼吸作用释放出二氧化碳,以及缺少白天阳光中紫外线的杀菌作用,经过整晚的聚集,使早上空气中含有的有害成分比白天更为严重。据国际环保组织报道,早上9点到10点是一天中空气质量最好的时期,所以老年人在锻炼时间的选择上应是上午9点到10点或者下午4点到6点之间。

2. "饭后百步走"并不科学

吃饭特别是吃饱饭对有心血管病的患者是一种负荷。据研究发现,老年人餐后60 min 血压由餐前139 mhm 下降到129 mhm,而心率上升,运动后出现体位性低血压者占25%,说明餐后运动对老年人心血管有明显的负性作用,因此,饱餐后2 h 内应避免运动锻炼。

3. 锻炼要循序渐进,持之以恒

运动能延缓人体衰老,增强人体免疫能力,使生理年龄低于实际年龄。长期锻炼的人 60 岁时个体年龄差可达 25 岁左右,能持久保持青春活力。Blair 研究表明,终身运动对寿命的影响是:在平均寿命的基础上再额外增加 2 - 7 年,并可防止或延迟一些退化性疾病的开始。如果运动间隔时间太长,锻炼的效果就不会积累[1]。美国国家航天航空局进行的研究表明,不锻炼的肌肉很快失去力量,48 - 72 h 内必须再次使用肌肉以重建良好的体质[2]。由此可见,经常规律性进行身体活动对健康与长寿都有积极的影响[3]。

4. 老年人健身运动中的五戒

一戒负重练习;二戒憋气动作;三戒急于求成;四戒争强好胜;五戒过分激动[4]。

四、合理分布提高老年体育干预的易得性

体育资源开发状况直接影响到老年居民的体育参与水平,因此,以分类分级的思路开发体育资源以提高体育活动易得性。一是根据运动活动区域和老年群体的距离远近进行规划。调研中发现距离远近直接影响到老年居民的体育参与水平,所以在对体育活动区域的规划建设中,一定要考虑距离因素。可以将体育活动区域建设划分为:零距离体育运动区域、近距离体育运动区域和远距离体育运动区域,以不同的活动区域来满足老年群体对各种活动的需求。零距离运动区域就是居民足不出户便可以开展体育锻炼,如推拿按摩、养生气功、家庭保健操等;近距离体育运动区域就是在居住区附近且不需要很大的场地就可以进行体育锻炼,如散步、跳舞、健身房运动等;远距离体育运动区域就是远离居住区且场地宽广的运动区域,如爬山、郊游、钓鱼等。

合理分布提高老年体育的易得性主要是解决由于距离的远近而影响老年人

---

① Blair, *S N. Physical fitness and all cause mortality*. JAMA,1989,26(02):2395.

② 陈栋:《老年人体育锻炼与运动处方》,载《福建体育科技》,2002 年第 5 期。

③ 王学锋、田玫:《身体活动的抗氧化作用及其对健康寿命的影响》,载《山东体育科技》,2001 年第 3 期。

④ 李爽、张新英:《老年人健身运动处方》,载《中国临床康复》,2002 年第 11 期。

体育锻炼参与的问题,旨在形成一个布局合理的老年体育资源网。干预手段主要有:

(一)零距离运动区域

零距离运动区域就是居民足不出户便可以开展体育锻炼,如推拿按摩、养生气功、家庭保健操等。近年来雾霾持续笼罩我国大部分地区,许多人呼吸系统都出现问题,而体质较弱、抵抗力较差的老年人更是经常咳嗽、感到呼吸困难①。但即使在这样恶劣的天气下还是有很多老年人坚持进行室外锻炼,这样不仅不健康,潜移默化中还会引起其他疾病。所以在室内进行锻炼更切合某些老年人的需求。比如锻炼方式以家庭保健操为例:

1. 踱步健身

通过在家中来回踱步锻炼同样可以达到平时散步的效果,每天坚持走上三千步左右,步履轻盈匀称,不急不缓。尤其是在早上的晨练中,伴随着轻音乐或者听听新闻,在不知不觉中就完成了锻炼任务。这种锻炼方式同样可以活动全身的关节和肌肉,促进血液循环,使睡了一晚上的身体得以放松。

2. 颤抖健身

可躺在自家床上或地板上进行,建议锻炼前先喝一杯凉开水。首先,仰卧在床上(或地板上),枕头高度适中,不宜太高,身体自然放松,双手、双脚自然平放。保持一分钟之后,双手、双脚同时向上举起,四肢与身体呈直角状态。然后,四肢在同一时间轻轻摇晃抖动,早晚各做一次,每次坚持 3 - 5 min。颤抖运动有利于老年人身体的血液循环,可缓解头痛、腰背疼痛以及高血压等症状。

3. 下蹲健身

两脚开立与肩同宽,双手叉腰,两眼向前平视,然后膝盖微屈缓缓下蹲,同时脚跟离地,重心在两脚尖上,并且口中念"哈"字,吐出腹中浊气。起立时吸气,脚跟落地,意守丹田,想象着已把新鲜空气送入丹田。此动作应缓慢循环,老年人的运动可以再放慢一点,根据自己的身体条件,可采取半蹲姿势。每天练习 2 - 3 次,每次循环 30 次左右。

---

① 曲海燕、赵东海、叶常青等:《雾霾天气老年人发病特点及防治》,载《蛇志》,2013 年第 1 期。

4. 局部健身

坐在家中沙发上,活动双手,或拍手击掌,或做引体向上的动作。活动30次左右之后开始做眼保健操、按摩耳操、推拿腹部运动等。另外,还有一种很适合老年人的锻炼方式:"摇头晃脑,抓耳挠腮"。所谓摇头晃脑,就是以头不晕眼不花为前提标准,节奏缓慢地上下左右晃动脑袋;抓耳挠腮,就是轻柔地上下搓揉自己的耳朵,来回循环50次左右。因为,人体大部分穴位都集中在耳朵上,同过不断刺激耳朵穴位能够起到防病健体的功效。

(二)近距离运动区域

近距离运动区域就是在居住区附近且不需要很大的场地就可以进行体育锻炼,如散步、跳舞、健身房运动等。在老年人的日常活动中,社区的户外活动场所是他们最重要的活动场所,能满足老年人日常居住生活,促进老年人身心健康,具有十分重要的意义。创建老年人户外活动场所的宗旨是为了给老年人创造安全、舒适、生动丰富的户外活动空间,也是社区整体环境的重要组成部分之一。为老年人创建一个良好的户外活动场所,不仅使得社区环境更加完整,而且对于促进尊老、爱老、敬老的良好社会风气的形成具有积极意义。所以,应该合理配置并充分利用其周边的各类社区体育资源,例如可以多个社区合建小型场馆,或者各建几种设施和场地,以俱乐部的形式吸收会员,进行有偿使用,优势互补,进行产业化运作。也可与厂矿、企事业单位、学校合建或分建,通过出租和租赁体育基础设施达到资源的共享。大力鼓励个人、企业投资社区体育设施,政府给予一定的优惠政策。对于一些大型体育中心和场馆应继续发挥其窗口效应,重新进行重组整合,产业化运作,逐步建成集竞赛、健身、娱乐、休闲、旅游、观光为一体的开放式体育公园。

(三)远距离运动区域

远距离运动区域就是远离居住区且场地宽广的运动区域,如爬山、郊游、钓鱼等。老年人外出锻炼除了因为对身体有好处,更多的是为了和同龄人交流沟通满足心理上的需求。步入老年后容易对自己身体上的退化感到无助和自卑,而且现在大多老年人的子女都工作繁忙,少有时间陪伴左右,进而导致老年人感觉被忽视产生孤独感,严重的还会导致抑郁症等心理疾病。老年人在参加体育锻炼的时候会与同龄人沟通,排遣寂寞;完成体育锻炼时会有成就感,能够实现自我价值、提升幸福感①。例如,登山运动对促进老年人的身心健康起着多方面的作用,可以消耗体内多余的脂肪,延缓身体机能的衰老,还能对延缓视力衰退、增进心肺功能以及肢体的协调有很好的作用:

1. 远距离眺望改善视力

远距离眺望是改善视力最方便简单的方法之一,通过极力远眺使眼部肌肉充分放松。然而,由于工业污染以及城市热岛效应等因素,使空气中含有较多的颗粒物以及悬浮颗粒物,导致城市中的能见度较低。所以,在登山的过程中,特别是在山顶之上,可以使眼睛无限远眺,缓解眼部肌肉疲劳,改善视力。

2. 增强肺功能

尽管当前大部分地区都优化了城市中的绿化环境,但是其绿地面积仍远远不及山中的草地森林,因此,老年人经常行走于山间,不仅有利于增加心脏的收缩力,而且对于增强肺功能,改善肺通气,增加肺活量都具有很好的作用。

3. 提高老年人的身体协调能力

经常行走于不太平整的山间土路,可以提高老年人的身体协调能力,改善身体平衡,使肢体更加灵活,使肌肉更加强健。

4. 加大人体所积蓄脂肪组织的消耗

通常人体日常的糖代谢是属于有氧代谢,老年人通过登山活动,由于处于空气较为稀薄的环境中,使机体内大部分的糖代谢转为无氧代谢。如果在身体条件允许的状态下,可以组织山间野营活动,而野餐的热量一般达不到体内的热量需求,所以,它能够加大人体所积蓄脂肪组织的消耗,特别是腰腹部脂肪的消耗。

5. 清除体内有害物质,延缓衰老

自由基是人体正常代谢中的一种产物,是通过破坏人体细胞膜,溶解健康细胞,从而引起人体组织的衰老甚至变异的一种有害物质。然而通过呼吸作用,自由基可以和空气中的氧气负离子发生反应并随之排出体外。据有关数据表明,氧气负离子的单位含量在城市中仅为每立方厘米 100 – 300 个,而在森林山地中的含量却是城市中的几百倍。因此,老年人通过登山运动可以有效地清除体内有害

---

① 杨波、张亚峰、田建君等:《体育锻炼对老年人整体自尊与心理幸福感的影响研究》,载《成都体育学院学报》,2011 年第 7 期。

的自由基,延缓衰老。老年人爬山锻炼注意事项:

(1)因人而异

老年人在登山之前必须要检查一下自己的身体健康状况,并不是所有老年人都适合登山运动。比如患有高血压、肺气肿、眩晕、癫痫等症状的老年人不宜爬山,尤其是心脏病患者,由于登山的体力消耗较大,加快了血液的循环,使心脏负荷增加,很容易导致心绞痛甚至心肌梗死。如果确实想爬山,可以结伴同行,尽量在一些坡度较为平缓的山间草地行走,走走停停,中途多休息几次,并且带上预防突发冠心病的急救药。

(2)时间适宜

对于老年人来说,登山活动不宜过早进行,等日出后再出发。因为清晨的室外气温较低,在室内外温差较大的情况下,由于老年人的心血管功能衰退,如果突然受到室外冷空气的刺激,很容易诱发血管痉挛,导致心绞痛甚至心肌梗死。再加上如果过早的摸黑出门,在老人视力衰退的情况下,也很容易发生危险。所以老年人在早饭后爬山较为适宜,注意穿舒适跟脚的防滑鞋以及保暖轻便的衣服。

(3)预防伤病

对于患有糖尿病的老年人也要注意低血糖现象的发生。尽管通过登山活动可以帮助糖尿病患者降低血糖以及控制体重,但也要注意预防低血糖。患有糖尿病的老年人要爬山可以在饭后一小时进行或者爬山前可以少量进食。此外,这类老年人在登山时一定要穿好鞋袜,不要穿太薄的袜子,因为糖尿病患者如果受伤,即使是小伤口一旦破溃也很容易发生感染,所以在山路的选择上要尽量选择好走的路,以免发生磕碰擦伤。回家洗澡时也要仔细检查身体是否有细小伤口,如果有应及时做消毒处理,伤口长期不愈合的话应及时就医。

五、合理规划保证老年体育干预服务均等化

物质文明是人类改造自然的物质成果。表现为人们物质生产的进步和物质生活的改善。体育干预也可促进物质生产的进步和物质生活的改善。然而城市与乡村社会体育的不协调,使得较多的体育服务没有被农民所享有,因此,要注重体育服务的均等化,让体育干预更好地为农村老年人、偏远地区老年人服务,让更多的老年人融入体育生活。一方面,体育活动均等化将带动更大范围内的农村老年人从事体育锻炼,这可促进当前充当农业生产主要力量的年轻老年人的身体素质和机能的提高,进而推进物质生产进步。另一方面,体育活动均等化将带动体育设备设施的完善,更多的老年人可以享用这类文化设施,这其实就从一定程度上改善了其物质生活。合理规划提高老年体育设施均等化是对现阶段城乡二元结构的一种反思,也是在老年体育发展过程中的一种有益尝试。干预手段主要有:

(一)体育设施和服务要向偏远地区倾斜

随着人类历史的发展,受环境因素、人文因素、地理因素等制约,导致各地区经济发展水平不平衡。"经济基础决定上层建筑",经济水平的制约,给老年体育工作的开展增添了许多难题,老年体育工作的开展情况与各地方的经济发展水平呈相同态势。老年体育资源大多集中在城市地区,城市地区的老年体育工作开展水平呈上升趋势,但农村却仍然处于萌芽状态。有些偏远地区或少数民族地区的老年体育工作还处于待开发阶段。所以,老年体育工作的重点和难点在于如何使边远贫困地区的农村老年体育工作顺利、有效地进行。老年体育设施规划和相关服务要向偏远地区倾斜,要统计出急需相关服务设施的区域,制定合理计划逐年实施。

1. 大力宣传老年体育工作的意义

宣传是开展工作的首要任务,农村老年体育开展的难点主要是因为老人们对老年体育没有合理、充分的认识。根据各地方的经济、环境、人文等因素,利用现代宣传手段,提高贫困地区人们的锻炼意识。与各级各地方干部领导进行沟通、了解,根据本地的现实情况,通过多种形式宣传老年体育工作的重要性,打破农村劳动者的"劳动就是锻炼身体"的观念,使他们正确认识体育锻炼所带给人们的改变。老年体育可以使老年人增强体质、达到健康长寿的效果,提高家庭幸福、社会和谐。老年体育可以提高老年人的生活质量,增加生活乐趣,使身心愉悦,让生活更有意义。老年体育的宣传工作是必不可少的,让老年体育工作的重大意义家喻户晓、人人皆知。

2. 因地制宜,选择适合当地老年人的运动项目

老年人体育活动的形式多种多样,例如气排球、门球、踢毽子、打陀螺、健身气功等,都是近几年老年人热衷的项目。因地制宜,根据不同的当地环境,设立不同

的体育运动项目。每个地方都有自己的传统文化与传统习俗,因地制宜开展传统体育健身活动,逐步提高老年人的运动兴趣,推动老年体育工作的发展。同时开展简单易学,可有效进行锻炼的现代体育项目,增加老年体育人的学习兴趣,增加运动的趣味性和现代性。

3. 组织一支老年体育骨干队伍,推动老年体育开展

云南省临沧市凤庆县大寺乡路山村委会,虽然自然环境恶劣,经济条件相对较差,但各层领导重视老年体育事业,利用当地的文化,与当地群众自发组织文化体育生活,成立运动队伍,组织培训机构,组织比赛。在运动中,极大地推动了老年体育工作的开展。实践证明老年体育工作的展开,需要一批领头人,可召集当地政府、干部、体育积极人员组建领军团队,他们要乐于奉献,乐于为人民服务。积极宣传老年人体育的意义,提高老年人运动的兴趣,推动与发展老年体育项目的开展,进一步提高老年人的生活质量。

4. 建设老年活动设施为开展老年体育活动创造必要条件

老年人运动的主要制约因素是老年活动设施的缺乏,建设老年活动设施是开展老年体育活动的首要任务与必要条件。在一些农村或偏远地区,受经济水平和土地资源的限制,对老年人体育设施建设形成阻碍。可将老年体育活动设施建设与乡、村、文体设施结合,共建共用,把老年活动设施建设纳入新农村建设规划,与新农村建设同步进行,为老年人体育活动的开展提供活动场地,可有效促进老年体育活动的开展。

(二)体育设施和相关服务向农村地区倾斜

农村地区是农村老年人的主要聚居区,农村老年体育问题是社会体育问题的一个侧面,在一定程度上说明了我国的社会体育意识正处于一个发展变迁时期,人们的思想、观念、行为在变,为了顺应时代变化发展,同时保证农村老年人的身心健康,老年体育设施规划和相关服务要向农村地区倾斜,补充相关服务设施,综合运用各种措施,选择适宜对策,促进农村老年体育不断发展[1]。

---

[1] 张开林:《农村老年体育问题的透析与对策》,载《四川体育科学》,1999年第1期。

1. 加强对农村老年体育的研究

尽管我国农村体育服务制度日益成熟,但由于城市和农村这两个结构的长期存在,以当前我国新农村建设的发展状况来看,农村的经济发展仍处于比较落后的状态。而且相比较城市人口,我国农村人口仍然众多,但是却严重缺乏健全的社会保障体系,农村体育服务制度更是处于落后状态,所以要充分了解和掌握当前我国农村老年体育服务发展的现状,加大力度深入农村调查研究,对城市和农村老年体育发展的相同点与不同点进行分析,善于发现农村老年体育发展的独有特征,发挥其重点项目,努力攻克其发展过程中的难点以及存在的主要矛盾,从而在理性科学的基础上发展建立我国农村老年体育服务体系。

2. 加强农民保障体系建设

目前,在我国老年体育的发展过程中,农民权益保障体系建设缺乏,因此,应加强社会养老保障制度的覆盖率,尽可能地提高我国老年体育发展的保障水平。加大对老年社会福利的关注和重视、加强保障制度的发展以及推广老年体育发展政策是我国政府的基本职能之一。鼓励老年人参加适当的体育活动,给他们营造一个舒适良好的锻炼活动空间和设备支持,使他们走出家庭融入社会,从而提高老年人的社会交往能力以及生活质量保障。调查发现,乡镇、村庄的老年体育组织还没有明显成型,乡村对老年体育活动的发展影响很小。此外,由于老年人的身体机能逐渐衰退,对运动强度以及活动量的大小反应较为敏感,所以我们必须为老年人的锻炼安排科学的组织和指导,否则可能适得其反。建立和完善农村老年体育协会组织,是当前农村老年体育工作的迫切需要。

3. 发挥各级政府尤其是村委会的作用

对于当前我国农村体育发展资金不到位、体育专业人员稀缺以及体育场地设施匮乏的现状,很大一部分原因是由于我国政府有关部门对农村老年体育的发展价值认识不充分导致的。各级领导干部应加大对社会发展以及社会公共管理服务的重视,加深对老年体育服务工作的关注。具体来说,就是老年体育的健康发展需要政府的政策资源支持。作为基层组织的村民委员会,它是与农村体育的发展密切相关的,而且农村的经济事务是直接由村委会管理,具有支配农村经济的权利,所以也有权利为村民提供多种体育公共场地设施以及组织各种体育活动,因此,在农村体育的发展过程中,村民委员会起着更大的驱动作用。各级政府特别是乡镇政府应深刻认识到农村老年体育发展的重要性和必要性,促进老年体育事业的发展。

4. 加大宣传力度,调动积极性

加大力度宣传农村体育发展,培育和建设全民健身的体育氛围,引导农民科学健身并增强其健身意识。不仅仅要组织开展体育锻炼活动,还要积极开展体育健身知识和技能培训、信息服务、体质监测等项目,从多角度、全方位地为广大农民提供科学有效的健身知识,丰富农村老年人的生活内容,提高生活质量,使他们认识到锻炼健身的重要性,并积极主动地参与到体育活动中去。

5. 加大健身设施建设力度,培养高素质的社会体育指导员队伍

体育场地设施是保障农村体育活动正常开展的基本前提条件。近年来,农村体育的基础设施建设在政府的支持下得到了一定程度的改善,但是场地设施仍然匮乏。因此应加快体育基础设施的建设,全面整合现有的农村体育资源,特别是加快学校体育设施向公众开放的步伐,为农民参与体育活动提供造良好的条件。

当前农村地区极度缺乏专业的社会体育指导员,由于农村老年群体的文化素质较低,普遍缺乏科学系统的健身指导方法,因此,要着重培养农村体育社会指导人员,这对发展农村老年体育以及农村体育事业,具有十分重要的意义。

第三节 体育干预提升老年人文明指数的实施路径

物质文明是人类改造自然界的物质成果的总和,它包括生产力的状况、生产的规模、社会物质财富积累的程度、人们日常物质生活条件的状况等等。精神文明是人类改造客观世界同时也改造主观世界的精神成果的总和,是人类的精神生产的发展水平及其积极成果的体现。精神文明包括思想道德和科学文化两个部分,是这两个部分的统一。但现实生活中,物质文明和精神文明是有机统一、不可分割的[①]。推动物质文明与精神文明协调发展不仅是我国全面建成小康社会的内在要求,也是实现中华民族伟大复兴的根本要求,也是目前落实我国经济、文化、

---

① 左亚文:《论精神文明与物质文明和政治文明的辩证互动》,载《马克思主义研究》,2003 年第 6 期。

社会、政治、生态等协调发展理念的必然要求①。这更是建设幸福中国的必经之路。体育生活是现代生活中既涉及物质又涉及精神生活的一个特殊领域。因此，恰当的体育干预手段可通过促进物质生产和生活的进步等途径来提高老年人的物质文明水平和精神文明水平。

目前，我国正处于产业结构调整的重大时期，服务业将成为我国未来的一个重要产业。老年服务业作为服务产业中新兴起的部分，是一个充满商机和前景的朝阳产业。我国经济发展、产业结构调整和供给侧改革提出，扩大有效供给，提高供给结构对需求变化的适应性和灵活性，提高全要素生产率，更好满足广大人民群众的需要，促进经济社会持续健康发展。这要求老龄化背景下，注重发展老龄产业满足老年服务业需求。近年来，各地不断兴建老年公寓、敬老院，许多企业不断开发老年医保产品，各类老年体育组织机构建立，老年旅游业、老年文化娱乐业、老年健身业等老年服务产业逐渐发展起来。因此，通过体育干预的方式来提高老年人的文明指数十分必要。

一、政府资金满足体育干预服务的基本需求

2017 年 3 月 1 日《"十三五"推进基本公共服务均等化规划》印发，其中涵盖了教育、就业、社会保障、医疗、公共文化体育及残疾人服务等多个领域，是十三五期间政府对全民基本生存发展需求的制度性保障。老年群体享有体育服务的基本需求是其基本权利之一，也是政府的职责所在。

政府资金满足体育干预服务的基本需求旨在以政府、公益性资金等促进城乡、区域、人群对体育干预服务基本需求的均等化获得，主要强调政府投入。干预手段主要有：

1. 提升老年体育服务水平，实现基本保障

随着我国人口老龄化这一不可逆转趋势的不断前进，老年人在我国的人口比重中不断增多。虽然在社会主义市场经济这一体制下，市场中不断出现着越来越多多种多样的新型体育设施，但是主要是针对青少年、成年人，例如备受瞩目的足球运动和时尚健身这一系列的体育项目对于老年人来说比较欠佳，不适于大多数

---

① 任广峻：《推动物质文明与精神文明协调发展研究》，载《法制与社会》，2016 年第 8 期。

老年人的身体状况,因此应大力开发适合于老年人的体育场地设施和体育项目。首先政府应积极筹措资金,兴建基础的体育设施、运动场地、场所、场馆等,这些是开展体育干预服务的前提。幸福中国的建设中,作为体育部门,应积极地投身其中,通过加强体育场地设施和组织建设,广泛开展老年体育活动,促进老年人体育活动和谐发展,为幸福中国的建设做贡献。政府应建立完善的体育干预服务机制,提供多元化的体育干预服务。

在社会主义市场经济的推动下,积极转变政府职能,倡导发展各类体育协会、健身俱乐部及体育健身辅导站,实现"投资主体的多元化、服务对象的层次化、服务模式的多样化",满足老年人的健身需求。根据老年人需求,建立多种不同形式、不同规模的社会体育指导中心或指导站,建立群众体育协会和各种形式的基层体育组织,形成覆盖面较广的老年体育活动组织和新型管理体系。老年人在进行体育锻炼时存在一些问题,例如,运动量和运动强度安排的不够合理,说明这一部分老年人的体育锻炼不科学,这样就达不到体育锻炼强健身心的目的。因此,政府相关部门应加强科学指导,促进老年体育锻炼科学化。对老年人进行体质监测是对其实施体育干预的基础。政府应该加大资金投入,并制定专门政策来加强体育管理和科研专业人才的培养,加强生物、心理、社会等体育监督系统的相关服务,积极开展老年人体质测试研究,在此基础上以体育干预为指导,选择适合老年人的运动项目,掌握适宜的运动量和运动强度,注意运动的安全性和有效性,以取得理想的锻炼效果。面对这一现状,政府发挥了宏观调控的职责,将其资金用于弥补市场经济体制下出现的这一缺口,不仅满足了老年人的体育健身需求,而且对市场经济有一定的平衡作用。

充分发挥老年协会的组织作用,建立老年体育协会,联合街道办事处积极开展社区体育辅导站的组织活动,真正做到体育活动为老年人服务,为老年群体提供多元化的体育干预服务,满足老年人的健身需求。培育和扶持自发性老年体育活动组织,政府应正确认识到自发性老年体育组织在推动体育活动组织的多样化发展、带动老年人活动参与性上的重要功能和作用。积极培育自发性老年组织,在宏观层面予以支持,担任主角,积极发挥政府的主导职能优势,采用自上而下的手段培育和支持老年体育自发组织,在政策上引导、协助,并在软件和硬件上提供帮助,在协同完善已有的条件基础上,营造良好的社会氛围,优化老年体育组织的生存环境,推动老年体育组织朝着正确的方向有序发展。在监管体系担当"掌舵者"的角色,实行多角度、全方位的有效监管,以保障老年体育自发组织可持续发展。但在微观层面,要明确政府在微观层面和组织体系的配角定位,让老年体育自发组织能够自下而上,遵照自身的演进规律,实行自主管理、自主服务、自主约束和自主发展,减少外部力量的干扰,以确保自发性老年体育组织运作的规范性和长效性。

2. 保证农村及偏远地区老年群体享有政府提供的服务

政府有职责提供广泛的体育服务。目前我国不仅面临着老年体育服务缺乏的问题,而且面临着不同地区的体育服务比例失衡的问题。东部多、西部少,城市多、农村少是我国目前老年体育服务的存在现状。想要完善这一现状,离不开政府的扶持与帮助,要将更多的资金投入到体育服务较少的农村,使农村的老年人拥有平等的权利来享受这一服务。我国人口众多,且老龄化加剧,只有保障最广大人民群众的基本需求,尊重人民群众切身需求,维护人民群众的根本利益,体育服务乃至社会主义文明建设才能得到更广大人民群众的支持以及才能获得更加肥沃的实践土壤。要把农村及偏远地区的人民群众,特别是老年群体是否满意作为政府工作的指挥棒,从广大农村及偏远地区的人民群众最关心、最直接、最现实的问题入手,持续加大对体育服务的投入力度,不断提升政府服务水平。让农村及偏远地区的人民群众像生活在经济发达的大城市一样,切实享受贴心的体育服务。

农村社区是我国的最基层,密切联系着广大农村人口的生活。通过建设农村社区体育综合服务中心,采取向社会组织购买体育服务的方式,为农村老年人提供福利性服务,营造出文明和谐的新农村,从而提升老年人的文明指数。农民体育健身工程建设的事实证明,农业的现代化发展,农村经济水平的快速增长,农民的富裕,是农民体育健身工程实效性建设提升农民幸福指数的基础①。农村地区经济的快速发展是体育干预服务提升农村老年人文明指数的物质基础。众所周知,我国处于并长期处于社会主义初级阶段,是世界上最大的发展中国家,并且是

---

① 顾民杰:《农民体育健身工程实效性建设提升农民幸福指数的实证分析》,载《体育与科学》,2011 年第 1 期。

一个发展中的农业大国,因此,我国经济社会的发展自始至终面临着一个重大课题,那就是农村经济与农村体育的发展。农村老年人作为我国一个社会弱势群体,人数众多,经济状况差,体育服务保障最不完备,尤其是西部偏远地区农民经济收入和体育服务所生存的内外环境直接影响其发展。农民经济状况与体育服务的好与坏直接引发农民,尤其是老年农民的体育价值观、思维方式和行为方式的改变。因此,政府应采取措施大力发展农村经济,为促进体育服务提升老年农民的文明指数提供物质保证。

3. 关注老年女性和老年残疾人等特殊群体的体育服务

女性在家庭和社会中都扮演着不同的、重要的角色,女性的健康状况好坏直接影响着家庭和社会的和谐发展。女性在步入中老年阶段的过程中生理和心理的变化很大,机体的各种功能都明显下降,心理承受力明显减弱,容易出现更年期综合征,生理上的一系列变化很容易导致心理上的偏执,常出现反常情绪和僵化思维等。而体育锻炼具有天生的调节情绪、宣泄情感的"安全阀"作用,通过适当的体育锻炼可以消烦解闷,缓解生活中的压力,让人精神放松,心情舒畅,参与体育锻炼是提高老年女性健康的有效手段①。随着社会的发展和妇女的解放,妇女的生活内容、生活范围发生了极大的变化,现代女性完全打破了传统妇女只承担家庭角色的习俗,她们除家庭角色外,还走入了社会,担负起了众多的社会角色,提升了女性的主人公意识。随着妇女社会地位的不断提高,女性参与体育锻炼已经成为一种时尚,她们对身心素质和健康水平提出了更高的要求,健康、健美、展示女性的魅力已经融入女性的生活之中。同时也提高了她们自身在社会各领域的竞争力。

政府采取措施,通过各种渠道,加大对女性体育锻炼的宣传力度。通过网络、宣传海报、电视宣传片、录音广播等形式来加强宣传。拍摄健身公益广告、撰写女性健身专题报道、安排老年女性体育锻炼方法专题指导讲座等,加强人们对老年女性体育锻炼重要性的认识。还可以在城市人流量密集区、居民区、街道区和其他公共场所,设立宣传牌。利用高校大学生进行志愿服务宣传和讲解,使体育锻

---

① 刘丽:《长春市中老年女性参加体育锻炼的现状调查与对策研究》,吉林体育学院 2010 年硕士学位论文。

炼知识深入人心,增强人们对健身知识的理解。目前,一些发达地区已经意识到中老年女性健身的重要性,并为女性专门开展了集体性的运动会,如湖北武汉、四川成都举行的妇女健身展示大会,泉州市举行的妇女运动会,这些做法对促进中老年女性体育的发展,具有很好的影响作用。在相关体育部门的领导下,可以每隔一段时间设置一些老年女性的体育比赛,诸如秧歌赛、健身操比赛、太极剑比赛等,近年来,火遍大江南北的广场舞就是一个比较成功的中老年体育锻炼的案例,提高老年女性参与体育锻炼的积极性的同时,也对体育锻炼进行了宣传。研制和创编适合老年女性参加的体育活动项目,扩大老年女性健身的普及面,挖掘更多适合老年女性的集娱乐、文化、健身为一体的综合性体育锻炼项目。由于老年女性的年龄和生理特点,要有针对性地开发一些适合老年女性的体育锻炼项目,组织专家创编和推广一些动作优美、节奏轻盈、负荷适中、轻柔缓慢,既能舒筋活血,又能调节情感,愉悦身心,健身美体的体育活动项目,吸引老年女性的参与。

相关部门应该加大资金投入和提供政策支持,发挥依托社区、服务大众的体育社会功能,在人口相对集中的社区建设免费的体育健身设施,吸引更多的老年人来参加体育锻炼。这样创造了良好的体育锻炼空间,为老年居民就近进行锻炼提供了方便,针对家务繁忙和行动不便的老年群体,也节省了有限的时间,在小区内就能健身可以进行体育锻炼,大大方便了他们参加体育锻炼活动。政府在扶持老年体育时,不仅要明确老年体育干预服务水平缺乏这一共性,而且要明确老年人个体差异这一个性。不同的老年人需求也不同,主要要区分老年女性与老年男性在体育服务方面的不同需求所在,还要区分老年残疾人与老年正常人在体育服务方面的不同需求所在,建立适用于老年人与老年残疾人等特殊群体的体育服务项目与设施,使不同老年群体均可享有这一规划带来的便利。

二、以健康水平的提高来建立生活自信

中西医在身体健康与生活自信方面均有论述,健康的身体更容易轻松应对生活挫折,在应对生活问题时也更加自信。尤其是老年群体,生活自信的缺失会直接导致颓废、消极度日,进而出现疾病不断,由此陷入健康水平下降与生活不自信

的连续怪圈①。以健康水平的提高来建立生活自信即是通过体育干预提升老年群体健康水平,使其以一种积极乐观的精神和健康有力的体魄来面对自己的晚年生活。干预手段主要有:

1. 连续监测,健康干预老年人慢性病

慢性病是由于人体的衰老、遗传、疲劳、营养不均衡、生活规律紊乱、缺乏运动、心理疾病等问题,打破了原有的一种平衡稳态,使人体处于一种平衡紊乱,继而引发出肥胖、高血压、心脏病、糖尿病、骨质疏松等一系列的慢性疾病②。

随着年龄的增大,身体各器官系统工作能力出现下降,导致身体出现这样或那样的病情,重点对慢性病老年人进行健康干预,采用连续监测等方法,掌握其慢性病进程,制定合理的体育干预手段,缓解并控制病情,使其朝预定的康复目标发展,最终摆脱病痛困扰。老年人进行运动时应该遵循适宜运动、区别对待、循序渐进、自我监督等原则。老年人运动前应该详细地进行身体评测,做出科学的运动处方。运动中应更进一步加强对身体的监测,以防出现运动过度或其他问题。运动后第一时间获得各种指标,对运动处方进行进一步的更改,以确保锻炼朝着预定的目标前进。实施体育干预,促进以增强老年人身心健康的为核心体力活动和适当运动项目,采用科学的运动测试和运动处方,指导慢性病老年人增强体力活动和适当运动,有效地预防和治疗慢性疾病,提升老年人的健康水平,是对老年人身心健康的最大关心。老年体育干预可以提高老年人的身体素质、促进老年人身心健康,提升老年人的健康感。老年体育干预看得见、摸得着,而且投资少、见效快,不仅能够较好地满足慢性病老年人的健身运动需求,而且能够使慢性病老年人形成新的身心健康理念。体育干预应以有氧运动为主,有氧运动可以增强呼吸及血液循环系统的工作能力,提高人体心肺功能。有氧运动对患有心脑血管疾病患者具有保健、康复、预防等积极的作用。要科学运动,增强慢性疾病老年人体质、延缓衰老、提高机体免疫力,使其自身系统平衡和稳定,改善其心理情绪及状态。因此,要加大体育干预对慢性病的预防、治疗和康复研究,使研究成果为慢性

---

① 陈柏峰:《代际关系变动与老年人自杀对湖北京山农村的实证研究》,载《社会学研究》,2009 年第 4 期。

② 毛誉樵、苏力博、林昊融:《体育运动对慢性疾病的影响分析及处方制定》,载《科学之友》,2013 年第 8 期。

病老年群体服务。

2. 体医结合健康干预老年群体重大疾病

体医结合是未来发展的一个具有较高前景的项目，在医学的基础上，辅之以科学的身体训练，不仅可以促进病人机体的恢复，而且能提高病人恢复后对环境的适应能力，总之，益处多多。政府通过这一手段实施对老年人的体育服务从而提高患有疾病老年人的身体健康水平，使老年人恢复对生活的自信，帮助其快速恢复健康与乐观的生活态度起着重大的作用。定期进行体格检测，坚持检查身体各指标，有针对性地进行体育干预，而且通过指标来衡量体育干预效果，促进老年人继续坚持体育锻炼。为重大疾病恢复期的老年群体制定体育锻炼计划，安排合理体育锻炼的时间，选择合适的运动方式和适当的运动强度，进行长期的体育锻炼。对疾病恢复期的老年人进行体育干预，要针对老年人特点，做一些拉伸肌肉的活动，可以使机体快速的适应。在运动项目的选择上，选用一些中低强度的有氧耐力运动，可以提高机体氧的代谢循环，增强呼吸肌的力量和耐力，增加肺通气量和吸氧能力，从而提高全身各内脏器官的新陈代谢，改善呼吸系统功能。在运动结束后，做一些适宜的放松活动，以调节血液循环，促进乳酸排泄，放松肌肉，使心率和血压接近锻炼前水平，避免突然停止运动时引起的心脏负荷骤然改变。对重大疾病恢复期的老年人的体育干预措施有：慢跑、坐位脚踏车、舞蹈、球类运动、太极拳与健身气功等。这些运动比较安全，有的无需器械，可以刺激代谢和心血管功能；有的可以增加人际交流，调节精神生活；有的可以锻炼肌肉和关节的力量，还能调节大脑皮层的兴奋性以及脑的灵活性与协调性。

培训针对重大疾病恢复期老龄群体的社会体育指导员以及体育保健、运动康复方面的专业体育人才。首先，必须明确这些专业人才在指导体育工作中的地位和作用，改善他们的待遇，在政策上给予支持；建立岗位资质，对体育专业人才进行定期培训、考核，使社会体育指导员规范化、职业化。其次，为积极参与社区体育工作的体育专业人才提供就业、社保等优惠政策，以激励更多专业人才参与老年体育服务。第三，丰富体育指导内容，除技能指导外，还应提供养生保健、运动处方、运动康复等多方面的咨询与指导。最后，为重大疾病恢复期的老年人配备专门的社会体育指导员，参照世界卫生组织发布的老年人锻炼指导原则，以及国外的老年人体育健身指导大纲，制定适合我国重大疾病恢复期的"老年体育健身指导员课程"和"老年体育健身指导方案"。

　　3. 健康干预体弱、亚健康老年群体

　　健康是个人幸福的基础,对家庭是一份责任、对个人是一种贡献。目前人们普遍认为影响身心健康的三个主要因素是遗传、环境和行为,在人类遗传特性不容易改变的今天,就要通过改变环境和行为来促进身心健康①。"生命在于运动",经常参加体育锻炼可以使人体各器官系统的功能保持良好的状态,能够减缓中老年人的体质衰退,使其体力充沛,具有旺盛的生命力,极大地提高健康水平。在关注患有疾病老年人的健康水平同时,还要关注介于健康与疾病中间,处于亚健康层次的老年人的健康。这一部分老年人群体,多是由于生活方式不当、经济能力较差、生活环境较差等客观因素导致的,为了避免这一部分老年人的健康水平进一步降低甚至可能走向疾病的道路,要实施有效的健康干预,提升体弱、亚健康老年群体的身心健康。体弱、亚健康老年人参加体育锻炼,可以促进血液循环,提高血液细胞的功能,增强抵抗力,防病治病,达到强身健体、延年益寿的效果。政府应该加大宣传体育锻炼的益处,更新体弱、亚健康老年群体的观念,提高老年群体的体育锻炼意识,让全民健身观念、科学的体育锻炼活动深入民心,成为体弱、亚健康老年人生活中自觉的、必不可少的活动。建设老年体育组织、体育活动站(点),便于体弱、亚健康的老年人进行健身活动,引导老年人学习正确的体育知识技能,崇尚科学的健身方法,促进老年人形成新的身心健康理念,扶持和改建周边体育环境设施,从而促进和激发这一老年群体的运动动力,使其提高健康水平、幸福指数,安度晚年。

　　三、社会资金扩充体育干预服务的特殊需求

　　财政收入放缓及政府支出持续增加等因素,造成了单纯依靠政府投入进行供给的老年体育干预服务存在一定压力,社会上虽有相当数量的资金在该领域门口徘徊,但是受消费水平低、投资回报周期长等因素影响,造成了老年体育领域一直以来都是市场资金介入意愿不强的领域,因此该市场也一直处于自然发展状态,

---

① 顾民杰:《农民体育健身工程实效性建设提升农民幸福指数的实证分析》,载《体育与科学》,2011 年第 1 期。

相关的服务缺乏且质量不高。但是在老龄化持续加大的背景下,老年体育亟须市场资金特殊。市场资金扩充体育干预服务的特殊需求主要是指在政府资金满足老年群体的基本需求以外的社会体育干预服务,以满足不同老年群体或同一老年群体的不同体育干预服务需求。干预手段主要有:

1. 引入社会资金,开展不同类型的老年体育经营活动

当今的社会市场中,大多数资金主要用在了与成年人有关的体育经济之中,其原因有消费能力较强,投资回报较快;健身意识较高,人群较广;终身体育的影响,持续的买单率较高。然而对于老年人体育,投资者却徘徊不定,首先是因为没有成年人以上的优势点,其次还因为老年人运动危险系数较高,投资风险大。在这样的市场环境下,政府应该做好正确的引导和带头作用,突破这些观点,改善投资政策,吸引资金,使得投资者乐于投资。政府可以建立体育资金的多渠道融资机制,联合扶老助老机构或社会团体、组织,通过集融资、商业赞助、社会捐助等手段形成多元化供给;实行社会捐助激励政策,对为老年体育事业或扶老助老项目提供资金帮助的企事业单位或个人,予以奖励或适度减免税收等政策优惠。其次,抓住机会,合理创收。一方面,老年团队可以借助自身优势,为周边企事业单位提供文体表演以获得商业收入,实现对外创收;另一方面,街道或居委会也可适当对内征收。

多渠道筹措社区体育活动经费。我国的体育经费是以事业经费为主,辅以多种渠道募集的模式,但从我国目前的财政支出情况来看,体育经费供给不足仍是制约老年体育发展的重要因素。不可否认的是,适度增加商业性资金的注入份额,从多个渠道寻求资金,无疑是弥补政府事业性经费不足的可行方法。政府部门应借助现有资源,减少活动支出成本。例如,可以与辖区内的学校、企业单位形成资源互利共享,可以通过资金补贴或社会服务等形式,发挥自身优势实现互惠互利。最后,严格监管,以提高经费的合理利用率,把活动经费用到实处,组织开展让老年人满意的体育活动,提供多形式的老年体育活动内容。

在发展老年体育的过程中,既要关注人口老龄化给社会发展可能造成的不利因素,也要看到老年人口数量增长对深入推进全民健身所带来的积极影响。政府要充分发挥社会体育活动、比赛的载体作用,通过办赛、办节日的方式,提升老年体育影响力,普及新颖体育健身方式,激励老年朋友参与体育健身活动。

2. 开发特殊老年群体的体育干预服务

老年体育是我国社会体育现状的一个短板,特殊老年群体体育又是更深一层次的短板,因此想要弥补老年体育服务短板,就不得不讨论对于特殊老年群体体育服务的开发与建设。着重针对特殊老年群体的体育干预服务进行开发,如对重大疾病恢复期老年群体及体弱、亚健康、慢性病、残疾老年群体进行健康干预,提高其日常生活能力。

我国当前的特殊老年体育服务项目还处于萌芽时期,投资项目少,收益人群少,亟待开发。政府应该在这一方面起好带头作用,鼓励投资、勇于投资、加大扶持力度,比如老年康复院、特殊人群运动处方工作室等针对特殊老年人群的体育服务项目都是具有很好前景的项目。加强老年公共体育场地设施建设,特别是完善设施的配置。对现有的体育场地设施进行整合,进一步扩大开放范围,提高其利用率,加快建设标准化大众健身场地设施,增加社会体育指导站点。

创编适合特殊老年群体的体育活动新项目。老年人体育活动的特征表现为,静中取动、修身养性,以强身健体、娱乐消遣为目的。除此之外,行之有效、花费不高也是老年人所关注的问题。我国传统体育文化讲求"养生、益智、健身",内外兼修,与老年人的体育活动特征和心理特征相吻合,因此,要在大力弘扬太极拳、太极扇、健身气功等民族传统体育活动项目的同时,不断创新普及投合老年人兴趣,并对老年人维持生理机能有所贡献的体育活动新项目提出嘉奖,把活动项目生活化、时代化、特色化。例如,2011 年新创编的"农具操"就以其独有的农家特色,作为地区文化产品在上海国际旅游节大舞台展演①。另外,体育活动的科学化也十分重要,借助科研机构的专业优势,进一步细化老龄群体,编排体育活动项目,最大限度地满足不同年龄段、不同身体状况、不同性别群体的老年人多方面的体育健身需求,同时要在运动时间、运动强度、运动量指标和心率、血压等生理指标上有所标注,以提老年人体育活动的有效性和科学性。

3. 政府要引导扶持社会资金进入老年体育领域

如何使得市场资金对老年体育服务的供给与老年人对体育服务的需求形成

---

① 张璇:《上海市社区老年体育活动现状及发展对策研究》,上海体育学院 2013 年硕士学位论文。

一个良好的循环,政府是一个重要的角色,在这一个链条之中,政府起着承上启下的作用,政府不仅要充分利用自身职能,引导、鼓励以及出台一些相关的优惠政策,而且还要通过宣传、教育等手段使得老年人认可并享受这一服务。政府应不断加大对老年体育干预服务的资金投入力度,将老年体育干预服务纳入财政专项预算,同时对专项预算执行情况进行严格监管,逐步完善对发展老年体育干预的资金保障。另外应该调动社会团体的积极性,多开展老年体育活动,以赞助的形式吸引社会资金的注入。福彩、体彩所筹集的公益基金要安排一定的比例,对老年公共体育福利项目和老年体育活动的开展提供支持。

鼓励社会团体办活动。从人口老龄化的实际情况出发,借助老年人在全民健身运动中的主力军优势,举办老年运动会,并在内容上丰富适合老年人的体育活动项目;结合各种节庆日期,举办适合老龄群体的各种健身活动、用社区健身比赛等形式,来带动并实现老年人体育锻炼的多样化、经常化和持久化,从而有效推动老年体育的纵深发展。在老年体育活动的实践中,积极发挥以非营利、公益互助为原则的社会组织功能,发挥其普惠性和公益性特质,一方面为老年体育活动的有效开展推波助澜,另一方面给政府惠及老龄群体的宏观政策和深入开展老年体育活动的微观决策提供理论支撑和事实根据。助老爱老社会组织或社会体育组织,可以借助自身优势有效配置资源,吸纳、利用社会资金和人才资源,协助政府组织开展活动,以老年体育协会为纽带,联合各单项体育运动协会、街道社区体育协会以及其他社会体育团体和单位,面向基层精心组织开展各类老年体育健身比赛,设立老年体育活动日等多样化的老年人体育健身形式。

四、以体育技能的获得来重建自我认同

老年群体进入晚年,生活逐渐脱离社会,进入一个更小的生活圈层,日常生活相对固化,接触新鲜事物的机会逐渐变少。在体育领域,众多的新兴项目如雨后春笋般涌出,虽然是新兴项目,但其中仍不乏有适合老年群体的活动。在新技能的获得中,众多研究表明:受众习得自己认为越难的项目,其自我认同建立的速度越快、越牢固。以体育技能的获得来重建自我认同指的是通过对老年群体的指导,使其学会某项运动技能,以此作为老年群体重建自我认同的契机。干预手段主要有:

1. 体育干预从未有运动体验的老年群体

我国是一个发展中国家,并且处于社会主义初级阶段的历史时期,许多老年人经历了国家的革命、建设、改革等重大历史阶段,他们中的很多人长期从事繁重的工作,有的甚至自始至终都在进行着体力劳动。他们年轻时,没有时间去参与体育活动,没有过运动体验,自然也不会感受到运动所带来的乐趣,更别提掌握运动技能。如今,这部分老年群体退休在家,对其实施体育干预,帮助他们喜欢上体育运动,并掌握一些运动技能,显得尤为重要。

要让从来没有过运动体验的老年群体喜欢体育,热爱体育,首先必须加大体育宣传力度。其次,应该让体育主管部门负责整体安排和规划,组织实施创新体育锻炼的内容和方式,为老年群体提供体育娱乐、表演、竞赛等项目。开展各种各样的健康科学的老年体育活动,可以通过交际舞、健美操、太极拳、乒乓球、折扇舞等体育运动形式,让这部分老年群体感受到体育在娱乐身心、增强体质方面的魅力,从而使他们乐于参与体育锻炼。

体育的起源是在游戏中发展而来的,在游戏中不仅能得到快乐,而且能获得自我满足感。老年人处于人生的最后阶段,死亡对他们造成的恐惧越来越大,由此而引发过多的焦虑、堕落等负面情绪。可以让老年人通过体育锻炼,在学习某项体育运动项目的同时,得到快乐与满足,忘掉负面情绪,客观对待生老病死,改善平常心。为老年群体提供和创造有利的运动条件,让老年群体参与运动体验。由于老年群体从未参与过此类活动,无论是身体素质还是心理接受,都会存在身体能力较差、心理抵制、缺乏自信等一系列问题,因此,要解决这一系列问题,首先需要对老年运动进行相应的宣传和鼓励,将运动的手段和方法普及给大家,并将运动的功效及益处告知大家,有条件的话,可以在各地安排相应的指导员进行指导和鼓励。对从来没有过运动体验的老年群体进行运动干预,是最简单且最行之有效的,因为这些老年群体没有过运动体验,换句话说就是这群老年人没有体育爱好,没有参加体育运动的习惯。对于这种类型的老年群体,我们要做的就是帮助他们,让他们喜欢并学会其中的一到两项运动项目,帮助其建立终身体育意识,使他们在体育运动中获得认同感,能够感到自身的进步,使他们在体育运动中能够收获友谊、收获快乐。

2. 体育干预喜欢运动,但从未参与的老年群体

在这一阶段的学习过程中,学习进程应该是较为轻松和顺利的,因为本身,该阶段的老年人都是对某项运动感兴趣的,常言道,兴趣是最好的老师。所以说,针对该阶段的老年人,只需要提供其该运动的学习机会和创设良好的运动条件,就足以让老年人获得更多的运动技能以及自我认同。当然,运动前的热身准备活动以及运动后的放松活动要重视起来,这一阶段的老年人很少参与运动,身体活动和承受能力不比年轻人,因此要特别注意热身与放松,以及运动的强度,避免出现运动损伤等问题。

许多老年人也乐于学习某些体育项目或者已经参与了某项运动,因为没有专业的技术学习和专业社会体育指导员的科学指导,虽然进行运动,但由于技术和身体动作的不标准不规范,不仅不会增进身体健康,反而会适得其反,导致身体某些部位在运动过程中造成损伤。一些老年群体由于年轻时迫于家庭、工作的压力,整天忙于"养家糊口",年轻时喜欢的运动项目没有时间进行,退休后他们有了充足的时间,其自身也希望能够将年轻时的爱好重新继续下去,对于这一点我们是应该给予鼓励的,而且也有义务帮助他们学会运动技能。如:一些老年人喜欢打篮球,我们可以联系当地的篮球协会或者是高校,寻求他们的帮助。

加大社会体育指导员的培养力度。要改善社会体育指导员的薪资待遇,制定相关政策来保障他们的合法权益。政策中要明确规定社会体育指导员的工作和义务。其次,在保障社会体育指导员权益的同时,要对他们进行定期的培训、考核,使得社会体育指导员自身要规范化、职业化,不能浑水摸鱼;要为那些能够积极参到社会体育指导工作中来的专业人员提供就业、社保等优惠政策,以此来吸引更多的专业人员参与社会体育指导工作。要丰富社会体育指导所包含的内容,除了相应的体育技能指导外,还应该为老年人提供关于如何养生保健的指导、为老年人提供科学合理的运动处方、组织适合老年人参加的竞赛活动;要设立专门的老年人社会体育指导员,根据我国现实的国情,培养专业的老年社会体育指导人才,保障老年人体育活动科学合理地开展。为了培养更多的社会体育指导员,高等体育院校(系别)也可以开设一系列老年体育课程,培养专门的老年社会体育指导员。此外,还可以让高等体育院校的专业教师和正在学习的学生,直接进入社区,以志愿者身份给予老年人健身指导,弥补社会体育指导员匮乏的局面。还可以对已经退役的运动员进行培训,鼓励退休运动员也参与社会体育指导,这既能解决退役运动员的就业问题,又可以为社会体育指导群体增加人力。

3. 体育干预喜欢且经常参与运动的老年群体

还有一部分老年人已经有了某项体育运动的基础技能,不需要进行技术学习,对于这样的老年人应该关注体育对他们的益处,如何运动才能增强体质,增进健康,延年益寿。帮助他们建立合理的每日运动计划,建立科学合理的训练机制,并通过科学的方式帮助他们提高技能。这部分老年人身体运动能力较前两者应该是存在很大优势的,因此其运动要求较前两类相比就会更高,在综合前两类老年群体参与运动体验、培养运动兴趣、学会更多的运动技能等要求的基础上,可以让他们更好地了解与掌握每项运动技能,并能在实践中更好地运用各项运动技能,帮助其提高自身的运动机能和水平,让其切实感受到自身能力的提高。同时也可以在身体允许的情况下,参与一系列相关的运动比赛活动,或者和朋友组织一些友谊赛,来检验一下自己能力的提升,同时也可以增进朋友间的友谊。

为了让喜欢运动的老年人能更好地参与体育锻炼,应加大体育基础设施和体育场地的开放。目前,我国专门提供给老年人的体育基础设施和场地比较少,可以从以下几个方面来改善这个问题。第一,对一些老的街道社区中的已经破旧了的健身场地进行维修改建或者扩建,或几个街道社区一起合建,这样既可以避免造成资源的浪费,也可以促进老年人之间的互相交往,扩大老年人的社交圈,消除他们的孤独感。第二,积极利用街道社区周围的免费开放的公园以及广场等场所,组织老年人进行体育活动,缓解健身场地空间不足的问题。第三,尽可能为老年人开放更多的健身场地设施,加大学校和单位体育场地的开放率。还有一些收费的体育场馆,除了大型体育竞赛的举办,基本都闲置着,应该变收费为免费或者低价向老年人开放,让老年人有更多的场地选择,也将改善居民经常投诉老年人体育活动造成的"扰民"问题。此外,在改建旧场地之外,街道社区还可以根据老年人的体育运动喜好,新建适合老年人运动锻炼的场地。当然体育设施和场地都应该得到定期的检查维修,避免出现运动隐患,增加器材使用期限。

五、以体育活动培养老年人健康的精神风貌

让老年人和其他群体享受体育的权益本身就是一个国家精神文明程度的一

种表现,而体育项目本身也是促进社会主义精神文明建设的一个重要平台。主要体现在实施多元化的体育项目可提高老年人的思想道德水平。先看总体,不论是参加个体活动还是集体活动,都有一个学习的过程,在这个过程中,可以促进老年人的交流,帮助他们联络情感、加深感情。再看需要协作配合的集体活动,在参加这类活动时,老年人可能会表现出各种不同的思想和行为,但是为了该类活动能够顺利完成,必须服从规则、服从集体,统一思想和行为,这个过程能增强老年人的集体主义精神,这将促进邻里和谐、乡村和谐,进而实现社会和谐和精神文明水平的提高。以体育活动培养老年人健康的精神风貌主要指通过体育运动,实现老年群体间的交流沟通,培养自身集体主义精神,以此实现健康的精神风貌。干预手段主要有:

1. 在体育活动中实现老年人的交流,联络情感

体育活动是一种群体性活动,是一种社会性活动。开展老年体育活动,有益于老年人的身心健康,能够丰富老年人的精神文化生活。老年人从工作岗位上退下来以后,随着年龄的不断增长,身体健康状况也会随之下降,"生命在于运动",在体育活动中实现了老年人的交流,促进了老年人的身心健康,丰富了老年人的精神文化生活,因此适当地组织开展老年体育活动就非常有意义。组织开展老年人喜欢的体育活动,激发老年人参加的积极性,让他们在活动中结交朋友,增进友谊,加深感情。

体育活动难免有多人参与,在参与中协助配合,可以促进老年人的交往交流、联络感情。体育干预可以促进社会的和谐稳定,促进人际关系的和谐发展,促进形成文明的、使老年人安居乐业的、积极、健康、文明、向上的新的社会风貌。通过参加体育活动,有效地促进了老年群体的社会交流意识,促进老年群体之间和睦相处,使老年人之间的关系和谐发展,形成健康文明的社会新风尚,提升老年人的幸福感。

体育活动的形式多种多样,不拘一格。任何一项体育活动严格来说都不是由一个人来完成的,它需要多人全方面地参与才能实现,就拿简单的跑步运动来讲,现如今在全国各地进行得如火如荼的马拉松运动,已经红遍了祖国的大江南北。同时这也说明了人们生活水平的提高对于健康的需求正在逐步增加。作为社会群体中的老年人也是如此。按照国际规定65岁以上属于老年人,随着社会老龄

化的加重,中国的老年人口逐年增多,所占比例也越来越高。老年人已经退休,业余生活增多,此时生活上的转变以及心理上的落差,易引发老年人产生各种各样的社会问题,而老年人参与体育活动,增加交流,有利于联络和加深老年人之间的感情,也有利于防止各种社会问题的发生。

开展家庭体育活动可以和谐家庭氛围。家庭成员彼此间的相互影响和共同参与是老龄群体能动地参与社会体育活动不可缺少的助推剂。以家庭成员为主体的体育活动,其目的不仅在于满足家庭成员间的体育健身需求,更重要的在于建立彼此情感交流渠道,借助体育活动这个非功利性载体,实现与配偶、与子女等家庭成员间的自由选择和平等交流,形成愉悦和谐的家庭氛围。和谐家庭氛围能够在心理上满足老年人获得家庭关怀的需要,使老年人获得幸福感,而这种幸福感可以在一定程度上构成老年人再次参与体育活动的动力,形成良性循环。家庭成员除了对老年人的体育行为表示认可,并予以积极鼓励之外,更重要的是以自己的实际行动感染和带动老年人参与体育锻炼,帮助他们建立正确的生命价值理念,形成家庭成员之间的情感与行为互动,加深家庭成员之间的情感。

2. 通过集体活动,实现社会和谐和精神文明水平的提高

和谐社会是人与人、人与社会和谐相处的社会,其本质是人与人关系的和谐①。和谐社会不仅是物质极大丰富,更重要的是人的发展,即人的身心、精神的满足及自我价值的实现②。体育运动,有助于人的身心和谐及人与社会与自然环境的和谐,更有助于和谐城市的构建。构建社会主义和谐社会,是党和政府密切联系人民群众的重要纽带,而发展体育运动是建设和谐社会的重要切入点,也是人民群众的迫切需要。体育运动不仅仅是强身健体的手段,同时也是体育作为精神文明建设的重要内容和载体,对于改善人际关系、增进邻里之间的和睦、增进社会凝聚力、形成积极健康的生活方式等方面都发挥了重要的作用③。

老年人是我们社会的一部分,社会的和谐离不开老年人这一群体的和谐。通过老年群体性体育活动,可以促进邻里之间、社区人群之间的感情交流、彼此互

---

① 陈青梅:《社区体育服务体系探析》,载《体育与科学》,2005 年第 3 期。
② 班秀萍:《体育与人的全面发展》,载《首都体育学院学报》,2002 年第 4 期。
③ 王艳锋:《社区体育对构建和谐城市的作》,华中师范大学 2013 年硕士学位论文。

助,促进老年群体之间的和谐相处,进而促进整个社会的和谐氛围。体育活动是老年人精神文明建设的有效载体。幸福中国的建设中老年人体育干预作为在全社会开展的一项健康老年人身心的民生工程,是营造和谐群体体育环境、促进老年群体的积极参与、协作、培育老年体育文化、提升老年人文明指数的重要杠杆。幸福中国建设中,老年群体是构建文明社会的不可忽视的力量,老年人的身体健康和生命历程的正常运行,无疑是保证推进小康社会建成,加快幸福中国建设正常进行的重要保障,也是家庭和社会和谐稳定的保障。

体育活动项目丰富多样,简单易学,而且大多是在社会的公共空间中进行,这就很好地吸引了老年人的主动参与,这就为老年群体之间相互认识和交流创造了条件,一些体育活动是要共同协作完成的,这也在无形中给老年群体交流沟通提供了平台。现如今,无论是运动会也好,还是其他活动也好,都越来越注重团体项目的开展,其中需要团体成员的协作配合,需要齐心协力、共同完成,看似简单的集体活动,其中蕴含了太多的精神与和谐,也就是这样看似简单的集体活动,更能振奋人心,更能凝聚所有人的力量,更能让人有齐心协力力争胜利的决心,更能体现邻里和谐,乡村和谐,进而体现社会和谐以及精神文明水平的提高。

第四节　体育干预提升老年人生态环境指数的实施路径

随着我国社会经济的高速发展与现代化建设进程的逐步加快,生态环境建设问题、环境保护问题和资源节约问题等与社会发展相桎梏的时代难题,也不断浮出水面。为了更快更好建设美丽中国,探索可持续发展的科学道路,完成中华民族伟大复兴之举的伟业,中国共产党在十七大上制定了生态环境建设策略。十八大报告首次独立篇幅论述生态文明,把生态文明建设归入建设中国特色社会主义“五位一体”的总体布局,“建设美丽中国深化生态文明体制改革,加快建立生态文明制度,健全国土空间开发、资源节约利用、生态环境保护的体制机制,推动形成人与自然和谐发展现代化建设新格局”[①];“建设生态文明,是关系人民福祉、关乎民族未来的长远大计”。显示了我国生态文明建设的自觉性不断加强,对中国特

---

① 《中国共产党第十八届中央委员会第三次全体会议公报》,人民出版社2013年版。

色社会主义建设规律的认识达到了新的高度。

十八大以来,习总书记就生态文明建设提出了一系列新观点、新思路,在把控全局的基础上解释了生态文明建设的重要意义,系统地论述了关于全面建设生态文明的理论与实践问题,为完成生态文明战略、打赢环境保护与可持续发展这场没有硝烟的战争,提供了明确的指导思想和基本原则。2016 年 12 月 2 日,总书记对生态文明建设做出重要指示强调:"生态文明建设是'五位一体'总体布局和'四个方面'战略布局的重要内容",认为"加快推动绿色、和谐、低碳发展,形成节约资源、保护环境的生产生活方式"才是"为建设美丽中国、维护全球生态安全做出更大贡献"。同样的,我们还应该牢记我国仍处于并将长期处于社会主义初级阶段的基本国情,还承担着保护资源环境、建设生态文明和实现"四个现代化"的发展重担和全面建成小康社会的历史责任。

与解决生态文明建设问题、节约和保护资源、可持续发展同样重要的,是人口老龄化问题。由于养育成本的增加以及现代生活压力,生育率持续保持较低水平,因而种种直接或者间接地导致了老龄化进程的加快。中国人口年龄结构的变化,说明中国社会经济水平飞速发展,人民生活质量和医疗卫生保健事业也有了巨大改善。

在全民共建可持续发展的社会主义和谐社会和人口老龄化加速与家庭严重少子化的今天,通过体育干预来打赢生态文明建设的攻坚战,具体的实施手段就是建设生态体育。"生态体育以维护自然生态与文化生态的平衡和谐为前提来选择体育活动的路径模式,通过体育参与的方式促进世界的整体和谐,同时享受生命的自由快乐[①]。"保护生态环境与通过体育实现身心健康本不冲突,但是由于现代人逐利观念增强,很多体育项目和产业的发展不惜以破坏环境为代价获取利益,长此以往,势必会陷入先污染、后治理;前人获利、后人治理的恶性循环上。弄清体育与环境之间的关系,有助于体育事业的发展以及生态环境的保护,最终实现双赢目的。

早在远古时代,体育依托于自然环境从人们生产生活方式的转变中与劳动分

---

① 周君华、孙涵:《生态体育资源开发及模式构建与应用研究——基于山东省的实证研究》,载《山东体育学院学报》,2010 年第 7 期。

离开来,丰富了人们单调、乏味的生活,增强体质的同时提高了生存的几率,"是和平、纯洁、健康的象征,是人类生命旺盛、富有生机的代表"①。随着人类社会工业化的到来,环境污染、亚健康、体育暴力以及体育产业发展所造成的兴奋剂问题也突显出来。兴奋剂问题所造成的破坏是多方面的,首先,在体育产业化、职业化的今天,兴奋剂问题无疑会降低人们对体育比赛的关注度、影响体育经济、破坏公平竞争原则;其次,对运动员的运动寿命会造成致命的打击,例如田径项目,在训练高度科学化的今天,打破世界纪录已经是难如登天,各种新兴项目不断冲击田径这个奥运第一大项的地位,而各大比赛中又屡屡爆出兴奋剂丑闻,这些都对田径项目的关注程度带来负面的影响;最后,"还在破坏着自然——人——社会之间的和谐关系,并时刻冲击着体育促进人与自然、人与人、人与自身和谐发展的理念"②。体育与生态环境,社会发展冲突最明显的地方,就是每4年举办一届的夏季奥林匹克运动会。

自1896年现代奥林匹克运动会开始举办的一百多年时间里,奥运会对追求人类运动极限、改善世界人民体质和生活质量所做的贡献,与其在场馆建设和资源浪费所带来的麻烦上相比可谓是旗鼓相当。1992年2月8日,在法国阿贝维尔举办的第16届冬季奥运会上,为了建造一些必要的场馆毁坏了450余亩森林,与之同时消失的还有依赖这片森林存活的动植物。还有一些国家为了建造比赛场馆进行填湖伐林,不但与奥运精神无半点联系,甚至是和追求人与自然和谐相处的发展道路背道而驰。环境问题与奥运相伴由来已久,早在1972年,美国丹佛市获得第12届冬季奥运会举办权,但是科罗拉多州的居民因为生态环境问题反对,奥运会并没有如期举办;到1974年,温哥华也因为同样的原因放弃了举办权。随着奥运会规模不断扩大,参加的国家和地区不断增加,其对环境与当地经济的压力也越来越大,1991年,经过国际奥委会与相关体育工作者对历届奥运会的反思,国际奥委会修改了奥林匹克运动会宪章,要求2000年后的奥运举办城市上交一份筹备与举办奥运会期间的环境保护计划,环境、体育和文化成为奥林匹克运动精神的鼎之三足,"正确处理好体育与环境保护的关系,已经刻不容缓。奥运会中

---

① 许传宝:《体育生态学:绿色体育的理论基础》,载《沈阳体育学院学报》,2001年第4期。
② 许传宝:《生态体育:绿色奥运的核心理念》,载《成都体育学院学报》,2002年第5期。

的环境保护是沿着这样一条线索发展的,即从考虑体育场馆建设和体育比赛中的环保因素,逐步扩大到举办城市的基础设施等方面"[1]。1994 年 2 月,在挪威举办的第 17 届利勒哈默尔冬奥会成为奥运会与环境保护相结合的标志,"2000 年悉尼奥运会标志着'绿色奥运会'得到比较成功的落实"[2]。

　　进入新世纪以后,受益于社会经济、科技、文化等因素的进步,体育也较以往有了长足的进步,新技术、新项目不断涌现,陈旧多年的纪录被不断刷新。竞技体育因为独有魅力,其发展进程远远超过大众体育和学校体育,但由于过度的体育消费、歧视妇女、体育暴力以及官员腐败和兴奋剂事件的存在,"严重破坏了体育社会环境的生态平衡,制约了体育的可持续发展,使体育的人文精神受到挑战"[3]。在这个大环境下,国际奥委会同样做出了一些努力,比如:通过了"禁药条例";提出了"健康环境中的健康比赛"的口号;在奥运会举办期间"确认实行奥林匹克休战";成立了诸如"国际公平竞赛委员会""世界反兴奋剂机构"等协会。现任的国际奥委会主席罗格认为奥运会只有"更干净、更人性、更团结"才是符合自然规律的发展方向。2008 年在北京举办的第 29 届夏季奥运会提出了绿色奥运、人文奥运和科技奥运的理念,国际奥委会认为北京奥运会为实现东西方体育文化交流,缓解奥运会举办所带来的环境破坏这一全球性问题提供了解决方案。而北京奥运会的成功举办,"标志着生态体育作为奥运核心理念的最终确立,也表明生态体育已经逐步趋向成熟"。北京奥运会被称为一场生态奥运,它的成功举办验证了一条公式:"绿色奥运 + 科技奥运 + 人文奥运 = 生态奥运"[4]。生态体育是体育与环境保护相结合最优的结果,标志着全球体育进入了一个新的历史时期[5]。老年人在当今这个时代处于需要照顾关爱的阶层,生态体育要想惠及全人类必然要考虑到老年人这一"特殊群体",所以,发展老年生态体育势在必行。

---

[1]　国际奥委会体育和环境委员会编制:《奥林匹克运动二十一世纪议程》,中国风景园林网:
　　http://www. chla. com. cn/html/c150/2008 - 07/14560. html。
[2]　谢琼桓、冯宝忠:《体育运动与环境保护》,载《天津体育学院学报》,2005 年第 5 期。
[3]　龚建林:《生态文明视域中的生态体育》,载《体育学刊》,2008 年第 7 期。
[4]　王如松、王丰年:《北京绿色奥运的生态学研究》,载《清华大学学报(哲学社会科学版)》,
　　2001 年第 2 期。
[5]　郑晓祥:《生态体育的内涵与特点》,载《成都体育学院学报》,2005 年第 2 期。

一、注重体育干预的自然属性

体育有着强烈的自然属性。如果说原始人在劳动中精简了动作,发现了身体练习的奥秘,那么大自然则给人类带来了一个可以自由伸展肢体、淬炼体魄的练习场。不难想象,在远古时代,我们的祖先没有和我们一样的物质生活条件和精神娱乐条件,原始人每天所面临的是如何获取更多的食物以及可以躲避天敌的避难所。由此可以推断,肢体健壮、灵活的人活下去的几率远远超过身体瘦弱、迟钝的人。而在一个部落里,身体强壮的往往是一些常外出捕猎,可以抵御猛兽和天敌侵害的人,这个时候,强壮的肢体成了一种工具。野生动物是原始人食谱中最主要的蛋白质来源,可是几乎所有的地面动物跑动的速度都比人类要快,所以原始人在捕猎比自己速度更快的动物时,需要经常快速跑动,那些肢体强壮,奔跑速度更快的人,自然成了部落里最受尊敬的人,甚至可以优先享用更多的食物、交配权、领导权等。自然环境所带来的一些危险并没有使人类灭绝,反而使人类更加强壮。

随着人类文明的发展和繁衍,慢慢就出现了以家庭或氏族为单位的群居部落,部落里的人们开始有了分工。当时间充裕的时候,人与人之间就有机会去相互观察,从外观到行为等各个方面,肢体的长短、围度、力量等开始与狩猎的结果联系在一起,或许最初这种联系只是一种无意识的比较,"但随着这些能力在获取食物方面表现出能力的不同,这种无意识比较身体能力的结果逐步转变成一种有意的注意"①。人类开始了关于如何提高身体能力的思考。人们在长期野外生活的另一大发现,就是使用工具,使用工具对于原始人采摘高处的果实、捕获快速奔跑的动物以及抵御天敌都有很大的帮助。体育便是在这种自然环境下一点点地脱胎于劳动,成为人们世代传递的技能。在科技和文明快速发展的今天,人类早已不用再茹毛饮血,但是生态体育的发展仍然要顾及其本身所有的自然属性。

1. 注重体育干预与自然环境的结合

人是自然界的产物,人类的生存依托于自然环境。"自然环境是指人类生存和发展所依赖的各种自然条件的总和,是指构成人类生活和活动的自然条件的那

---

① 毕进杰:《再论体育的起源》,载《体育文化导刊》,2015 年第 4 期。

一部分,而不是整个无限的自然界"①。自然环境是环绕人们周围的各种自然因素的总和,如大气、水、植物、动物、土壤、岩石矿物、太阳辐射等,这些都是人类赖以生存的物质基础。历史和现实都告诉我们:保护自然环境,就是保护人类自己。体育是人类的社会活动,而人类所有的活动都是在自然环境下进行的,自然环境为人类提供了体育活动所必需的场地和器材,可以说是影响体育活动发展的主要因素。但是不同地区的自然环境也是不同的,地形、气候、温度以及因地域不同而产生的生活习惯等因素都在影响着体育干预的效果。体育干预也应该和自然环境结合起来,顺应自然规律,让体育干预可以正确、高效的进行。

适宜的温度是影响体育活动的主要因素,也是影响老年体育干预的主要因素。有研究表明:气温对运动者的内分泌系统、递质传递以及血液循环系统有着较大的影响。不同项目对于气温的要求也是不同的,"径赛运动员发挥水平最适宜的气温为 17 - 20℃,田赛运动员发挥水平最适宜的气温通常为 20 - 22℃"②。当外界温度过高时,在人体运动产生的热量以及外界温度的共同作用下,人体会大量出汗,从而导致体内水分、电解质的流失。如果不及时补充水分和电解质,就会导致中暑、脱水和肌肉痉挛等现象。而当温度过低时,人体温度太低会导致肌肉僵硬、冷战,此时运动会导致动作僵硬、不连续,运动后还会增加感冒等疾病感染的概率。

海拔高度也会对体育活动产生一定的影响,这一发现源自 1968 年第 19 届墨西哥奥运会,在这届奥运会上,几乎除了墨西哥代表队以外的所有参赛队伍,运动能力都出现了下降的情况,具体表现在与有氧能力相关的耐力项目方面。究其原因,墨西哥地处北美洲南部,平均海拔 2240 米,这是与以往历届奥运会不同的地方,也是造成运动员运动能力反常的主要因素,至此,高原训练法慢慢流行了起来。现代研究表明:空气中氧气的含量会随着海拔的高度而下降,从而导致人体呼吸困难,运动能力下降。在这种条件下进行体育活动,对于有氧耐力项目的运动者有着很大的影响。但是长期在这环境下运动的人,会因此产生一种生理适

---

① 董驹翔:《社会学》,黑龙江人民出版社 1990 年版。

② 张玉丹、万岩、常青:《浅论体育运动与自然环境的关系》,载《淮海工学院学报(人文社会科学版)》,2013 年第 10 期。

应,可以使运动摄入、代谢氧的能力增强。当运动场地换到平原时,就会使运动者的有氧耐力大大增加,从而提高运动成绩。

2. 注重体育干预与老年群体自身状态的结合

老年人的生活质量受影响因素较多,如自身健康状况、经济收入状况、居住及医疗保障状况、社会参与状况等因素。影响老年人生活质量最主要的因素莫过于自身的健康状况,研究证明:"体育运动能够有效延缓老年人生理机能的衰退速度,增强老年人的动作控制能力,降低老年人的生活风险"[①]。体育干预作为可以提高老年人体质,增进老年人健康的养老手段,在干预的过程中同样应该注意与老年人自身的状态相结合。干预本身是为老年人服务的,干预要在保证不影响老年人正常的工作和生活,不给老年人增加额外的经济负担,不给以康复和保健为目的的老年人带来二次伤害的前提下进行。有研究表明:老年人在进行一段时间的体育干预后,身体素质如力量、耐力、灵敏和柔韧等较以前都有了显著进步,身体机能如血液循环、呼吸功能、消化系统等系统功能都有了一定程度的提高,睡眠质量也得到了改善,各种急、慢性疾病得发病率降低。

在干预过程中,手段方法不可一概而论,而更应该注重体育干预方式方法与个体身体状态的吻合。近些年,老年人在参与体育运动的过程中因缺乏专业的科学指导而导致运动损伤的情况屡见不鲜,这会给本就处在生活能力日渐下降的老年人带来不可逆的伤害。根据老年人体质特点,节奏缓慢的运动成为老年人体育干预的首选。太极拳对于提高老年人保持平衡的能力有很大的帮助,有学者采用组间比较的研究方法对比了长期坚持太极拳运动的老年人和没有参加过太极拳运动的老年人保持静态平衡的能力,结果是长期坚持太极拳的老年人有着很好的平衡能力,而没有参加过太极拳运动的老年人明显次之。还有研究者关注于太极拳对老年人动态平衡能力的影响,研究结果显示:经常参加太极拳运动的老年人,通过促进步态稳定来提高动态平衡能力,有助于下肢功能的维持。可见,用对了方法的体育干预对于老年人来说尤为重要。

---

① 费加明:《老年人体育锻炼相关生命质量的研究述评》,载《南京体育学院学报(自然科学版)》,2014 年第 3 期。

3. 注重体育干预,顺应体育本身规律

世界上的万事万物都有其独有的发展规律,人类千百年的发展史也是探究事物发展规律的历史。掌握事物发展规律,才能更好地利用规律,造福人类。体育本身也有其发展规律,政治、经济、文化和科技等外部因素都对体育的发展有着很大的影响,组成了体育的外部规律。而体育内部的群众体育、学校体育以及竞技体育三者之间也互相联系,构成了体育的内部规律。在体育这个大结构中,各种大大小小的规律客观存在,我们只有不断研究,发现其内外部规律,并不断加深认识,以达到利用规律的目的。

体育与诸外部因素的关系都是受其制约并为其服务的关系。体育受政治的制约并为政治服务。我国现今仍处在社会主义初级阶段,在坚持党的领导、发展经济的同时,还要认真贯彻和执行党和国家制定的体育发展战略。体育同样有政治功能,国家通过培养高水平运动员在国际赛上争金夺银展示综合国力,此时的竞技体育依然成为国家间相互交流的工具。体育受经济制约并为经济服务。社会的发展程度受物质资料生产的制约,体育推广所需的各种场地器材同样受到制约,也可以说体育发展的速度和规模受到经济发展的速度和规模的制约。体育对经济有着反作用,体育通过提高国民身体素质来提高工作出勤率,刺激经济增长,况且体育本身也是一个产业,开发体育产业同样有着带动经济的作用。体育是文化的组成部分,体育以其独特的起源、发展历史,丰富着人类社会文化内容。体育在文化中是不可或缺的。就目前体育的发展而言,参与体育运动、观看体育比赛已经成为人们日常的生活休闲方式,人们已经离不开体育带来的精神生活享受。体育的发展依赖于科学技术的发展。科技是第一生产力,科技发展的速度制约着体育发展的水平和速度。同样的,体育科研工作者应该全面深入地接触体育工作,才能用科技带动体育发展。

群众体育、学校体育和竞技体育是我国体育的组成部分,三者既有自己的特点又相互联系。学校体育为竞技体育提供新鲜的血液,学校体育是群众体育的基础。群众体育是关系到全民族体质健康,国家繁荣富强的重要部分。竞技体育是我国迈入体育强国、展示综合国力的重要保证,竞技体育指导着学校体育和群众体育的发展。

二、开发健康促进型体育干预

"健康第一"这个观念在现今已经成为普遍认同的观点而深入人心,"推动卫生与健康工作由'以治病为中心'向'以健康为中心'转变,从注重'治已病'向注重'治未病'转变"①,而生态体育可以很好地做到这一点。生态体育系统是指体育、生态和文化三者共同发展,相互协调而产生的体育活动。即在开展体育活动的时候借助天然的自然因素为场所或工具,通过淬炼体魄和展示运动魅力来表达人与自然的和谐相处。这是人们发现并改造和利用自然最好的方式,体现了人类对自然环境的保护和人道主义精神,从而宣扬一种健康、自然的生活状态。"盈缩之期,不但在天;养怡之福,可得永年"。生态体育更深层次的含义是通过自然且科学的体育干预手段达到人体健康的重建,这既是符合现代大众生活的关注点,又是体育干预对人体健康促进这一本质功能的发挥。体育无论作为一种天然的医疗康复生活方式,还是作为一种大众娱乐生活方式,对人体健康都有不可替代的作用。

生态体育通过体育锻炼促进身体健康来提升老年人生活质量。长期坚持体育锻炼对人体益处最直接的表现就是体质健康的改善,这既是人体对于身体练习强度渐增的适应,又是体育对于长期坚持者的回报。生态体育通过体育锻炼促进心理健康来提升老年人生活质量。在大自然的环境中,老年人进行体育锻炼活动中可以充分接触大自然,缓解工作和生活带来的种种压力,有利于负面情绪的宣泄。在锻炼的过程中也可以和同行者交流,增加老年人社会交往的机会,从而满足社会交往和存在感。

《2001-2010年体育改革与发展纲要》中指出:"充分重视群众体育工作,全面落实全民健身计划"②。健康是文明可以长期发展的重要因素。"健康促进是指以教育、组织、法律(政策)和经济干预那些对健康有害的生活方式、行为和环境,以促进健康"③。体育运动促进健康是健康促进的最新观点,以健康促进为目

---

① 吴预:《发展生态体育,建设健康南宁》,载《南宁日报》,2017年7月4日。
② 《2001-2010年体育改革和发展纲要》,载《中国体育报》,2000年12月15日。
③ 刘俊庭、吴纪饶主编:《大学生健康教育》,高等教育出版社1999年版。

的的体育干预诞生了健康促进型体育。健康促进型体育作为一种健康产品可以运用于老年医疗卫生领域,作为一种文化娱乐产品又可以与任何一种公共文化服务相结合。健康促进型体育即对接老年人实际健康需求,又顺应国家政策实施方向,还能和老年人心理认知达成共识,在老年群体中实施将对老年人健康水平的提升具有较大的实际意义。健康促进型体育干预主要指注重体育干预对老年人的整体作用、老年人不同状态体育干预的整体性以及个体化体育干预。干预的主要手段有:

1. 注重体育干预对老年人的整体作用

人口老龄化已经成为我国在发展道路上不可忽视的问题。随着社会的发展,物质生活水平提高和医疗卫生条件改善必然会带来老龄化现象,这是不以人的主观意志转移的客观现象。人们在经历少年的学习期和中年的工作期之后,人生阶段来到了老年期,处在这个年龄段的人仍然有着追求幸福的权利,通过体育锻炼的形式可以达到增强体质、延续寿命和提高生活质量的目的。要想使体育干预的效果达到最佳,把握老年人群体的体质特点成为关键因素。进入老年以后,人体各器官和功能出现退行性的变化,运动能力和机体抵抗疾病的能力都出现了不可逆的衰退。其主要的变化有以下几个方面:

身体形态方面,年龄增长会使人体的钙物质吸收异常,骨骼钙流失严重,进而导致骨质疏松和骨骼长度、维度的减小。内脏器官位置下降,脂肪在小腹部堆积以维持其原有位置和功能。但因为人体吸收代谢能力的降低,其体重呈现随年龄增长而下降的趋势。适宜的运动可以减缓老年人钙流失的速度,增加腹部肌肉弹性,减少内脏器官的脂肪含量。

身体机能方面,年龄增长以后,机体功能日渐衰退是客观存在的规律。这时候的老年人基础代谢率降低,体温下降,呼吸肌肌力减弱,表现为呼吸缓慢、肺活量减小。血管因管壁脂质堆积而导致血管弹性下降,血压增高,调节能力降低。因此太极拳等节奏缓慢、运动量小的体育运动形式成为老年人的首选。

身体素质方面,老年人随年龄增加会使骨骼肌肌力减退、韧带弹性下降,影响其身体素质诸如灵敏、平衡和柔韧等方面。适当的体育运动,可以使老年人骨骼肌出现适应性变化,进而表现在运动能力方面,形成良性循环。

2. 注重不同状态老年群体的体育干预整体性

把老年人作为一个整体来看,可以把握老年体质变化规律,为国家制定相关政策提供理论依据。但是处于不同健康状况的老年人,其生理和心理的特点也会有很大差异,以整体老年人健康状况来划分,又可以分为不同的阶段。体育干预在把握对老年人整体作用的前提下,同样要对处于不同健康状态的老年人予以同样的关注。

对于处在体质健康阶段的老年人,体育干预可以作为一种增强体质、预防疾病的工具。因为没有疾病的困扰,老年人可以接触一些比较流行的、社会功能较强的体育活动。例如现今流行在各个公园和广场的老年广场舞,因为其活动地点在开放性的场所,参与的锻炼者又来自各行各业,所以这一类健身路径的包容性很强,又可以使老年人有一定的社会参与感。这一类活只需要很小的经济投入便可以换回健康的成果,非常适合这个阶段的老年人。

对于处在患病阶段的老年人,体育干预可以作为一种康复和医疗保健的手段。体育干预作为治疗手段有着各方面的优势,就经济支出而言,体育干预比药物或器械治疗更加经济实惠。在整个治疗过程中,患者需要主动参与其中,比被动接受的药物或器械治疗更有效和人性化。同样,体育干预对治疗病患的心理创伤也有一定的效果,在进行治疗的过程中,转移患者对于病情的注意,有助于患者心理创伤的恢复。

对于以养生为目的的老年人,我国传统体育养生观念由来已久。在体育养生学发展过程中,人们加深了对机体患病原因的认识,拓展了体育养生和医学、康复保健等学科的交叉部分。"其内容丰富,遵循顺应天时地利、练养结合的原则;防患于未然的预防原则;刚柔相济、动静结合的活动原则,蕴含着中华民族传统文化哲理和人生智慧"①。

3. 注重老年群体的个体化体育干预

针对老年人个体化的体育干预,和上面两个标题的内容又有些不同。老年人个体之间存在着很大的差异,不同老年人在体育锻炼过程中,年龄、性别以及日常

---

① 湛育明:《论传统养生体育在构建和谐社会中的作用》,载《科技咨询导报》,2007 年第 25 期。

的生活习惯对其锻炼效果的影响都不可直接画等号。即便处在同一年龄阶段、性别相同的老年人，也会因其自身的生理特点的不同而产生不同的干预效果。在老年人参与体育活动的过程中，对运动项目、运动强度以及运动频率都要严格控制。既要防止体质较差的老年人因强度太大带来的运动损伤，又要避免身体素质较好的老年人参与强度较低的体育活动而得不到预期的效果。要针对个体的差异，利用体育干预手段的全面性，突出个体特征的诊断和干预，因人、因地、因时对老年人进行体育干预。

对于学习能力不同的老年人也应该区别对待。运动技能因其本身独有的特点，学习起来是有难易差别的，对于学习能力较差的老年人，应该充分调动他们的积极性，激发老年人学习的兴趣，因为兴趣是最好的老师。体育工作者所做的一切，都是为了让老年人形成一种正确的生活方式，通过健康的生活方式提高生活质量，进而形成一种良性循环。

三、开展民俗型体育干预

民俗型体育是长期存在于民间社会，并和老百姓生活密不可分的一种运动形态。根据一些学者的研究："民俗体育的产生起源于早期人类对神灵的崇拜，祭祀庆典是民俗体育传承的主要途径，而竞赛是民俗节日的催化剂"[1]。"竞赛是体育的灵魂，在节日里拥有了闲暇的人们喜欢参与的民俗活动就是具有竞赛性质的集体活动，但这种带有竞赛性质的集体活动以身体活动来表现时，民俗体育顺势而生"[2]。

谈起给民俗型体育下一个准确的定义，就字面意义的理解，民俗型体育常常与"民间体育""民间传统体育"相混淆。那么何为民俗型体育？《体育科学大辞典》给出的定义是："在民间民俗文化以及民间生活方式中流传的体育形式，是顺应和满足人们多种需要而产生和发展起来的文化形态"[3]。国内也有很多学者对民俗型体育给出了自己的定义，比较全面的是王铁军和常乃新在《我国民俗体育

---

[1]　王铁军、常乃新：《我国民俗体育研究综述》，载《体育文化导刊》，2009 年第 10 期。

[2]　胡娟：《我国民俗体育的流变——以龙舟竞渡为例》，载《体育科学》，2008 年第 4 期。

[3]　中国体育科学学会：《体育科学词典》，高等教育出版社 2000 年版。

研究综述》里的表述:"民俗体育是由一定的民众在特定的时间和空间所创造,为一定民众所传承和使用,并融入和依附于民众日常生活习惯之中的一种集体性、模式化,具有类型性、继承性、传播性和非官方、非正式特征的体育活动事项与活动"①。

民俗型体育所蕴含的健身性是在其起源之初就存在的,只是人们在关注民俗型体育活动时,它的节庆气氛、地域因素掩盖了体育最原始的功能——健身性。早期,从事民俗型体育的活动者只能被动地接受体育的回馈,不能完整认识到民俗型体育的健身规律。现今,经过相关体育工作者的挖掘与整理,加上我们国家社会文明程度进一步提升、民众思想解放和认识能力增强,民众参与民俗型体育依然变为主动接受其健身功能,而民俗型体育的健身性也有内含变为外显。

随着我国社会的快速发展和城镇化速度加快,乡村人口向城市迁移。众多的民俗型体育已经面临失传的境地。以老年人体育需求的视角,对这些民间体育资源加以挖掘和保护,既是对民间传统体育资源的保护,也是对生态体育资源的良好开发。龙舟、赛马、扭秧歌和放风筝等民间传统体育可以作为极好的体育活动素材,具有广泛的社会基础,完全可以在老年群体中转化为受欢迎的体育活动形式。以体育干预促进老年人幸福指数为契机,重新认识并发掘利用这些宝贵资源,可在保护生态资源的基础上极大地丰富老年群体的日常生活。开展民俗型体育干预主要指重新挖掘长期存在于民间社会和老百姓密不可分的运动,保护传承让更多人享有。干预的主要手段有:

1. 民间传统体育的开发与推广

我国疆域辽阔、地大物博,960 万平方公里的国土面积上养育着 56 个民族。在各民族演化、变迁中,诞生了无数风格各异、充满浓郁地域色彩的民间体育活动,这些体育活动形式上丰富多彩,内容上充满趣味性,整体表达了一种积极向上的生活态度。对民间体育资源的开发和推广,即有利于弘扬民族精神、保护地域文化,又展示了我们国家的社会精神文明和物质文明。

1949 年以后,民俗体育发展进入了一个曲折发展的阶段。建国初期,国家各行各业百废待兴,民间体育形式曾受到党和政府的关注。体育的目的是增强体

---

① 王铁军、常乃新:《我国民俗体育研究综述》,载《体育文化导刊》,2009 年第 10 期。

质,而民间体育形式是扎根于地域、服务于百姓的体育活动,党和政府"在制定建设体育强国的战略计划中,提出了'民族体育与现代体育比翼齐飞'的口号"①。1966年,随着文化大革命的开展,民间体育活动也遭到很大的打击。一些民间体育场所打上了反动的标签,民间体育活动一度停滞,民俗型体育的开发和推广也曾陷入低潮。直至改革开放的到来,民间体育活动再度迎来了发展的春天。改革开放对整个中国社会的进展都起到了极大的作用,解放了当时人们的思想,使民间体育活动的参与者受到极大的鼓舞,相关体育工作者对民间传统体育的保护和发掘也到了史无前例的高度。2008年,我国在成功举办北京奥运会的同时,也在极力保护国家的非物质文化遗产,至此,民俗型体育得到了全面的保护和开发,萌发了新的生机。

民间传统体育资源的开发和推广,关键在于需要源源不断的体育人才参与其传承和保护工作。目前,拥有民间体育资源的省份都建立符合当地特色的民间体育保护基地,专门从事民间体育传承和培养民间体育运动员的工作。经过一段时间的努力,全国已经有150多个民间体育保护基地分布在各个省份。全国各大体育院校也相继参与到民间体育的保护工作中来,开设民间体育课,设立民间传统体育专业,一些院校经过多年的发展,建立了硕博士学位授予点,为民俗型体育的开发和推广培养高素质、高学历人才。

2. 民间体育活动和民间节庆日的结合

我国的传统民间节庆日脱胎于几千年农耕文化中。是根据先人对季节、历法的研究,被大家所共同认可的、具有浓郁地方特色的特定日期。民间体育活动起源于民间,扎根于群众,民间节庆日是民间体育活动的频发期,如果把民间节庆日作为一个特殊的载体,那么它对民间体育活动的挖掘和推广起到了极大的作用。我国的诸多传统节日,大部分都是与民间体育活动有关联的,但是不同的节庆日会有与之相匹配的体育活动,如:

清明节,冬至后的第104天,是我国二十四节气之一。我国一直都是一个农耕大国,清明节气是开垦播种的日子,所以先人们是极为重视清明节的。清明节

---

① 李先长、涂传飞、严伟:《百年来中国民俗体育研究述评与展望》,载《武汉体育学院学报》,2009年第6期。

日这一天,人们会扫墓祭祀祖先,祈求谷物丰收、人丁兴旺。此时气温回升,大地万物恢复生机,踏青便成为人们排除积郁寒气、活跃筋骨的民间体育活动。部分地区趁春日稍有微风,还流行着放风筝的民俗习惯。

端午节,每年农历的五月初五,因仲夏登高,顺阳在上,五月是仲夏,它的第一个午日正是登高之日,故五月初五亦称为"端午节"。而这个节日里流行的是赛龙舟的民间体育活动,至于龙舟活动的来源,一则认为远古时期,祖先对龙图腾的崇拜,通过龙舟竞速的方式祈求神灵庇佑。一则认为和我国伟大的爱国诗人屈原有关,是纪念屈原投江自尽的活动。

民间节庆日给民间体育活动的发展和推广提供了两个重要的因素,时间和参与者。清明、端午等早已成为国家法定节假日,到了这一天,人们放下手头的工作,享受节日带来休闲时光的同时,也有了时间和精力参与当地民俗庆祝活动中去。春节期间,工作了一年的人们纷纷回到自己的家乡,像舞龙舞狮、踩高跷、庙会等需要广大观众做基础的活动,正好可以在这个时间节点进行推广,庆祝民俗节庆的同时也做了保护和推广民间体育活动的工作。

3. 不同地域民间体育的跨区域推广

近年来,我国加大了对非物质文化遗产的保护力度,民俗型体育活动也越来越为人所知,参与的人数和规模相较于以前都有了很大的提高。尽管诸如龙舟、风筝等民间体育活动受到了很好的保护和推广,为众人所知,但仍然有许多偏远少数民族地区一些优秀的民俗体育活动,因为交通不发达和传统文化的禁锢,仍然保持着原生态,并不为人所知。"随着社会转型而导致的其赖以生息的文化土壤和文化生态环境的破坏,加之以竞技体育为代表的西方现代体育对其所形成的'竞争性抑制',民间体育也与其他许多民间传统文化形式一样,不同程度上存在着文化边缘化乃至文化流失问题"[①]。在这种条件下,如何保护优秀的民间体育活动不受新文化、新观念的冲击,需要多方面共同的努力。民俗型体育活动跨区域传播,不失为一个好办法。

民俗型体育活动的跨区域推广,是指拥有不同地域文化、民间体育活动的地

---

① 张基振、虞重干:《中国民间体育保护与发展实践论》,载《上海体育学院学报》,2007 年第 6 期。

区,交换或者学习他人的民间体育活动,借以实现民间体育活动的保护和推广。原则上,引进的民间体育活动应该与本地特有活动不同,但又不能与当地民俗文化相冲突,在尊重和交流的前提下进行保护。要想实现民间体育活动跨区域推广,必须满足以下几个条件:第一,推广地与接受地必须要有一定的地域环境、文化形式上的差异,以满足不同地域文化包容性,也可以给接受地带来一定的新异刺激;第二,推广地对外输出民间体育活动需要获得接受地的认可,避免造成地域间的歧视或纠纷;第三,推广民间体育活动需要一定的媒介或推广手段。

"任何文化都有自己发生和存在的历史时间和社会空间。特定的时间、地域和群体会创造特定的文化形态"①。民间传统体育项目起源于特定地域和文化环境中,在推广的过程中离开了自己扎根的土壤,很容易产生一些因地域差异何生活习惯引起的误解,从而导致保护和推广十分困难。

四、开发低碳生活型体育干预

随着世界各国科学技术的进步和工业化进程的加快,地球所面临的环境污染也在一天天地加深。保护地球生态、营造可持续发展的生产生活方式刻不容缓,减少碳的排放是应对以上问题比较合理的方式。2009 年 12 月,在丹麦首都哥本哈根举办的联合国气候变化大会上,192 个国家一致同意处理全球范围碳排放问题的关键在于"责任共担"。低碳是指比较低或者几乎没有以二氧化碳为主的温室气体的排放。世界范围内工业化进程、人类生活方式无节制的浪费、人口总数不断增加使地球的气候遭遇前所未有的难题。危害人类身体健康、影响全球 GDP,全球变暖所造成的危害已经初见端倪。"呼唤'绿色 GDP'的发展模式和统计方式,倡导'低碳'生活理念是人类社会发展的必然趋势"②。

李克强总理于 2010 年中国环境与发展国际合作委员会年会上提出:"中国将坚持科学发展,加快转变经济发展方式,牢固树立绿色、低碳发展理念,大力推进体制机制创新和科技创新,加强资源节约和生态环境保护,提高生态文明建设水

---

① 田雨普:《民族传统体育文化现代变迁与发展研究》,载《体育文化导刊》,2003 年第 4 期。

② 百度百科:低碳,http://baize. Baikal. com/view/1551966. html? fr = ala0_1_1。

平"①。低碳生活这一理念逐渐为公众所使用。低碳生活是指一种节约的生活态度,生活中尽力减少使用各种能量,通过这种方式减少碳的排放,尤其是二氧化碳的排放。这种生活方式会减少"温室气体"的排放,遏制环境污染,从而达到绿色生活的目的。

如今,低碳生活已然渗入我们生活的各个方面。"低碳城市""低碳出行""低碳经济"等,低碳代表的是一种节约、绿色和碳排放量低的生活方式。低碳节能犹如指路明灯引领我国社会各行各业的发展。对于体育来说,我国体育在接连取得突破性历史成绩的同时,也在进行低碳化发展的尝试。低碳生活型体育是生态体育的重要组成部分,也是体育、生活、自然紧密相连和谐发展的必由之路。气候、地形、土壤、水、动物、植物、矿产资源和能源等自然条件在不同地域具有不同的特性,这不仅是人类生存、活动的客观物质基础,也是人类进行体育活动的基础。老年人空余时间相对增多,回归自然并通过贴近自然的锻炼方式来促进身心健康是一种生命的选择②,低碳生活型体育主要指在日常生活中融入体育运动,即实现生活需求又达到了身体锻炼的目标。主要干预手段有:

1. 日常生活中积极主动地进行体育锻炼

理想的低碳生活型体育干预,以低碳为原则、体育为路径进行干预的过程,最终的目的是达到增强体质、康复保健、提高老年人生活质量和幸福指数。但是,如果把获取健康作为最终目的,鲜有人能长期坚持枯燥无味的体育锻炼。现代科技的发展给生活带来了许多便利,而这种便利会使人们产生一种惰性,在这种"惰性"情绪下进行体育干预,人们往往不会坚持太长时间。如果可以在日常生活中有意识地加入体育干预的因素,发挥日常生活行为的健身性,把增进健康这个大目标分解,转而关注于完成各种生活行为,则可能会有出乎意料的收获。例如,居住在比较高楼层的人们,可以选择爬楼梯的方式锻炼身体。爬楼梯属于生活技能,但爬楼梯的过程蕴含着体育的健身属性,日常的生活行为依然满足了健身需要。

---

① 李克强:《在中国环境与发展国际合作委员会 2010 年年会开幕式上的讲话》,载《环境科学研究》,2010 年第 4 期。

② 卢元镇:《中国的老年健康与老年体育》,载《山东体育学院学报》,1999 年第 1 期。

相较于爬山,爬楼梯属于易得性体育资源,如今爬楼梯已然成为一项热门比赛项目,国外的爬楼梯比赛开展较早,2017 年 2 月 1 日,美国纽约帝国大厦举办了40 届爬楼梯比赛,比赛的选手需要徒步攀爬 1576 级台阶到达第 86 层的瞭望塔,有"垂直的马拉松"之称。国内同样有类似的比赛,2013 年 10 月 14 日,上海环球金融中心举办了第三届环球健康走登高活动,参赛的选手需要攀登 2726 级台阶到达 474 米高的观光厅。

生活中的体育锻炼还有其他的方式。短途外出的时候,放弃驾车或者公交车的方式,改用步行或者骑行。有数据统计:全球碳排放约三成来自汽车尾气,减少驾车次数就意味着碳排放的降低,步行或骑行往返的同时也在进行着体育锻炼。老年人常因体质下降、精力减弱等原因造成睡眠质量不好,多数老年人都会早起并利用早上的时间出去散步。但早上并不是体育锻炼最佳的时间,因为植物经过一夜的呼吸作用,空气中二氧化碳含量是一天中最高的时段。正确的时间应该是下午三点到五点,此时经过绿色植物一天的光合作用,空气中氧含量达到一天中的最高,适合各种形式的体育锻炼。

2. 重视老年体育中地域性生态体育资源与生活的结合

大多数老年人性格安静,喜欢平淡的生活,车水马龙、浮躁喧嚣的城市生活已经不适合追求生活质量的老年人。远离尘嚣、纵情于山水之间几乎是所有现代人的理想生活,老年人在时间充裕的情况下,完全可以利用地域型生态体育资源达到这种生活方式。地域型生态体育不仅可以提高老年人生活质量,还可以使老年人和大自然和谐地融为一体,达到"天人合一"的生活状态,这么做既符合低碳环保的节约精神,又满足老年人渴望健康长寿的养老诉求。

我国国土幅员辽阔,广袤的国土面积上地形、气候各异,有着丰富多彩的地域型生态资源。就目前生态体育发展而言,对地域型生态体育资源开发利用率极低,若能充分开发,势必会带动人们热爱体育运动、追求健康生活。我国的地域型生态体育资源种类繁多,大致可以分为山地、水系、森林和沙滩海洋生态体育资源。针对不同的地域资源结合老年体育干预也会产生不同的效果。

老年体育与山地生态体育资源的结合。我国山地资源丰富,据统计:我国山地、高原和丘陵的面积占总面积的 69%,开发山地生态体育资源最简单直接的方式就是登山运动。以体育锻炼为目的的登山活动,对老年人来说技术要求低,经济投入少。长期坚持却能强筋健骨、提高腰腹和腿部力量、增强有氧代谢能力,与亲友同行还能起到交流沟通、增进感情的作用。

老年体育与沙滩海洋生态体育资源的结合。我国拥有1.8万公里的海岸线,沙滩海洋生态体育资源丰富。海边城市多温度适中、气候宜人,大海空旷辽阔、一望无边,有着排解压力、涤荡精神的作用,几乎所有海边城市都建有海水浴场、人工沙滩等娱乐设施。老年人可以充分利用沙滩海洋生态体育资源,达到亲近自然、享受健康的目的。2012年6月,中国海阳成功举办了第三届亚洲沙滩运动会,这在一定程度上促进了我国沙滩海洋生态体育资源的开发利用。

地域型生态体育资源的开发,并非一朝一夕可以完成的工程,与老年体育相结合,更是不能简单相加,需要相关体育工作者不断论证研究。不破坏自然生态、适合老年人生理心理特点的地域型生态体育开发,才是维持社会可持续发展、促进老年人体质健康的良方妙药。

3. 开发劳动型体育干预

关于体育的起源,学界多数人认同劳动论。根据劳动起源的观点,原始人从劳动中提炼出了一些有益于增强肢体力量、提高投掷精度的身体练习手段,随着意识的萌发开始有针对性地组织人们训练,并慢慢演变成为为保护部落安全和领地财产而产生的部落间战争。此时的身体练习和器械使用已经成了一套独立于生产生活之外的系统,体育就在漫长的历史岁月中从劳动中分离出来了。

劳动是发生在人与自然界之间,通过人有意识的肢体动作来适应和改造自然,进而实现人与自然界物质交换、满足人体本身生存需求的活动。劳动又分为脑力劳动和体力劳动,体力劳动和体育仍然是有一定联系的。体育是指通过不同形式的身体练习以达到增强体质、提高运动水平的目的。劳动和体育的相似点在于为了实现各自的目的,都要通过一定的动作、肢体运动来实现,也就是无论劳动还是体育,二者都带一定健身属性。

利用劳动参与的健身属性,能不能达到针对老年人的体育干预效果呢?答案是肯定的。体育源于劳动,日常的生产劳动中许多动作都含有体育的成分,如肩挑手提,针对劳动来说只是简单地完成生产任务,对于体育来说却是使肢体负重起到了增强四肢力量、锻炼了保持身体平衡能力的作用。一些日常生产技巧也和运动技能有一定的共同点,初学某一运动技能,需要遵循运动动力定型规律,经历形成运动表象、粗略掌握运动技巧和熟练自动化的过程。某些具有一定技术含量的生产技巧同样如此,如使用镰刀割草的动作,在手臂挥动的过程中一样含有运动时间、轨迹、速度等因素。有研究表明:参与劳动可以有效达到提高老年人健康水平的作用。"劳动参与使老年人能够做到'老有所为,老有所用',劳动参与能够继续实现自身价值,通过获取的物质收入和精神收入,使老年人在心理上产生积极乐观的生活态度,拓宽社会交往范围,提高健康水平"[①]。

五、发挥地域型体育干预

不同的地区在政治、经济和文化大环境下,因为地域和生活习俗的差别,会形成和发展符合其地域特色的地域文化。我国幅员辽阔,广袤的国土上拥有 56 个生活习俗各异的民族。根据地形地势上的差异,大致可以分成以下几类:以内蒙古自治区为主的北方草原地区;以东北三省为主的东北高山森林地区;青藏、云贵等西南高原地区;东南沿海以及中部平原等。我国各民族儿女在养育自己的大地上创造出了丰富多彩的地域文化。关于对地域文化的理解,总结学界现有研究可以概括为:各民族依据不同地形地势发展出相异的文化形式,区别不同民族的文化形式要靠地域因素。

我国的地域型体育的开发目前还处在理论阶段的研究中。学界公认的观点:"地理环境、经济生活条件、社会状况和历史传统文化的差异是形成不同地域体育文化的主要因素"[②]。在中国知网输入关键词"地域体育",搜索结果显示:关于民族民间传统体育的研究居多,针对不同地形特点对地域资源开发的研究少之又少。开发地域型体育是未来体育资源开发的新方向。对诸如西部、西南部等经济欠发达地区的地域型体育资源开发,可以采用技术突破的形式,根据当地地域特色和体育文化特点,适当进行改造和完善,从而促进地域型体育文化的发展和转型。对于东部和东南部等经济发展相对发达的地区,主要实施保护性开发。一般经济发展必然会带来对文化、习俗的冲击,开发地域型体育资源要以保护根源为

---

① 李伟、项莹:《老年人劳动参与、环境支持与健康水平的关系研究》,载《现代预防医学行为》,2016 年第 15 期。

② 邱芬:《文化生态视野下安化地域体育文化探析》,湖南师范大学 2015 年硕士学位论文。

主、在不破坏传统体育文化的基础上开发利用。对于地域型体育资源的开发和利用,我国还有很长的一段路要走。

地域性体育是根据地域特点开发的传统和新兴体育形态。在对老年群体体育开发过程中,可以重新审视当地地域所蕴藏的独特体育资源,如骑游绿道、滑雪、钓鱼、登山、踏青等本土特色浓郁的体育活动,这些熟悉的体育项目不但可以促使老年群体更好地融入体育运动中,而且也符合生态资源的开发保护原则。因此,在体育干预促进老年人幸福指数的过程中,更要重视地域型生态体育资源的挖掘与整理,使具有乡土气息的地域型体育更好地为老年人所享有。

发挥地域型体育干预主要指依托当地的自然资源开发具有乡土气息的老年体育运动,让老年群体更好地融入到自然中去。干预的手段主要有:

1. 发展绿色体育,构建人、体育、环境之间的动态体系

20 世纪,在人类野蛮的工业化进程中引发了环境问题。"随着环境警钟的响起,纲领性文件和国际公约等问世,使人类走向了可持续发展的道路,实现人与自然的和谐发展成为了全世界的共识"①。奥林匹克作为世界范围内的体育赛事,曾经遭遇过严重的环境问题。诸如奥运举办地破坏绿化建设大型体育场馆;给当地带来巨大的财政负担;举办期间城市车辆废气、生活垃圾增多等因素,都在威胁着百年奥运的发展脚步。"步入 21 世纪,人类面临的时代挑战与困难越来越多,体育的发展也面临着新的难题与重大问题需要去攻克与破解"②。环境污染问题日益严重,体育如何在快速发展的社会中做到可持续发展? 绿色体育也许可以提供一个很好的解决方式。绿色体育代表的是人与环境、人与体育以及体育与环境和谐共处、永续发展的意识。其本质是鼓励人们解放天性,以自然环境代替人工场所或器械进行绿色的身体练习活动,以达到亲近自然、强身健体的美好愿望。

绿色体育应该秉承人——环境——体育和谐、资源可持续发展的思想,减少体育污染和资源浪费。以绿色、和谐的原则指导我国群众健身,达到增进全民健康、改善生活环境的目的。绿色体育有两层含义:一是指在体育活动中节约资源、

---

① 项凤莲、项立敏:《"绿色奥运"理念的内涵与延伸》,载《浙江体育科学》,2006 年第 2 期。

② [意]奥雷利奥·佩西:《人的素质》,邵晓光、李彩霞、王立波译,辽宁大学出版社 1988 年版。

保护环境。二是指可以促进社会文明进步、资源可持续发展的体育活动。两者的目标皆是为了实现人的全面发展、体育资源的可持续发展以及对人类生存环境的保护。

绿色体育与老年体育干预相结合，又会带来什么样的效果呢？老年体育的目的是促进老年人体质健康、康复保健以及丰富晚年生活，老年人又比较倾向于经济实惠、简单易行的体育健身路径，这一点与绿色体育思想不谋而合。在绿色天然的自然环境中进行体育健身活动还起到陶冶情操、舒缓压力的作用，有益于老年人心理健康。

2. 实现体育与环境的结合

体育与环境相结合，可以使用地域特点作为健身路径。与活动场地的距离是影响老年人进行体育健身活动的重要因素，如果可以利用身边的自然环境就近锻炼，自然可以大大提升老年人对于体育健身活动的主观意愿。老年人性格恬淡优静、不喜竞争，在进行体育锻炼的过程中最好可以加入接近大自然、满足人际交往的成分。中国有将近七成的国土面积为山地、丘陵和高原，因地制宜地针对老年人开展登山运动势在必行。

相比于枯燥无味、循环往复的跑步和健步走运动，登山运动更适合老年人。登山的过程中不仅可以呼吸到清新自然的空气，还可以欣赏到美丽无比的景色，对于老年人缓解心理压力、减轻因年龄增长造成的焦虑和抑郁、促进老年人心理健康有着很好的作用。长期坚持登山运动还可以锻炼身体、改善体质、增强免疫力、结交好友、提高生活质量和幸福指数。有研究表明：登山运动对老年人保持平衡能力有很大作用，"科学的登山运动可有效改善老年人的前庭功能、本体感觉功能，从而提高老年人的动、静态平衡能力，这对预防跌倒、提高老年人生活质量有着非常重要的意义"[1]。

绿道体育也是体育和环境和谐共存的方法。绿道意为与人为开发的景观相交叉的一种自然走廊，是一种线型绿色开敞空间，通常沿着河滨、风景道路、铁路等自然和人工廊道建设，内设可供游人和骑车者进入的景观线路。老年人可以在

---

[1]　贾龙、卢文彪、邱世亮：《登山运动对老年人平衡能力的影响》，载《吉林体育学院学报》，2010 年第 2 期。

绿道上进行慢跑、快走、骑行等健身活动。国外的绿道体育开展是比较早的,而我国于2010年在广州、成都等城市也相继建立了绿道体育系统,建成至今收获当地居民颇多好评。"绿道'开放空间'对城市居民健康生活方式的提升有重要意义,同时也更好地为满足老年人的体育需求拓展了空间"①。

3. 体育与其他休闲娱乐相结合

休闲娱乐的动机是追求快乐生活、享有身体健康,通过一定手段干预,享受成果实现后带给人们的快乐。休闲运动是工作余暇从事的活动,具有自愿性、建设性、娱乐性及不受控制的特点,可以消除身心疲劳,恢复体力。对于老年人来说,休闲娱乐不只有静养的方式,结合体育的外出旅游、观光也是很好的途径。生态体育旅游已经成为一种常见的现象,生态意味着资源节约与环境保护、可持续发展,体育旅游则指在旅游过程中以体育交流、场地参观、体育知识技能的学习为主。老年人参与生态旅游活动是"既能获得体育效益和经济效益,又能实现生态效益和社会效益的体育旅游活动"②。

生态体育旅游分为以下几类:休闲型生态体育旅游,在山地、海边、平原等拥有地域特点的自然环境中进行的攀岩、滑雪、游泳、垂钓等休闲体育活动;观赏型体育旅游,主要以观看体育比赛、表演为主,如奥运会、篮球、足球、赛车等高水平体育竞赛;民俗型体育旅游,以观赏和体验地方民俗体育特色为主,如蒙古的那达慕大会、江南水乡的龙舟比赛、云南傣族的泼水节等。

生活节奏加快、压力增加、亚健康状态等不断威胁着现代人的体质健康,短暂地脱离熟悉的生活环境,来一次说走就走的体育旅游,无疑是陶冶情操、缓解生活中的压力的好办法。旅游者在进行生态体育旅游的过程中,不仅可以欣赏自然景色,体验生态体育的魅力,还具有增强体质、舒缓压力、增强环保意识的作用。生态体育旅游强调保护自然资源,与追求经济效益的旅游相比,生态体育旅游更加经济、环保,是老年人外出的首选。

---

① 张鸿:《我国老年人绿道体育参与现状及未来趋势研究——以四川省成都市为例》,载《西南师范大学学报(自然科学版)》,2015年第8期。

② 刘凤云:《生态体育旅游及其可持续发展的对策》,载《沈阳体育学院学报》,2005年第1期。

附　录

附录 1:老年人体育活动现状调查问卷

您好!恳请您认真填写本问卷,在填写过程中将有我们的调查员一对一为您解答调查问卷,您的答案将为我们《体育干预提升老年人幸福指数的实证研究》这一国家社科课题的完成起到非常重要的作用,再次感谢您的支持,谢谢!

(调查对象为 60 周岁以上的公民)

您所在的社区或村庄:_____省_____市_____区(县)_____乡(社区、镇)_____村

姓名:_____　性别:_____　年龄:_____　联系电话:_____

1. 您的文化程度:

○A 小学以下　　○B 小学　　　○C 初中　　　○D 高中及中专

○E 大专或高职　○F 本科

2. 您的身体健康状况:

○A 很好　　　　○B 良好　　　○C 一般　　　○D 较差

○E 很差

3. 您的月收入(含补助)大概是:

○A 200 元以下　　　　　　○B 200 - 500 元

○C 500 - 1000 元　　　　 ○D 1000 - 2000 元

○E 2000 元以上

4. 您的收入来源是:

○A 自己干活　　　○B 政府补助　　○C 自己干活和政府补助

○D 子女供养和政府补助

○E 自己干活、子女供养和政府补助

5. 您认为体育是什么?

○A 体育 = 体力劳动

○B 一切身体活动都是体育

○C 以运动健身为目的的身体活动才是体育

○D 体育是电视中的比赛

6. 您认为体育锻炼和体力劳动的作用:

○A 完全一样　　　　○B 基本一样　　○C 不一样

7. 您认为有没有必要进行体育锻炼:

○A 有　　　　　　　○B 没有

8. 参加体育锻炼活动可以增进健康和预防疾病吗?

○A 可以　　　　　○B 不可以　　　○C 不清楚

9. 参加体育锻炼活动可以精神愉悦、调节心理吗?

○A 可以　　　　　○B 不可以　　　　○C 不清楚

10. 参加体育锻炼活动可以提高生活质量吗?

○A 可以　　　　　○B 不可以　　　　○C 不清楚

11. 您参与体育锻炼的主要目的有哪些?(多选)

○A 强身健体　○B 预防疾病,延年益寿　○C 兴趣爱好　○D 提高生活质量

○E 证实自身的价值　○F 结交朋友,消除寂寞　○G 其他请注明_____

12. 您参加体育锻炼的活动组织形式有哪些?(多选)

○A 独自进行　○B 跟家人一起　○C 跟邻里朋友一起　○D 乡(村)组织的

13. 您参加过的体育项目为_____,您希望参加的体育项目为(可多选)_____

○A 散步　　　　○B 慢跑　　　　○C 篮球　　　　○D 排球

○E 足球　　　　○F 乒乓球　　　○G 羽毛球　　　○H 武术套路、器械

○I 健身操　　　○J 太极拳、健身气功　　　　　○K 游泳

○L 棋牌麻将　　○M 钓鱼　　　　○N 登山　　　　○O 体育舞蹈(秧歌

等)

　　○P 健身器械　　　○Q 台球　　　　　○R 其他　　　　　○S 没有

　　14. 您参加体育锻炼后的感觉为(感觉非常好的参考标准:轻松愉快、休息后体力充沛、有继续参加运动的欲望、食欲和睡眠良好)

　　○A 非常好　　　○B 较好　　　　○C 一般　　　　　○D 较差

　　○E 非常差

　　15. 您经常参加体育活动的场所_____,您希望进行体育的场所是(可多选)_____

　　○A 公路或街道边　　　　　　○B 自家庭院或室内

　　○C 附近学校　　　　　　　　○D 小广场

　　○E 河流湖泊　　　　　　　　○F 山地树林和田野

　　○G 收费体育场所　　　　　　○H 其他场所

　　您经常参加体育活动的场所距离您家有多远?　_____

　　16. 您所在区域有哪些公共体育设施?(可多选)

　　○A 篮球场　　　○B 乒乓球台　　　○C 健身路径　　　○D 健身场馆

　　○E 棋牌室　　　○F 其他　　　　　○G 没有

　　17. 您所在社区或乡村有哪些公共体育服务项目?(可多选)

　　○A 体育宣传栏　　　　　　　○B 体育健身书籍

　　○C 体育健身知识讲座　　　　○D 体育健身指导中心

　　○E 体育健身指导员　　　　　○F 没有

　　○G 其他,请注明_____

　　18. 您所在社区或乡村是否有体育指导员?

　　○A 有　　　　　○B 没有　　　　○C 不确定

　　19. 您是否接受过体育健身方面的指导?

　　○A 详细的指导　　○B 不全面　　　○C 没有

　　20. 您接受的体育指导是谁提供的:

　　○A 体育指导员　　○B 亲属朋友　　○C 电视广播

　　○D 书籍报纸　　　○E 其他,请注明_____

　　21. 如果有专业人员的指导,您是否愿意尝试其他项目的体育活动?

○A 非常愿意　　　○B 比较愿意　　　○C 不太愿意

○D 非常不愿意　　○E 无所谓

22. 您所在社区或乡镇是否有文体站或体育指导中心？

○A 有　　　　　　○B 没有　　　　　○C 不确定

23. 您所在社区或村是否有村级体育活动室或村体育健身活动点？

○A 有　　　　　　○B 没有　　　　　○C 不确定

24. 您所在社区或乡村是否有体育民间组织或协会、社团等组织？

○A 有　　　　　　○B 没有　　　　　○C 不确定

如果有您参加什么体育组织＿＿＿＿＿＿＿＿＿＿＿＿＿＿＿＿＿＿

25. 您所在地方有什么特色体育活动：＿＿＿＿＿＿＿＿＿＿＿＿＿＿

26. 影响您参加体育活动的因素有哪些？（可多选）

○A 经济条件不好,家庭负担重　　○B 没有时间

○C 不太感兴趣　　　　　　　　　○D 活动条件差（没地方,没器材）

○E 不懂方法　　　　　　　　　　○F 周围没有很好的氛围

○G 乡、村不组织　　　　　　　　○H 身体不好

○I 怕别人笑话

27. 您希望政府及社区的管理部门应在哪些方面做出努力？（可多选）

○A 多宣传　　　　　　　　　　　○B 加大资金投入

○C 增加体育场、设施　　　　　　○D 设立专门的体育组织管理部门

○E 增加专业性人才　　　　　　　○F 提供科学指导

○G 其他,请注明＿＿＿＿＿＿＿

28. 您对老年体育的发展有何建议？（请填写）

附录2：体育干预提升老年人幸福指数实施路
径调查问卷的预先调查

各位专家大家好！

我们是国家社会基金项目《体育干预提升老年人幸福指数的实证研究》课

题组。

现在我们正在为"体育干预提升老年人幸福指数实施路径调查问卷"的制作做预先调查,您的调查结果将会对"体育干预提升老年人幸福指数实施路径第一轮调查问卷"的制作起到重要作用。肯定您认真填写,谢谢您的支持!

1. 您认为体育干预提升老年人幸福指数的意义是什么?

2. 您认为体育干预提升老年人幸福指数的基本方向是什么?

3. 您认为体育干预提升老年人幸福指数应该从哪几个方面进行?

附录3:体育干预提升老年人幸福指数实施路径的德尔菲法第一轮调查问卷

各位专家大家好!

我们是国家社会基金项目《体育干预提升老年人幸福指数的实证研究》课题组。

相关说明:1999年我国正式进入老龄社会,老年健康及养老等老龄问题逐渐引发各界重视。十八大以来,"养老服务业""健康服务业""健康中国""医药产业升级""全民健身"等与养老、健康相关议题的持续扩张,促使我国与老龄问题相关的事业发展步入了新阶段。由此确定本课题基于两个社会背景,一个背景是越来越多的人开始关注幸福。习近平同志明确提出"实现中华民族伟大复兴的中国梦,就是要实现国家富强、民族振兴、人民幸福"。而今很多地市,都将"幸福"作为衡量当地民众生活质量高低的重要依据,如北京提出"发展的根本目的是要让人民过上幸福美好的生活";重庆则要"成为特色鲜明的国家中心城市和居民幸福感最强的地区之一";广东明确"把保障和改善民生作为加快转型升级、建设幸福广东的出发点和落脚点";福建准备"大力提升人民群众的幸福指数,为提前三年全面建成小康社会奠定具有决定意义的基础"。在"总体小康"走向"全面小康"的战略新阶段,幸福的版图持续扩大。另一个背景是党的十八大作出"积极应对人口老龄化、大力发展老龄服务事业和产业"的战略部署。截至 2015 年底,我国 60 岁以上老年人口数量超过 2.3086 亿人,占总人口 16.7%,到 2030 年,老年人口数量将达到峰值,比重将达到 25% 左右。老龄化挑战日益凸显。当老龄化遇到幸福指数,如何提升老年人幸福指数突显其重要性和紧迫性。

本研究的目的,便是立足于老年人实际情况,以"低投入、易推广"为价值导向,从社会健康、社会福利、社会文明和生态环境等方面研究体育干预如何提升老年人幸福指数的新课题。本研究的意义表现在以下两个方面:从理论层面上说,当前体育干预对老年人群关注不多,且研究视阈受传统思维制约较大以至于其创新性欠缺,这就导致老年人体育服务实践中未能有效地运用体育干预的研究成果。本研究从体育干预的视角出发,既要探讨体育干预在服务老年人过程中应当怎样开拓创新才能更好地满足老年人的需求,也要探讨体育干预应当如何与新兴的体育活动样态相结合才能更好地为老年人服务。研究成果将充实体育学、医学、老年学等交叉领域等相关学科理论。因此,本研究具有重要的理论意义。从实践层面上说,我国老年人中多数文化水平不高,这就为通过相关教育影响其思想和行为带来较大难度。然而,体育作为一种与生俱来的本能,受知识程度的影响较小,以体育干预作为提升幸福指数的突破口,可以让最大范围内的老年人融入其中,并在较短时间内产生积极的认同感。这对创新体育服务思路以及促进社会的和谐与稳定都有较大的促进作用。因此,本研究有重要的现实意义。

国家社科基金项目

《体育干预提升老年人幸福指数的实证研究》课题组

调查问卷的制作过程及填写说明

制作过程:在第一轮调查问题构成过程中,本研究选取相关领域的 4 名体育学专家和 5 名社会学专家组成一个 9 人专家组进行开放型调查,调查内容为《体育干预提升老年人幸福指数实施路径调查问卷的预先调查》。根据专家提供意见,最终确定《体育干预提升老年人幸福指数实施路径的第一轮半开放型调查问卷》的构成分三个部分:第一部分为"体育干预提升老年人幸福指数的意义",第二部分为"体育干预提升老年人幸福指数的基本方向",第三部分为"体育干预提升老年人幸福指数的细分路径",其中前两部分专家组意见较为统一,第三部分问卷的构成过程中,课题组向专家提供了课题组成员李晖前期研究成果《幸福指数:新闻报道新课题》,根据前期研究成果中所提出的中国幸福指数所包含的四大板块,结合中外相关文献梳理分析,最终将老年健康指数、老年福利指数、老年文明指数、老年生态环境指数列为本课题老年幸福指数的四个组成部分。由此,第一轮调查问卷的第三部分由"体育干预提升老年人健康指数路径""体育干预提升老年人福利指数路径""体育干预提升老年人文明指数路径""体育干预提升老年人生态环境指数路径"四个部分。经专家组对调查问卷框架论证无异议,且对各细分项目进行了简单的引导性回答后,最终形成《体育干预提升老年人幸福指数实施路径的德尔菲法第一轮半开放型调查问卷》。

填写说明:

1. 您对各项的填写意见对本课题的完成将具有非常重要的意义,所以请您认真填写,并给出尽量多的具体建议。

2. 问卷的各个项目中已经给出提示性的回答,但不代表提示性回答一定正确,您可以根据提示继续补充相关内容,也可以对提示项目进行评判,重新给出您所认为好的实施建议。

3. 如果在填写过程中有疑问,请随时联系我们,以确保在您完成理解本问卷的基础上进行填写。

4. 本问卷的填写仅代表个人观点,不涉及国家政治问题,且我们全部实行匿名回答,并保证问卷信息不对外泄露,其他专家或个人均看不到您的填写结果。

Ⅰ.体育干预提升老年人幸福指数的意义是什么?

(请您在下表中继续补充或修订体育干预提升老年人幸福指数的意义)

顺序 内容	体育干预提升老年人幸福指数的意义是什么?
1	提高老年人生命质量
2	减少老年人医疗费用

顺序 内容	体育干预提升老年人幸福指数的意义是什么？
3	充实体育相关学科内容
4	
5	
6	
7	
其他	

Ⅱ. 体育干预提升老年人幸福指数的基本方向是什么？

（请您在下表中继续补充或修订体育干预提升老年人幸福指数的基本方向）

顺序 内容	体育干预提升老年人幸福指数的意义是什么？
1	发挥体育干预的实用性
2	发挥体育干预的科学性
3	发挥体育干预的规范性
4	
5	
6	
7	
其他	

Ⅲ. 体育干预提升老年人幸福指数的基本方向是什么？

（本部分共分四个方面,请您在下表中依次填写）

1. 体育干预提升老年人健康指数路径

顺序 内容	体育干预提升老年人健康指数的路径是什么?
1	制定专门的老年体育干预政策.
2	开发适合老年健康的体育干预方法.
3	深挖适合不同老年人的体育干预策略.
4	
5	
6	
7	
其他	

2. 体育干预提升老年人福利指数路径

顺序 内容	体育干预提升老年人福利指数的路径是什么?
1	普及适合老年人的专门体育设施
2	合理设计老年体育设施的分布
3	增加老年体育设施和服务
4	
5	
6	
7	
其他	

3. 体育干预提升老年人文明指数路径

顺序 内容	体育干预提升老年人文明指数的路径是什么?
1	增加老年体育财政预算.

顺序 内容	体育干预提升老年人文明指数的路径是什么？
2	设立专门的老年体育基金.
3	合理引导老年体育相关组织.
4	
5	
6	
7	
其他	

4. 体育干预提升老年人生态环境指数路径

顺序 内容	体育干预提升老年人生态环境指数的路径是什么？
1	开发老年特色的地域性民俗体育.
2	挖掘老年特色的节庆体育.
3	与当地自然环境相结合.
4	
5	
6	
7	
其他	

附录4:体育干预提升老年人幸福指数实施路径的
德尔菲法第二轮调查问卷

各位专家大家好!

感谢大家对第一轮调查的参与与付出,根据大家第一轮调查中所给出的实施建议,课题组通过对众多实施建议进行归纳总结,由此形成现在的第二轮调查问卷。

本轮调查问卷的主要目的是找到体育干预提升老年人幸福指数的意义、基本方向与具体实施路径。

在本轮的调查中,请大家对现在所给出的各项进行赋分,分值依次是从1-5,重要程度依次增加,1分为完全不重要,5分为非常重要,请根据您所掌握的知识对各项进行客观的赋分,对于需要修改或删除的意见,请您在表下方的意见栏中进行填写,并详细阐述自己的理由。对于您认为非常重要或需要特别说明的部分也请您在表下方的意见栏中进行阐述。

在此感谢您对本课题的精心付出!

国家社科基金项目
《体育干预提升老年人幸福指数的实证研究》课题组

I. 体育干预提升老年人幸福指数的意义

(请根据下表提示,对各项进行赋分,不同意见及特别说明请在意见栏详细说明)

项目	要素构成	第一轮应答数	完全不重要	不重要	一般	重要	非常重要
			1分	2分	3分	4分	5分
体育干预提升老年人幸福指数的意义	(1)提高老年人生命质量	45					
	(2)应对人口老龄化	40					
	(3)减少政府财政支出	38					
	(4)丰富老年人精神文化生活	32					
	(5)补充体育学等相关学科内容	26					
	(6)引起全社会对老年体育的关注	15					
	(7)传递社会正能量	2					
意见栏							

Ⅱ. 体育干预提升老年人幸福指数的基本方向

（请根据下表提示,对各项进行赋分,不同意见及特别说明请在意见栏详细说明）

项目	要素构成	第一轮应答数	完全不重要	不重要	一般	重要	非常重要
			1分	2分	3分	4分	5分
体育干预提升老年人幸福指数的基本方向	（1）增进老年人健康	41					
	（2）获取政府层面支持	40					
	（3）老年体育与其他相关领域融合发展	38					
	（4）规范老年体育干预方式方法	32					
	（5）提高老年体育干预的科学性	26					
	（6）鼓励全社会参与	5					
意见栏							

Ⅰ．体育干预提升老年人幸福指数的实施路径

（实施路径部分分四个方面，请根据下表提示，对各项依次进行赋分，不同意见及特别说明请在意见栏详细说明）

（1）体育干预提升老年人健康指数的实施路径

项目	要素构成	第一轮应答数	完全不重要	不重要	一般	重要	非常重要
			1分	2分	3分	4分	5分
体育干预提升老年人健康指数的实施路径	（1）预防性干预	47					
	（2）康复性干预	45					
	（3）体育与医学相结合	36					
	（4）引导性干预	27					
	（5）政府性干预	23					
	（6）精神性干预	7					
意见栏							

（2）体育干预提升老年人福利指数的实施路径

项目	要素构成	第一轮应答数	完全不重要	不重要	一般	重要	非常重要
			1分	2分	3分	4分	5分
体育干预提升老年人福利指数的实施路径	（1）政府主导提高老年体育的保障性	45					
	（2）合理分布提高老年体育的易得性	38					
	（3）城乡及偏远地区合理规划提高来年体育均等化	37					
	（4）分级分类开发保证老年体育多元化	32					
	（5）建立服务评估机制保证老年体育满意度	30					
	（6）增加体育设施与服务提高老年体育普及度	26					
意见栏							

（3）体育干预提升老年人文明指数的实施路径

项目	要素构成	第一轮应答数	完全不重要	不重要	一般	重要	非常重要
			1分	2分	3分	4分	5分
体育干预提升老年人文明指数路径	（1）开展民俗性体育干预	39					
	（2）注重体育干预的自然属性	39					
	（3）发挥地域性体育干预优势	32					
	（4）开发劳动性体育干预	31					
	（5）健康促进型体育干预	25					
	（6）技能性体育干预	18					
意见栏							

（4）体育干预提升老年人生态环境指数的实施路径

项目	要素构成	第一轮应答数	完全不重要	不重要	一般	重要	非常重要
			1分	2分	3分	4分	5分
体育干预提升老年人生态环境指数路径	(1)开展民俗性体育干预	46					
	(2)注重体育干预的自然属性	38					
	(3)发挥地域性体育干预优势	36					
	(4)开发劳动性体育干预	21					
	(5)健康促进型体育干预	19					
	(6)技能性体育干预	9					
意见栏							

附录5：体育干预提升老年人幸福指数实施路径的优先发展顺序调查问卷

各位专家大家好！

感谢大家对第一轮、第二轮调查的参与与付出,根据大家第一轮、第二轮调查中所给出的实施建议及赋分,课题组通过对众多实施建议进行归纳总结与调整,由此形成现在的第三轮各实施路径优先发展顺序调查问卷。

本轮调查问卷的主要目的是对体育干预提升老年人幸福指数实施路径中各分项的优先发展顺序进行确定,采用的方法为 AHP 层次分析法。

问卷构成:

(1)递阶层次结构构造

表1　体育干预提升老年人幸福指数实施路径的递阶层次结构

体育干预提升老年人幸福指数(A)	健康指数提升(B1)	C1. 预防性干预
		C2. 康复性干预
		C3. 体育与医学相结合
		C4. 引导性干预
		C5. 政府性干预
	福利指数提升(B2)	C6. 政府主导提高老年体育的保障性
		C7. 合理分布提高老年体育的易得性
		C8. 城乡及偏远地区合理规划提高老年体育设施均等化
		C9. 分级分类开发保证老年体育多元化
		C10. 建立服务评估机制保证老年体育满意度
	文明指数提升(B3)	C11. 以健康水平的提高来建立生活自信
		C12. 经营性资金提升体育服务的多元化
		C13. 以体育活动培养老年人健康的精神风貌
		C14. 政府公益性资金提升体育服务的普及度
		C15. 以体育技能的获得来帮助老年人重新建立自我认同
	生态环境指数提升(B4)	C16. 开展民俗性体育干预
		C17. 注重体育干预的自然属性
		C18. 发挥地域性体育干预优势
		C19. 开发劳动性体育干预
		C20. 健康促进性体育干预

　　根据德尔菲法第一轮与第二轮专家调查所形成的实施路径,对干预提升老年人幸福指数实施路径的递阶层次结构的构造如表 1 所示:第一阶层为体育干预提升老年人幸福指数,标记为 A 阶层。第二阶层为体育干预提升老年人幸福指数四大主要路径,标记为 B 阶层,包含健康指数提升(B1)、福利指数提升(B2)、文明指数提升(B3)、生态环境指数提升(B4)。第三层为四大主要路径的各细分路径,健康指数提升中包含 5 项细分路径,依次标记为 C1 – C5;福利指数提升中包含 5 项细分路径,以此标记为 C6 – C10;文明指数提升中包含 5 项细分路径,以此标记为 C11 – C15;生态环境指数提升中包含 5 项细分路径,依次标记为 C16 – C20.

　　(2)判断矩阵构造

　　赋值(重要性标度值见表 2)根据递阶层次结构我们将体育干预提升老年人幸福指数实施路径来构造判断矩阵。构造判断矩阵的方法是:每一个具有向下隶属关系的元素(被称作准则)作为判断矩阵的第一个元素(位于左上角),隶属于它的各个元素依次排列在其后的第一行和第一列。重要的是填写判断矩阵。填写判断矩阵的方法有:大多采取的方法是:向填写人(专家)反复询问:针对判断矩阵的准则,其中两个元素两两比较哪个重要,重要多少,对重要性程度按 1 – 9 赋值(重要性标度值见表 2)。

表 2　重要性标度含义表

重要性标度	含　义
1	表示两个元素相比,具有同等重要性
3	表示两个元素相比,前者比后者稍重要
5	表示两个元素相比,前者比后者明显重要
7	表示两个元素相比,前者比后者强烈重要
9	表示两个元素相比,前者比后者极端重要
2,4,6,8	表示上述判断的中间值
倒数	若元素 I 与元素 j 的重要性之比为 a_{ij},则元素 j 与元素 I 的重要性之比为 $a_{ji} = 1/a_{ij}$

填写说明:

AHP 层次分析法主要是根据各项两两对比判断其重要性,对比项较多且复杂,稍有疏忽即可造成判断的前后矛盾,甚至造成整个调查问卷结果的无效,由此肯定各位专家认真阅读上面的"递阶层次结构构造"和"判断矩阵构造",更加认真地对各项的重要性进行判断,您的判断将对本次调查产生直接的影响。

国家社科基金项目

《体育干预提升老年人幸福指数的实证研究》课题组

Ⅰ.体育干预提升老年人幸福指数实施路径的判断矩阵

(请认真阅读上面的"递阶层次结构构造"和"判断矩阵构造"说明,根据提示对各对比项进行赋分)

基本项目	极度重要	非常重要	重要	比较重要	相同	比较重要	重要	非常重要	极度重要	比较项目
分值	9	7	5	3	1	1/3	1/5	1/7	1/9	
健康指数(B1)										文明指数(B2)
健康指数(B1)										福利指数(B3)
健康指数(B1)										生态环境指数(B4)
文明指数(B2)										福利指数(B3)
文明指数(B2)										生态环境指数(B4)
福利指数(B3)										生态环境指数(B4)

Ⅱ.体育干预提升老年人健康指数实施路径的判断矩阵

(请认真阅读上面的"递阶层次结构构造"和"判断矩阵构造"说明,根据提示

对各对比项进行赋分）

基本项目	极度重要	非常重要	重要	比较重要	相同	比较重要	重要	非常重要	极度重要	比较项目
分值	9	7	5	3	1	1/3	1/5	1/7	1/9	
预防性干预（C1）										康复性干预（C2）
预防性干预（C1）										体育与医学相结合（C3）
预防性干预（C1）										引导性干预（C4）
预防性干预（C1）										政府性干预（C5）
康复性干预（C2）										体育与医学相结合（C3）
康复性干预（C2）										引导性干预（C4）
康复性干预（C2）										政府性干预（C5）
体育与医学相结合（C3）										引导性干预（C4）

续表

基本项目	极度重要	非常重要	重要	比较重要	相同	比较重要	重要	非常重要	极度重要	比较项目
体育与医学相结合（C3）										政府性干预（C5）
引导性干预（C4）										政府性干预（C5）

Ⅲ. 体育干预提升老年人福利指数实施路径的判断矩阵

（请认真阅读上面的"递阶层次结构构造"和"判断矩阵构造"说明，根据提示对各对比项进行赋分）

基本项目	极度重要 9	非常重要 7	重要 5	比较重要 3	相同 1	比较重要 1/3	重要 1/5	非常重要 1/7	极度重要 1/9	比较项目
分值	9	7	5	3	1	1/3	1/5	1/7	1/9	
政府主导提高老年体育的保障性(C6)										合理分布提高老年体育的易得性(C7)
政府主导提高老年体育的保障性(C6)										城乡及偏远地区合理规划提高老年体育设施均等化(C8)
政府主导提高老年体育的保障性(C6)										分级分类开发保证老年体育多元化(C9)
政府主导提高老年体育的保障性(C6)										建立服务评估机制保证老年体育满意度(C10)
合理分布提高老年体育的易得性(C7)										城乡及偏远地区合理规划提高老年体育设施均等化(C8)
合理分布提高老年体育的易得性(C7)										分级分类开发保证老年体育多元化(C9)
合理分布提高老年体育的易得性(C7)										建立服务评估机制保证老年体育满意度(C10)
城乡及偏远地区合理规划提高老年体育设施均等化(C8)										分级分类开发保证老年体育多元化(C9)

续表

基本项目	极度重要	非常重要	重要	比较重要	相同	比较重要	重要	非常重要	极度重要	比较项目
城乡及偏远地区合理规划提高老年体育设施均等化(C8)										建立服务评估机制保证老年体育满意度(C10)
分类分级开发保证老年体育多元化(C9)										建立服务评估机制保证老年体育满意度(C10)

Ⅳ. 体育干预提升老年人文明指数实施路径的判断矩阵

(请认真阅读上面的"递阶层次结构构造"和"判断矩阵构造"说明,根据提示对各对比项进行赋分)

基本项目	极度重要	非常重要	重要	比较重要	相同	比较重要	重要	非常重要	极度重要	比较项目
分值	9	7	5	3	1	1/3	1/5	1/7	1/9	
以健康水平的提高来建立生活自信(C11)										经营性资金提升体育服务的多元化(C12)
以健康水平的提高来建立生活自信(C11)										以体育活动培养老年人健康的精神风貌(C13)
以健康水平的提高来建立生活自信(C11)										政府公益性资金提升体育服务的普及度(C14)

续表

基本项目	极度重要	非常重要	重要	比较重要	相同	比较重要	重要	非常重要	极度重要	比较项目
以健康水平的提高来建立生活自信(C11)										以体育技能的获得来帮助老年人重新建立自我自信(C15)
经营性资金提升体育服务的多元化(C12)										以体育活动培养老年人健康的精神风貌(C13)
经营性资金提升体育服务的多元化(C12)										政府公益性资金提升体育服务的普及度(C14)
经营性资金提升体育服务的多元化(C12)										以体育技能的获得来帮助老年人重新建立自我认同(C15)
以体育活动培养老年人健康的精神风貌(C13)										政府公益性资金提升体育服务的普及度(C14)
以体育活动培养老年人健康的精神风貌(C13)										以体育技能的获得来帮助老年人重新建立自我认同(C15)
政府公益性资金提升体育服务的普及度(C14)										以体育技能的获得来帮助老年人重新建立自我认同(C15)

V. 体育干预提升老年人健康指数实施路径的判断矩阵

（请认真阅读上面的"递阶层次结构构造"和"判断矩阵构造"说明，根据提示对各对比项进行赋分）

基本项目	极度重要	非常重要	重要	比较重要	相同	比较重要	重要	非常重要	极度重要	比较项目
分值	9	7	5	3	1	1/3	1/5	1/7	1/9	
开展民俗性体育干预(C16)										注重体育干预的自然属性(C17)
开展民俗性体育干预(C16)										发挥地域性体育干预优势(C18)
开展民俗性体育干预(C16)										开发劳动性体育干预(C19)
开展民俗性体育干预(C16)										健康促进性体育干预(C20)
注重体育干预的自然属性(C17)										发挥地域性体育干预优势(C18)
注重体育干预的自然属性(C17)										

续表

基本项目	极度重要	非常重要	重要	比较重要	相同	比较重要	重要	非常重要	极度重要	比较项目
分值	9	7	5	3	1	1/3	1/5	1/7	1/9	
注重体育干预的自然属性（C17）										开发劳动性体育干预（C19）
发挥地域性体育干预优势（C18）										健康促进性体育干预（C20）
发挥地域性体育干预优势（C18）										开发劳动性体育干预（C19）
开发劳动性体育干预（C19）										健康促进性体育干预（C20）
										健康促进性体育干预（C20）

参考文献

《马克思恩格斯全集》第1卷,人民出版社1979年版。

《马克思恩格斯全集》第42卷,人民出版社1979年版。

《江泽民文选》第1卷,人民出版社2006年版。

胡锦涛:《高举中国特色社会主义伟大旗帜 为夺取全面建设小康社会新胜利而奋斗——在中国共产党第十七次全国代表大会上的报告》,人民出版社2007年版。

《习近平谈治国理政》,外文出版社2014年版。

习近平:《出席第三届核安全峰会并访问欧洲四国和联合国教科文组织总部、欧盟总部时的演讲》,人民出版社2014年版。

温家宝:《政府工作报告》,人民出版社2010年版。

李克强:《在中国环境与发展国际合作委员会2010年年会开幕式上的讲话》,《环境科学研究》2010年第4期。

《2001-2010年体育改革和发展纲要》,《中国体育报》2000年12月15日。

《2013年我国人口老龄化特点分析》,中国产业信息网:http://www.chyxx.com/industry/201309/219611.html。

《德国人口老龄化程度:欧洲第一,全球第二》,载《人口与计划生育》,2012年第12期。

《国务院关于印发国家人口发展规划(2016-2030)的通知》,中央人民政府网站:http://www.gov.cn/zhengce/content/2017-01/25/content_5163309.htm。

《日本就业人口持续减少,两成企业遭遇用工荒》,央视网:http://news.cntv.cn/word/20120907/103157.shtml。

《社会保障费创下历史新高,达998507亿日元》,载日本《读卖新闻》,2011年10月29日。

白莉:《16省市区老年体育锻炼者心理状态透视》,载《第六届全国体育科学学会论文集》,2000年。

班秀萍:《体育与人的全面发展》,载《首都体育学院学报》,2002年第4期。

毕昌萍、谭劲松:《中国梦的幸福学解读》,载《邓小平研究》,2012年第2期。

毕进杰:《再论体育的起源》,载《体育文化导刊》,2015年第4期。

蔡成祖:《解读"积极老龄化"》,载《中国老年学学会2006年老年学学会高峰论坛论文集》,2006年。

蔡新会:《2004-2005年上海市杨浦区老年人口经济状况及变化趋势研究》,载《经济论坛》,2008年第6期。

曹可强:《论政府公共体育服务供给的需求导向——以上海市为例》,载《成都体育学院学报》,2011年第11期。

曹莹:《德国应对人口老龄化的相关政策及启示》,载《重庆科技学院学报(社会科学版)》,2012年第10期。

曾毅、王正联:《中国家庭与老年人居住安排的变化》,载《中国人口科学》,2004年第5期。

曾长秋、邱荷:《马克思主义幸福观与幸福中国建设》,载《理论学刊》,2013年第9期。

常乃军、王岗:《山西省中型城市老年人开展健身活动的现状调查》,载《中国体育科技》,2000年第6期。

陈柏峰:《代际关系变动与老年人自杀——对湖北京山农村的实证研究》,载《社会学研究》,2009年第4期。

陈栋:《老年人体育锻炼与运动处方》,载《福建体育科技》,2002年第5期。

陈杜英:《积极老龄化与中国:观点与问题透视》,载《南方人口》,2010年第4期。

陈纲:《体育运动对大学生焦虑情绪的干预作用》,载《体育世界(学术版)》,2010年第1期。

陈立新、姚远:《社会支持对老年人心理健康的影响的研究》,载《人口研究》,

2005 年第 4 期。

陈青梅:《社区体育服务体系探析》,载《体育与科学》,2005 年第 3 期。

陈新生、楚继军:《城市社区休闲体育公共服务的现状与对策》,载《西安体育学院学报》,2011 年第 1 期。

陈友华:《关于人口老龄化几点认识的反思》,载《国际经济评论》,2012 年第 6 期。

陈志强:《不同运动方式对某社区老年人身心健康影响的观察》,载《中国农村卫生事业管理》,2015 年第 11 期。

程鹏宇:《河南省城区中老年人体育健身现状的调研分析》,载《北京体育大学学报》,2006 年第 2 期。

仇保兴:《城镇化与城乡统筹发展》,中国城市出版社 2012 年版。

楚继军、楚霄:《广州市老年人体育公共服务现状与需求分析》,载《广州体育学院学报》,2016 年第 2 期。

崔瑞华:《体育与医学结合促进"健康流行学"的发展》,载《医学与社会》,2010 年第 2 期。

崔颖波:《日本发展大众体育的特点及趋势——"终身体育"政策篇》,载《体育与科学》,2003 年第 2 期。

戴卫东:《解析德国——日本长期护理保险制度的差异》,载《东南亚论坛》,2007 年第 1 期。

戴永冠、林伟红:《公共体育服务概念、结构及人本思想》,载《武汉体育学院学报》,2012 年第 10 期。

戴永冠:《公共体育服务概念、结构及人本思想》,载《武汉体育学院学报》,2012 年第 10 期。

戴志鹏:《论老年人体育——基于年龄的多维性视角》,载《南京体育学院学报》,2014 年第 3 期。

丹豫晋、苏连勇、刘映海:《自闭症幼儿沟通行为的体育干预个案研究》,载《天津体育学院学报》,2006 年第 2 期。

党俊武:《关于我国应对人口老龄化理论基础的探究》,载《人口研究》,2012 年第 3 期。

董驹翔:《社会学》,黑龙江人民出版社1990年版。

杜敏敏:《体育参与对山东省城市老年人幸福指数的影响研究》,曲阜师范大学2014年硕士学位论文。

杜鹏:《中国老龄化过程研究》,中国人民大学出版社1994年版。

方媛、季浏:《我国老年人体育锻炼动机研究述评》,载《北京体育大学学报》,2003年第2期。

费加明:《老年人体育锻炼相关生命质量的研究述评》,载《南京体育学院学报(自然科学版)》,2014年第3期。

付朝琦:《南昌市城市老年人体育锻炼现状与发展对策研究》,华东师范大学2007年硕士学位论文。

高昌英:《上海市老年人体育健身现状调查分析》,载《广州体育学院学报》,2006年第5期。

高亮、王丽华:《体育锻炼与老年人自评健康关系的调查研究》,载《武汉体育学院学报》,2015年第8期。

高月霞、许成、刘国恩等:《社会支持对老年人健康相关生命质量的影响研究——基于南通的实证》,载《人口健康研究》,2013年第4期。

龚建林:《生态文明视域中的生态体育》,载《体育学刊》,2008年第7期。

顾民杰:《农民体育健身工程实效性建设提升农民幸福指数的实证分析》,载《体育与科学》,2011年第1期。

郭飙:《乒乓球运动与老年人生命质量的关系》,载《中国应用生理学杂志》,2016年第2期。

郭金华:《中国老龄化的全球定位和中国老龄化研究的问题与出路》,载《学术研究》,2016年第2期。

郭未:《健康老龄化:历史维度下的日本启示》,载《兰州学刊》,2016年第5期。

国家统计局:《2010年第六次全国人口普查主要数据公报》(第1号),国家统计局网站:http://www.stats.gov.cn/tjsj/tjgb/rkpcgb/qgrkpcgb/201104/t20110428_30327.html。

国家统计局:《2014年国民经济和社会发展统计公报》,国家统计局网站:http://www. stats. gov. cn/tjsj/zxfb/201502/t20150226_685799. html。

国家统计局:《2016 年国民经济实现"十三五"良好开局》,国家统计局网站:
http://www. stats. gov. cn/tjsj/zxfb/201701/t20170120_1455942. html。

韩超、李小利:《太原市城区老年人体育锻炼意识的调查与分析》,载《中北大学学报(社会科学版)》,2012 年第 6 期。

韩会君、陈建华:《生态系统理论视域下青少年体育参与的影响因素分析》,载《广州体育学院学报》,2010 年第 6 期。

韩玉敏、郝秀芬:《新编社会学词典》,中国物资出版社 1998 年版。

何维民:《老年人体育课诸问题之探讨》,载《学位与老年人教育》,1999 年第 2 期。

洪家云:《海口市老年人体育锻炼现状的调查研究》,载《北京体育大学学报》,2003 年第 2 期。

侯海波:《德国大众体育发展现状及成功经验探析》,载《山东体育科技》,2014 年第 3 期。

侯海波:《德国实施"50 岁以上老年人健身组织网络计划"》,载《中外群众体育信息》,2012 年第 4 期。

侯建明、周英华:《日本人口老龄化对经济发展的影响》,载《现代日本经济》,2010 年第 4 期。

侯世伦:《功能练习在老年人膝关节骨关节炎中的应用研究》,北京体育大学 2015 年博士学位论文。

胡靖平:《对社区老年人体育健身意识的调查分析——以浙江省金华市为例》,载《山东体育科技》,2012 年第 1 期。

胡娟:《我国民俗体育的流变——以龙舟竞渡为例》,载《体育科学》,2008 年第 4 期。

胡惕:《独立学院"边缘化学生"心理健康问题的体育干预研究》,湖南科技大学 2011 年硕士学位论文。

黄昌武、胡蓉晖、李伟峰:《边缘化大学生的体育干预个案研究》,载《山东体育学院学报》,2013 年第 1 期。

黄秀金:《早期康复护理对偏瘫肩关节半脱位的影响》,载《中国康复》,2009

年第 3 期。

季浏：《体育与健康》，华东师范大学出版社 2001 年版。

贾龙、卢文彪、邱世亮：《登山运动对老年人平衡能力的影响》，载《吉林体育学院学报》，2010 年第 2 期。

贾云竹：《北京市老年人的经济状况》，载《人口与经济》，2001 年第 3 期。

江崇民、张一民：《中国体质研究的进程与发展趋势》，载《体育科学》，2008 年第 9 期。

蒋东明、彭国强：《人口老龄化背景下常州市老年人体育生活方式研究》，载《南京体育学院学报》，2011 年第 2 期。

解晓燕、张传峰、陶远城：《幸福中国建设路径研究》，载《山东理工大学学报（社会科学版）》，2014 年第 3 期。

黎昕、赖扬恩、谭敏：《国民幸福指数指标体系的构建》，载《东南学术》，2011 年第 5 期。

李晖：《幸福指数：媒体报道新课题》，载《新闻实践》，2012 年第 4 期。

李佳：《欧盟国家应对人口老龄化的相关对策及启示》，吉林大学 2011 年硕士学位论文。

李建波、刘玉：《中国老年公共体育服务模式研究》，载《北京体育大学学报》，2015 年第 9 期。

李建新：《老年人口生活质量与社会支持的关系研究》，载《人口研究》，2007 年第 3 期。

李捷，王凯珍：《日本老年人体育活动现状研究》，载《体育文化导刊》，2014 年第 8 期。

李金平：《体育锻炼对老年人心理健康及幸福度的影响》，载《中国公共卫生》，2006 年第 4 期。

李婧：《北京市街道社区老年公共体育服务供给研究》，首都体育学院 2015 年硕士学位论文。

李军：《空竹锻炼对老年人血脂变化的影响》，载《西安体育学院学报》，2007 年第 1 期。

李砺研：《人的劳动起源与人的体育发轫——对体育起源问题的再思考》，载

《体育与科学》,1989 年第 6 期。

李倩:《基于需求理论的城市老年人精神需求研究》,沈阳理工大学 2011 年硕士学位论文。

李爽、张新英:《老年人健身运动处方》,载《中国临床康复》,2002 年第 11 期。

李唐宁、赵婧:《我国今年养老保险亏空或超千亿元》,人民网:http://politics. people. com. c/n/2014/0416/c1001 – 24901455. html? utm _ source = twitterfeed&utm_medium = twitter。

李万来、闵健、刘青:《公共体育管理概论》,北京体育大学出版社 2005 年版。

李伟、项莹:《老年人劳动参与、环境支持与健康水平的关系研究》,载《现代预防医学行为》,2016 年第 15 期。

李文川:《上海市老年人体育生活方式研究》,上海体育学院 2011 年硕士学位论文。

李先长、涂传飞、严伟:《百年来中国民俗体育研究述评与展望》,载《武汉体育学院学报》,2009 年第 6 期。

李相如、苏明理:《全民健身导论》,高等教育出版社 2008 年版。

李晓洁:《德国大众体育发展探因》,载《中国体育报》,2015 年 4 月 8 日。

李玉新、李玉超:《北京市海淀区老年人体育消费影响因素的经济学分析》,载《哈尔滨体育学院学报》,2010 年第 1 期。

林昭绒、吴飞:《城区中老年人体育健身现状研究》,载《武汉体育学院学报》,2003 年第 3 期。

蔺丰奇:《从 GDP 到 GNH 经济发展价值坐标的转变》,载《协商论坛》,2007 年第 2 期。

凌明德、刘孝兰、王敏敏等:《国内外群众体育的开展情况分析》,载《上海体育学院学报》,1998 年第 S1 期。

凌文杰、党剑:《对中老年高血压患者运动处方的分析》,载《河南大学学报(医学版)》,2006 年第 2 期。

刘波:《德国体育政策的演进及启示》,载《上海体育学院学报》,2014 年第 1 期。

刘畅、邵淑燕、王寒明等:《下肢康复机器人对脑卒中偏瘫患者下肢运动功能与步行能力的效果》,载《中国康复理论与实践》,2017 年第 6 期。

刘凤云:《生态体育旅游及其可持续发展的对策》,载《沈阳体育学院学报》,2005 年第 1 期。

刘俊庭、吴纪饶主编:《大学生健康教育》,高等教育出版社 1999 年版。

刘丽:《长春市中老年女性参加体育锻炼的现状调查与对策研究》,吉林体育学院 2010 年硕士学位论文。

刘妹、李俊温:《制约山西老年人体质水平关键问题的研究》,载《体育文化导刊》,2016 年第 5 期。

刘明辉:《我国老年体育消费市场的社会学分析》,载《广州体育学院学报》,2000 年第 4 期。

刘艳:《糖尿病运动康复》,载《吉林医学》,2010 年第 2 期。

刘应,王丽水:《中日老年体育现状比较分析》,载《四川体育科学》,2009 年第 1 期。

刘映海、丹豫晋、苏连勇:《网络成瘾青少年体育干预之行动研究》,载《体育与科学》,2010 年第 4 期。

刘映海、丹豫晋、苏连勇等:《自闭症幼儿的体育干预实验案例研究》,载《中国体育科技》,2006 年第 6 期。

刘映海:《青少年网络成瘾体育干预理论构建与实证研究》,山西大学 2015 年博士学位论文。

刘玉:《论社会转型期我国体育公共服务的内涵、特性与分类框架》,载《成都体育学院学报》,2010 年第 10 期。

刘玉:《我国老年体育公共服务体系的解构与重塑》,载《体育文化导刊》,2014 年第 2 期。

龙云飞:《公众幸福指数指标体系的构建与运用》,载《社会民生》,2012 年第 12 期。

卢元镇:《中国的老年健康与老年体育》,载《山东体育学院学报》,1999 年第 1 期。

卢子敏、郑儿:《浙江城市社区差异化居家养老服务叹息》,载《城市开发》,2014 年第 3 期。

吕红平、康和平：《中国人口老龄化与可持续发展》，载《中国软科学》，2000 年第 7 期。

吕中凡：《大学生心理健康的影响因素及体育锻炼的心理干预效果研究》，载《沈阳体育学院学报》，2006 年第 6 期。

马国义：《健身操舞干预模式及对中老年人主观幸福感影响的研究》，河北师范大学 2016 年博士学位论文。

马慧颖：《改善民生打造幸福中国》，载《商业经济》，2012 年第 21 期。

马琪：《马克思主义幸福观与幸福中国》，载《亚太教育》，2016 年第 32 期。

马启伟：《体育心理学》，高等教育出版社 1996 年版。

马志君：《老年人血脂异常防治的运动处方研究》，载《体育世界（学术版）》，2012 年第 9 期。

毛誉樵、苏力博、林昊融：《体育运动对慢性疾病的影响分析及处方制定》，载《科学之友》，2013 年第 8 期。

毛占洋：《生态系统理论视域下我国农村老年人体育锻炼影响因素分析》，载《山东体育科技》，2014 年第 3 期。

苗元江：《从幸福到幸福指数——发展中的幸福感研究》，载《南京社会科学》，2009 年第 11 期。

铭然：《德国养老方式多样化》，载《老年日报》，2011 年 3 月 7 日。

莫选菊：《老年人运动及其运动处方》，载《护理学杂志》，2005 年第 8 期。

牟杰、高奇：《论人民幸福"中国梦"的层次性》，载《齐鲁师范学院学报》，2014 年第 6 期。

穆光宗、袁城：《探寻家庭幸福之道》，载《中国人口报》，2012 年 3 月 23 日。

倪峰、郦树：《华东地区城市老年人体育锻炼动机的调查与分析》，载《上海体育学院学报》，2001 年第 5 期。

潘红玲、李艳翎：《孤独症儿童体育干预个案研究》，载《中国体育科技》，2012 年第 3 期。

邱芬：《文化生态视野下安化地域体育文化探析》，湖南师范大学 2015 年硕士学位论文。

邱远：《影响我国学生健康的社会环境因素及其体育干预对策研究》，载《北京体育大学学报》,2004 年第 1 期。

曲海燕、赵东海、叶常青等:《雾霾天气老年人发病特点及防治》,载《蛇志》,2013 年第 1 期。

曲镭:《健康老龄化与老年人健身活动和老年病康复》,载《中国康复理论与实践》,1999 年第 1 期。

全国老龄工作委员会办公室:《中国人口老龄化发展趋势预测研究报告》,载《中国社会报》,2006 年 2 月 27 日。

任春香、李红卫:《新时期我国公共体育服务体系的基本内容探析》,载《体育与科学》,2011 年第 5 期。

任广峻:《推动物质文明与精神文明协调发展研究》,载《法制与社会》,2016 年第 8 期。

任海:《老年体育再思考》,载《体育科学》,2006 年第 6 期。

阮云龙、王凯珍、李晓天:《北京市社区老年人群体育参与和需求研究》,载《体育文化导刊》,2016 年第 6 期。

邵雪梅:《天津城市社区老年体育现状的调查研究》,载《武汉体院学院学报》,2007 年第 2 期。

佘军标:《老年人健身运动时对运动负荷和方式的选择》,载《沈阳体育学院学报》,2004 年第 3 期。

沈振新:《提高新世纪老年人生活质量》,华龄出版社 2003 年版。

施学莲、王正伦、王爱丰:《从特惠到普惠:公共服务视野下江苏省老年人体育需求研究——基于江苏十三个市县的实证调查》,载《南京体育学院学报》,2012 年第 4 期。

石振国、王英:《2000 年以来我国老年体育研究成果评析》,载《武汉体育学院学报》,2014 年第 1 期。

世界卫生组织:《积极老龄化政策框架》,华龄出版社 2003 年版。

姒刚彦、黄志剑、余水清:《关于老年人参加体育锻炼的心理前因及心理效益的初步研究》,载《西安体育学院学报》,1995 年第 3 期。

苏雁:《瞧,这里的村民多文明!》,载《光明日报》,2011 年 11 月 5 日。

孙鹃娟:《中国老年人的居住方式现状与变动特点——基于"六普"和"五普"

数据的分析》,载《人口研究》,2013 年第 6 期。

孙颖心、王佳佳:《不同养老方式心理状况的研究》,载《中国老年学杂志》,2007 年第 4 期。

孙月霞:《中国人口老龄化背景下老年体育价值观与管理体制的研究》,北京体育大学 2007 年博士学位论文。

孙月霞:《中国人口老龄化背景下老年体育价值观与管理体制的研究》,北京体育大学 2007 年博士学位论文。

孙中华、张立波、吴玲玲:《完善我国城市老有所为实现途径的研究——基于老年人力资源开发视角》,载《动保障世界(理论版)》,2010 年第 5 期。

谭新莉、李伟峰:《"边缘化"大学生的体育干预研究》,载《湘潭大学学报(哲学社会科学版)》,2011 年第 3 期。

汤晓玲:《对影响老年人体育锻炼动机的社会学分析》,载《成都体育学院学报》,2000 年第 4 期。

陶涛、杨凡、张浣珺等:《家庭幸福发展指数构建研究》,载《人口研究》,2014 年第 1 期。

田雨普:《21 世纪我国社会体育的发展趋势》,载《哈尔滨体育学院报》,2001 年第 1 期。

田雨普:《民族传统体育文化现代变迁与发展研究》,载《体育文化导刊》,2003 年第 4 期。

汪流、陈海燕:《安徽省城市老年体育现状与发展对策研究》,载《四川体育科学》,2004 年第 3 期。

汪流:《老年体育的"组织化"管理:讨论与思考》,载《西安体育学院学报》,2016 年第 3 期。

汪然:《德国应对人口老龄化的政策》,载《中国社会报》,2015 年 11 月 9 日。

汪伟、艾春荣:《人口老龄化与中国储蓄率的动态演化》,载《管理世界》,2015 年第 6 期。

汪伟:《经济增长、人口结构变化与中国高储蓄》,载《经济学季刊》,2009 年第 1 期。

汪文奇:《我国老龄化社会进程中老年人体育生活方式的研究》,载《北京体育大学学报》，2004年第8期。

王岗：《对山西中型城市不同年龄群体体育锻炼状况研究》，载《体育科学》，2001年第5期。

王金营、杨磊：《中国人口转变、人口红利与经济增长的实证》，载《人口学刊》，2010年第5期。

王凯珍、王庆锋、王庆伟：《中国城市老年人体育组织管理体制的现状调查研究》，载《西安体育学院学报》，2005年第1期。

王丽莉：《老龄化背景下我国城市公共体育服务供给的反思与优化》，武汉体育学院2015年博士学位论文。

王鲁宁、李海青：《马克思主义的幸福观及其中国化何以可能——基于"中国梦"人民幸福内涵的理论渊源及实践价值视角》，载《理论界》，2014年第12期。

王南：《德国应对老龄化的经验》，载《中国经济时报》，2013年5月24日。

王如松、王丰年：《北京绿色奥运的生态学研究》，载《清华大学学报（哲学社会科学版）》，2001年第2期。

王锐：《我国老年体育健身活动现状综述》，载《山东体育学院学报》，2002年第1期。

王淑康：《城市社区老年人规律体育活动行为的社会生态学探索及健康干预策略研究》，山东大学2012年博士学位论文。

王淑英、张文利：《河北省城市老年人体育健身活动现状与发展策略》，载《山西师大体育学院学报》，2007年第4期。

王铁军、常乃新：《我国民俗体育研究综述》，载《体育文化导刊》，2009年第10期。

王伟：《日本人口结构的变化趋势及其对社会的影响》，载《日本学刊》，2003年第4期。

王小燕、周蓉晖、刘芳等：《有氧健身运动对城市老年人体质的影响》，载《中国体育科技》，2002年第6期。

王晓峰：《老龄化加速期人口因素对日本经济增长的影响——以人口、经济的双重拐点为视角》，载《现代日本经济》，2014年第5期。

王晓璐，傅苏：《日本超老龄社会及其影响》，载《现代日本经济》，2012年第

5 期。

王学锋、田玫:《身体活动的抗氧化作用及其对健康寿命的影响》,载《山东体育科技》,2001 年第 3 期。

王艳锋:《社区体育对构建和谐城市的作》,华中师范大学 2013 年硕士学位论文。

王燕:《德国大众体育的研究及其启示》,载《四川体育科学》,2013 年第 6 期。

王跃生:《农村老年人人口生存方式分析——一个"宏观"与"微观"相结合的视角》,载《中国人口科学》,2009 年第 1 期。

王占坤:《老龄化背景下浙江老年人体育公共服务需求与供给的实证研究》,载《中国体育科技》,2013 年第 6 期。

魏高峡:《西安市老年人口体育锻炼现状的调查研究》,《第六届全国体育科学学会论文集》2000 年,第 527 页。

魏来周:《充分发挥老年体育在全民健身中的重要作用》,《纪念中国老年人体育协会成立 30 周年老年体育征文作品集》,2013 年,第 219 - 220 页。

邬沧萍、姜向群:《老年学概论》,中国人民大学出版社 2011 年版。

邬沧萍、谢楠:《关于人口老龄化的理论思考》,载《北京社会科学》,2011 年第 1 期。

邬沧萍、杨庆芳:《"老有所为"是我国积极应对人口老龄化的客观要求》,载《人口与发展》,2011 年第 6 期。

邬沧萍:《创建一个健康的老龄社会——中国迎接 21 世纪老龄化的正确选择》,载《人口研究》,1997 年第 1 期。

邬沧萍:《积极应对人口老龄化理论诠释》,载《老龄科学研究》,2013 年第 1 期。

吴预:《发展生态体育,建设健康南宁》,载《南宁日报》,2017 年 7 月 4 日。

吴正耀、佘军标:《老年人健身运动时对运动负荷和方式的选择》,载《中国行为医学科学》,2002 年第 2 期。

伍小兰、李晶、王莉莉:《中国老年人口抑郁症状分析》,载《人口学刊》,2010 年第 5 期。

项凤莲、项立敏:《"绿色奥运"理念的内涵与延伸》,载《浙江体育科学》,2006

年第 2 期。

肖春梅、王明铮、熊开宇等:《老年人平衡能力的测试方法(综述)》,载《北京体育大学学报》,2001 年第 4 期。

肖焕禹、潘永芝:《国长春市与日本仙台市老年体育现状调查研究》,载《北京体育大学学报》,1999 年第 4 期。

肖林鹏、李宗浩、杨晓晨:《公共体育服务概念及其理论分析》,载《天津体育学院学报》,2007 年第 2 期。

谢琼桓、冯宝忠:《体育运动与环境保护》,载《天津体育学院学报》,2005 年第 5 期。

辛利、周毅:《中国老年体育生活方式的现状与发展趋势》,载《中国体育科技》,2001 年第 3 期。

辛双双、陈林会:《学校体育场馆向社会开放的现状及对策研究》,载《西安体育学院学报》,2007 年第 6 期。

辛自强、池丽萍:《社会变迁中的青少年》,北京师范大学出版社 2008 年版。

邢占军:《幸福指数的政策意义》,载《红旗文稿》,2006 年第 12 期。

邢占军:《幸福指数的指标体系构建与追踪研究》,载《数据》,2006 年第 8 期。

熊百华、康春兰:《发展老龄体育产业的思考》,载《体育与科学》,2004 年第 6 期。

熊必俊:《人口老龄化和可持续发展》,中国百科全书出版社 2002 年版。

熊谋林:《建设法治社会和幸福中国》,载《四川省社会主义学院学报》,2014 年第 1 期。

徐曼、刘冰、柴云等:《社区老年人幸福感指数的影响因素》,载《中国老年医学杂志》,2017 年第 37 期。

徐明泽、陆剑:《推进更大突破,实现全面小康》,载《新华日报》,2011 年 12 月 8 日。

许传宝:《生态体育:绿色奥运的核心理念》,载《成都体育学院学报》,2002 年第 5 期。

许传宝:《体育生态学:绿色体育的理论基础》,载《沈阳体育学院学报》,2001 年第 4 期。

许洋毓:《马克思主义消费公正观对构建幸福中国的当代启示》,载《社会科学战线》,2015 年第 3 期。

颜天民、高健:《试论社会体育法规的作用与意义》,载《天津体育学院学报》,1996 年第 1 期。

杨波、张亚峰、田建君等:《体育锻炼对老年人整体自尊与心理幸福感的影响研究》,载《成都体育学院学报》,2011 年第 7 期。

杨慧馨:《中老年人太极拳健身运动处方研究》,上海体育学院 2011 年硕士学位论文。

杨欣:《不同体育锻炼方式对老年人人际交往的影响》,河北师范大学 2012 年硕士学位论文。

杨雪、侯力:《我国人口老龄化对经济社会的宏观和微观影响研究》,载《人口学刊》,2011 年第 4 期。

杨钊、孙彤:《基于内核驱动的区域人民幸福指数评价模型构建》,载《当代经济管理》,2013 年第 6 期。

杨作毅:《北京居民幸福指数的调查与分析》,载《统计与决策》,2008 年第 5 期。

姚远:《体育活动与糖尿病》,载《北京体育师范学院学报》,1998 年第 3 期。

尹志红:《老年人体育锻炼提升主观幸福感相关性研究》,江西师范大学 2010 年硕士学位论文。

于军、李永献、刘运祥:《山东省城镇老年人体育消费现状调查研究》,载《山东体育学院学报》,2005 年第 4 期。

余建华:《日本老年人体育运动的现状与分析》,载《武汉体育学院学报》,2004 年第 3 期。

袁存柱:《对大学生心理健康与体育教育干预的研究》,载《武汉体育学院学报》,2005 年第 1 期。

湛育明:《论传统养生体育在构建和谐社会中的作用》,载《科技咨询导报》,2007 年第 25 期。

张传曾:《老有所为是应对社会老龄化的良策》,载《济南大学学报(社会科学版)》,2004 年第 2 期。

张棣、冯永丽、陈予等:《艺术表现类体育课程干预模式对大学生心理及人格健康的影响》,载《成都体育学院学报》,2009 年第 4 期。

张凤珍、李卫平、谢忠萍:《现代社会体育与提升国民幸福指数关系初探》,载《体育与科学》,2007 年第 5 期。

张桂莲、王永莲:《中国人口老龄化对经济发展的影响分析》,载《人口学刊》,2010 年第 5 期。

张海灵:《体育运动处方对青少年网瘾干预的实证研究》,载《军事体育进修学院学报》,2011 年第 4 期。

张鸿:《我国老年人绿道体育参与现状及未来趋势研究——以四川省成都市为例》,载《西南师范大学学报(自然科学版)》,2015 年第 8 期。

张基振、虞重干:《中国民间体育保护与发展实践论》,载《上海体育学院学报》,2007 年第 6 期。

张建伟:《我国老年居民主观幸福感的影响因素研究》,山东大学 2014 年硕士学位论文。

张谨:《马克思主义幸福观及其当代启示》,载《文化学刊》,2015 年第 10 期。

张静:《体育干预对大学生网络成瘾影响的实验研究》,载《青年科学》,2009 年第 3 期。

张开林:《农村老年体育问题的透析与对策》,载《四川体育科学》,1999 年第 1 期。

张力为:《体育运动心理学研究进展》,高等教育出版社 2000 年版。

张士斌、王桥:《中日社会养老保障制度比较——一个劳动力市场的视角》,载《现代日本经济》,2010 年第 4 期。

张世伟、郭凤鸣:《东北城镇居民劳动供给行为分析》,载《东北亚论坛》,2010 年第 4 期。

张萱、朱善文:《德国养老保险体制的改革与启示》,载《劳动保障世界》,2008 年第 7 期。

张璇:《上海市社区老年体育活动现状及发展对策研究》,上海体育学院 2013 年硕士学位论文。

张银锋:《当前中国人口老龄化新特点》,载《中国社会科学报》,2017 年 7 月

26 日。

张玉丹、万岩、常青:《浅论体育运动与自然环境的关系》,载《淮海工学院学报(人文社会科学版)》,2013 年第 10 期。

张志勇、邓淑红:《在自闭症儿童体育游戏干预个案研究》,载《体育科学》,2010 年第 8 期。

赵德勋:《改革开放以来中国老年人体育政策研究》,北京体育大学 2010 年硕士学位论文。

赵殿军:《在读硕士研究生心理健康与体育锻炼的相关研究》,载《北京体育大学学报》,2004 年第 4 期。

赵琳:《"银发市场"大有潜力——面对老龄化问题的思考》,载《厦门日报》,1999 年 11 月 3 日。

赵荣莉:《影响老年人参与体育锻炼的因素分析》,载《体育世界》,2012 年第 3 期。

赵彤:《我国体医结合健身模式现状与对策》,北京体育大学 2014 年硕士学位论文。

赵夏娣:《大学生心理健康状况的时相特征及体育干预》,载《北京体育大学学报》,2008 年第 5 期。

郑家鲲、沈建华、张晓龙:《上海市体育公共服务现状调查与分析》,载《体育学刊》,2009 年第 8 期。

郑霞:《健康中国背景下城市居民休闲体育空间供给侧改革研究》,载《运动》,2017 年第 3 期。

郑晓祥:《生态体育的内涵与特点》,载《成都体育学院学报》,2005 年第 2 期。

郑贞:《老龄化背景下甘肃省人口年龄结构变动对消费的影响》,载《中国市场》,2011 年第 27 期。

郑志丹:《健康老龄化视野下我国老年体育发展对策研究》,载《山东体育学院学报》,2011 年第 12 期。

中国体育科学学会:《体育科学词典》,高等教育出版社 2000 年版。

钟华、朱国生、李晓雯等:《苏州社区老年人体育生活方式研究》,载《苏州大学学报》,2009 年第 3 期。

钟若恩:《人口老龄化影响产业结构调整的传导机制研究:综述及借鉴》,载《中国人口科学》,2005 年第 S1 期。

周鸿泽、李琳:《中国老龄化社会老年体育发展策略探究》,载《哈尔滨体育学院学报》,2014 年第 3 期。

周君华、孙涵:《生态体育资源开发及模式构建与应用研究——基于山东省的实证研究》,载《山东体育学院学报》,2010 年第 7 期。

周兰君:《荷兰德国老年人体育活动模式研究》,载《体育文化导刊》,2009 年第 7 期。

周庆平:《日本老龄化社会体育运动特征研究及对我国的启示》,载《中国体育科学学会第七届全国体育科学大会论文摘要汇编(一)》,中国体育科学学会,2004 年。

周松青、何颖、胡建忠:《中日社会体育指导员现状的比较及对策》,载《首都体育学院学报》,2013 年第 4 期。

周挺:《人口老龄化背景下成都市城区老年人体育消费现状》,载《体育成人教育学刊》,2010 年第 1 期。

周彦:《从社区老年人消费结构看其生活保障》,载《人口学刊》,2006 年第 4 期。

周燕珉:《构建中国特色养老居住》,载《中国房地产报》,2010 年 11 月 1 日。

周泽鸿、李琳:《边缘青少年反社会行为体育干预模式探巧》,载《体育文化导刊》,2014 年第 3 期。

周祝平、刘海斌:《人口老龄化对劳动力参与率的影响》,载《人口研究》,2016 年第 3 期。

朱光辉、孟凡强:《从体育的视角看"健康老龄化"的实现》,载《哈尔滨体育学院学报》,2006 年第 1 期。

朱健民:《老年人生活方式对健康自我完好评价的影响》,载《体育科学》,2006 年第 9 期。

总报告起草组:《国家应对人口老龄化战略研究总报告》,载《老龄科学研究》,2010 年第 4 期。

左亚文:《论精神文明与物质文明和政治文明的辩证互动》,载《马克思主义研究》,2003 年第 6 期。

[法]莱昂·狄骥:《公法的变迁》,郑戈、冷静译,辽海出版社 1999 年版。

[以]泰勒·本－沙哈尔:《幸福的方法》,汪冰、刘骏杰译,当代中国出版社 2009 年版。

[意]奥雷利奥·佩西:《人的素质》,邵晓光、李彩霞、王立波译,辽宁大学出版社 1988 年版。

[英]亚当·斯密:《道德情操论》,薛自强译,商务印书馆 1997 年版。

Barren CJ, "Smelly P. A comparison and flexibility of community – based resistance exercise and flexibility exercise for seniors Au st" the journal of physical therapy science 2002,48(03):215 – 219.

Blair, S N. "Physical fitness and all cause mortality" [J]. *JAMA*, 1989, 26 (02):2395.

Cartier M, "Nuclear Versus Quasi – stem Families: the New Chinese Family Model", *Journal of Family History* 20(1995): 307 – 327.

Dieckert J, *Wopp C. Handbuch Freizeitsport*, Schorndorf: Verlag Hoffmann, 2002.

J. A, Mortimer ET AL, "Changes in Brain Volume and Cognition in a Randomized Trial of Exercise and Social Interaction in a Community – Based Sample of Non – Demented Chinese Elders." *Journal of Alzheimer's Disease* 30 (2012): 757 – 766.

Kraay, A. 2000, "Household Saving in China", *WorldBank Economic Review*, Vol. 14(3):545 – 570.

Minoan Auk, Luna Shin, "Effect of high – intensity exercise and high – fat diet on lipid metabolism in the liver of rats Exec. Nu tr" *Bio chem.* 2015,19(04):289 – 295.

Unoriginal Flanagan, Kanji Danish, Toshiba Anti, Motorcade Kawasaki and Masochism Hitchhike, "Short and long – term effects of examiner for the elderly" *Sprinkler*, (2016) 5:793.

Young Ch, Gee Mae Doh, ET AL, "Effects of aerobic exercise intervention on serum cartilage cliometric matrix protein levels and lymphocyte damage in obese elderly females" Australian Journal of Physiotherapy 2016(28): 1892 – 1895.

后 记

  "中国梦",是中国共产党召开第十八次全国代表大会以来,习近平总书记所提出的重要指导思想和重要执政理念。所谓的"中国梦"就是要实现国家富强、民族振兴、人民幸福。"中国梦"以人为本,以人为基,人民幸福是"中国梦"的基础,也是"中国梦"的最终归宿。"中国梦"就是幸福梦,其本质是使全体人民共同享受经济社会发展的成果,普遍共享幸福生活。

  伴随着现代化、工业化、城镇化而来的人口快速老龄化已经成为我国全面建成小康社会,建成富强、民主、和谐、文明的社会主义现代化国家,实现中华民族伟大复兴的"中国梦"无法避免的课题。当老龄化遭遇幸福,如何提升老年人幸福指数凸显其重要性和紧迫性。

  什么是幸福? 可能很多人有不同的见解,"仁者见仁,智者见智","如人饮水,冷暖自知",但共同的观点认为身体健康是最本质的幸福。但是如果没有健康,人们拿什么来享受幸福? 通过合理的体育锻炼方式、科学的锻炼方法以及健全的运动体系,让更多的老年人参与到体育中,增进健康,增强体质,并能在运动中得到快乐,通过体育参与提升幸福指数,实现真正意义上的"幸福中国"。这就是本书的意义所在。

  本书在进行了大规模社会调查和对大量国内外相关理论研究成果进行总结的基础上,以"体育干预提升老年人幸福指数"为主题,通过分析体育干预对老年人幸福指数的实际影响,建立了体育干预提升老年人幸福指数的实施路径并进行了实证研究,从提高老年人健康指数、福利指数、文明指数、生态环境指数四个方面制定了体育干预提升老年人幸福指数的实施方案,旨在通过体育干预提升老年人的幸福指数。研究成果有助于弥补当前我国幸福体育理论研究中对于体育干预提升老年人幸福指数的实证研究相对不足的缺憾,丰富了我国目前老年幸福体育学的现有成果,完善了幸福中国理论研究体系,从而更好地为建设幸福中国做贡献。

本书得到了全国哲学社会科学规划办公室、鲁东大学的资助,得到了社会上许多关爱老年人的组织和群体的帮助和支持,在此表示衷心的感谢。同时也对在研究过程中我们阅读并引用的大量国内外研究成果、学术文章的作者表示诚挚的敬意,感谢他们为我们的研究提供的大量数据和第一手鲜活的实例资料。

"你养我长大,我陪你变老",是对亲情最好的诠释。本书的成功出版与其说是为老年体育研究提供一种新的视角,不如说是一种对老年人生活的思索,一种对老年人幸福生活的期盼。希望更多的人尤其是为人子女的人可以更多地去关注老人,能抽出时间多陪陪父母,希望每个父母都能老有所依,在他们拥有健康身体的同时也可以拥有一个幸福的晚年。

中国人口老龄化加速,这是社会发展带来的生活水平和医疗水平提高所导致的必然结果,人口老龄化对社会经济产生的诸多影响是不言而喻的。体育锻炼在根本上解决不了人口老龄化问题,它所解决的只是如何让老年人在晚年可以得到幸福。如何在快速发展的经济中解决人口老龄化的问题,是接下来在很长一段时间内我国人口老龄化严重增长的过程中所要面对的一个最大的难题。

于军

2017 年 10 月 7 日于烟台